金融支持
西藏经济发展

实证研究

JINRONG ZHICHI

XIZANG JINGJI FAZHAN

SHIZHENG YANJIU

西藏金融学会　编著

中国金融出版社

责任编辑：陈　翎
责任校对：刘　明
责任印制：丁淮宾

图书在版编目（CIP）数据

金融支持西藏经济发展实证研究（Jinrong Zhichi Xizang Jingji Fazhan Shizheng
Yanjiu）/西藏金融学会编著. —北京：中国金融出版社，2015.7
　ISBN 978 - 7 - 5049 - 7986 - 5

　Ⅰ.①金…　Ⅱ.①西…　Ⅲ.①区域经济发展—金融支持—研究—西藏
Ⅳ.①F127.75②F832.775

中国版本图书馆 CIP 数据核字（2015）第 137414 号

出版
发行　**中国金融出版社**

社址　北京市丰台区益泽路 2 号
市场开发部　（010)63266347，63805472，63439533（传真）
网 上 书 店　http://www.chinafph.com
　　　　　　　（010)63286832，63365686（传真）
读者服务部　（010)66070833，62568380
邮编　100071
经销　新华书店
印刷　北京松源印刷有限公司
装订　平阳装订厂
尺寸　185 毫米 × 260 毫米
印张　21.75
字数　366 千
版次　2015 年 7 月第 1 版
印次　2015 年 7 月第 1 次印刷
定价　46.00 元
ISBN 978 - 7 - 5049 - 7986 - 5/F. 7546
如出现印装错误本社负责调换　联系电话（010）63263947

编 写 小 组

组　长：熊正良

成　员：崔晓峰　　梁邦海　　殷树荣　　付代军
　　　　孙　杰　　李光军　　贾蜀苇　　彭志坚
　　　　杨富彬　　林　泉　　俞永勤　　方　霞
　　　　旦增普赤　吴　玲　　田春苗　　程王林
　　　　于　伟　　唐光明　　香桂英　　佟　亮
　　　　崔成朗珍

前　言

　　《金融支持西藏经济发展实证研究》历时一年，数易其稿，终于问世。它记述了当前金融支持西藏经济社会发展的最新研究成果。金融是现代经济的核心，在市场资源配置中发挥着决定性的作用。中央第五次西藏工作座谈会以来，赋予了促进新时期西藏经济社会发展更加优惠的金融政策，对促进西藏经济金融发展发挥了重要的作用。但由于体制、机制和环境等诸多因素的影响，特殊优惠金融政策落实还有待加强。

　　当前，我国经济发展稳中有进，稳中提质，进入"新常态"。从国内来看，我国经济韧性好、潜力足、回旋空间大，发展的空间也很大，具备经济持续发展的有利条件。从国际来看，世界经济仍处在后危机时期的深度调整期，主要经济体复苏进程和主要央行货币政策取向继续分化，国际金融市场波动加大，国际大宗商品价格处于周期下行阶段，地缘政治等非经济因素影响加大，对我国经济金融运行带来复杂影响。从西藏情况来看，在全国经济运行下行压力增大的情况下，西藏自治区经济仍然保持了快速健康发展，呈现出经济增长快、投资力度大、质量效益好、支持能力强、民生改善实、生态环境优、社会大局稳几个特点。总体来看，我国经济发展进入新常态，意味着经济增长速度正从 10% 左右的高速增长转向 7% 左右的中高速增长，经济发展方式正从规模速度型粗放增长转向质量效率型集约增长，经济结构正从增量扩能为主转向调整存量、做优增量并举的深度调整，经济发展动力正从传统增长点转向新的增长点，实际增量仍然可观，增长动力更为多元，发展前景更加稳定。我们必须正确认识新常态、适应新常态、落实新常态、展现新常态，注重坚持问题导向，切实增强忧患意识和底线思维，振奋精神、积极作为，牢牢把握新常态这一当前和今后一个时期我国经济发展的大逻辑。坚持用新常态统领西藏经济社会发展全局，也是我们进一步做好宏观调控和金融改革发展稳定工作的出发点和立足点。金融学的核心问题是研究资本和资产的配置效率。在市场经济中，这种配置主要通过金融市场来进行，其配置效率从根本上决定着一国经济的发展过程和前景。在中国市场的资源配置中，金融资源的配置无疑涉及面最广、影响也最大。如何充分发挥金融促进地方经济发展的作用，实现经济与金融双促进、双发展，是当前保持西藏经济又好又快发展急需研究和解决的重要课题。

开展"金融支持西藏经济发展实证研究"是自治区党委、政府交给西藏金融学会的一项重要课题，也是西藏各金融部门的重点履职工作之一。课题就金融改革创新、金融服务经济发展、金融监管等方面展开研究，获取了大量的第一手信息资料，采用计量分析等多种研究方法，注重定性分析和定量分析相结合，为深入分析研究积累了宝贵的素材，奠定了坚实的基础。结合西藏地方实际，借助党的十八届三中全会金融改革的东风，拓宽研究范围，在研究分析的基础上，对金融支持西藏经济社会发展中的经验进行梳理，并形成报告，对政府经济部门具有十分重要的借鉴意义。

这次编撰的《金融支持西藏经济发展实证研究》，深入分析西藏全区金融改革发展的全局性、长远性、综合性、系统性问题和改革对策，促进经济社会发展，结合中央赋予西藏的特殊优惠政策和西藏实际，特别是用好用活这一特殊优惠金融政策，因地制宜，突出西藏的特点，把握西藏经济发展的重点，破解中小微企业金融服务的难点，具有很强的针对性和有效性。以政策调动金融资源配置。课题为构建与西藏经济结构相匹配的多层次金融体系提出真知灼见，突出了金融创新服务实体经济的本质要求，把地方金融改革发展放到西藏实体经济发展的大环境中考量；突出了金融生态环境的改善，把金融生态环境放到西藏调整经济结构、转变经济发展方式中考虑；突出了金融服务经济的现实任务，积极提出通过地方金融创新促进我区经济又好又快发展的政策建议。

《金融支持西藏经济发展实证研究》为自治区党委、政府和各相关经济职能部门认识和掌握实际情况，正确决策，提供了科学依据；为各级党政干部的知识化、专业化和开展科学研究，提供翔实、可信和便于查考的参考资料。正是因为各会员单位课题组在研究金融支持经济发展过程中的辛勤耕耘和不懈努力，才使我们欣喜地看到《金融支持西藏经济发展实证研究》工作取得的优异成果。该书的付梓，必将为金融支持西藏经济社会又好又快发展起到积极作用。

越是欠发达，就越要更加重视金融业的发展；越是资金缺乏，就越要更加发挥金融的撬动作用。金融撬动关键在一个"撬"字，突出了金融的杠杆作用。金融撬动作用发挥好了，就能更好地实施市场推动、项目带动、创新驱动、环境促动，才能做到民生先动。西藏是一个边疆少数民族地区，发展相对滞后，因此发展符合西藏实际的普惠金融和扶贫金融显得尤为重要。西藏金融部门要牢固树立服务支持经济社会发展就是壮大自我的理念，深入研究，切实履行好服务西藏、造福西藏的经济责任，履行好稳定西藏、服务社会的政治责任，抓住机遇，发展壮大自己。我们只有冷静思考和认真研究，才能真正把准金融支持经济发展的脉象，只有主动作为，深刻分析，缜密论证，积极为"十三五"期间西藏金融发展建言献策，持之以恒地坚持下去，才能真正做好金融支持西藏经济社会又好又快发展。我们也清醒地认识到，研究的根本目的在于应用、在于实践，优秀的研究成果必须转化为经济发展动力才具有真正的意义。

历尽艰辛，众手成书。虽然有些研究仍是初步和探索性质的，部分研究成果尚显稚嫩，但有了起步还是值得肯定和鼓励的。《金融支持西藏经济发展实证研究》是金融学会各会员单位通力合作的产物。课题研究期间，课题组成员博采众长，精心调研、务实求效，着眼长远、立足当前，加强协作、形成合力，制定切实可行的方案，促进课题成果转化，为金融支持西藏经济发展提供强有力的保障。

西藏金融事业面临着前所未有的宝贵发展机遇。让我们抓住机遇，全面改革创新，奋力开拓进取，努力推动金融业发展再上新台阶、再铸新辉煌，为实现西藏经济跨越式发展和社会长治久安，以及2020年与全国一道同步建成小康社会作出新的更大贡献。

编　者
二〇一五年一月

目　录

政策研究篇

特殊优惠金融政策与西藏经济发展实证研究

中国人民银行拉萨中心支行课题组（3）

优惠外汇管理政策对西藏涉外经济发展的影响

中国人民银行拉萨中心支行外汇管理处课题组（23）

西藏区域性财政政策与货币政策协调配合浅析

中国人民银行拉萨中心支行课题组（36）

体系研究篇

博弈论视角下西藏金融监管协调机制研究

中国人民银行拉萨中心支行课题组（53）

西藏金融体系建设与经济发展

中国人民银行拉萨中心支行课题组（67）

加强支付体系建设　助推西藏经济发展

中国人民银行拉萨中心支行支付结算处（83）

浅析大小额支付系统对西藏经济发展的影响

中国人民银行拉萨中心支行营业部课题组（100）

西藏保险业发展与社会保障体系建设研究

中国保监会西藏监管局课题组（111）

服务研究篇

西藏中小微企业融资问题探析

中国人民银行拉萨中心支行课题组（123）

基于供需视角下的西藏农牧区金融改革研究

　　　　　　　　中国人民银行拉萨中心支行课题组（145）

金融支持西藏农牧区经济发展研究

　　　　　　　李玉福　贾蜀苇　杨富彬　申　霞（158）

"双惠"金融服务助推西藏经济社会又好又快发展

　　　　　　　　　　中国银监会西藏监管局（180）

西藏金融支持民生领域发展思考

　　　　　　　　中国人民银行拉萨中心支行课题组（187）

发展研究篇

西藏金融生态环境实证研究

　　　　　　　　中国人民银行拉萨中心支行课题组（201）

西藏金融资源配置效率研究

　　　　　　　　　国家开发银行西藏分行课题组（217）

影子银行体系发展与金融稳定的关系研究

　　　　　　　中国人民银行拉萨中心支行货币金银处（255）

西藏保险业市场拓展问题研究

　　　　　　　　中国保监会西藏监管局课题组（268）

借力银行间市场助推西藏直接债务融资发展

　　　　　　中国人民银行拉萨中心支行办公室课题组（277）

健全西藏多层次资本市场体系研究

　　　　　　　　中国证监会西藏监管局课题组（293）

西藏自治区科技金融理论与实践研究

　　　　　　　　　国家开发银行西藏分行课题组（304）

大数据时代的互联网金融创新与传统银行变革

　　——兼论西藏银行业迎接互联网金融的建议

　　　　　　　　　国家开发银行西藏分行课题组（328）

编后语　　　　　　　　　　　　　　　　　　　　（338）

政策研究篇

Zhengce Yanjiu Pian

特殊优惠金融政策与西藏经济发展实证研究

中国人民银行拉萨中心支行课题组

课题组组长：张　伟

课题组成员：熊正良　吴　玲　彭志坚

摘要： 本文首先回顾了和平解放以来中央赋予西藏的一系列特殊优惠货币政策的实施背景与政策变迁，并就其政策的实施效果进行了定性分析；其次，利用历史数据，采用自回归分布滞后模型对特殊优惠金融政策的政策效应进行了实证分析，分析表明特殊优惠金融政策有效地推动了西藏经济增长；再次，对特殊优惠金融政策在现阶段面临的机遇与挑战进行了分析，表明当前特殊优惠金融政策的执行有着良好的政策与经济环境，也面临着进一步加快经济增长的困难，因此，不断完善特殊优惠金融政策是促进西藏经济社会跨越式发展的关键。最后，在全面深化改革的新形势下，本文就继续贯彻落实特殊优惠金融政策，推动西藏经济更好、更快、更大发展提出了有针对性的政策建议。

关键词： 西藏　特殊优惠金融政策　经济发展

长期以来，党中央、国务院十分重视和关心西藏，多次赋予西藏特殊优惠的金融政策，这些政策的实施对西藏经济发展、社会局势稳定、人民生活水平的提高起到了积极的促进作用，但研究特殊优惠货币政策对西藏经济发展贡献的理论文献还比较少。由于西藏 1951—1977 年的相关统计指标数据缺失，本文以 1978—2013 年为样本期，采用实证分析的方法，研究西藏特殊优惠金融政策对西藏经济发展的贡献问题，并结合当前全面深化改革的大背景，就如何用好、用活、用足、用实中央赋予西藏的特殊优惠金融政策，促进西藏经济跨越式发展提出政策建议。

一、西藏和平解放以来中央赋予西藏特殊优惠货币政策回顾

（一）1951 年西藏和平解放至 1965 年西藏自治区成立前，实行无息或低息贷款政策

1951 年西藏和平解放后，西藏金融事业开始起步。人民银行西藏分行以实物或银元向贫苦农牧民发放无息贷款，向城镇手工业和私营商业发放低息贷款，以扶植生产，改善人民生活，繁荣市场。和平解放初期，贷款工作以"慎重稳进"及"量小面宽与重点使用相结合"的具体方针进行放贷。农区主要是种子贷款，一般是春贷秋还；牧区主要是口粮和牲畜贷款，一般在一年以上。截至1959 年 3 月底，全区共发放无息农、牧业贷款 271 万元（银元），帮助部分贫苦群众解决了缺少种子、农具和口粮的困难，对农牧业生产起到一定的推动作用。1959 年西藏实行民主改革，对此，人民银行西藏分行及时调整了货币信贷政策，在继续发放无息贷款的同时，开始发放扶贫低息贷款，对缺少耕牛、农具、种子的互助组和农牧民及生活有困难的群众予以扶持，对信贷资金的管理实行"存贷下放，计划包干，差额管理，统一调度"。1963—1965 年，西藏取得民主革命的伟大胜利，执行"稳定发展"方针，对工商业、民族手工业、广大农牧民提供低利率贷款，取缔农牧区非法高利贷活动。1965 年，国务院决定对 1962 年以前的农贷做豁免处理，减轻了群众的实际困难。无息、低息贷款与原来三大领主惊人的高利贷盘剥形成鲜明对比，深得人心。有效的信贷活动，扶植了生产，改善了人民生活，繁荣了市场。西藏全区 GDP 由 1951 年的 1.29亿元增加至 1965 年的 3.27 亿元，增长了 1.53 倍。贷款增长较快，截至 1965 年末达 9 092 万元。

（二）1965 年西藏自治区成立至 1980 年召开第一次西藏工作座谈会前，强化信贷管理，用好信贷资金

1965 年，农牧业贷款工作贯彻"自力更生为主，国家支援为辅"方针，支持农牧业互助组和贫苦农牧民自力更生发展生产。随后"文化大革命"时期，农牧贷款的重点转向扶持集体经济；手工业贷款服务对象由个体手工业者、互助组、转向手工业生产合作社。这期间，多次对历年来贷款发放情况进行全面清理，掌握信贷资金的真实情况。对部分未能收回的，进行了豁免。如 1970

年，豁免了贫下中农农牧贷款四项欠款 49.43 万元。1965—1978 年，西藏全区 GDP 由 3.27 亿元增加至 6.65 亿元，贷款总额由 9 092 万元增加至 16 091 万元。

（三）1980 年第一次西藏工作座谈会至今，实行贷款优惠利率政策

1980 年，党中央召开第一次西藏工作座谈会，中心内容是从西藏实际出发，采取特殊政策，让农牧民休养生息，发展生产，尽快富裕起来。中国人民银行赋予西藏实行"优、低、免"的政策，除农牧区五年内免息外，对工商企业贷款也实行优惠利率政策，使西藏贷款利率比全国平均低 20%～50%，对边境乡村贷款、灾区口粮贷款、民族手工业贷款、农牧民生产生活贷款等 3 年内实行免息，对农牧区手工业贷款实行免息；对社队和社员 1980 年 6 月底以前借用银行和信用社的贷款尚未偿还的部分，只收本金，不收利息。

1984 年，党中央召开第二次西藏工作座谈会，进一步放宽政策。第二次西藏工作座谈会提出要把西藏经济从封闭式经济转变为开放式经济，增强自身活力；从供给性经济转变为经营性经济，努力提高经济效益。开始实行对外开放政策。在农区实行"土地归户使用，自主经营，长期不变"的政策；在牧区实行"牲畜归户，私有私养，自主经营，长期不变"的政策。为加快经济建设，进一步扩大了免息和低息贷款的范围，除对农牧贷款继续执行免息外，从 1984 年 7 月 1 日起，免息范围扩大至农牧集体和农牧民从事商业、手工业、建筑业。实行行业、项目优惠，优先支持旅游业、商业网点设施建设和经济联合、城乡集体及个体经济等，对这些行业贷款实行优惠贷款利率的同时，对贷款期限及自有资金比例都变通执行。自 1988 年 9 月起，对贷款执行低息、微息、贴息政策和差别利率政策。

1994 年，党中央召开第三次西藏工作座谈会，就西藏经济发展作出重大决策和战略部署，赋予西藏财政、外贸、税收、教育、金融等一系列特殊优惠政策。中国人民银行根据中央第三次西藏工作座谈会精神，进一步细化和明确了中央赋予西藏的特殊优惠货币政策。这些特殊优惠政策主要有：执行货币、信贷指导性计划政策；实行优惠贷款利率政策；赋予人民银行西藏分行一定的再贷款权；现金供应不实行指令性计划，县及县以下农牧区不实行现金管理；实行利差返还政策，对西藏自治区工商企业的商业性贷款执行全国统一贷款利率，与优惠贷款利率的差额不计入银行利息收入，由此增收的利息全部返还给效益好的国有企业，用于增补自有流动资金；实行利差补贴和特殊费用补贴政策，

中国人民银行对农业银行西藏分行按照全国统一贷款利率与西藏优惠贷款利率之差给予补贴，并再增加4个百分点作为特殊费用补贴。

2001年6月，党中央召开第四次西藏工作座谈会，赋予西藏"十五"期间继续实行特殊优惠的财政、税收、金融等政策。中国人民银行根据中央第四次西藏工作座谈会精神，于2002年1月在成都召开了西藏银行工作座谈会，出台了《中国人民银行关于进一步做好"十五"期间西藏银行工作的意见》，进一步细化了"十五"期间西藏特殊优惠的货币政策。除继续执行"九五"时期的优惠货币政策外，还在以下几方面有所突破：进一步明确了西藏银行各项贷款利率比全国平均利率水平低2个百分点，对优惠贷款利率实行"谁借款、谁受益"的原则；对西藏国有独资商业银行区分行因执行优惠利率政策所形成的利差损失实行利差补贴；对贷款人向农牧区借款人发放的各类贷款，一律不予加罚息，对贷款人向非农牧区借款人发放的各类贷款，实行有差别的加罚息政策；农业银行、中国银行、建设银行三家国有商业银行总行按照"区别对待、适当放宽、逐步到位"的原则，对其各自西藏分支机构实行指导性资产负债比例管理。

2010年1月，中央召开了第五次西藏工作座谈会，继续赋予了促进新时期西藏经济发展的一系列特殊优惠金融政策，为西藏经济社会跨越式发展奠定了新的基石。

上述五次西藏工作座谈会，赋予了西藏一系列特殊优惠金融政策，有力地促进了西藏经济快速增长。西藏全区GDP从1980年的8.67亿元增加至2013年的807.67亿元，增长了92.16倍。辖区金融机构各项存款余额从1980年的8.72亿元增加至2013年末的2 500.94亿元，增长了285.69倍；各项贷款余额从1980年的2.32亿元增加至2013年末的1 076.96亿元，增长了462.75倍。

二、特殊优惠货币政策对西藏经济发展实证分析

前文简要回顾了西藏和平解放以来中央赋予西藏的特殊优惠货币政策，研究特殊优惠货币政策对西藏经济发展的贡献，不仅要从量的角度分析特殊优惠货币政策对经济增长的贡献，而且要从质的角度讨论特殊优惠货币政策对经济发展的影响。

（一）贷款优惠利率政策效应分析

自 1980 年中央召开第一次西藏工作座谈会以来，中国人民银行根据会议精神，多次赋予西藏银行贷款优惠利率政策，积极向社会让利，特别是 1994 年中央第三次西藏工作座谈会后，进一步明确了向社会让利的幅度，即西藏银行贷款利率比全国贷款基准利率平均水平低 2 个百分点。1994—2013 年，西藏银行机构因执行贷款优惠利率政策，向社会让利约 68 亿元，平均每年向社会让利 3 亿多元。

贷款优惠利率政策的执行，切实减轻了借款人的利息负担，有效地调动了借款人利用银行信贷资金发展生产、扩大经营的积极性，对加快西藏经济社会的发展、促进人民群众增收和改善生活水平起到了积极作用。城镇居民人均可支配收入由 1990 年的 1 613 元增加到 2013 年的 20 023 元，增长了 11.41 倍[①]，年均增长 11.57%；农牧民人均纯收入由 1990 年的 582 元增加到 2013 年的6 578元，增长了 10.3 倍，年均增长 11.12%。城镇居民恩格尔系数由 1990 年的 66.3% 下降到 2013 年的 48.14%，下降了 18.16 个百分点，农村居民恩格尔系数由 1990 年的 74.2% 下降到 2013 年的 54.25%，下降了 19.95 个百分点。

为增强西藏银行业金融机构支持地方经济发展的积极性，中央对西藏银行业金融机构因执行优惠贷款利率所形成的利差损失给予利差补贴。除此之外，从 1994 年起，针对中国农业银行西藏分行点多面广、服务广大农牧区的实际，中央还给予该行特殊费用补贴。2010 年以后，特殊费用补贴对象由农业银行一家扩大到所有在藏银行业机构。特殊费用补贴政策的实施，稳定了西藏农牧区金融体系，缓解了在藏银行机构的经营压力，有效调动了在藏银行机构服务"三农"的积极性，确保了农牧区金融服务的不缺失。

（二）居民储蓄函数计量分析

储蓄（S）包括居民家庭储蓄（SH）、企业储蓄（SE）、政府储蓄（SG），即：S = SH + SE + SG。储蓄规模一般受到收入水平的制约，多数发展中国家由于人均收入水平低，因而储蓄率也较低，经济就落入纳克斯的"增长陷阱"。低储蓄率不但直接导致投资不足和增长缓慢，而且还会阻碍劳动力素质的提高

---

① 城镇居民人均可支配收入、农村居民人均纯收入的增长倍数和年均增长速度均未剔除物价因素的影响。

和技术进步，从而在更深层次上影响经济发展。西藏地处祖国西南部地区，是一个经济欠发达的省区，储蓄能否有效转化为投资，很大程度上取决于银行中介作用的发挥，从而对西藏经济发展将产生重要的影响。居民储蓄是西藏总储蓄的重要组成部分，这里笔者主要研究影响居民储蓄的诸多因素。凯恩斯认为，从长期看，储蓄随收入的增加而增大，储蓄是收入的正函数，储蓄倾向随收入的增加而增加。杜生贝利认为，储蓄主要取决于两方面的因素：一是消费者本人的收入和消费与其他人的收入和消费相对比；二是消费者个人当期收入和消费与过去时期的收入和消费对比。由于存在消费的"示范效应"，平均消费倾向不是取决于现有收入水平，而是取决于相对收入水平，因而，家庭的储蓄倾向随着收入分配状况的改变而变化。弗里德曼提出了持久性收入假说，他认为，个人或家庭可支配收入分为持久收入和暂时收入。持久收入是消费者可预见的长久性收入，暂时收入是瞬间的、非连续的、偶然性的非预期收入。持久性收入水平决定了不同家庭的边际储蓄倾向，收入水平及其增长是决定储蓄水平和储蓄增长的主要因素。古典经济学认为，储蓄是实际利率的正函数。我们认为，储蓄是收入和实际利率的函数，以 1990—2013 年西藏居民储蓄率（S）为被解释变量、居民收入增长率（I）和一年期定期储蓄存款实际利率（R）为解释变量，利用 1990—2013 年的储蓄率、收入增长率、实际利率年度数据[①]进行数据建模。最终结果如下：

1. 单位根检验

本节运用 Eviews 6.0 对 S、I、R 三个变量进行 ADF 检验，检验结果见表 1：

表 1 变量的 ADF 单位根检验结果

变量	差分阶数	检验形式	ADF 统计量	5% 临界值	1% 临界值
S	0	(c, 0, 0)	−3.9251	−2.9981	−3.7529
I	0	(0, 0, 0)	−2.3269	−1.9564	−2.66944
R	0	(c, t, 4)	−4.5911	−3.6736	−4.5326

注：本结果由 Eviews 6.0 软件计算而得，（c, t, k）分别为截距项、趋势项与滞后阶数。

从上表可以看出，S、I 为一阶单整序列，R 为平稳序列。

2. Johansen 协整检验

对一阶单整序列 S、I、R 进行 Johansen 协整检验，检验结果如表 2。

---

① 由于储蓄率、居民收入增长率与实际利率波动较大，本节模型对各序列数据进行了滤波处理。

表2　　　　西藏储蓄率、居民收入增长率与实际利率之间的协整检验结果

Pairwise Granger Causality Tests

Date：11/11/14　Time：17：08

Sample：1990 2013

Lags：2

Null Hypothesis	Obs	F – Statistic	Probability
R does not Granger Cause S	22	3. 18350	0. 06694
S does not Granger Cause R		1. 38448	0. 27730

表 2 检验表明储蓄率与真实利率之间存在双向 Granger 因果关系，即真实利率的变动与储蓄率的变动相互影响。

表3　　　　　西藏储蓄率与居民收入增长率之间的因果检验结果

Pairwise Granger Causality Tests

Date：11/11/14　Time：17：10

Sample：1990 2013

Lags：2

Null Hypothesis	Obs	F – Statistic	Probability
I does not Granger Cause S	22	0. 30660	0. 74072
S does not Granger Cause I		2. 31827	0. 12874

表 3 检验表明储蓄率与居民收入增长率之间也相互存在 Granger 因果关系，说明西藏居民收入增长的变动能影响储蓄率的变动。因此，建立如下储蓄率与真实利率、居民收入增长之间的回归关系为：

$$S = 513.2R(-1) - 905.5R(-2) + 400.8R(-3) - 74.9I + 75.5I(-1)$$
$$(7.73)\quad\quad (-7.72)\quad\quad (7.68)\quad\quad\quad (-7.18)\quad (7.33)$$
$$\overline{R^2} = 0.8383\quad DW = 2.10$$

调整拟合优度 $\overline{R^2}$ 较高说明模型回归效果显著；各项参数的 t 统计值也在 1% 水平下显著；经 ARCH LM 检验，残差项不存在自相关。

回归结果表明：储蓄存款实际利率、居民收入增长对西藏居民储蓄率产生正效应。从长期来看，居民储蓄率是实际利率的正函数，实际利率每提高 1%，居民储蓄率就增加 8.5%；而居民收入每增长 1%，居民储蓄率就增加 0.6%。因此，存款实际利率比居民收入增长对储蓄率的影响更有效，这在一定程度上表明在西藏这样一个经济社会欠发达地区，储蓄成为居民理财的一个重要渠道。

（三）货币对产出的贡献分析

货币的长期效应完全或者几近完全地落在价格上，对实际变量几乎没有影响，但大多数人也相信，货币干扰在短期对产出等实际变量可以具有重大影响。正如卢卡斯所说的"至少从休谟的文字开始，这两种互不相容的观点——认为货币变化是中性的单位变化，以及认为这些变化引致了就业和产出的同方向变动——之间的拉锯战，就一直是货币理论的核心"。最早正式用模型表述货币与产出具有正相关关系观点的是托宾；弗里德曼和施瓦茨对货币与经济周期关系的经典研究表明：货币与产出之间具有因果关系，是货币增长率的变化引起实际经济活动的变化，而不是实际经济活动的变化导致货币的变动；金和普洛瑟研究发现 M_1、M_2 等广义总量与产出间的相关关系，很大程度上来自于银行部门对经济干扰内生的反应；考尔曼在一个内生货币的估计均衡模型中发现，货币与滞后产出的相关性要绝对高于其与未来产出的相关关系；弗里德曼和梅泽尔曼研究发现，产出与货币之间的相关性，要比产出与其自主性支出指标的相关性更加稳定，而且在统计上也更为显著；圣路易斯方程式分析了货币与名义收入的关系，得出了货币对名义收入的影响非常大的结论；西姆斯研究了美国名义国民生产总值和货币量的对数关系，得出货币以格兰杰（Granger）因果关系引起产出变动的结论。

我们采用圣路易斯方程式的分析方法来研究西藏自治区的货币投放对产出的影响。鉴于一国内部某一地区的 M_1、M_2 数据收集困难，这里笔者以现金净投放 NC 作为货币变量，分析 NC 与名义 GDP 之间的关系。

1. 单位根检验

对 $\log(GDP)$、$\log(NC)$ 变量进行 ADF 检验，检验结果见表4：

表4　　　　　　　　　　　　变量的 ADF 单位根检验结果

变量	差分阶数	检验形式	ADF 统计量	5% 临界值	1% 临界值
$\log(GDP)$	1	(c, t, 0)	-3.9974	-3.6329	-4.4407
$\log(NC)$	1	(c, t, 2)	-3.5246	-3.6329	-4.4407

注：本结果由 Eviews 6.0 软件计算而得，(c, t, k) 分别为截距项、趋势项与滞后阶数。

从上表可以看出，$\log(GDP)$、$\log(NC)$ 为一阶单整序列。

2. Johansen 协整检验

对一阶单整序列 $\log(GDP)$、$\log(NC)$ 进行 Johansen 协整检验，检验结果见

表5:

表5　　　　　　　　log（*GDP*）与 log（*NC*）之间的协整检验结果

Unrestricted Cointegration Rank Test（Trace）

Hypothesized No. of CE（s）	Eigenvalue	Trace Statistic	0.05 Critical Value	Prob**
None*	0.573502	34.83261	25.87211	0.0029
At most 1*	0.518646	16.08534	12.51798	0.0121

Trace test indicates 2 cointegrating eqn（s）at the 0.05 level

* denotes rejection of the hypothesis at the 0.05 level

**MacKinnon – Haug – Michelis（1999）p – values

检验结果表明，$\log(GDP)$ 与 $\log(NC)$ 之间存在两个协整关系，$\log(GDP)$ 与 $\log(NC)$ 之间存在长期稳定的线性关系。线性回归关系可表达为：

$$\log(GDP) = 0.055 + 0.97\log(GDP(1-)) + 0.051\log(NC) - 0.29AR(2)$$
$$(3.48)\quad(74.39)\quad\quad\quad\quad(2.04)\quad\quad(-1.27)$$
$$\overline{R}^2 = 0.999\quad DW = 1.93$$

方程中总体拟合优度 $\overline{R}^2$ 较高，说明模型回归效果显著；各项参数的 t 统计值也在 1% 水平下显著；经 ARCH LM 检验，残差项不存在自相关。

回归结果表明：现金净投放 NC 对西藏地区 GDP 有着一定的影响。短期现金净投放的短期弹性系数为 0.05，表明西藏现金净投放每增长 1%，GDP 就增长 0.05%。

（四）银行信贷——特殊优惠货币政策传导机制的主渠道

西藏现有企业大多数是中小企业，截至 2013 年末，全区仅 10 家 A 股上市企业，累计融资仅 181.6 亿元，其中：股权融资 142.61 亿元，中期票据融资 19 亿元。与 2013 年末全区信贷余额 1 076.69 亿元相比，银行信贷仍然是西藏企业获得资金的主要来源。在西藏这样一个非常特殊的环境下，2005 年前仅有农业银行、中国银行、建设银行三家国有商业银行分支行，2005 年以来，国家开发银行、工商银行、邮政储蓄银行、农业发展银行、民生银行等一批政策性与股份制银行相继在西藏设立分支机构；2012 年西藏首家城市商业银行也挂牌正式营业；2013 年林芝民生村镇银行成立，弥补了西藏没有村镇银行的空白。然而，尽管近年来西藏金融机构体系得到了很大程度的完善，但工农中建等银行机构业务量在全区金融市场中占绝对地位，信贷市场仍属于典型的寡头市场。在这样一个信贷市场上，不完全信息扮演着重要角色，银行信贷很可能是"特殊的"。银行借款渠道强调银行信贷的特性和银行在经济金融结构中所扮演的角色。依照银行借款的观点，在货币政策行为对实体经济的传导机制中银行起到了尤为关键的作用。政策行为改变了银行的准备金头寸，引起银行部门对利率和资产负债表的构成进行调整，最终对银行存款和货币供给的影响都将反映到对银行部门资产负债表中的负债方。对银行部门准备金和利率的影响还将改变银行信贷的供给，即资产负债表中的资产方。如果银行不能调整有价证券的持有或通过发行无准备负债来抵消准备金的减少，银行贷款将不得不收缩。银行贷款的关键在于缺乏银行资产负债表中负债方的存款负债的相近替代品，同时对借款来说也缺乏银行信贷的替代品。由于银行在向企业提供交易服务和信用上具有信息优势，银行信贷没有相近的替代品，在获得非银行资金来源方面小企业尤其困难，银行贷款的收缩将迫使企业收缩它们的业务。如果银行贷款非常"特殊"，或者说借款人没有获得资金的相近的替代方式，银行贷款可获得量的变更就会对总支出产生独立的影响，进而对总产出产生独立的影响。我们以 1978—2013 年西藏 GDP 和银行贷款（LOAN）的数据为基础，建立了西藏 GDP、银行贷款（LOAN）的时序图（见图 1），从图 1 中可得出 GDP 与银行贷款之间具有正向变动的关系。

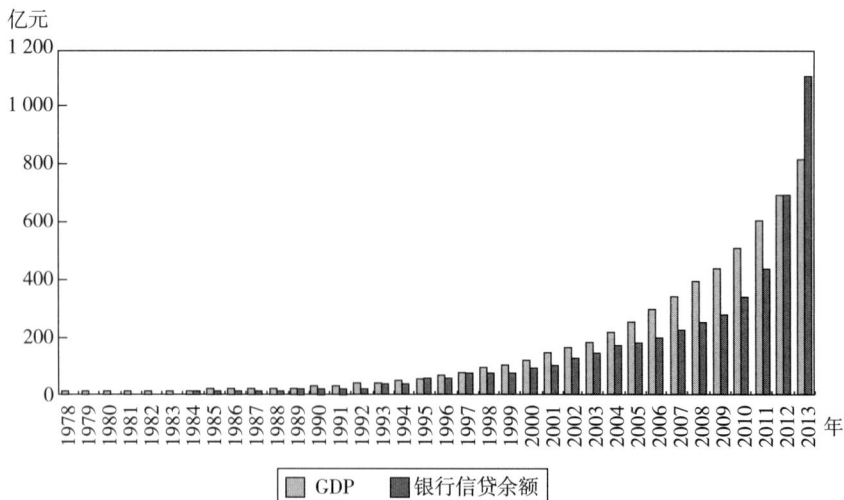

图 1　西藏地区 GDP 与银行信贷余额对比图

通过对图 1 的分析，我们以银行贷款（$\log(LOAN)$）作为解释变量、以 $\log(GDP)$ 作为被解释变量，建立计量模型。

1. 单位根检验

对 $\log(GDP)$、$\log(LOAN)$ 进行 ADF 检验，检验结果见表6：

表6　　　　　　　　　　　　变量的 ADF 单位根检验结果

变量	差分阶数	检验形式	ADF 统计量	5%临界值	1%临界值
$\log(GDP)$	1	（c，t，0）	-5.6675	-3.5485	-4.2529
$\log(LOAN)$	1	（c，t，0）	-4.3148	-3.5485	-4.2529

注：本结果由 Eviews 6.0 软件计算而得，（c，t，k）分别为截距项、趋势项与滞后阶数。

从上表可以看出，$\log(GDP)$、$\log(LOAN)$ 为一阶单整序列。

2. Johansen 协整检验

对一阶单整序列 $\log(GDP)$、$\log(LOAN)$ 进行 Johansen 协整检验，检验结果如表7所示：

表7　　　　　　　　　log（GDP）与 log（LOAN）之间的协整检验结果

Unrestricted Cointegration Rank Test （Trace）

Hypothesized No. of CE （s）	Eigenvalue	Trace Statistic	0.05 Critical Value	Prob **
None *	0.494419	27.28778	25.87211	0.0331
At most 1	0.113553	4.098156	12.51798	0.7278

Trace test indicates 1 cointegrating eqn （s） at the 0.05 level

* denotes rejection of the hypothesis at the 0.05 level

** MacKinnon – Haug – Michelis （1999） p – values

检验结果表明，$\log(GDP)$ 与 $\log(LOAN)$ 之间存在一个协整关系，$\log(GDP)$ 与 $\log(LOAN)$ 之间存在长期稳定的线性关系。线性回归关系可表达为：

$$\log(GDP) = 0.14 + 0.96\log(GDP(-3)) + 0.36\log(LOAN(-2))$$
$$(2.60)\quad(12.74)\qquad\qquad(4.24)$$
$$-0.31\log(LOAN(-3)) + 0.37AR(1) + 0.23AR(3)$$
$$(-4.18)\qquad\qquad(1.54)\qquad(1.14)$$
$$\overline{R}^2 = 0.9976 \quad DW = 1.855$$

方程中总体拟合优度 $\overline{R}^2$ 较高，说明模型回归效果显著；各项参数的 t 统计值也在1%水平下显著；经 ARCH LM 检验，残差项不存在自相关。

回归结果表明：银行信贷 LOAN 对西藏 GDP 有着显著的影响，西藏银行机构贷款余额的短期弹性系数为 0.05，即贷款余额每增长1%，GDP 年均增长 0.05%。

（五）优惠的外汇管理政策促进了西藏涉外经济的发展

为促进西藏涉外经济的发展，国家外汇管理局赋予了西藏一系列优惠外汇管理政策，这些政策加大了贸易投资便利化，促进了西藏对外贸易持续快速发展，推动了西藏涉汇主体数量的增加。全区进出口总额由 2005 年的 2.05 亿美元增加到 2013 年的 33.2 亿美元，增长了 15 倍；银行结售汇总额由 2005 年的 0.77 亿美元增加到 2013 年的 3.86 亿美元，增长 4 倍。进口付汇核销期限的延长，为涉外企业的经营带来了便利，企业信誉度明显提升，减轻了企业的负担，调动了企业进口的积极性。实行周边国家（地区）商人以人民币投资，便利了来藏以人民币投资的邻国商人和外籍藏胞，拓宽了企业融资渠道，一定程度上增加了当地居民的就业，促进了第三产业的发展。稳步推进跨境人民币结算工作，推动人民币走向国际化。2013 年，在跨境人民币结算业务大幅增长的拉动下，全区涉外收支总额达到 18.1 亿美元，同比增长 2.8%，跨境收付差额 15.3 亿美元，同比增长 18.6%，其中跨境人民币收支差额为 13.5 亿美元，跨境外汇收付净流入 1.8 亿美元，全区银行累计办理跨境人民币结算业务 89 亿元，同比增长 17.9%。

通过对特殊优惠货币政策的效应分析，可得出特殊优惠货币政策对西藏经济发展产生了积极影响的结论。尤其是从 1980 年召开第一次西藏工作座谈会以来，西藏经济取得了快速发展，2013 年西藏地区生产总值达到 807.67 亿元，连续 20 年保持两位数增长，较 1980 年增长了 92 倍。这期间金融规模不断加大，金融服务更加高效便捷，金融生态环境明显优化，有力地支持了地方经济快速发展。

三、西藏执行特殊优惠金融政策面临的机遇和挑战

综上所述，长期以来西藏执行特殊优惠金融政策在促进西藏经济社会快速发展中发挥了重要的作用。因此，用好、用足、用活中央赋予西藏的一系列特殊优惠金融政策是当前与今后促进西藏经济社会跨越式发展的关键。现阶段在执行特殊优惠金融政策方面仍存在一些机遇与挑战，只有紧紧抓住这些机遇，不断完善特殊优惠金融政策，化挑战为动力，才能积极推动西藏经济社会更好、更快地跨越式发展。

（一）面临的机遇

一是中央对西藏工作的高度重视，为持续执行特殊优惠金融政策提供了战略支撑。党中央历来高度重视西藏工作，并把加大对西藏的政策支持力度作为推进西藏经济跨越式发展和社会长治久安的重要举措。习近平总书记在参加十二届全国人大一次会议西藏代表团审议时明确了"治国先治边，治边先稳藏"的重要战略思想，俞正声主席在十二届全国人大二次会议上作出了"依法治藏、长期建藏"的指示要求。可见，做好西藏工作事关国家发展大局，是深入贯彻落实科学发展观、全面建设小康社会的迫切需要；是构建国家生态安全屏障、实现可持续发展的迫切需要；是维护民族团结、维护社会稳定、维护国家安全的迫切需要；是抵御国际敌对势力西化、分化战略和营造良好国际环境的迫切需要。中央对西藏工作的高度重视，给西藏发展带来重大的政策机遇，为积极争取中央政策支持，不断丰富完善特殊优惠金融政策体系提供了战略支撑。

二是中央关于全面深化改革的战略部署，为完善特殊优惠金融政策提供了契机。2013 年召开的党的十八届三中全会作出了全面深化改革的重大部署，要求要完善金融市场体系，扩大金融业对内对外开放，发展普惠金融，等等，以发挥金融市场对资源配置的决定性作用。在这种背景下，西藏地方党委、政府积极贯彻落实党的十八届三中全会精神的重要举措，大力实施"金融撬动"战略，出台了《关于贯彻落实〈中共中央关于全面深化改革若干重大问题的决定〉的实施意见》（藏党发〔2014〕1 号），该意见对今后西藏金融改革作出了安排和部署，为西藏金融业的改革和开放提供有效的金融政策保障，也为中央赋予西藏的特殊优惠金融政策进一步完善和发展提供政策支持。

三是西藏经济持续快速发展，为落实特殊优惠金融政策奠定了基础。近年来，西藏经济持续快速发展，连续 21 年保持两位数的增长速度，远高于全国平均增长速度；三大产业稳步发展，产业结构不断优化；城乡居民收入水平大幅提升，民生状况持续改善；基础设施建设明显加强。西藏的综合实力显著增强，为全区执行特殊优惠金融政策提供了良好的发展环境，奠定了坚实的经济基础。

（二）面临的挑战

21 世纪以来，党中央提出要在 2020 年全面建设小康社会的宏伟目标。全面小康社会的一个重要指标是人均 GDP，要求到 2020 年全国各省份人均 GDP 全面达到 3 000 美元以上的中等发达国家水平。

从经济发展的实际来看，目前西藏人均 GDP 与全国平均水平相比，差距越来越大，图 2 为 1993—2013 年的西藏与全国人均 GDP 的变动图，2013 年西藏人均 GDP 为全国平均水平的 62.20%。

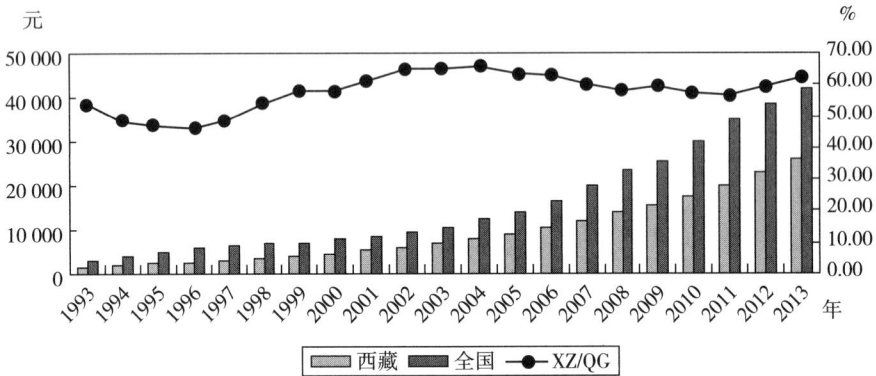

图 2　西藏与全国人均 GDP 变动图

从图 2 可以看到，1995—2002 年，西藏人均 GDP 与全国平均水平的差距呈逐步缩小的态势，但 2004 年以后，西藏人均 GDP 与全国平均水平的差距反而缓慢拉大，表明西藏在此期间的经济发展较全国出现了减缓的态势。这增加了西藏在 2020 年赶超全国平均水平的难度。

下面根据全国人均 GDP 发展趋势，预测至 2020 年全国人均 GDP 值，然后反推西藏人均 GDP 所需的追赶速度，从而测算西藏信贷需要的增长速度。为消除异方差对全国人均 GDP 数据进行对数处理。

表 8　　　　　　　　　　　　　全国人均 GDP 的 ADF 检验

		t – Statistic	Prob*
Augmented Dickey – Fuller test statistic		– 3.791136	0.0454
Test critical values	1% level	– 4.667883	
	5% level	– 3.733200	
	10% level	– 3.310349	

表 8 检验表明：全国人均 GDP 为平稳序列，因此，对该序列进行相关性检验，以建立平稳时间序列预测模型。

表9   全国人均 GDP 的序列相关图

Autocorrelation	Partial Correlation		AC	PAC	Q-Stat	Prob
		1	0.718	0.0718	12.434	0.000
		2	0.491	−0.049	18.561	0.000
		3	0.325	−0.019	21.394	0.000
		4	0.213	−0.000	22.689	0.000
		5	0.146	0.014	23.337	0.000
		6	0.108	0.013	23.713	0.001
		7	0.080	−0.001	23.935	0.001
		8	0.059	−0.002	24.062	0.002
		9	0.037	−0.010	24.119	0.004
		10	0.015	−0.017	24.128	0.007
		11	0.000	−0.003	24.128	0.012
		12	0.000	0.015	24.128	0.020

表 9 检验表明：全国人均 GDP 自相关呈收尾状态，偏自相关则为一阶显著，据此，根据 AIC 信息准则与 SC 信息准则确定 AR（1）时间序列模型。

$$\ln(pGDP) = 0.33 + 0.98\ln(pGDP(-1))$$

$$(1.89) \quad (52.38)$$

其中：$\overline{R}^2 = 0.993$，经 ARCH LM 检验不存在残差自相关性，模型符合各项检验要求，可以用于预测，其 2020 年全国人均 GDP 预测值为：

$$pGDPF(2020) = 82\ 415.08 \ 元$$

即西藏要 2020 年达到全国人均 GDP 水平，按西藏 2000 年以来平均人口自然增长率 10.7‰计算，2020 年西藏 GDP 预计要达到 2 763.98 亿元，比 2013 年增长约 2.42 倍，年均增长 19.21%（现价），而 2000 年以来西藏 GDP 年均增长为 15.96%（现价），低于所需的增长速度 3.25 个百分点。

根据上述模型的估算，特殊优惠货币政策对西藏经济增长的效应如图 3 所示。

从图 3 可以看到，近年来特殊优惠货币政策对西藏经济增长的作用愈显突出，但其效应波动较大。因此，要实现在 2020 年赶超全国平均水平，与全国一起全面实现小康水平，在很大程度上取决于在今后如何根据西藏经济发展实际进一步完善中央赋予西藏的一系列特殊优惠金融政策，以不断增强特殊优惠金融政策对经济增长的政策效应，为更好、更快地促进西藏经济增长，实现西藏经济社会跨越式发展提供强劲动力。

（%）

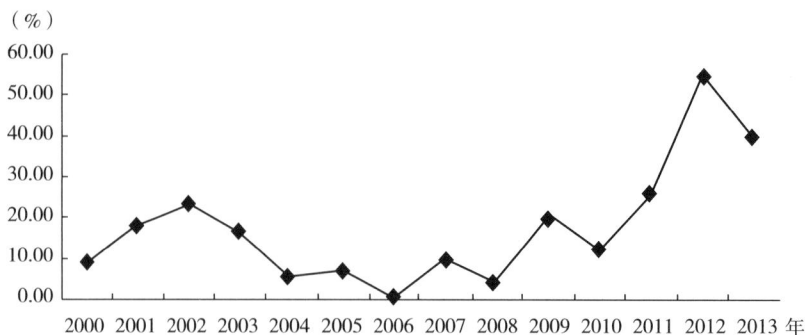

图3 2000年以来特殊优惠货币政策对西藏经济增长的贡献度

四、在全面深化改革的新形势下，继续贯彻落实特殊优惠金融政策，推动西藏经济更好、更快、更大发展

鉴于上述面临的机遇与挑战，西藏要加快发展，当前及今后很长一段时间内仍需更好地执行与内地有差别的特殊优惠金融政策。随着改革的逐步深化，西藏也需逐步探索利率改革，要逐渐发挥市场对资源配置的决定性作用，向全国的改革方向靠近。因此，辖区金融机构要紧密围绕西藏长远发展目标，结合国家和自治区金融改革要求，不仅要继续用好、用活、用足中央赋予西藏的特殊优惠金融政策，还要不断完善特殊优惠金融政策体系，充分发挥金融市场作用，优化金融发展环境，深化金融重点领域改革，全力推动西藏经济跨越式发展和社会长治久安。

（一）放宽市场准入条件，增加特殊优惠货币政策传导主体

李克强总理在2014年5月《求是》刊发的《关于深化经济体制改革的若干问题》中提出了当年金融改革要重点做好"放宽市场准入，推进利率市场化，建立存款保险制度"三件事。中国人民银行行长周小川认为"只有市场准入放宽以后，市场竞争才会充分，然后才能形成合理的价格；价格理顺后，才能体现资源配置优化"。可见，放宽市场准入条件，是推进金融改革的首要任务。为完善西藏金融组织体系，增加特殊优惠货币政策传导的主体，自治区党委、政府及辖区金融机构应围绕改革要求，优化市场准入制度，适当降低民间资本的准入门槛，积极发展中小型金融机构，建立健全金融市场体系，促进西藏金融组织体系朝着更加多层次、多元化、合理布局、适度竞争、服务高效的方向

迈进。

（二）逐步探索利率市场化，有差别地实行市场化机制

长期以来，西藏执行的特殊优惠利率政策对减轻市场主体融资成本、加大信贷投放、促进西藏经济发展发挥了重要作用。但随着全国利率市场化改革的稳步推进，从长远来看，西藏也需逐步探索利率市场化改革，稳妥处理优惠利率与市场化利率的关系。待条件成熟时，对有些发展较好的、能够承受市场化融资成本的区域、行业和企业，利率政策取向上可逐步市场化；而对发展较慢的地区、产业和群体，应继续给予政策倾斜和重点支持。

（三）努力增加有效信贷投入，支持西藏经济跨越式发展

西藏银行业金融机构要认真贯彻落实中央第五次西藏工作座谈会明确的"鼓励增加信贷投放。在藏银行业金融机构吸收的存款主要用于服务西藏经济社会发展"，不断改进和完善金融服务，调整优化信贷结构，加大有效信贷投入，积极支持地方经济更好、更快、更大发展。一是以创新信贷产品为依托，提升信贷服务水平。在藏银行业金融机构要结合西藏实际，积极创新或引进内地成熟的信贷产品，为不同类型、不同规模的客户提供有针对性的、个性化的金融服务。二是优化信贷资源配置，加大对重点行业、产业的信贷支持力度。在藏银行业金融机构要根据国家和自治区的产业政策，调整优化信贷结构，不断加大对"三农"、中小微企业、重点项目、特色产业和民生领域等的信贷投入，实现涉农贷款和中小微企业贷款"两个不低于"的增长目标。大力开展绿色信贷、消费信贷，积极支持环保、科技、文化等新兴产业加快发展，稳步推进新型城镇化建设，充分发挥信贷资源的配置作用，推进西藏产业结构进一步调整和优化。三是进一步落实灵活特殊的人民币资金营运规划管理政策，鼓励和支持在藏银行机构增加信贷投放。在藏各商业银行分行积极争取各自总行对其信贷规模实行单独管理，按人民银行拉萨中心支行编制的人民币资金营运规划对在藏分支机构单列信贷指标，等额下达信贷规模总量，并在规划调整时及时等额调整信贷规模，确保人民币资金营运规划与在藏银行机构总行下达的信贷规模实现有机统一，鼓励和支持在藏银行机构增加信贷投放。四是进一步调整完善补贴政策，运用财政资金引导信贷资源向"三农"、中小微企业、非公经济、特色产业、民生领域等经济发展薄弱环节倾斜。

（四）畅通特殊优惠货币政策传导机制，增强政策的执行力

特殊优惠货币政策传导机制不畅就会影响特殊优惠货币政策的执行效应。因此，畅通特殊优惠货币政策传导机制，对于贯彻落实好中央赋予西藏的特殊优惠货币政策、促进西藏经济跨越式发展具有十分重要的意义。一是加强政策宣传和窗口指导。在藏金融机构要充分利用各种媒体，大力加强金融政策、金融产品的宣传力度，普及金融知识，扩大政策的知晓面和受益面，使优惠政策家喻户晓，更好地惠及全区各类经济主体和广大人民群众。辖区人民银行各级分支机构要加强货币政策引导和窗口指导，密切关注信贷投放结构和形势，引导辖区银行业金融机构用好、用足、用活特殊优惠货币政策，促进地方经济结构调整和发展方式转变。二是继续完善和落实差异化信贷管理办法和单独的考核办法。西藏经济基础极为薄弱，经济发展较为滞后，市场主体发展程度明显落后于全国平均水平。因此，在藏各商业银行要积极争取和落实差异化信贷管理政策，在风险可控的前提下，设置与西藏市场主体、经济发展环境相适应的贷款准入条件，切实增加信贷投放。同时，在藏银行业金融机构总行要对在藏分支机构制定和实行区别于内地省级分行的特殊绩效考核办法，综合考虑西藏市场环境、客户资源、金融基础设施建设、人力和管理成本等特殊因素，对各类经营管理指标单独考核，激发银行机构增加信贷投放的内生动力。三是制定和实行与差异化信贷管理办法相匹配的特殊监管政策，准予在藏银行机构总行针对其在藏分支机构下调评信级次作为信贷客户的准入标准和创新信贷产品的准入条件，允许对基础产业重点项目发放项目前期贷款，引导在藏银行业金融机构增加信贷投放，支持地方经济发展。四是加强特殊优惠货币政策与财政政策、产业政策的协调配合。产业政策、财政政策与货币政策是市场经济条件下政府实施宏观调控的主要手段。货币政策的制定、实施、传导和作用的发挥必须紧紧依靠产业政策、财政政策等一系列政策的支持和配合。新形势下加强货币政策和财政政策的协调配合，将对西藏经济实现更好、更快、更大发展产生积极的作用。因此，在藏各银行业金融机构要主动加强与各部门的沟通协调，以产业政策为导向，以财政资金为引导，优化信贷结构，狠抓贷款营销，创新机制，开拓市场，培育项目，深挖潜力，促进经济结构调整和产业升级，支持西藏经济跨越式发展。五是推进监管协调机制建设。面对金融创新的挑战和金融开放程度的不断加深，一行三局及政府金融职能部门要推进监管协调机制建

设，加强沟通交流与合作，就金融重点问题和新问题尽量达成共识，提高金融监管效率，形成金融监管合力，构建覆盖全金融系统的风险预警和评估体系，有效防范和化解系统风险。

（五）转变政府职能，为贯彻落实好特殊优惠货币政策营造良好的外部环境

全面深化改革的总目标是完善和发展中国特色社会主义制度，推进国家治理体系和治理能力现代化。在当前全面深化改革的新形势下，各级政府及经济管理部门应坚决破除各方面体制机制弊端，加强治理能力建设，推动资源配置依据市场规则、市场价格、市场竞争实现效益最大化和效率最优化。必须切实转变政府职能，深化行政体制改革，创新行政管理方式，为金融支持地方经济发展创造良好的环境。首先，要创新体制机制。逐步减少对金融发展的行政干预，通过完善利益引导机制，以经济利益引导各金融服务主体的服务方向，使市场机制在金融业发展中发挥决定性作用，促使西藏金融业内生性科学发展。其次，要转变职能，增强服务意识，为市场主体发展创造良好的服务环境。主动打破传统壁垒，简政放权，切实增强准入事项审批透明度，放宽市场准入条件，优质高效完成市场准入工作。加强对各种行业、各类企业的管理与服务，帮助企业完善内部管理和公司治理结构。建立中小企业信息共享平台，加强银政企沟通交流，缓解信息不对称造成的融资困难。引导企业通过兼并、重组、合资、合作等方式壮大规模和实力，培育一批有规模、有竞争力的优质企业，待时机成熟时积极推动其上市。最后要优化金融生态环境，增强吸纳资金的能力。推进担保体系建设，鼓励和吸引民间资本组建商业性担保公司，积极引进区外信用担保公司等，为经济主体融资提供担保服务。积极培育法律、会计、审计、投资咨询、规划设计、信息服务、资产评估等各类中介机构，逐步形成门类齐全、功能完善、竞争有序的中介服务市场，使中小企业能够获得专业服务，提高企业现代化管理能力。加快社会信用体系建设，培养全社会诚信意识，促进金融业健康、稳健运行。

参考文献

［1］卡尔·E. 瓦什：《货币理论与政策》，北京，中国人民大学出版社。

［2］米什金：《货币金融学》，北京，中国人民大学出版社。

［3］李长风：《经济计量学》，上海，上海财经大学出版社。

［4］彭作祥：《金融时间序列建模分析》，成都，西南财经大学出版社。

［5］汪斌：《国际区域产业结构分析导论——一个一般理论及其对中国的应用分析》，上海，上海三联书店、上海人民出版社。

［6］武剑：《货币政策与经济增长 ——中国货币政策发展取向研究》，上海，上海三联书店、上海人民出版社。

［7］钱小安：《货币政策规则》，北京，商务印书馆。

［8］巴曙松：《中国货币政策有效性的经济学分析》，北京，经济科学出版社。

［9］萧松华：《当代货币理论与政策》，成都，西南财经大学出版社。

［10］旺堆、熊正良：《西藏货币信贷政策 50 年回顾》，载《金融研究》，2001（9）。

优惠外汇管理政策对西藏涉外经济发展的影响

中国人民银行拉萨中心支行外汇管理处课题组
课题组成员：刘家荣　唐双彪

摘要： 本文主要研究外汇管理对西藏对外经济发展的相关影响。第一，研究西藏优惠外汇管理政策的演变过程；第二，对优惠外汇管理政策的效应分析；第三，"十二五"以来优惠外汇管理政策相关工作开展情况。包括以争取并落实优惠外汇管理政策为关键点，着重为西藏外向型经济发展创造宽松的外汇管理政策环境以及以推进外汇管理重点领域改革为突破点，营造良好的外汇市场环境，完善外向型经济外汇服务体系；第四，就发挥优惠外汇管理政策最大效能提出相关建议；第五，"十三五"优惠外汇管理政策展望，包括落实好优惠外汇管理政策，巩固外汇管理重点领域改革成果，进一步促进贸易投资便利化，继续推动简政放权和依法行政，探索服务新手段，加大对外贸企业的金融支持力度，做好辖区外汇市场建设工作并加大跨境人民币结算工作并以推进主体监管为抓手，加强跨境资金流动监管工作，维护地区经济金融稳定。

关键词： 西藏　对外经济　外汇管理政策

前言

（一）研究背景及意义

近年来，西藏各项优惠外汇管理政策的效应得以显现，宽松的外汇管理政策环境，外汇管理重点领域的改革，不断地提升了西藏贸易投资便利化水平，有效地防范了异常跨境资金流动风险，积极地维护了西藏外汇市场稳定，为西藏涉外经济平稳健康发展作出了积极贡献。

（二）研究方法

1. 文献研究法

本文查阅了与西藏外汇管理与对外经济发展相关的期刊论文、学位论文、专题研究、统计资料，并对其进行了归纳整理，学习和借鉴已有的成功经验，试图建立科学的西藏外汇管理与对外经济发展研究方法。

2. 调查法

调查法是有目的、有计划、有系统地搜集有关西藏外汇管理与对外经济发展的现实状况以及历史状况的材料的方法。调查方法是科学研究中常用的基本研究方法，对西藏外汇管理与对外经济发展的现状，西藏外汇管理与对外经济发展存在问题进行调查。

3. 定性分析法

定性分析法就是对西藏外汇管理与对外经济发展进行"质"的方面的分析。具体地说是运用归纳和演绎、分析与综合以及抽象与概括等方法，对获得的各种西藏外汇管理与对外经济发展相关材料进行加工，揭示西藏外汇管理与对外经济发展的内在规律。

4. 描述性研究法

描述性研究法是将西藏外汇管理与对外经济发展已有的现象和理论通过自己的理解和验证，给予叙述并解释出来。同时，揭示对西藏外汇管理与对外经济发展多种情况的调查；描述西藏外汇管理与对外经济发展的现状，对实际问题的说明等。

前人的研究基础对本文研究有重大的借鉴意义，在进行系统研究之前需要系统梳理前人的研究文献，找出其研究不足与可借鉴之处；任何研究都是建立在一定的理论指导之上的，因此也回顾了本研究需要借鉴的相关理论。

作为研究样本点的西藏外汇管理与对外经济发展状况是本研究的现实基础，本研究收集和整理了相关的数据资料，用以简要说明样本点具有研究的价值。

在此基础上，借鉴相关文献成果，选择出研究西藏外汇管理与对外经济发展所需要的材料。从西藏外汇管理与对外经济发展的根本目的入手，分析西藏外汇管理与对外经济发展的基本目标，收集相关问题。首先考虑官方数据，具有相对权威性，同时比较容易取得；官方数据不能满足指标需要的数据，笔者通过其他方法予以收集。

对数据进行描述性统计分析和实证研究，得出基本的数据输出，即实证研究结果，再对结果基础理论分析，形成研究结论，在此基础上提出解决问题的对策。

一、西藏优惠外汇管理政策演变过程

西藏特殊优惠外汇管理政策的演变总体上经历了三个阶段，即萌芽期、发展期和成熟期。各个阶段的优惠政策与当时的西藏经济发展环境是紧密联系在一起的。

第一阶段为萌芽阶段，主要时间为 2005 年以前（"十一五"规划以前）。自 2001 年中国加入世界贸易组织以来，西藏涉外经济受国际、国内环境影响发展迅速，尤其是边境贸易强劲增长。由于地域环境等因素的影响，西藏在进出口核销和人民币结算等方面存在特殊的优惠政策需求。因此，在"十五"规划中，国家外汇管理局西藏分局根据西藏实际情况，向国家外汇管理局申请了四项优惠政策，即在保持现有区内外商投资企业有关开立外汇结算账户政策不变的前提下，放宽区内中资企业开立外汇结算账户的条件；将实际经营活动在区内的企业出口项下出口收汇核销单交单期限延长至半年（当时全国的核销期限为 3 个月），进口项下除货到付款结算方式外，对异地付汇以及信用证、托收等结算方式报关的，货到报审期限也延长至半年（当时全国的核销期限为 3 个月）。对国家外汇管理局西藏分局进出口收付汇核销率实行单独考核；针对西藏边境贸易的特殊情况，允许西藏边境贸易地区以人民币、邻国货币以及可自由兑换货币结算，人民币可以办理核销手续；为方便西藏居民个人投资 B 股，国家外汇管理局特例批准西藏证券经济有限责任公司外汇业务经营资格。上述优惠政策既有时代特性，又具有前瞻性，尤其前 3 条优惠政策在国家外汇管理局以后的各项政策改革中逐步推广到全国实行。

第二阶段为发展阶段，主要时间段为 2006—2010 年（"十一五"规划期间）。在这期间，社会主义市场经济体制进一步完善，对外开放不断扩大，西藏涉外经济得到了迅猛发展，同时外汇管理体制改革进入发展的新阶段，受人民币汇率机制改革等重要因素影响，西藏在人民币境内投资等方面有了新的政策需求点。在"十一五"规划中，国家外汇管理局西藏分局在广泛调研的基础上，向国家外汇管理局申请继续保留"十五"期间办理进口付汇核销的期限延长至 180 天优惠政策的同时申请了两项新优惠政策，即与我国签订双边边贸银行本币结算协议的西藏自治区周边国家（地区）的外商，以通过金融机构合法汇入的人民币资金进行投资，且取得商务部门批准和工商登记的，可以按规定办理外商投资企业外汇登记，取得的利润和投资本金可以购汇汇出；待拉萨经济技术开发区建设完成并正式运转后，结合实际情况，制定具体实施细则，报总局批准后施行。这两项优惠政策，是在国家外汇管理局西藏分局在深入调研和充分听取企业、银行和相关单位意见的基础上初步形成，再经充分论证最终形成。这两项优惠政策与西藏当时社会经济发展紧密联系在一起，也体现了西藏特殊优惠外汇管理政策在向更为深入的层面发展。

第三阶段为成熟阶段，主要时间段为 2011—2014 年（"十二五"规划期间）。在这期间，受国际、国内宏观经济影响，外汇管理各领域相继实行重大改革，如货物贸易外汇管理体制改革、服务贸易管理体制改革以及资本项目外汇管理改革等，外汇管理政策环境进一步放松，西藏在继续执行"十一五"优惠外汇管理政策的情况下，根据新政策实施情况，适时向总局争取更为有利的两项优惠政策，即出口收汇核销期限延长至 270 天；取消核销制度后，将货物贸易现场核查企业提交现场核查报告的时限从 10 个工作日延长至 20 个工作日。这两项优惠政策是紧扣货物贸易外汇管理体制改革的，为西藏涉外企业进一步做好货物贸易体制改革前后工作衔接提供了有力的政策支持。

二、优惠外汇管理政策对西藏经济发展的影响

多年的实践证明，优惠外汇管理政策实施以来，有力地促进了西藏涉外经济跨越式发展和社会长治久安，也有力地促进了西藏涉外企业的发展（见表 1、图 1、图 2）。

表 1　　　　　　　　　　西藏地区最近 5 年 GDP 增长情况

年份	GDP（亿元）	年份	增长率（%）
2009	414	2009	—
2010	507	2010	22.46
2011	605	2011	19.33
2012	695	2012	14.88
2013	807	2013	16.12

一是对全区 GDP 的增长起到了推动作用。2001—2013 年，外贸依存度最低为 5.7%，最高为 31%，平均外贸依存度为 10%。2009—2013 年，西藏 GDP 增速最低位 14.88%，最高为 22.46%，平均增长率为 18.2%。由此说明优惠外汇

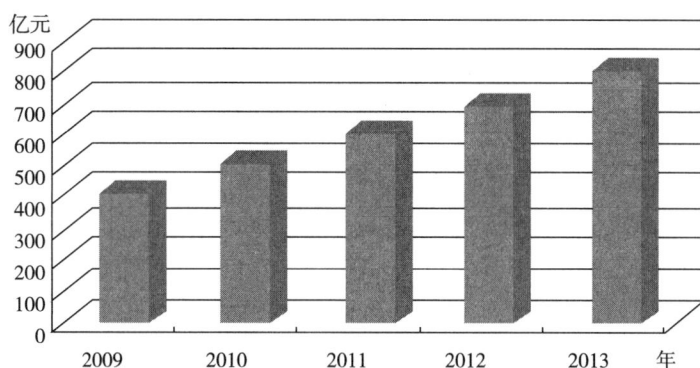

图1 最近5年西藏地区GDP情况

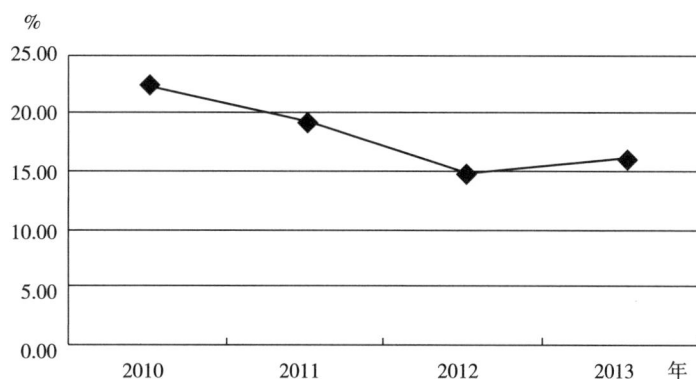

图2 西藏地区最近4年GDP增长速度

管理政策对西藏社会经济的发展，涉外经济的快速发展起到重要作用。

西藏进出口总额由2001年的0.94亿美元，增长到2013年的33.2亿美元（见表2），较2001年增长34倍。外贸对GDP的平均贡献率为17.7%，尤其是开展人民币跨境结算业务后的2012年，外贸对GDP的贡献率达到138%。

表2　　　　　　　　　西藏地区最近5年进出口额及增长情况

年份	进出口总额（万美元）	增长率（%）
2009	40 204	−47.47
2010	83 594	106.7
2011	135 861	62.53
2012	342 427	152
2013	331 939	−3.05

二是从事外贸业务的企业数量明显增多，经常项目发展迅速。在2002年实施进出口核销期限适当延长和有条件放开西藏外贸企业开立外汇结算账户的优

惠政策后，西藏从事外贸企业家数逐年增加，特别是在优惠政策开始实施的
2002 年，涉外企业增加 41 户，增幅达 83%。截至 2013 年，全区外贸企业达到
305 家，比 2001 年增长 5.2 倍，有力地促进了经常项目在西藏的发展（见图 3、
图 4）。

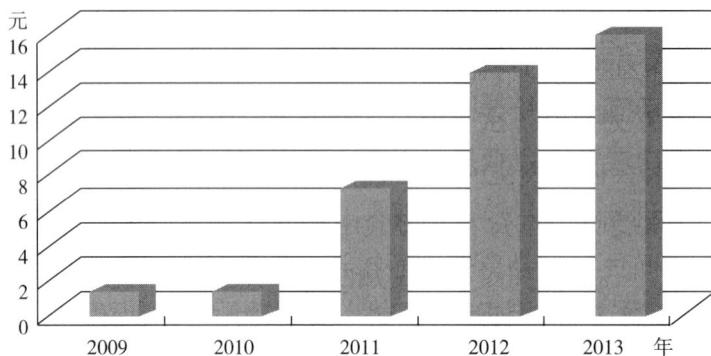

图 3　西藏地区最近 5 年经常项目总额

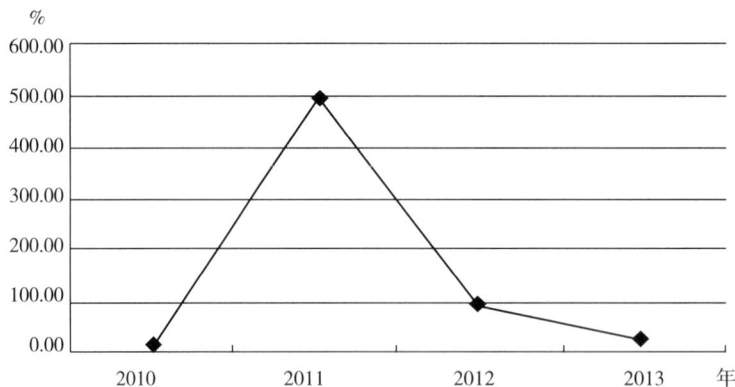

图 4　西藏地区最近 4 年经常项目增长情况

三是企业开立经常项目外汇结算账户更为便利。"九五"期间，西藏无一
家外贸企业具备开立经常项目外汇账户资格。从开始实施优惠政策的 2001 年
起，全区经常项目外汇账户开户数逐年递增，2001 年新增外汇账户 6 户，较
2000 年增长 3 倍。2002 年，外汇账户数达 29 户，新增开户数 21 户，较 2001 年
增长 2.6 倍。2003 年外汇账户数达 42 户，新增开户数 13 户，较 2002 年增
长 45%。

四是边境贸易得到蓬勃发展。边境贸易结算方式的多样化和适当延长进出
口项下核销时间等优惠政策，为全区企业积极开拓边贸市场、大力发展边境贸

易业务、努力扩大出口创汇，提供了较好的政策环境，边境贸易一直是西藏发展对外经济贸易的主要渠道，且边境贸易长期保持顺差。2011—2013 年，西藏跨境人民币收支总量为 32.4 亿美元，占西藏跨境收支总量的 68%。其中，边境贸易跨境人民币收支总量为 31.6 亿美元，占跨境人民币收支总量的 97.5%，占西藏跨境收支总量的 66%。2009 年西藏边境贸易进出口额为 2.5 亿美元，2013 年西藏边境贸易进出口额为 19.2 亿美元，较 2009 年增长 7.7 倍。

五是国际收支总额增长迅猛。优惠外汇政策的落实到位以及《西藏自治区边境外汇管理实施细则》规定边境贸易允许人民币计价结算等配套政策的出台，为西藏涉外企业扩大出口、增加创汇创造了良好的政策环境（见表 3）。贸易出口的增长直接拉动了国际收支总额的增长。2009—2013 年，西藏跨境收支总量 47.75 亿美元，其中：经常项目跨境收支总量 39.3 亿美元，资本和金融 8.45 亿美元。顺差规模 38.26 亿美元，其中：经常项目顺差 35.77 亿美元，资本和金融项目顺差 2.49 亿美元。跨境收支顺差规模在逐年扩大，顺差规模由 2009 年的 1.14 亿美元，增长到 2012 年的 15.27 亿美元，增速迅猛。通过五年的数据来看，西藏跨境收支总量在逐年增长，尤其是近三年增长幅度较大。2011 年以来增幅较快的主要原因是受跨境人民币结算业务发展迅速影响，西藏外贸出口总量大幅增长，2011 年、2012 年的影响尤为明显。

表3　　　　　　　　　　　　西藏地区货物贸易以及结汇情况

年份	货物贸易（亿美元）	增长率（%）	结汇项目总量（亿美元）	增长率（%）
2009	0.85		2.34	
2010	0.87	2.35	2.28	−2.56
2011	6.48	644.83	4.1	79.82
2012	12.82	97.84	4.7	14.63
2013	15.25	18.95	3.86	−17.87

通过最近五年的数据分析，西藏跨境收支总量出现明显增加，主要受涉外收入明显大幅走高推动，2009—2013 年涉外收入达到 43 亿美元，占涉外收支总额的 90%（见图 5、图 6）。通过分项分析，经常项目涉外收支总额波动对整个涉外收支总额波动影响较大。从总体来看，西藏跨境收支总量和差额的整体走势受经常项目收支总量曲线走势影响显著，三条曲线基本保持相同走势，表明西藏经常项目跨境收支形势对全区收支整体形势影响较大。

通过研究发现 GDP 增长率、外汇收入以及支出及进出口额都有一定的正相关性（见图 7、图 8）。实践证明，优惠外汇管理政策的实施，有利于促进西藏

亿美元

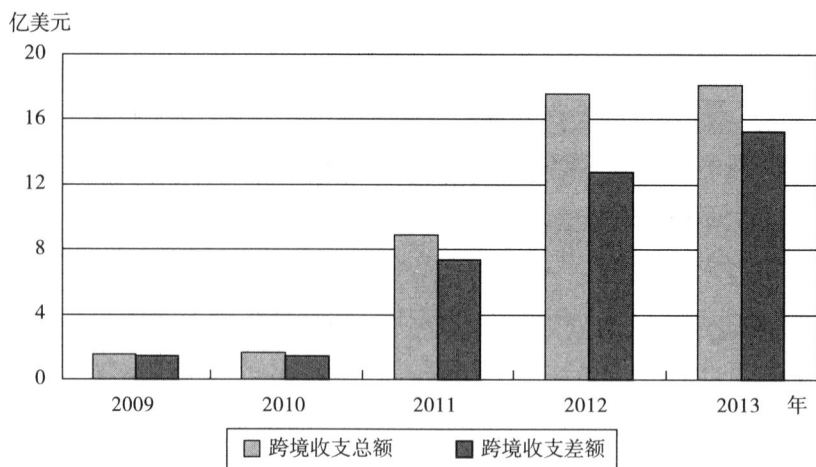

图 5　2009—2013 年西藏地区跨境收支总额和差额

亿美元

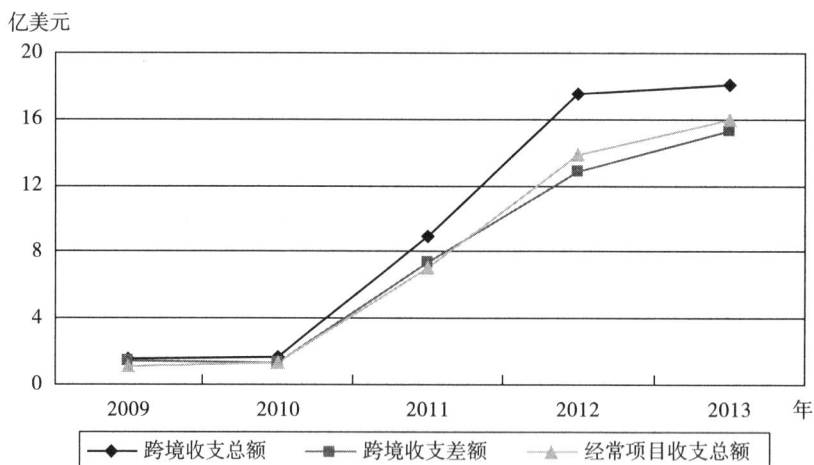

图 6　西藏地区跨境收支总额与经常项目收支总额曲线

涉外经济的增长，有利于涉外经济产业结构的调整、优化和升级，有利于城乡居民收入的提高，有利于人民生活水平的改善，有利于涉外企业的发展。

三、充分发挥优惠外汇管理政策效能的相关建议

虽然优惠外汇管理政策有力促进了西藏涉外经济发展，但是在贯彻落实优惠政策过程中还存在一些不足。为充分发挥外汇管理政策的效能，本文提出以下几方面建议：

一是关注人民币汇率的影响。美元兑人民币汇率，从 2010 年初的 6.82 到

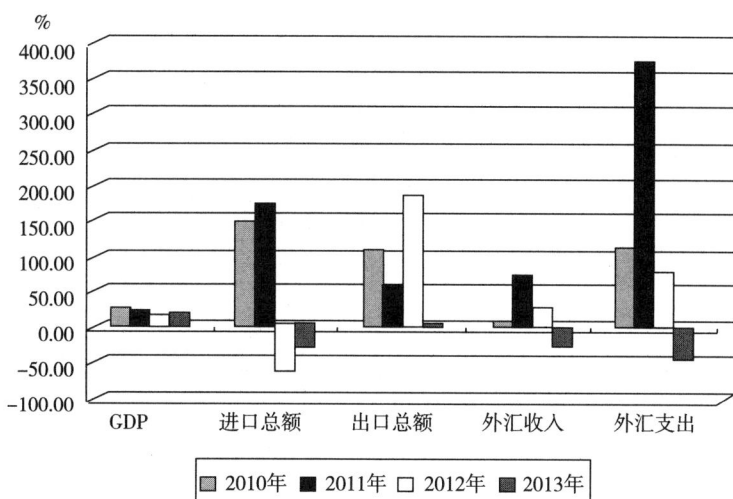

图 7　各项指标增长率

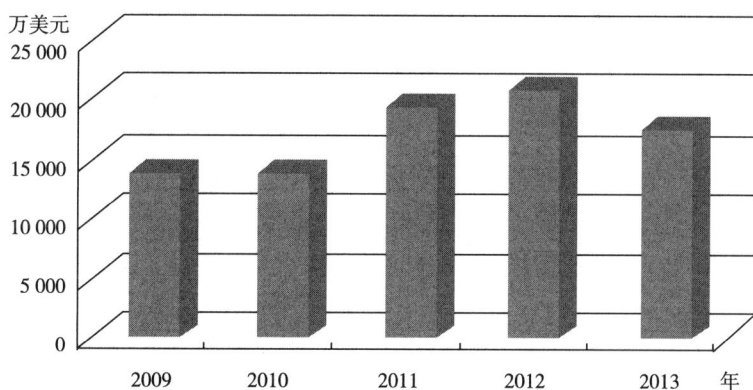

图 8　西藏地区最近五年外汇收支顺差情况

2013 年 6 月的 6.12，呈现稳定下降趋势，美元相对贬值 10.26%（见图 9、图 10）。从这三年数据来看人民币兑美元总体升值，中间会有小幅波动，但相对稳定几乎保持小幅升值趋势。我国自 20 世纪 90 年代以来人民币就成整体上升趋势，其中人民币兑美元上升较快，尤其是实现汇率改革之后我国的汇率变动更为明显。汇率变动对我国的外贸企业将会产生重大影响，尤其是出口导向型的沿海中小企业，因此如何提前判断人民币汇率变动趋势，如何利用人民币变动情况为我国企业谋取利润就显得至关重要。

　　可以预见，将来一段时间内人民币相对美元会保持小幅升值的过程。西藏目前大量从国外进口产品，人民币升值有利于西藏地区的进口，降低原材料采

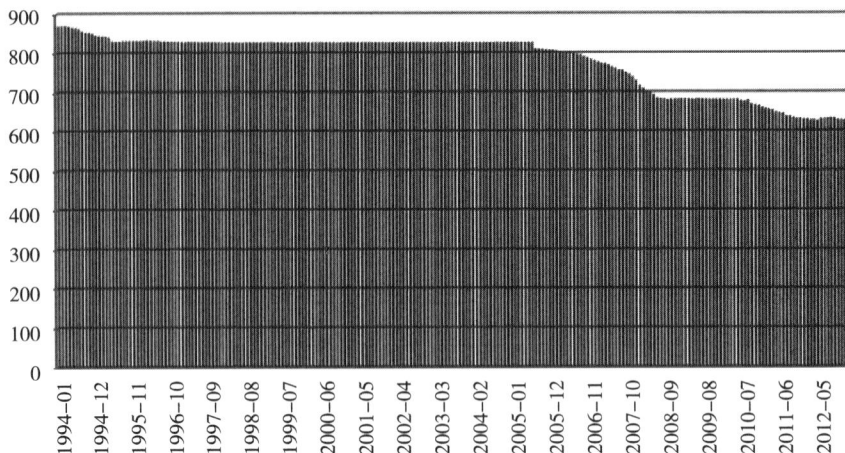

图9 每100美元对人民币汇率

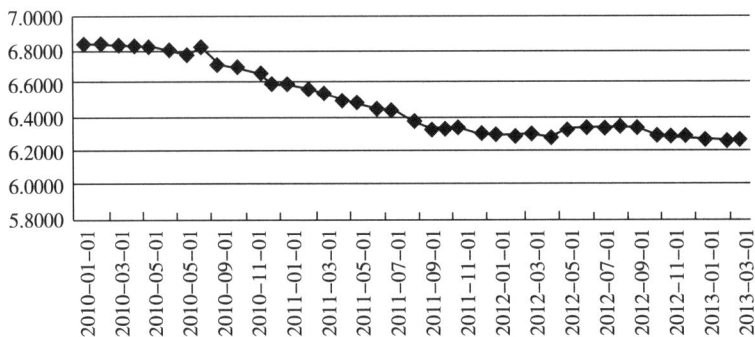

图10 2010年以来人民币兑美元汇率

购成本。人民币升值有利于西藏进口更多的原材料等战略资源，降低进口商品的采购价格对于抑制国内的通货膨胀也有一定帮助。但人民币升值对西藏经济造成的冲击不容小觑，我国未来货币政策的趋势主要取决于经济的内外均衡矛盾及其实现。人民币升值会继续冲击我国传统行业的出口，不利于经济复苏。对人民币升值的预期，会吸引更多资本的流入，制造更大的外部不平衡，甚至会造成虚假繁荣和泡沫，误导经济向非理性方向发展。但升值也是必须的，一旦人民币贬值则会造成资本流出等，不利于中国经济发展。

二是充分考虑优惠政策因素，完善金融产品定价体制。在利率市场化的大背景下，科学合理的产品定价体系是西藏商业银行获取竞争优势、应对利率风险的重要部分。在定价策略方面，商业银行在决定采用何种利率定价模式时，需要考虑多方面因素，包括：财务成本和管理成本、市场利率水平、风险溢价、同业竞争、中间业务和优惠外汇管理政策等。西藏商业银行可通过选择由总行公布或规定一个适合于全行的基准利率，充分利用优惠外汇管理政策，授权各支行在一定范围内进行浮动的方法进行定价。在定价技术上，商业银行也应跟随科技进步的发展，应用科学合理的定价模型对存贷款利率进行定价，甚至是开发出适合本行情况和 H 标的个性化定价软件。

三是开发先进的利率风险衡量技术和规避技术，合理规避执行优惠外汇管理政策过程中的风险。在分析衡量技术上，西藏商业银行要突破简单的缺口分析，需要更先进的模拟分析和 VAR 模型。在规避技术上，不仅可以利用资产负债规避技术，还可以利用发达的金融衍生品来规避利率风险，并且开发出了适合自身特点的个性化分析软件。就商业银行来说，其利率风险管理尚属起步阶段，会计、统计、信息体系等方面还不够完善，故可采取缺口法分析自身面临的利率风险。随着利率风险管理体系的不断发展、完善和优惠外汇管理政策更为成熟，可以逐步应用更为复杂和先进的利率风险衡量和规避技术，或者开发满足自身特定需要的个性化分析软件，有效规避执行优惠政策过程中的风险。

四、"十三五"优惠外汇管理政策展望

发展西藏外向型经济是拉动西藏经济增长的重要动力。当前和今后一个时期，西藏外汇管理工作须进一步转变外汇管理方式，加大对外贸企业的金融支持力度，继续提升辖区贸易投资便利化水平，支持和促进西藏外向型经济平稳较快发展。特殊优惠外汇管理政策在这一过程中扮演"催化剂"的角色，将西藏外向型经济由量变催化到质变。"十三五"规划以及优惠外汇管理政策已在酝酿过程中，为了更好地支持西藏经济发展，建议从以下几个方面争取西藏优惠外汇管理政策。

（一）落实好优惠外汇管理政策，巩固外汇管理重点领域改革成果，进一步促进贸易投资便利化

采取有力措施贯彻执行优惠外汇管理政策，进一步巩固货物贸易、服务贸易及直接投资外汇管理改革成果，密切关注改革效应，在风险可控的前提下，稳步提升贸易投资便利化水平。根据 2014 年 4 月 1 日起实施的边境贸易外汇管理政策内容，结合辖区实际，制定符合辖内边境贸易发展需要的差异化管理措施，并报国家外汇管理局审批。配合总局开展对现行个人外汇管理政策和相关

法规的梳理工作，根据辖内个人用汇的形势变化，就推动个人外汇业务中有重点的主体管理、提升个人用汇便利性等方面提出政策建议。

（二）继续推动简政放权和依法行政，探索服务新手段

推动政务公开，简化政务流程，根据外汇管理政策及形势变化，探索更加符合西藏涉外经济发展需求的服务新手段。继续以服务实体经济发展、促进贸易投资便利化为立足点，进一步完善支持西藏涉外经济发展的指导意见，从政策支持、简化程序、优化服务、提高效率等方面为外向型经济主体营造良好的经营环境和宽松的管理环境。

（三）加大对外贸企业的金融支持力度，做好辖区外汇市场建设工作

一是引导辖内银行业各金融机构有效贯彻落实中央赋予西藏的特殊优惠金融政策，加大对西藏外贸企业的信贷支持力度，结合西藏外向型经济发展实际创新金融产品与服务方式。协调银行建立健全银企对接机制，深入了解外贸企业实际需求，在风险可控的前提下，充分发挥利率浮动机制，建立绿色信贷通道，有力助推外贸企业发展。二是根据自治区政府关于吉隆口岸工作部署，做好对中国农业银行股份有限公司吉隆口岸支行外汇业务市场准入的备案以及业务培训工作，为吉隆口岸涉外经济发展提供良好的金融外汇服务。三是积极改善辖内口岸金融服务环境，合理引导外汇指定银行参与办理边贸结算业务，在口岸地区设点布局，形成良好的金融服务格局，为边贸结算注入新活力，形成有序竞争的局面。鼓励外汇指定银行在竞争中积极创新符合西藏实际的支付结算工具，进一步改善外向型经济支付结算环境，使外贸企业充分享受到银行结算带来的灵活和便利，降低企业的结算成本。四是配合做好银联外币卡在尼泊尔的发放工作，加强对我区边境口岸地区外汇局分支机构的相关外汇业务指导工作。

（四）加大跨境人民币结算工作

探索小币种柜台直接挂牌交易，探索人民币与西藏毗邻接壤国家货币的汇率形成机制，借鉴广西、云南省跨境人民币贸易结算工作经验，积极向自治区政府提出符合西藏实际的推进跨境贸易人民币工作的政策建议，推动全区跨境人民币业务实现较大突破。继续深化与尼泊尔金融合作平台建设，积极跟进人

民银行与尼泊尔签署的双边本币互换协议进程，推进双边本币结算，拓展边贸结算渠道。

（五）以推进主体监管为抓手，加强跨境资金流动监管工作，维护地区经济金融稳定

一是积极探索以非现场监管和事后管理为主要特征的外汇管理模式，加强与商务、海关、税务等政府职能部门间的联合监管，抓大放小，做好对重点主体的监管工作。二是充分运用信息技术手段，依托跨境资金流动监测分析系统等业务系统，加大对违规资金流动渠道和关键环节的监测、检查力度，有效打击外汇违法违规行为。三是加强与公安等部门间的沟通协调，切实有效做好异常跨境资金监测工作，维护辖区外汇市场良好秩序。

西藏区域性财政政策与货币政策协调配合浅析

中国人民银行拉萨中心支行课题组
课题组成员：彭志坚　田春苗

摘要：本文首先就财政政策与货币政策协调配合的理论机理进行了分析；其次，利用西藏经济金融数据推导西藏区域 IS—LM 模型架构，分析西藏当前区域财政政策与货币政策配合的现状；最后，根据区域 IS—LM 模型提出改善西藏区域财政货币政策协调配合效应的政策建议，以更好、更快地推动西藏经济社会跨越式发展。

关键词：西藏　IS—LM 模型　协调配合

当前，西藏正处于经济和社会双重转型过程，即从计划经济向市场经济、农业社会向工业社会转型，在这种背景下就必须用好用活党中央国务院赋予西藏一系列特殊优惠的财政金融政策，使两大宏观政策实现良性协调配合，从而实现西藏经济社会跨越式发展和长治久安，这是做好当前和今后西藏经济工作的重点任务。

一、财政政策与货币政策协调配合的理论分析

财政政策与货币政策是国家集中分配资金的两条不同渠道。两类政策之间存在内在关联性，这种内在关联性使得两类政策之间也存在相互影响。在政策实施过程中，如果不考虑两类政策的相互影响，则会削弱政策的实施效果，所以两类政策的搭配协调在一个国家的宏观调控中非常重要。

当前，国内外财政政策与货币政策协调配合最基础的分析工具是 IS—LM 模型。IS—LM 模型最初由英国经济学家 J. 希克斯 1937 年在《经济计量学》杂志上发表的《凯恩斯先生与"古典学派"》论文中首次提出，用以解释凯恩斯的理论。1948 年与 1953 年美国经济学家 A. 汉森在《货币理论与财政政策》及《凯恩斯学说指南》中进一步解释了该模型，此后，F. 莫迪尼安尼、克莱因和

萨缪尔森等著名经济学家对该模型进行了补充与发展。IS—LM 模型在后来尽管受到了许多经济学家的质疑，但就如 R. 多恩布施与 S. 费希尔所认为的："IS—LM 模型是现代宏观经济学的核心。"

按照国民经济核算理论，由居民、厂商、政府三部门组成的国民经济为封闭经济，而由居民、厂商、政府与国外部门组成的为开放经济。

首先，封闭经济条件下的 IS—LM 模型推导如下：

IS 曲线表示产品市场的均衡，即与各个可能的利率水平相对应的均衡产出水平。

$$Y = C + I + G + (X - M) = C_0 + c(Y - T + R) + I + G + (X - M) \quad (1)$$

其中，C_0 是自发性消费，c 是边际消费倾向，Y 是总产出，T 是税收，R 是转移支付，I 是投资，G 是政府购买。

$$I = I_0 - bi \quad b > 0 \quad (2)$$

其中，I_0 为自发性投资，i 是利率，b 是投资对利率的反应程度。

$$M = M_0 + mY \quad M_0 > 0, 0 < m < 1 \quad (3)$$

其中，M_0 为自发性进口，m 为边际进口倾向。

将（2）与（3）代入（1），并假定 $A = C_0 + c(R - T) + I_0 + G$，得：

$$Y = \frac{1}{1 - c + m}[A + (X - M_0) - bi] \quad (4)$$

（4）式即为 IS 曲线表达式，IS 曲线上的点表示产品市场达到均衡时利率与总产出的各种组合。由于 IS 曲线的斜率为负，所以曲线向右下方倾斜。这表明均衡产出随着利率的升高而下降。对此的解释是：利息率下降使投资成本降低，这将刺激投资水平的提高。通过乘数的作用，总需求水平进一步提高。在没有供给限制的情况下，总需求的提高促使均衡产出的增加。

LM 曲线表示货币市场的均衡，即与各个可能的产出水平相对应的均衡利率水平。

$$M = L = KY - hi$$

$$i = -\frac{M}{h} + \frac{K}{h}Y \quad K > 0, M > 0, h > 0$$

其中，Y 为实际产出，M 是名义货币供给量，K 是交易货币占收入的比例，h 是货币需求对利率的反应程度，i 是均衡利率。

当参数 M、K、h 给定时，LM 曲线的空间位置就确定了。在这种情况下，均衡利率随着收入的变动而变动。由于 $K/h > 0$，这意味着 LM 曲线是向右上方倾斜的。LM 曲线的这一特征表现货币供给量等因素给定条件下，均衡利率随着收入的提高而提高，对此解释如下：收入增加意味着有一个更大的商品量要通过以货币为媒介的交易进入使用领域，这样就引起了交易、预防货币需求量的增加，而货币供给量不变。于是货币需求量大于货币供给量，货币市场的供大于求导致利率水平上升。

IS—LM 模型如图 1 所示：

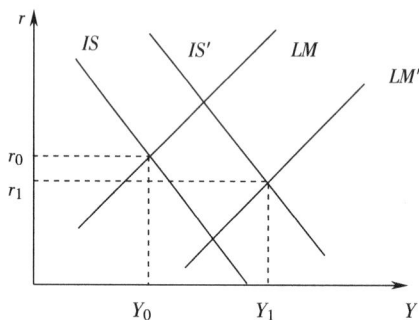

图 1　IS—LM 模型

一般而言，财政政策通过政府支出影响 IS 曲线的移动来影响国民经济，而货币政策则通过影响货币供给与货币需求来变动 LM 曲线，IS 曲线与 LM 曲线的交点为封闭经济条件下的均衡点。以图 1 为例，政府实行扩张性的财政政策，使 IS 曲线移至 IS'，这时根据宏观经济目标，同时实行扩张性的货币政策，增加货币供给，使得 LM 曲线移至 LM'，此时，IS 曲线与 LM 曲线相交于新的均衡点，国民经济由 Y_0 增加至 Y_1。

因此，财政政策与货币政策协调配合取决于 IS 曲线与 LM 曲线的形状，即 IS 曲线与 LM 曲线的斜率。如前所述，IS 曲线取决于投资对利率的敏感度 b 与边际消费倾向 c（其中主要取决于 b）。当 c 一定，b 越小，或 b 一定，c 越小时，IS 曲线就越陡峭，财政政策效果就越好，而货币政策效果则越差。LM 曲线的斜率取决于货币需求对利率的敏感度 h 与货币需求对收入变动的敏感度 K（其中主要取决于 h）。当 K 一定，h 越小，或 h 一定，K 越大时，LM 曲线越陡峭，财政政策效果就越差，而货币政策效果则越好。

此后，两位著名经济学家蒙代尔和弗莱明在研究开放经济条件下的内外均衡问题时，对 IS—LM 模型进行了扩展，形成蒙代尔—弗莱明模型。它描述的是开放经济达到产品市场、货币市场和国际收支均衡的条件，以及当外生变量发生变动后对三种均衡所产生的影响，不仅能够揭示"克鲁格曼三元悖论（Impossible Trinity）"，还为研究开放经济条件下的财政政策与货币政策协调配合问题提供了强大的工具。

蒙代尔—弗莱明模型的分析表明，在小国开放经济模型中，给定资本在国际间具有高度流动性这一条件，在固定汇率制下，财政政策有效，货币政策无效；在浮动汇率制下，货币政策有效，财政政策无效。由此，引出著名的克鲁格曼三元悖论（见图2）：

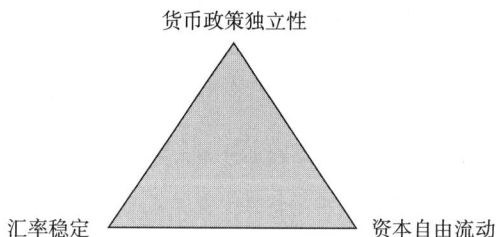

图2　克鲁格曼三元悖论

即在资本自由流动、汇率稳定和保持货币政策独立性三个目标中，一国或区域只能同时实现两个目标而不得不放弃第三者。

二、西藏区域财政货币政策协调配合效应分析

党中央、国务院历来高度重视西藏工作，为推进西藏跨越式发展和长治久安，赋予了西藏一系列特殊优惠的财政金融政策。

首先，从财政政策来看，一直以来西藏财政的自给率都比较低，中央按照不同历史时期财政预算所确定的政策原则、预算指标，对西藏实行的体制补助、专项补助、转移支付补助、结算补助、税收返还以及其他预算补助等收入构成了西藏财政总收入的主要来源。特别是改革开放以来，随着国家把工作重点转移到经济建设上来，西藏进入了改革开放、发展经济的新时期，中央相应加大了财政扶持的力度。同时，在中央及各部委、各省市区的援助下，开始大规模地经济建设，西藏地方财政支出呈现大幅增长的趋势（见图3）。

从图3看出，改革开放以来西藏的财政支出占地区生产总值的比例都比较高，近年来更是呈急剧上升的态势，财政支出在逐步超过地区生产总值。因此，可以说西藏地区财政政策比较宽松。

其次，从货币政策来看，自1980年中央第一次西藏工作座谈会以来，西藏

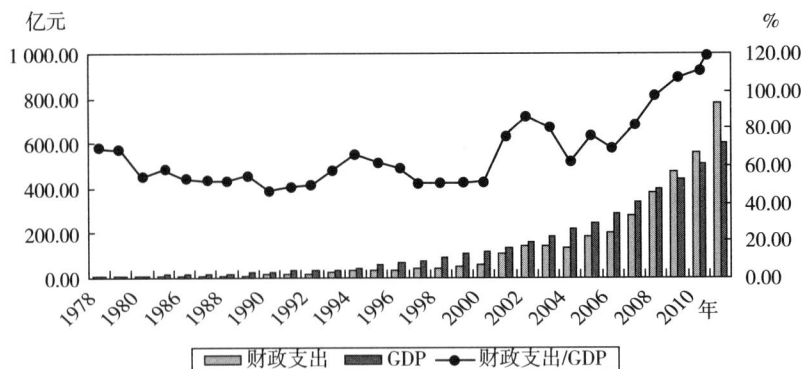

图3　改革开放以来西藏财政支出与地区生产总值变动图

就开始实行以低利率为核心的特殊优惠货币政策，具体情况如表1所示。

表1　　　　　　　　　　　　　西藏实行的特殊优惠货币政策

1980 年，第一次西藏工作座谈会	人民银行赋予西藏实行"优、低、免"的政策，除农牧区五年内免息外，对工商企业贷款也实行优惠利率政策，使西藏贷款利率比全国平均低 20% ~50%，对边境乡村贷款、灾区口粮贷款、民族手工业贷款、农牧民生产生活贷款等 3 年内实行免息，对农牧区手工业贷款实行免息；对社队和社员 1980 年 6 月底以前借用银行和信用社的贷款尚未偿还的部分，只收本金，不收利息。
1984 年，第二次西藏工作座谈会	从 1984 年 7 月 1 日起，增加对农牧集体和农牧民从事商业、手工业、建筑业执行免息。实行行业、项目优惠，优先支持旅游业、商业网点设施建设和经济联合、城乡集体及个体经济等，对这些行业贷款实行优惠贷款利率的同时，对贷款期限及自有资金比例都变通执行。自 1988 年 9 月起，对贷款执行低息、微息、贴息政策和差别利率政策。
1994 年，第三次西藏工作座谈会	实行优惠贷款利率政策，区内各国有独资商业银行的贷款实行比全国平均水平低 2 ~3 个百分点优惠利率；赋予人民银行西藏分行一定的再贷款权；现金供应不实行指令性计划，县及县以下农牧区不实行现金管理；实行企业利差返还政策，用于增补企业自有流动资金；对农业银行西藏分行实行特殊的利差补贴政策，并增加 4 个百分点作为特殊费用补贴。
2001 年，第四次西藏工作座谈会	进一步明确了西藏银行各项贷款利率比全国平均利率水平低 2 个百分点，并对银行的利差损失实行利差补贴；对农牧区各类贷款一律不予加罚息，农、中、建三家国有独资商业银行总行按照"区别对待、适当放宽、逐步到位"的原则，对其各自西藏分支机构实行指导性资产负债比例管理。
2010 年，第五次西藏工作座谈会	继续执行优惠贷款利率和利差补贴政策；帮助西藏组建地方性商业银行；鼓励和支持国家政策性银行在藏设立分支机构；继续执行现行的优惠外汇管理政策和扶贫贴息贷款政策；在藏银行业金融机构吸收的存款主要用于服务西藏经济社会发展。对在藏银行业金融机构实行灵活特殊的人民币资金营运规划管理，等等。

从表 1 可以看出，随着中央赋予西藏的特殊优惠货币政策日益改进与完善，西藏实际上已形成了一个低利率的、宽松的货币政策环境。

要探讨西藏区域财政货币政策的配合效应，就必须推导出西藏区域 IS—LM 模型，分析西藏区域 IS 曲线与 LM 曲线的形状。

如前所述，财政政策与货币政策的协调配合效应取决于 IS 曲线与 LM 曲线的斜率。而 IS 曲线斜率取决于投资的利率敏感度 b 与边际消费倾向 c；LM 曲线斜率取决于货币需求对利率的敏感度 h 与货币需求对收入变动的敏感度 K。从国内外经济文献来看，边际消费倾向 c 是介于 0 与 1 之间的一个数值，收入变动敏感度 K 也是个有限值。因此，实际上 IS 曲线取决于投资的利率敏感度 b，LM 曲线则取决于货币需求的利率敏感度 h。

1. 数据说明

本文采取投资、西藏加权基准利率推导区域 IS 曲线，LM 曲线则由区域 M_2 与西藏加权基准利率推导之。一是根据 2000 年至 2013 年间的一年期存贷款利率进行加权计算，加权基准利率等于两者的平均值；二是投资数据为西藏国民经济核算中的资本形成总额；三是区域 M_2/P =（现金净投放 + 银行活期存款 + 定期存款）/P。以上数据均来源于西藏统计年鉴或中经数据库，采用 Eviews 5.0 进行数据处理。

2. IS 曲线推导：

		t – Statistic	Prob. *
Augmented Dickey – Fuller test statistic		– 4.574352	0.0245
Test critical values：	1% level	– 5.295384	
	5% level	– 4.008157	
	10% level	– 3.460791	

图 4　投资的 ADF 检验

从图 4 可以看到，投资在 5% 的显著性水平下一阶差分平稳，即投资为 I（1）序列。

从图 5 可以看到，加权基准利率在 5% 的显著性水平下一阶差分平稳，即加权基准利率为 I（1）序列。

在投资与加权基准利率均为 I（1）序列的基础上，要检验投资与加权基准利率之间是否存在长期均衡关系，需要进行协整检验，检验结果如图 6 所示。

	t – Statistic	Prob. *
Augmented Dickey – Fuller test statistic	– 3.283547	0.0484
Test critical values： 1% level	– 4.420595	
5% level	– 3.259808	
10% level	– 2.771129	

图 5　加权基准利率的 ADF 检验

Hypothesized No. of CE（s）	Eigenvalue	Trace Statistic	0.05 Critical Value	Prob. **
None *	0.843614	27.28925	25.87211	0.0331
At most 1	0.582511	8.734961	12.51798	0.1973

Trace test indicates 1 cointegrating eqn（s）at the 0.05 level

∗ denotes rejection of the hypothesis at the 0.05 level

∗∗MacKinnon – Haug – Michelis（1999）p – values

图 6　投资与加权基准利率的协整检验

从图 6 可以看到，投资与加权基准利率之间不存在长期的协整关系，即两个变量之间没有长期的线性关系。从投资与加权基准利率之间的相关系数来看，两个变量之间的相关系数仅为 0.0999，表明两个变量之间相关度很低。因此，西藏区域投资的利率敏感度 b 很小，IS 曲线近乎垂直。

3. LM 曲线推导：

	t – Statistic	Prob. *
Augmented Dickey – Fuller test statistic	– 5.883305	0.00052
Test critical values： 1% level	– 5.295384	
5% level	– 4.008157	
10% level	– 3.460791	

图 7　M_2/P 的 ADF 检验

从图 7 可以看到，M_2/P 在 1% 的显著性水平下一阶差分平稳，即 M_2/P 为 I（1）序列。

在 M_2/P 与加权基准利率均为 I（1）序列的基础上，要检验投资与加权基准利率之间是否存在长期均衡关系，需要进行协整检验，检验结果如图 8 所示。

Unrestricted Contegration Rank Test（Trace）

Hypothesized No. of CE（s）	Eigenvalue	Trace Statistic	0.05 Critical Value	Prob.**
None*	0.989107	53.83050	25.87211	0.0000
At most 1	0.578284	8.634242	12.51798	0.2041

Trace test indicates 1 cointegrating eqn（s）at the 0.05 level

∗ denotes rejection of the hypothesis at the 0.05 level

∗∗MacKinnon – Haug – Michelis（1999）p – values

图8　M_2/P 与加权基准利率的协整检验

从图8可以看到，M_2/P 与加权基准利率之间不存在协整关系，即两个变量之间没有长期的线性关系。从 M_2/P 与加权基准利率之间的相关系数来看，两个变量之间的相关系数仅为0.2198，表明两个变量之间相关度相对较低。因此，西藏区域货币需求对利率的敏感度 h 很小，LM曲线相对平缓。

综上所述，西藏辖区 IS – LM 模型图近似如下：

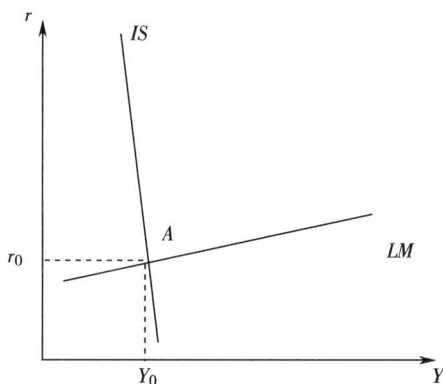

图9　西藏辖区 IS—LM 模型

从图9可以看到，首先，西藏辖区 IS – LM 模型中，IS曲线比较陡峭，其原因在于西藏投资以财政资金为主体，私人部门投资较少，使得投资对利率不敏感，即投资的利率敏感度较小。从投资的资金来源来看，投资需求资金来自于政府预算与私人部门两部分。由于西藏投资中政府预算资金数据无法采集，本文采用固定资产投资总额来近似替代。

表2　　　　　　　　　　2000—2013 年西藏固定资产投资构成表

年份	固定资产投资（亿元）	国家预算资金（亿元）	占比（％）
2000	74. 52	37. 41	50. 20
2001	78. 84	38. 57	48. 92
2002	125. 38	72. 69	57. 98
2003	145. 2	84. 86	58. 44
2004	174. 36	101. 7	58. 33
2005	203. 43	114. 64	56. 35%
2006	240. 51	109. 03	45. 33
2007	344. 88	204. 56	59. 31
2008	393. 73	232. 88	59. 15
2009	448. 74	256. 02	57. 05
2010	518. 35	322. 04	62. 13
2011	642. 06	405. 98	63. 23
2012	709. 98	489. 17	68. 90
2013	918. 48	688. 74	74. 99

国家财政预算资金为主体的投资对利率必然缺乏弹性，使得 IS 曲线比较陡峭，表明西藏区域财政政策效应相对较大。

其次，LM 曲线较平缓，近似于"流动性陷阱"，其原因在于：与内地相比，由于特殊的历史与自然地理条件西藏经济发展规模仍较小，企业发展仍较迟缓，整体生产力水平仍较低，使得有效信贷需求不足，无法吸纳庞大的信贷资源。

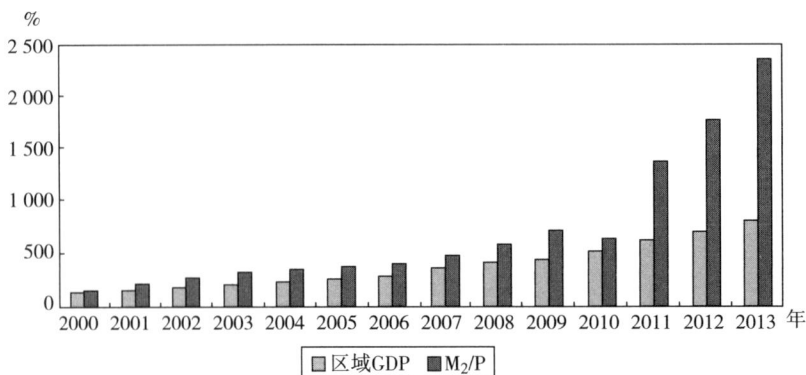

图 10　区域 GDP 与 M_2/P 对比图

从图 10 可以看到，M_2/P 的规模与区域 GDP 的差值越来越大，表明西藏辖区存在较大流动性没有被经济所吸纳，这就使得 LM 曲线接近水平，货币政策效应相对较小。

此外，由于中央赋予西藏一系列的特殊优惠货币政策，实际上使得西藏近似于一个开放的特殊货币区域。因此，根据克鲁格曼三元悖论，在区内外资本可以自由流动情况下，必然弱化西藏特殊优惠货币政策的政策效应，也即特殊优惠货币政策具有很强的外溢效应，其原因也就是前面分析的，在西藏经济规模较小，生产能力较低的条件下，区内大量资金流入内地市场购买产品与服务，以满足区内需求缺口，导致区内货物与服务的净进口量大幅增长，拉低区域 GDP 增长速度。2000—2013 年西藏区内货物与服务净进口占 GDP 的平均比例为 55.54%，2013 年该比例就高达 67.63%，表明西藏资本流动性越来越大，这将在某种程度上进一步弱化特殊优惠货币政策效应。而通过对 2000—2013 年西藏经济数据测算，财政政策对西藏经济增长的贡献度超过了 90%，而特殊优惠货币政策的贡献度低于 10%。

因此，财政政策效应强、货币政策效应弱，也即财政政策在西藏经济增长中发挥主导作用是当前西藏区域经济发展现实。基于这种经济现实，完善西藏区域财政货币政策协调配合机制，进一步增强西藏区域财政货币政策协调配合力度，推进西藏经济社会跨越式发展是西藏当前及今后一项重要的任务。

三、完善西藏财政货币政策协调配合机制的建议

综上所述，目前西藏区域财政政策与货币政策配合的基本形态就是财政政策作用大，货币政策效应较小。而且，随着未来西藏与内地省市区经济交流进一步加强，特殊优惠金融政策对西藏经济增长的促进作用将可能进一步弱化。因此，完善西藏财政货币政策协调配合机制，巩固与提升特殊优惠货币政策对西藏经济增长的支持力度，对于西藏经济社会跨越式发展来说至关重要。

（一）培育优质的企业，构筑财政货币政策协调配合的微观经济基础

企业是一个国家或区域经济的基本细胞，既是市场经济的主体，也是区域财政货币政策有效实施的微观经济主体。一个有效的财政货币政策的实施效果在很大程度上依赖于企业对政策变动的敏感反应，因此，一个发展性良好，市场化的企业集群是区域财政货币政策实施的重要的微观经济基础。然而，由于特殊的历史与地理自然条件，西藏经济发展仍相对落后，市场发育程度不高，

90%以上的企业为中小企业，大部分企业存在规模小，内部机制不够健全，市场竞争力弱等问题，这在很大程度上使得这些企业对区域财政货币政策的变化缺乏灵敏性，影响了区域财政货币政策传导的效应。因此，不断调整西藏产业结构，进一步培育、壮大西藏辖区优质企业集群是优化区域财政货币政策协调配合的重要基础。一是政府及相关部门要加快辖区市场体系建设，改善市场发育环境，逐步构筑功能齐备、制度完善的市场体系，为企业营造一个良好的发展环境。此外，政府可做好简政放权"先手棋"，坚持放管结合，切实取消不必要的审批，向民间资本更多敞开准入大门，使企业有更多的投资选择，为西藏企业大发展提供更大的发展舞台。二是辖区各类企业要按照产权清晰、权责明确、管理科学的要求，建立以法人治理结构为重点的中小企业现代企业制度；要着力改革创新，不断加强自身管理，提高市场竞争力；要根据西藏产业政策，运用新技术，发展新产业，培育新业态，促进企业可持续发展；要加大技术创新力度，提升产品的科技含量，增强金融意识和法律意识，不断提升盈利水平，提高企业的市场竞争力。三是政府相关部门可利用产业政策的倾斜，一方面鼓励和引导特色农牧产业、医药业、特色矿产业等具有西藏特色的优势产业的发展，着力打造一批具有西藏特色的龙头企业，通过产业链带动其他企业快速发展；另一方面综合运用财政货币政策优势，加大对西藏弱势产业的支持，为弱势产业的中小企业提供较好的发展平台和融资机会，促进其健康发展。

（二）构建高效的西藏金融体系，提升财政货币政策配合效率

金融机构不仅是市场体系的重要组成部分，也是财政货币政策的作用对象和重要传导者，一个高效的金融体系不仅能够为财政政策融通资金，更重要的是能够为货币政策效应的有效传导提供平台。因此，西藏应从以下几个方面来构建高效的金融体系，不断提升财政货币政策的配合效率。

一是不断完善辖区金融机构体系。尽管近几年来，西藏新设或引进部分政策性银行与股份制银行分支机构、村镇银行以及保险分公司，在一定程度上完善了西藏辖区金融组织体系，但与内地相比西藏金融机构种类较少，国有大型金融机构无论在业务规模与机构数量上都占绝对主导地位，这使得西藏金融市场分工协作仍不充分，市场竞争效率较低，在某种程度上不利于辖区财政货币政策的有效传导。因此，西藏要不断加大引进或新设金融机构的力度，逐步形成多层次、种类齐全、分工协作、功能灵活的覆盖城镇与农牧区的金融组织体系，从而有效提高西藏金融市场竞争效率，为财政货币政策效应传导提供高效平台。

二是疏通特殊优惠金融政策传导渠道。一直以来中央赋予西藏一系列特殊优惠金融政策，但由于西藏在企业发展阶段，经济风险等各方面与内地存在较大差异，使得辖区各金融机构在执行这些政策时受制于各自总行统一风控政策的约束，差异化的金融政策与统一风控制度之间的矛盾是当前特殊优惠金融政策难以发挥最大效应的主要问题。因此，辖区各金融机构要根据西藏具体实际，建立符合西藏经济金融市场特点的并与特殊优惠金融政策相衔接的内部管理和控制机制，疏通特殊优惠金融政策效应传导。与此同时，要加快金融创新的步伐，并借鉴内地成熟有效的金融产品，探索建立符合西藏实际的金融产品，改善金融服务，为西藏实体经济的发展提供强有力的金融支持。

三是加强担保体系建设。如前所述，企业经营风险大是阻碍特殊优惠金融政策有效发挥效应的原因之一，因此，不断加强担保体系建设，分散与化解企业发展风险，是促进西藏财政货币政策协调配合的重要基础。第一，要积极鼓励和吸引民间资本组建融资性担保公司，引进区外信用担保公司，建立体系完备、形式多样、运作规范、适合西藏区情的信用担保体系。第二，要加大对政策性担保公司的资金注入，提高担保公司担保能力。第三，加大对融资性担保公司常规性业务的检查力度，积极引导融资性担保公司完善公司治理、强化内部控制、提升风险管理能力，促进担保行业良性发展。

（三）加快财政投融资体制改革，建立区域财政货币政策协调配合的长效机制

财政投融资体制是区域财政政策与货币政策搭配协调的基点。财政投融资既有较强的财政性，又有明确的金融性。一方面，财政投融资是重要的财政政策工具，直接体现着地方政府的财政意图，使其必须要按照地方产业政策来进行投融资活动，而不以盈利为目的；另一方面，财政投融资以政府信用协助企业进行资金融通，从而撬动区域信贷规模增长。因此，财政投融资体制在区域财政政策和货币政策的搭配协调中有其特殊的地位。

当前，西藏应建立以市场为导向的新型投融资体制，坚持"谁投资、谁所有、谁受益、谁承担风险"原则，通过打破垄断，放宽市场准入、鼓励公平竞争，积极培育多元投资主体，实现投资主体多元化。第一，要充分发挥市场对投融资活动的调节作用，实行政府宏观指导协调、企业自主投资、银行独立审贷，努力实现融资渠道商业化、投资决策程序化、项目管理专业化、政府调控透明化以及中介服务社会化；第二，政府应依法保障各类投资者权益和公众利益，改进投融资软环境，鼓励和吸引民间投资，缓解财政压力和解决建设资金不足问题（如图 11 所示）。

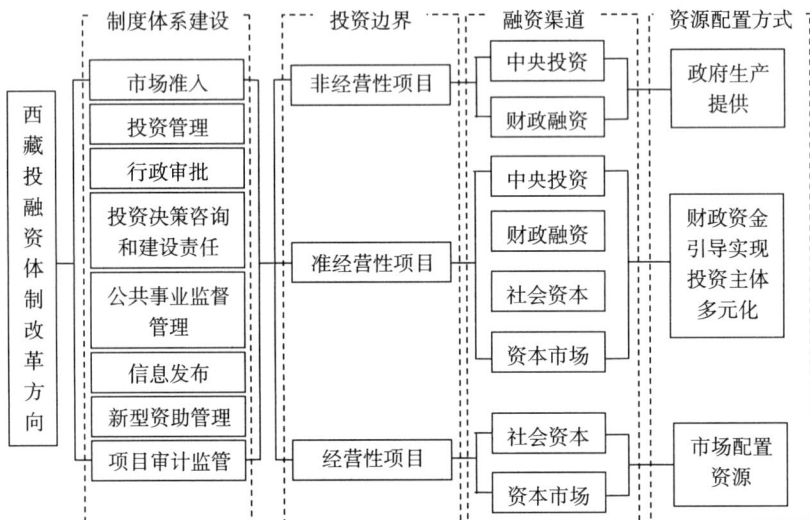

图 11　西藏投融资体制改革方向示意图

通过财政投融资体制改革，既能够为西藏基础设施和基础工业的发展提供较为可靠的资金保障，又可以为辖区企业的发展壮大、激活区域金融资源有效利用，建立高效的区域财政货币政策协调配合长效机制奠定基础。

参考文献

［1］刘军善：《论中国的货币政策》，北京，中国财经经济出版，1998。

［2］刘锡良等：《中国财政政策与货币政策搭配协调研究》，四川，西南财经大学出版社，1999。

［3］原崇信：《区域财政研究》，北京，经济科学出版社，2001。

［4］王朝弟：《我国货币政策与财政政策搭配协调的实践与发展》，山东，济南经济出版社，2004。

［5］张可云：《区域经济政策》，北京，商务印书馆，2005。

［6］巴曙松、刘孝红、牛播坤：《中国货币政策与财政政策的协调问题研

究》，载《福建金融》，2006（9）。

［7］王银枝：《财政政策与货币政策协调配合问题研究》，载《经济经纬》，2008（5）。

［8］杨涛：《如何协调发挥财政政策和货币政策的作用》，载《中国金融》，2008（5）。

体系研究篇

Tixi Yanjiu Pian

博弈论视角下西藏金融监管协调机制研究

中国人民银行拉萨中心支行课题组
课题组组长：张　伟
课题组成员：许峰铭　佟　亮　白极星

摘要：本文比较了世界各国金融监管协调机制，并基于博弈论视角分析了西藏协调监管的成本与收益。通过对西藏监管主体与被监管第三方、监管主体与监管主体之间的博弈收益分析，得出由人民银行牵头建立协调监管机制的可行性，并借鉴世界经验提出了构建西藏金融监管协调机制的几点建议。

关键词：西藏　金融监管　博弈论　协调机制

一、国际金融监管比较及趋势

自国际金融危机以来，世界各国越发关注现有国际金融体系的诸多缺陷。影子银行的复杂性、相应配套的监管不足，造成了世界经济巨大的损失。在经济周期问题上，顺周期的金融监管进一步促进了经济危机的形成。经济繁荣时，金融监管约束减少，形成经济泡沫；经济衰退时，资本监管约束增加，加剧经济衰退。顺周期性的最大问题是金融监管加剧了经济发展的动荡，强化了经济周期负面性影响。注重具体金融业务的监管，而忽视宏观调控，监管协调机制的缺失使得金融机构经营的许多高风险业务游离于监管之外。

（一）美国金融监管改革

金融危机之前，美国一直实行分业监管制度、机构型监管机制。但随着金融全球化逐步深入、衍生产品种类日增，监管不足等分业监管弊端日益显现。危机过后，美国积极改进金融监管制度，颁布新的监管法案《多德—弗兰克华尔街改革与消费者保护法案》，该法案改革力度大，影响十分深远。一是设立金融稳定监督委员会（Financial Stability Oversight Council）。其首要职责是防范系统性金融风险。二是监管机构改变，加强监管有效性，减少监管重叠和监管空白。具体为：美联储对金融控股公司和地方银行的监管负责，联邦存款保险公司继续为存款提供保险、检查金融机构资金运用，监督金融机构经营及接管倒闭机构，明确联邦存款保险公司对解体濒临倒闭金融机构的操作清盘权限；储蓄管理局与货币监理署合二为一，对全国性银行机构监管负责。三是扩大金融监管的覆盖面以及加强金融监管力度。法案不仅在金融产品方面加大了审查审核力度，还针对金融市场中介机构、消费者权益保护等方面的监管作出详细规定。金融产品方面，加强对金融衍生品交易、资产证券化业务的监管力度。主要措施有：投行业务同商业银行业务剥离；私募基金及对冲基金比重得以明确；大宗商品、能源、股票有关的掉期及非标准化衍生合约掉期交易得以剥离；重新设定住房抵押贷款标准；严审贷款人资质。金融中介机构方面的主要措施有：提升信息的公开性；加强投资顾问、金融经济人、评级公司透明度；完善高管薪酬管理；完善企业治理结构。法案规定美联储内部成立消费者金融保护署（CFPA），监管发行信用卡、抵押贷款的金融机构，公示风险，实现风险从"买者自负"到"卖者有责"的转变。

（二）欧洲金融监管改革

一是金融监管体系的改变。欧盟建立了覆盖银、证、保的超级监管机构，并且，宏观审慎监管和微观审慎监管独立运行。欧洲系统风险委员会负责宏观审慎监管，具体职能主要是评估系统性风险，加强国际金融监管合作。欧洲金融监管局下设欧洲银行监管局、欧洲证券监管局、欧洲保险和职业养老金监管局，负责微观审慎监管，确保银行、证券、保险的市场稳定和监管机构设立、运营。二是加强监管的覆盖面。欧盟提升对金融中介机构的管理力度，并加强对评级机构的监管。

（三）国际金融组织的金融监管改革

G20峰会、国际货币基金组织、世界银行等国际组织对国际经济发展有重要作用，他们规范世界经济发展，制定金融发展制度。由于金融交易的跨国因素增多，金融业务有向监管不足的地区迁移的特点，金融统一规则的制定面临更多的不确定因素。规则在执行的过程中不仅要接受来自发达国家和发展中国家不同发展状况的检验，还要面临不同经济体发展的限制。国际标准不应成为各国一成不变的死板条例而应顺应市场的发展，力求促进资本的流动和金融工具的创新。自 2008 年以来，G20 峰会已举行五次，重点探讨应对危机的监管层面的做法，建立的金融稳定理事会模式为各国监管改革提供了参考。金融稳定理事会成员由稳定论坛成员扩至包括中国、俄罗斯、印度尼西亚等所有 G20 的成员国。新机构的成立扩大了监管职能，为全球金融稳定提供了诸多建设性意见。"巴塞尔银行委员会"宗旨是促进各国经济合作，为各国提升银行系统的稳定性提供标杆和参考，共同抵御金融风险。2009 年 3 月委员会吸收了澳大利亚、中国、巴西等新成员，将成员扩至 20 家，对全球银行的监管有更大的指导性。银行全能化趋势凸显了金融业分业监管的死角，再加之系统性风险加剧、监管的顺周期性、计量模型缺乏前瞻性和压力测试的失效性等问题，促进了巴塞尔协议新规的达成。新的巴塞尔协议不仅对资本监管提出了更高的要求，同时也提出了"资本防护缓冲资金"、针对影子银行的一整套的监管策略，直指危机中动荡的银行业，并提出 5～6 年的分阶段执行时期。

（四）国际金融监管改革的趋势

金融监管的变革凸显了共同的发展趋势，加强监管的协调性、对消费者的保护以及加强监管覆盖面成为了各国改革的主流思路。一是建立宏观审慎监管框架。与分业监管相适应的微观监管不仅出现了监管真空，造成了一些金融机构有利可图，也使监管整体运行偏颇，背离监管目标。过多关注微观监管的金融监管体系不能有效对金融风险进行预警，尤其不能对系统性风险进行评估，导致危机发生时的措施也不能立刻见效。因此，各国的改革方案凸显建立宏观审慎监管框架。二是高度重视金融投资者、金融消费者的保护工作。国际金融监管的改革对微观监管空白地带也进行了详细的规定。金融监管改革提出相关部门和机构应增加有关信息的披露，提高透明度，使投资者和消费者对其所投资的金融产品有足够的认识。有关部门应有效评估投资者的能力，进行充分的风险警示，实现风险的"买者自负"。三是金融监管模式由机构型向功能型过渡。日、韩在经历了 1996 年金融大爆炸和 1998 年亚洲金融危机后改变了监管模式，逐步建立了功能性监管体系。在 2008 年的金融危机中，虽然经济体遭受了一定的动荡，但是并未出现类似美欧等国的金融机构破产的现象，反而在一定程度上缩短了与美欧国家金融竞争的差距。金融危机爆发后，系统性风险所需要的宏观监管引起各国的广泛重视，与其相适应的功能性监管模式受到了更多的关注。各国纷纷改革现存的监管模式，逐步向功能型监管过渡。在金融监管改革方案中，建立的事无巨细的金融监管方案是向功能型监管的转变，加强对衍生产品、对冲基金、私募基金等所谓的影子银行的监管。功能型监管减少了金融机构向管理机构的寻租业务，降低了交易的额外成本，政府也可通过监管较好地控制金融市场的风险，实现金融市场的稳定。

二、西藏金融监管协调现状及存在的问题

（一）西藏金融监管协调现状

随着中国加入世界贸易组织，中国经济与世界经济的关联性越来越大。银行、证券、保险业务相互融合，全能型公司扩大并购，金融控股公司、财务公司等逐渐增加，这些都加大了经济中混业经营的因素。在经济全球化的过程中，从事国际业务和间接从事国际结算支付业务的商业银行越来越多。当本国或者国际金融市场出现较大波动时，外币的债权方会要求本国的债务方提前偿债，或者本国在面对外汇市场汇率的大幅度变动时，其持有资产面临减值风险。在这种背景下，分业监管模式引起的监管真空、监管重复等问题需引起高度重视。我国金融业混业经营趋势明显，主要体现在：单一功能的传统银行提供更加全面的金融服务；证券业、保险业、银行业混业经营。在此背景下的分业监管，对各行业交叉的跨业经营部分经常监管不利，造成有些业务缺乏必要的监管，金融机构高风险的经营。在这种情况下，机构会在高附加值、高利益的驱动下，频繁创造复杂的金融工具，使之游离于监管之外，获取巨大的利益。高收益的背后是高风险的经营，一个环节的失误将引发整个金融系统的动荡。因此，放任经济的自由运行必然会带来危机，有必要根据经济的发展制定与之相适应的金融监管模式。

1999 年、2003 年、2010 年西藏证监局、西藏银监局、西藏保监局相继设立，西藏银、证、保业分业监管格局初步形成。监管部门之间的有效协调，能够有效地提高金融监管的效率，能节省大量的人力、物力成本。根据实际工作需要，西藏不定期地召开由人民银行、银监局、证监局、保监局参加的金融工作联席会议。

（二）西藏金融监管协调存在的一些问题

近几年，西藏金融监管协调机制建设取得了长足进步，但面对错综复杂的

区内外经济形势，金融监管协调机制建设仍任重而道远。当前，西藏金融监管协调机制建设主要存在以下几方面问题。

1. 监管主体间缺乏有效的沟通

分业经营、分业监管的目的是为了更好地防范金融风险，提高监管的专业性和效率。在行政级别上，虽然一行三会都直接隶属于国务院，都对国务院负责，但是在实践中四家金融监管部门的监管目标不一致。2003 年，人民银行根据修订后的《人民银行法》建立了包括一行三会的金融监管联席会议制度。2004 年，银监会建立了包括银证保在内的监管联席会议制度。由于功能上的重复，国务院明确规定由人民银行牵头成立金融稳定协调机制。但是从 2003 年之后金融监管协调机制运作效果上看，往往无果而终，坚持不长。就西藏而言，不定期召开的金融联席会议制度只具有论坛、协商的性质，无法出台对金融市场具有约束性的规范和文件。

在具体的监管过程中，由于不同的原因，一行三局及金融办会有不同程度的权力本位思想，不能树立正确的既监管又服务的理念。以银监局为例，银监局在金融监管中通过检查校正金融机构的不合规行为，督促商业银行在经营中遵守监管方面的要求。理想的金融监管效果是通过监管达到金融监管主体和被监管主体的良性互动。但是，在西藏，这种互动程度远远不足，金融监管当局和工作人员不正确的监管姿态以及金融机构在接受监管中的抵触心理，使金融监管缺乏互动，导致金融监管信息不对称，降低了金融监管的效率。

2. 各金融监管机构职责定位不尽相同，职责边界尚不明确

首先，中央与地方监管职权边界尚不明晰，容易造成重复监管、协调难度大等问题。由于金融监管职权边界不清晰，地方政府的监管会与中央派出机构监管交叉和重叠，易产生国家宏观调控政策与地方经济发展利益不协调现象，不利于金融环境稳定。同时，双重监管如果职权责任不明确，可能会导致金融机构执行政策弱化；出现监管盲区，削弱监管实效；影响金融机构自主经营的能力。另外，由于人民银行是国家宏观金融政策的制定和执行者，在促进经济增长的同时更加关注货币政策，保证物价稳定和金融市场的稳定。银监局、证监局、保监局更加重视金融机构的经营管理和风险防范。而西藏金融办的职能究竟是防范金融风险、维护西藏金融稳定，还是致力于促进地方融资，也不明确。职责边界不明晰在一定程度上使得中央的监管权威在基层受到影响。而且，地方政府代表的是地方利益，拥护国家政策的同时，当地方区域发展与国家宏

观调控政策出现矛盾时，出于经济发展考虑必定会寻求金融支持。中央监管机构虽然不归地方管理，但是需要地方政府的大力支持和配合。这样一来，常常需要协调解决问题或者以各自利益为出发点考虑问题，制定政策等。有些省市金融办从本地利益出发，凌驾于"一行三会"分支机构之上，有的地方甚至出现金融办与当地"一行三会"金融监管相悖的情况，给监管工作造成巨大的负面影响。

3. 地区层面金融监管协调机制存在盲区

西藏地广人稀，建立监管机构成本大，并且西藏绝大部分地市以下地区均未设立三会分支机构，基层金融监管协调机制根本无从谈起。目前人民银行在西藏各地区均设立了分支机构，银监局在林芝地区设立了分支机构，证监局和保监局在除拉萨市外的各地区均未设立分支机构，县及县以下均没有设立任何金融监管机构。自治区级监管机构难以及时发现地市金融机构的金融风险。

三、基于博弈论监管协调与合作

（一）监管主体和协调主体

在当前分业监管的条件下，法律赋予了地方银监局、证监局、保监局和自治区金融办公室分别对银行业、证券业、保险业和担保公司及小额贷款公司进行监督管理的权利。这里我们称这四个机构为监管主体；法律赋予人民银行金融稳定的职能和对商业银行部分检查权，比如金融稳定、货币信贷、统计执法等，在这种情况下，人民银行实际上也可以称为一种准监管主体；本文以银行业为例，国内商业银行大多都是国有股权出资，因此这里国有股权出资者作为代表人，它不仅要监管商业银行合规经营、稳健经营、避免因经营不善导致重大亏损或机构倒闭，因此国有出资者是重要的协调监管主体；此外，银行在经营过程中，会与许多机构和个人在业务上相往来，这些机构和个人虽然没有法律赋予的监督管理条例，但是却掌握许多与银行相关的信息，这些机构和个人就是一个隐形的第三方监督管理体，能否与银行监管当局形成协调合作的关系，是保证监管主体能否有效监管的一个重要因素。

因此，为后面分析方便，我们根据相关文献和实践情况将监管方分为监管主体和非监管主体。区内监管主体主要包括：银监局、证监局、保监局、自治区金融办和人民银行，他们的目标函数是保证整个金融市场的稳定性，并且在很大程度上要支付协调与合作的主要成本。跨际监管主体泛指区外银行监管当局以及相关的监管组织，他们的目标是防止金融风险在区域间互相传导。非监管主体主要涵盖监管的第三方（国有股权出资方、中介机构、新闻媒体等），他们的目标函数是保证自身利益最大化，尽管他们在协调监管中得到的利益可能有所损失，但是反过来看，他们付出的协调成本也相对较小。

（二）成本收益函数及其成本分析

对于监管主体，他们之间的协调净收益函数可以用以下公式表示：

$$\pi_i(X) = R_i(X) - C_i(X) \tag{1}$$

其中，$i = 1，2，3，4，5$ 分别表示银监局、证监局、保监局、人民银行、金融办。$R_i(X)$ 表示协调收益，$C_i(X)$ 表示协调成本。X 表示协调力度，是一个变量向量，大体上可以分为两类：$X = (D，W)$，其中 D 表示协调深度，可以通过协调组织制度完善程度，信息共享平台技术装备，协调工作人员的数目和素质等指标来反映；W 代表协调广度，可以由共同执法检查的频率等指标衡量。

监管协调收益和成本都是协调力度的函数，其中协调收益函数边际递减，表明协调力度越大，收益上升速度越慢，可用下面公式表示：

$$dR_i(X)/dX > 0, d^2R_i(X)/dX^2 < 0 \tag{2}$$

协调成本边际递增，表示协调力度越大，成本上升越快，可用下面公式表示：

$$dC_i(X)/dX > 0, d^2C_i(X)/dX^2 > 0 \tag{3}$$

通常来说，监管主体监管协调合作成本包括直接成本和间接成本。直接成本主要是制度构建成本；间接成本包括协调合作过程中因各监管主体因自身利益而导致间接效率损失成本。监管主体协作监管的收益是一项预期收益，对监管第三方（国有股权出资方、中介机构、新闻媒体等）来说，协调收益很小，分摊到的直接成本也可忽略不计，但是在制度执行中却要付出一定的成本，比如金融机构给监管主体提供信息、数据需要耗费大量的人力物力。

博弈是指决策主体在相互对抗中对抗双方（或者多方）相互依存的一系列策略的行动过程，每一方的策略依存表示己方的收益不仅依赖己方的策略选择和行动，而且还依赖他方的行动和策略选择。通过博弈论的策略选择表明，政策协调可产生的纳什均衡解优于各自独立行动产生的解。在监管主体监管协调中引入博弈论，可以更清楚、详细地明白各自的合作路径和意愿。

（三）监管机构与监管第三方之间博弈分析

监管主体在与监管第三方进行协调的过程中，监管主体可以从第三方获取有用的信息，有利于监管主体进行有效的监管，减少信息不对称，但协调实际上并不会给第三方带来太多的收益，相反要付出一定的沉没成本。因此，需建立一套有效的协调机制，确保策略双方都有意愿进行协调，确保信息及时传递。本文简要分析制度约束下双方的收益与成本和市场架构下双方的收益和成本。

1. 制度约束下博弈模型

在制度约束的情况下，监管协调对第三方来说，直接收益几乎可以忽略不计，但是却要承担相关的协调费用。当然第三方是从利益最大化角度出发，尽量保障自己的利益，甚至有出现在制度之外的违规盈利行为，而不愿意接受相应的监管。因此，比较有效的方法就是从制度上约束规定第三方有协助监管主体进行监管的义务，如果出现违纪违规，监管主体可利用自身的处罚权，提高第三方不协调的成本。

参与者为监管主体和监管第三方；监管主体的策略分为协调、不协调，监管第三方的策略有合作、不合作两个可选择策略。策略矩阵如表 1 所示：

表 1　　　　　　　　　　　　制度约束下博弈模型策略表

监管第三方

		合作	不合作
监管主体	协调	$R_s(X) - C_i(X), - C_m(X)$	$- C_s(X), - C_0$
	不协调	$0, - C_m(X)$	$0, - C_0$

监管第三方在选择合作时，要付出 $C_m(X)$ 的成本，在这里我们假设成本函数 $C'_m(X) \geq 0, C''_m(X) \geq 0$ ，如果监管第三方选择不合作，此时他要付出 C_0 的惩罚成本，而此时监管主体将从协调中获得的收益为 $R_s(X)$ ，并且付出成本为 $C_s(X)$ 。由此我们可以分析得到监管主体选择协调，监管第三方选择合作的充分必要条件为：

$$R_s(X) - C_s(X) > 0 \tag{4}$$

$$- C_m(X) > - C_0 \tag{5}$$

这里的 X 表示监管主体与被监管的第三方的协调力度，它与监管主体之间的协调存在一定的独立性，与监管主体之间的协调，在机制和内容存在一定的差异。

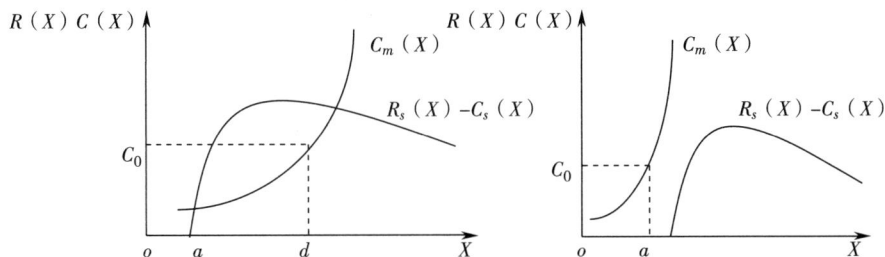

图1　制度约束下监管主体与被监管第三方协调选择相位图

左边协调选择相位图中，协调度 X 在区间 (a, d) 时，协调总体收益远大于不协调的收益，监管主体选择协调，且监管第三方也会选择协调。而右边的相位选择图，双方无法协调，因为监管第三方收益为正的条件无法同时满足。因此，在制度约束的情况下，惩罚力度若不足够大，监管第三方选择不合作策略依然是一个最优解，不合作的收益要大于合作的收益。

笔者认为，监管第三方在拥有足够信息和制度约束情况下，监管协调正外部性是显而易见的，要提高监管第三方协助协调的积极性，必须对监管第三方进行费用补贴。这需要从制度架构上解决监管协调失灵，从而更好促进监管协调的进行。

目前，西藏地区协调监管溢出效应尚不明显，且由于分业监管模式的局限，监管主体处于绝对强势的地位，各自经营自己一亩三分地，且本身的监管协调合作意愿不强烈。西藏地区需要加快协调制度建设，从制度层面保证监管第三方在协调中的收益权。

2. 市场驱动下博弈模型

如前所述，监管第三方在合作中收益很小，却不得不付出一定的成本，而前面所述是在制度的约束下强制监管第三方协助监管主体，否则会受到严厉的处罚。在市场架构下，由于不存在人为的干预，我们假设监管第三方向监管主体出售他们的信息，这样监管主体节约了制度上的成本，此时所花费的成本是向监管第三方购买信息费用。购买信息量的多少，一定程度上反映了协调的力度。收益矩阵如表2所示。

表2　　　　　　　　　　市场架构下博弈模型策略表

监管第三方

		合作	不合作
监管主体	协调	$R_s(X) - C_s(X), C_s(X) - C_m(X)$	0,0
	不协调	0,0	0,0

此种情况下，$C'_s(X)$ 表示监管主体支付给监管第三方的信息费用，$C'_m(X)$ 表示监管第三方整理信息所花费的成本。倘若一方不愿意协调或者不协调，收益均为0，双方协调合作的条件是：

$$R_s(X) - C_s(X) > 0 \qquad (6)$$

$$C_s(X) - C_m(X) > 0 \qquad (7)$$

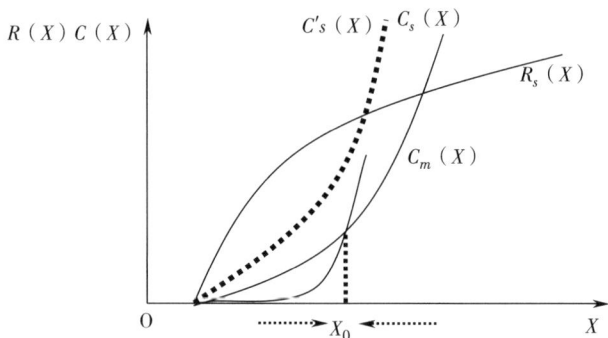

图2　市场驱动下监管主体与监管第三方协调选择相位图

在监管主体支付的信息成本大于监管第三方信息整理成本时（见图2），只要满足 $C_m(X)$ 一直在 $C'_s(X)$（虚红线）下方，双方都选择合作。如果 $C_m(X)$ 并不总是处在 $C_s(X)$ 下方，显然双方监管协调合作需要满足一定条件，通过市场机制形成一个合理的协调度 X_0。根据动态学原理，最优协调度的形成，也是博弈双方最优解形成的过程。也就是说，监管的第三方的信息价值将根据市场机制调整形成一个有效率的协调度，从而双方均能在动态调整下达到一个最优的纳什均衡解。

要使监管第三方有足够的动力提供真实详细的信息，必须采用市场化的方式，并且向监管第三方提供信息报酬至关重要。

综上所述，西藏地区协调监管机制的建立，不仅要发挥制度的作用，更离不开市场化建设。当前，西藏并未形成一套有效的协调机制。在当前分业监管构架下，须双管齐下，把制度和市场结合起来，坚持微观和宏观监管协调并举，形成一套西藏特色的协调机制。

（四）西藏监管主体之间博弈分析

在我国区域经济一体化不断加深的情况下，新增监管协调正走向合作化、一体化。分业监管与混业监管的界限越来越模糊。一些地方性商业银行开始扩张走向全国，跨地区设置金融分支机构。地方监管机构跨行业合作在一定程度上弥补了行业监管差异和真空，同时也促进了区域内金融市场的有序运行，有助于区内金融机构公平竞争。因此，在新时期、新形势下要寻找合作的最佳路径，应开展监管主体之间协调监管合作，提高区内金融机构监管效率。

金融监管机构合作一个重要的目的是防范风险积累以及金融风险在行业间传导。按照博弈论，监管机构在协调合作中都会获得收益，并且双方都会支付一定的成本。成本主要是制度成本、信息成本等，收益主要是因为协调合作带来的风险降低而产生的收益。

利用完全信息下的博弈模型来解释地方监管主体博弈下的合作与否。假设两个地方监管主体为参与者，地方监管主体参与者的合作成本是 $C_s(X)$ 和 $C_w(X)$。双方都选择不合作，收益为 0。若一方选择合作，另一方选择不合作，由于风险跨行业传导，就会存在所谓的"搭便车"现象，选择不合作的一方依然会受益。若双方都合作，彼此的收益都会上升。假设区内收益为 $mR_s(X)$（$m > 1$），区外的收益为 $nR_w(X)$（$n > 1$）。m、n 为合作双方的合作溢价。博弈矩阵如表 3 所示：

表 3　　　　　　　　　　　　　地方监管主体博弈模型策略表

监管主体 1

		协调	不协调
监管主体 2	协调	$mR_s(X) - C_s(X), nR_w(X) - C_w(X)$	$R_s(X) - C_s(X), R_w(X)$
	不协调	$R_s(X), R_w(X) - C_w(X)$	0,0

1. 如果合作的溢价明显，并且协调收益大于成本时，（协调，协调）为该博弈矩阵的纳什均衡解。应该满足以下条件：

$$mR_s(X) - C_s(X) > R_s(X) \tag{8}$$

$$mR_w(X) - C_w(X) > R_w(X) \tag{9}$$

$$R_s(X) - C_s(X) > 0 \tag{10}$$

$$R_w(X) - C_w(X) > 0 \tag{11}$$

式子（10）、（11）表明成本越大，合作收益就越小，监管主体要求的溢价就越高。只有在（10）和（11）式子成立的情况下，二者博弈矩阵选择（协调，协调）为纳什均衡解。

在跨行业监管协调合作的过程中，博弈双方合作动机必然是建立在合理溢价区间范围之内。把（8）和（9）式进一步简化，得到：

$$m > \frac{R_s(X) + C_s(X)}{R_s(X)} \qquad (12)$$

$$n > \frac{R_w(X) + C_w(X)}{R_w(X)} \qquad (13)$$

从上述两式子中可以看出，溢价与双方的合作成本有关，m、$n \in (1,2)$，合作双方成本足够大时，合作意愿就越弱。

2. 监管协调收益小于成本时，且双方的溢价水平不够高。这种情况下，协调监管带来利益损失，此时，双方必然都会选择不协调，最终博弈结果（不协调，不协调）是一个纳什均衡解。西藏监管近年来取得了不错的成绩，但是由于金融规模较小，行业间风险传导还不显著。由于收益小于成本，监管主体协调合作的意愿不强烈。从西藏的情况来看，金融办与三局之间的博弈就是此种均衡解的表现。究其原因，由于分业监管，西藏金融办执行监管职能对象主要是融资担保公司、小额贷款公司等，与银行业、证券业、保险业相关性较弱，所以在协调过程难免遇到法制障碍。"三局"也是作为行业监管主体存在，监管协调能力较弱，在实施监管职能的过程中，大都只对自身监管行业制度进行设计，加上本身性质差异，跨行业监管成本较大，且监管效率较低。

3. 监管协调收益小于成本，且双方合作溢价水平足够高。此情况下，存在不惟一的纳什均衡解，即（协调，协调）和（不协调，不协调）均是纳什均衡解。由于西藏经济总量小，一些机构存在混业经营模式，由于监管协调程度不高，在监管合作的过程中，存在"搭便车"和监管"真空"。对于西藏监管当局者来说，如果采取"搭便车"的策略，那么收益会比选择协调要高。如果双方都选择协调能获得更高收益，这是行业间风险传导预期较高情况下。事实上，若双方都选择不协调是一个较稳定的解，在信息不明晰条件下，双方并不知道对方选择策略。因此，监管主体双方要想获得更高的收益，必须有一种信息传递机制，把己方合作的意愿传递给对方，让对方知道自己合作意愿。此时溢价水平须均大于2。从西藏的情况看，人民银行与"三局"、金融办之间的博弈属于此种情况。一是人民银行不会偏袒"三局"任何一方，牵扯到的部门利益较少，导致协调成本较低；二是人民银行承担金融稳定职责，"三局"负责具体业务监管，业务互补性强，合作溢价较高，即 m、n 较大。如上所诉，在信息不明晰的条件下（不协调，不协调）为较稳定的解。要想达到（协调，协调）的纳什均衡，关键是要破解信息不对称的问题。

4. 若只有一方溢价较高，就会出现"搭便车"的行为。以监管主体 2 "搭便车"为例。对于监管主体 1 来说，选择协调是其占优策略。在这样的信息集下，监管主体 2 进行"搭便车"是占优策略。双方博弈过程应满足：

$$mR_s(X) - C_s(X) > R_s(X) \tag{14}$$

$$R_s(X) - C_s(X) > 0 \tag{15}$$

$$nR_w(X) - C_w(X) > R_w(X) \tag{16}$$

对地方监管主体合作产生的溢价并不能比"搭便车"带来收益多，但是对于监管主体 1 来说，无论对方选择何种策略，其中选择协调都是最优策略。

四、构建西藏金融监管协调机制

（一）明确人民银行作为监管协调机制总牵头人的角色

我国自 2004 年以来加快金融监管协调机制建设，从机制建设的实践情况来看，人民银行作为监管协调机制总牵头人的角色需进行明确。其主要基于以下六条理由：一是法律规定具体落实的需要。《人民银行法》第三十五条第二款中规定"中国人民银行应当和国务院银行业监督管理机构、国务院其他金融监督管理机构建立监督管理信息共享机制"；二是减少部门利益博弈的需要。相对而言，人民银行的监管者地位超然，自然不会在实施监管时偏帮三会任何一方，部门间利益博弈问题能得以有效化解；三是防止发生系统性金融风险的需要。人民银行下设金融稳定部门，承担维护地方金融稳定的重要责任，需要总揽全局，以防范系统性金融风险；四是其他金融监管职能的需要。人民银行对监管银行间债券市场、同业拆借市场负责，同时仍须监管外汇、黄金，开展反洗钱等业务；五是强化宏观调控的需要。人民银行制定执行货币政策，需要保持自上而下的相对独立性，在监管协调机制中牵头对于货币政策的制定执行及落实宏观调控政策大有益处。

（二）从建立健全信息共享机制着手，建设信息共享平台

一是信息共享机制及信息共享平台建设要有长远规划，及早制定共享平台

技术标准及信息共享制度，用规划推进平台建设。利用信息共享平台整合对经济发展至关重要的经济数据、金融数据，具体还应包括金融资产质量等微观金融数据，将这些数据在宏观调控部门和金融监管部门之间共享，强化数据的利用效率。二是从加强信息披露入手，引导社会工作及第三方机构加强对经济金融发展的研究及监督。

（三）监管政策的制定需秉持差异化原则，提升金融监管协调层次

一是以差异化监管政策制定为抓手，疏通政策传导机制。我国疆土面积大，地区发展不平衡，东中西部经济发展差距大，具体到一省或自治区，各地市的发展也存在差距。如果监管制度不能结合实际、因地制宜，在政策制定时"一刀切"，势必造成混乱，影响各地的经济发展。因此，西藏金融监管政策制定，一定要立足西藏各地经济发展实际情况，综合考量文化差异、环境保护、资源禀赋、人口素质等一系列因素，制定差异化金融监管策略。二是要减少内耗，减少监管部门博弈。中央派出机构应加强与地方政法、工商、财政、税务等部门的沟通协调，加强对影子银行体系业务的管理，预防系统性金融风险的发生，对已产生的风险应及时处理，防止风险的扩散放大，以维护正常的金融秩序。三是明确地方金融办工作重点。目前地方金融办的主要工作仍为扶持地方企业，增设金融机构，争取信贷资金等。地方金融代表地方政府利益，这样做自然无可厚非，然而，如果立足长远，地方金融办的工作重点则应转向为制定本地金融业发展的长远规划，努力做好地方金融生态环境优化工作，为金融系统发展壮大、金融业的有效运行创造良好的外部环境。

西藏金融体系建设与经济发展

中国人民银行拉萨中心支行课题组

课题组组长：方　霞

课题组成员：佟　亮　王茂昌

摘要： 西藏是典型的投资拉动型经济，经济增长对金融倚重越来越明显。本文从西藏金融体系发展现状、发展特点及存在的问题出发，根据西藏经济发展对金融体系的要求，提出构建西藏金融体系的总体设想及路径选择，为西藏经济跨越式发展提供金融支持。

关键词： 西藏　金融体系　金融发展　体系构建

改革开放以来，西藏经济实现了持续稳定增长，全省国内生产总值从 1978 年的 6.65 亿元增加到 2013 年的 807.67 亿元。从经济增长动力来看，西藏投资拉动型经济特征明显，经济对金融的倚重越来越明显。随着对口援藏战略进一步实施，西藏将在"十二五"期间面临着更大的机遇，经济社会发展将迈上一个新台阶。西藏对资本的需求逐渐增加。因此，不断完善西藏金融体系，为西藏经济社会发展提供多元化的投融资渠道，就显得尤为重要。本文从西藏金融发展现状、发展特点及存在的问题出发，根据经济发展对金融的要求，提出构建西藏地方金融体系的设想。

一、西藏金融体系的历史演进及发展现状

（一）西藏金融体系的历史演进

从西藏自治区金融业发展的历史来看，西藏金融体系的形成发展大致经历了三个阶段：第一阶段，金融业起步发展阶段；第二阶段，市场主体初步形成阶段；第三阶段，金融体系发展完善阶段。

第一阶段，起步发展阶段（1951—改革开放前）。这一时期，西藏金融业从

无到有得到了长足的进步，为改革开放后西藏现代金融体系的快速发展奠定了坚实的基础。1951 年，人民银行西藏办事处成立；1956 年，人民银行西藏办事处更名为中国人民银行西藏分行；1965 年，人民银行西藏分行在全区建立了 7 个地市中支，72 个县级支行，13 个办事处，412 个农牧区信用社；1966 年，中国人民银行西藏分行改名为中国人民银行西藏自治区分行；1970 年中国人民银行西藏自治区分行与西藏自治区财政厅合并，成立了西藏自治区革委会财政金融局。

第二阶段，初步形成阶段（1978—1997 年）。这一时期，人民银行履行中央银行职能，专业银行逐步恢复和重新设立，西藏金融市场体系初步形成。1978 年，伴随着改革开放和全国工作中心的转移，在金融领域进行了一系列大刀阔斧的改革，西藏金融体系也得到了逐步恢复和发展。1978 年中国人民银行西藏自治区分行与西藏自治区财政厅分设；1980 年，中国银行拉萨分行建立；1987 年，中国人民保险公司西藏自治区分公司成立；1991 年，西藏自治区信托投资公司正式设立；1995 年，中国农业银行西藏分行从人民银行分设，人民银行独立行使中央银行职能。具体详细情况见表 1：

表 1　　　　　　1978—1997 年西藏地区金融机构恢复与发展（成立）表

年份　　　　情况	金融机构初步形成情况
1978	中国人民银行西藏自治区分行与西藏自治区财政厅分设
1978	中国建设银行西藏自治区分行成立
1980	中国银行拉萨分行成立
1982	国家外汇管理局西藏自治区分局成立
1987	中国人民保险公司西藏自治区分公司成立
1991	西藏自治区信托投资公司正式成立
1993	西藏自治区证券委员会成立
1995	中国农业银行西藏自治区分行设立

第三阶段，发展完善阶段（1998—2013 年）。这一时期，西藏金融监管体系基本建立，金融机构数量不断增加，传统金融体系趋于完善。1998 年，中国人民银行西藏分行分设为拉萨金融监管办事处和中国人民银行拉萨中心支行，隶属于中国人民银行成都分行；1999 年，中国证监会拉萨特派办成立（2004 年更名为西藏证监局）；2003 年，中国银监会西藏监管局成立；2010 年中国保监会西藏监管局成立。至此，西藏自治区金融业分业监管的格局初步形成。这一阶段，西藏银行业机构、保险机构和证券机构数量不断增加，金融体系不断完

善，金融服务覆盖面进一步扩大（工商银行西藏分行和邮储银行西藏分行、政策性银行、地方性商业银行、股份制商业银行、村镇银行、产险公司、寿险公司、法人证券公司、证券公司分支机构相继成立）。具体情况见表2：

表2　　　　　1998—2013年西藏地区金融机构恢复与发展（成立）表

年份 / 情况	金融机构恢复发展情况
1998	人民银行西藏分行分设为拉萨金融监管办事处和人民银行拉萨中心支行
1999	中国证监会拉萨特派办设立
2000	西藏证券经纪有限公司设立
2003	中国银监会西藏监管局设立
2004	中国证监会拉萨特派办更名为西藏证监局
2006	安邦保险西藏分公司、平安保险西藏分公司设立
2007	人寿保险股份有限公司西藏分公司、银联西藏分公司设立
2008	邮政储蓄银行西藏分行、工商银行西藏分行设立
2010	中国保监会西藏监管局设立、西藏证券更名为西藏同信证券
2011	国家开发银行西藏分行、中投证券拉萨营业部、阳光财险西藏分公司设立
2012	西藏银行、中国农业发展银行西藏分行设立
2013	林芝民生村镇银行、民生银行拉萨分行、太平洋保险、同信久恒期货设立

（二）西藏金融体系的发展现状

1. 西藏金融组织体系

西藏金融体系经过60多年的发展，以国有商业银行为主体，政策性银行、股份制商业银行、城市商业银行、证券、保险等非银行金融机构共同发展，多种融资渠道并存、功能互补、分工协作、协调发展的多元化、多层次的金融组织体系已经基本形成。截至2013年末，全区共有银行业金融机构（网点）641个，从业人员7 547人，西藏辖内共有银行业机构10家，其中政策性银行2家（国家开发银行西藏分行、农业发展银行西藏分行），国有商业银行一级分行4家，邮政储蓄银行一级分行1家，股份制商业银行1家（民生银行拉萨分行），城市商业银行1家（西藏银行），村镇银行1家（林芝民生村镇银行），信托公司1家（西藏信托），省级保险分公司6家①（5家财险公司、1家寿险公司），法人证券公司1家（西藏同信证券），证券公司分支机构1家（中投证券拉萨营业部），期货经营机构1家（同信久恒期货拉萨营业部）。此外，西藏"影子银

---

① 6家保险公司分别是：人保财险、安邦财险、中国人寿、中国平安、阳光财险、太平洋财产。

行体系"中，截至 2013 年末，开业经营的小贷公司 9 家①，典当行 2 家（西藏融通典当有限公司和西藏通泰典当有限公司），担保公司 13 家②。

2. 西藏金融市场体系

目前西藏已初步建立了包括货币、股票、保险、票据等区域性金融市场。

（1）金融机构存贷发展现状。近年来，西藏金融业务发展迅速，产业规模不断扩大，存贷款增势强劲，服务经济能力逐渐提升，对经济的推动作用更加明显。截至 2013 年末，全区银行业机构人民币各项存款余额为 2 499.08 亿元，各项贷款余额为 1 076.69 亿元（见图 1）。（2）股票市场发展现状。近年来，西藏股票市场发展稳健。截至 2013 年末，西藏共有上市公司 11 家③，10 家 A 股上市公司（沪市公司 6 家、深市公司 4 家；主板公司 8 家、中小板公司 2 家），1 家 H 股上市公司（西藏 5100）。截至 2013 年末，10 家 A 股上市公司总股本为 69.5 亿股，总市值合计 724.99 亿元（见表 3）。（3）保险市场发展现状。保险业在西藏社会经济发展过程中的经济补偿作用和稳定保障作用得到进一步发挥，西藏保险业呈现稳步发展态势，保费收入不断增长，给付能力逐步增强。截至 2013 年末，全区保险业实现保费收入 11.43 亿元，西藏保险业总资

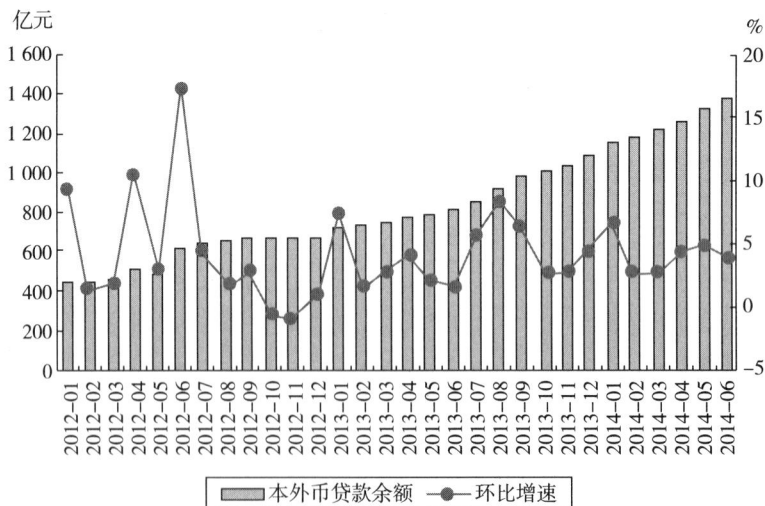

图 1 西藏金融机构贷款变动情况

---

① 其中开业经营的小贷公司有 4 家，分别为西藏裕融小额贷款股份有限公司、西藏拉萨城西通泰小额贷款有限公司、西藏圣元小额贷款有限公司、西藏弘博小额贷款有限公司。

② 其中 10 家位于拉萨市、日喀则地区 2 家、林芝地区 1 家，政策性担保公司 2 家，商业性担保公司 11 家。

③ 11 家上市公司分别是：西藏珠峰、西藏城投、西藏矿业、梅花集团、西藏药业、西藏旅游、西藏发展、西藏天路、奇正藏药、海思科及西藏 5100。

产 5.66 亿元。（4）票据市场。自 2009 年以来，西藏票据贴现业务呈现迅猛发展态势，票据融资大幅增长。截至 2013 年末，票据融资余额 57.37 亿元。

表3　　　　　　　　　西藏上市公司股票市场情况一览表　　　　　　单位：亿元

项目＼时间	2008 年	2009 年	2010 年	2011 年	2012 年	2013 年
股票市价总值	79.6	374.02	801.90	546.11	572.34	724.99
股票流通市值	53.33	374.02	340.87	334.94	401.63	554.28
A 股上市公司数	8	9	9	9	10	10
B 股上市公司数	0	0	0	0	0	
H 股上市公司数	0	0	0	0	0	1

数据来源：历年《西藏金融稳定报告》。

3. 西藏金融监管体系

当前，西藏金融监管体系主要由中国人民银行在藏的分支机构、中国银行业监督管理委员会、保险监督管理委员会和证券监督管理委员会在藏的派驻机构组成。"1999 年、2003 年、2010 年证监局、银监局、保监局相继设立，奠定了西藏金融业银行、证券、保险业分业监管格局。至此，"一行三局"的宏观调控和金融监管格局得以确立，各监管机构充分发挥专业优势，运用法律手段，负责对不同领域的依法监管。此外，监管机构根据实际需要，不定期地召开人民银行、银监局、证监局、保监局参加的金融联席会议，交流金融行业监管信息等。

（三）西藏金融体系发展特点

近年来，西藏金融业务发展迅速，产业规模不断扩大，存贷款增势强劲，服务经济能力逐渐提升，对经济的推动作用更加明显。西藏自治区积极深化改革，加大创新力度，大力改善服务功能，西藏的金融业正以惊人的速度发展前进。当前，西藏金融业已经初步形成一种新的市场格局——多种类型金融组织共生同时又相互竞争。

1. 在资源配置上，政府居于主导地位

在资源配置上，政府居于主导地位体现在：西藏经济发展的投资资金主要来源于中央财政的转移支付，银行信贷资金的运用率相对较低，经济发展模式呈现"大财政、小银行"的显著特征。2010—2013 年间政府投资的比重一直都占固定资产投资总额的半壁江山还要多。2013 年全区固定资产投资完成 918.48 亿元，其中政府投资就高达 688.74 亿元，占固定资产投资总额的 75%，远高于全国平均水平，且其中银行贷款投资 16.12 亿元，占固定资产投资总额的1.76%，仅占政府投资的 2.34%（见表4）。

表4　　　　　　　　　西藏自治区全社会固定资产投资资金来源　　　　　　　单位：亿元

项目 \ 时间	2000 年	2010 年	2011 年	2012 年	2013 年
国家预算内资金	37.41	322.04	405.98	421.73	611.23
国内贷款	2.3	9.88	16.24	25.49	16.12
利用外资	2.51	1.44	4.94	6.59	1.85
自筹资金	18.97	158.81	168.65	202.93	365.54
其他资金	12.63	26.18	46.25	81.37	66.14
合计	66.5	463.26	549.27	709.98	918.48

2. 融资结构上，银行居于主导地位

2014 年 1—6 月，西藏自治区社会融资规模累计新增435.6 亿元，其中，人民币贷款新增296.27 亿元，占比为68.01%，高出全国水平13.35 个百分点；委托贷款新增4.32 亿元，占比为0.99%，比全国水平低12.77 个百分点；信托贷款新增121.02 亿元，占比为27.78%，高出全国水平21.7 个百分点；未贴现的银行承兑汇票减少6.66 亿元；企业债券及股票融资新增10 亿元，占比为2.3%，比全国水平低10.94 个百分点。可以看出，与全国水平比，全区直接融资规模总体仍然偏小，融资渠道比较集中和单一，融资结构仍以间接融资为主，贷款融资仍占据主导地位，银行信贷仍是全区实体经济融资的主渠道。随着西藏金融市场的发展和金融改革的进一步深化，如何加快西藏多层次资本市场建设、加大直接融资比重，仍需引起高度关注（见图2）。

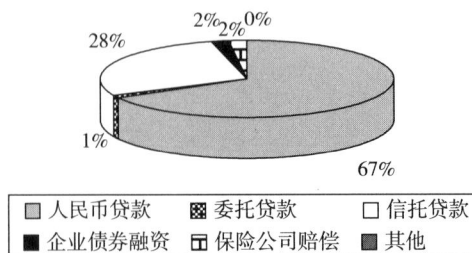

图2　西藏2014 年上半年社会融资规模构成

3. 人均金融资源低于全国水平

西藏自治区的人均储蓄在改革开放以后大幅增长，但在全国 34 个省市中排名倒数第一。截至 2013 年末，西藏自治区的人均储蓄存款为 16 370 元/人，低于全国水平 17 165 元。而排名第一的北京人均储蓄存款为 117 644 元/人，是西藏自治区的 7.19 倍（如图 3 所示）。

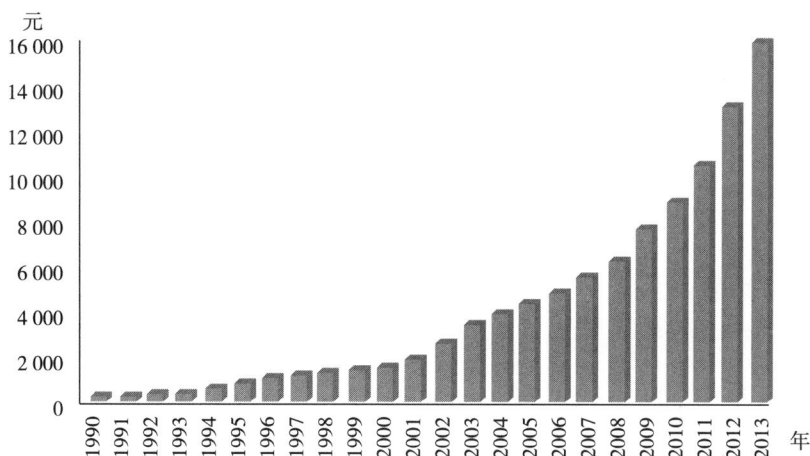

图 3　西藏人均储蓄存款变动情况

近年来，西藏贷款增速保持高速增长，究其原因，从信贷供给看，一是中央赋予西藏银行业金融机构特殊优惠货币政策，具体利差补贴政策和特殊费用补贴政策，该政策充分调动了银行业金融机构信贷投放积极性，各商业银行贷款冲动得以放大；二是近两年西藏银行业机构数量有所增加，竞争更加激烈，各银行为抢占市场纷纷加大了信贷投放。但人均贷款仍远低于全国水平，截至 2013 年末，西藏自治区人均贷款余额为 35 508 元，低于全国水平 21 369 元。而排名第一的北京为 237 199 元，是西藏自治区的 6.68 倍（如图 4 所示）。

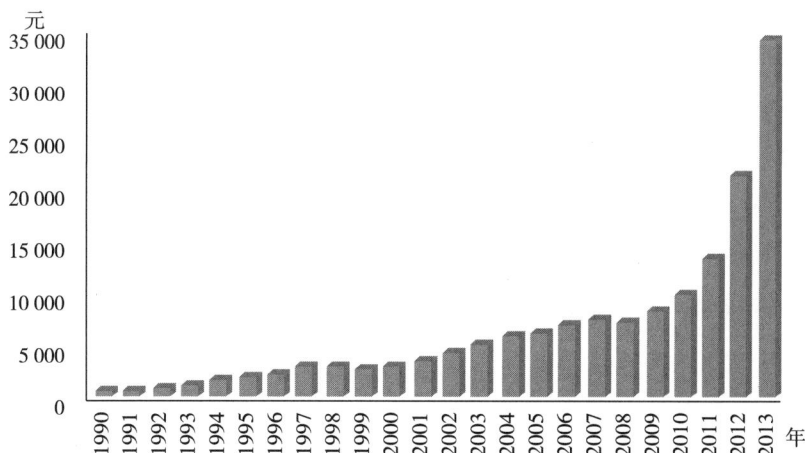

图 4　西藏人均贷款变动情况

二、西藏金融体系建设面临的问题及原因分析

（一）西藏金融体系建设面临的问题

1. 金融机构不健全，有待进一步完善。一是金融服务供给不足。总体来看，目前西藏金融组织机构基本与地方经济社会发展相适应，但还存在金融机构服务手段落后、机构网点密度小、金融业资产总量和业务总量小、开放度和竞争性差等问题，尤其是农牧区只有农行一家机构，营业网点服务半径大，金融供给不充分。二是金融机构布局不平衡。金融机构大部分都集中在拉萨，地区一级设分支机构的也不多，县及县以下区域仅设立了农业银行和邮政储蓄银行的代办机构。三是地方性法人金融机构少。地方金融体系不发达，全区仅有一家城市商业银行、一家村镇银行，一家法人证券公司，无法人保险公司。四是金融聚集、辐射能力弱。西藏非银行金融机构发展滞缓、数量少、规模小，带动影响金融集聚和辐射能力差。目前，西藏唯一法人证券公司——同信证券，总部设在上海，辖内仅有 7 家证券营业部，且证券业经营规模小，业务单一。仅有一家期货公司，基金公司、证券投资公司、具有证券从业资格的会计事务所以及信用中介机构等至今还是空白。保险机构分布少，目前，西藏仅有 5 家产险，一家寿险，明显存在保险业市场不发达，发展程度不高，业务发展不均衡，自主创新能力不够强，产品同质化程度比较明显等问题。五是其他类型金融机构发展严重不足。西藏有一家法人信托投资公司，但总部设在北京，辖内没有营业；小额贷款公司发展较为迅速，但尚处于起步阶段，还有待进一步完善；无金融租赁公司、金融控股公司和股权投资和风险投资类机构。

2. 金融市场发育滞后，实体经济融资渠道窄。一是金融市场建设滞后。西藏金融业仍是以传统银行业为主体，证券市场和保险市场相对滞后，通过股票市场进行直接融资企业仅有 11 家，债券市场完全处于待开发状态。目前，西藏证券类金融机构稀少，资本市场发展滞后。证券公司盈利模式单一、经营粗放，主要业务仍是股票代理交易业务，盈利方式仍然是以手续费收入为主。二是上市公司规模质量及规范运作水平有待进一步提高。目前，上市公司与内地省市相比，由于地域偏远、地方经济落后等诸多因素，导致存在上市公司规模小、持续发展能力弱、经营不够独立、竞争力弱、再融资能力不强、上市后备资源不足等问题。三是企业直接融资能力有待进一步提升。西藏企业外源性融资仍

主要依赖商业银行的贷款，融资机构明显失衡。四是保险市场有待培育。辖区保险业存在整体发展水平落后、规模总体偏小、业务发展不均衡、竞争不充分等问题。

3. 资金供求关系不平衡，金融市场资源配置效率不高。一是有效信贷需求明显不足。有效信贷需求不足一直西藏信贷投放面临的问题，当贷款存量逐渐扩大后，信贷难以继续保持高速增长，存款的增量并没有全部转化为投资和融资。二是信贷资源地区间配置结构有待优化。从地区贷款分布情况来看，信贷资源配置地域失衡现象明显。截至 2013 年末，拉萨市贷款余额 612.47 亿元，占全区各项贷款的 56.89%；而其他地区贷款余额 464.11 亿元，占全区各项贷款的 43.11%；其中山南地区占全区各项贷款的 15.65%，日喀则地区占全区各项贷款的 9.43%，而那曲、阿里两地区贷款总量占全区各项贷款的比例还不足 4%。三是贷款投放行业集中趋势明显，信贷结构不平衡。从贷款投放行业来看，截至 2013 年末，西藏银行业机构向建筑业、电力热力燃力及水生产和供应业、批发零售业、采矿业、租赁和商务服务业前五大行业投放贷款达 381.46 亿元，占贷款投放总额的 33.45%。

4. 金融服务水平较低、质量较差，有待进一步提高。一是金融队伍建设有待加强。金融从业人员队伍整体素质偏低，金融机构整体服务能力和水平还有待进一步提高，创新服务能力不强。二是融资、担保体系不够完善。西藏担保公司还处于初步发展阶段，业务规模小、作用有限、担保能力不足，银担合作机制不健全，还不能提供有效的融资担保服务，不能满足市场的需求。三是中介机构发展滞后。金融中介机构运作不规范，不能有效解决银企之间的信息不对称问题，不仅影响了中小微企业的正常融资，也影响了整个融资市场的健康发展，中介服务作用有待进一步提高。四是西藏农牧区金融供给不足，覆盖面亟需加强。农牧区金融服务还普遍存在金融服务网点少、金融产品欠缺、从业人员素质低、服务水平有限、金融基础设施建设薄弱等金融供给相对不足的问题。五是金融服务实体经济能力有待提升。与西藏经济发展水平相比，小微企业金融服务工作存在诸多不足，服务水平仍有待进一步提升。六是辖区金融生态环境建设仍需进一步加强。目前，辖区金融生态环境有了明显改善，但是仍然还存在社会诚信缺失、少数企业逃废银行债务、中介机构管理不规范、金融法治环境欠佳等问题，值得高度关注。

（二）西藏金融体系建设面临问题产生的原因分析

1. 西藏经济较为落后，对辖区金融业发展的促进作用不足。西藏大部分地区属于农牧区，农业基础设施建设不足，农业产业化水平低，第二产业起步晚、起点低、产值小，缺乏主导产业，第三产业中生产性服务业比重低。此外，西藏经济发展还呈现"大财政、小银行"的显著特点，经济发展对国家财政资金投入依赖性强，经济增长主要靠国家投资拉动，市场发育滞后，在一定程度上抑制了金融资源需求。在国家财政投资强力支持西藏经济发展的同时，客观上造成了对信贷资源产生了一些"挤出效应"，也造成了有效信贷需求不足、银行业金融机构发展受限制、发展空间小等问题。

2. 企业自身发展缺陷多，造成了金融体系有效信贷需求不足和企业融资难的双重问题。一方面，从产业发展程度来看，西藏绝大多数企业都属于中小企业，且仍处于发展的初级阶段，企业自身发展存在公司法人治理结构不完善、财务制度不健全、主营业务不突出、所处行业易受宏观政策影响等缺陷，至今仍没有形成初具规模化、集团化的大企业和大集团公司。这一客观因素也成了导致区域内有效信贷需求明显不足的原因之一。另一方面，西藏经济基础薄弱，经济总量小，上市公司少，大部分企业多为中小企业，而中小企业又由于受自身公司治理机构、财务管理不规范、信用等级低、缺少抵押担保物等原因影响，难以满足银行放贷标准。

3. 商业银行的经营状况与管理体制，成为了银行业金融机构信贷供给矛盾的主要因素。一是目前在藏银行业机构对贷款总量和制度进行了严格的控制，要求分支机构既不能超标又不能空余，严格的信贷投放节奏调控对企业资金需求产生了延滞效应，加剧了企业贷款需求难。二是"以存定贷"的行为对部分企业融资形成硬约束，金融机构流动性管理压力加大，各金融机构为保障存款增长，普遍强调"以存定贷"的理念，客观上约束了企业对于融资的需求。三是西藏属于经济欠发达的高风险区域，面对中小微企业无法提供充足的抵押品和农牧区高交易信贷成本的客观条件，金融机构为了追求规模效益和规避风险，造成"惜贷"、"惧贷"的现象较为严重。

4. 金融创新乏力，专业人才缺乏，也是制约金融体系发展的又一重要原因。

由于工作条件艰苦，金融人才市场尚不完善、人才引进机制滞后，西藏金融人才的招募和流动处于无序状态，部分金融从业人员因为自然条件差、工资待遇低等原因不愿意赴藏就职。目前，现有在藏金融机构普遍存在缺乏具有现代金融知识、从业经验丰富的金融人才等问题，同时受到自身原因和发展水平所限，辖内金融机构也缺乏培养高素质、专业化金融尖端人才的能力，从而造成了西藏金融业专业人才匮乏，导致了金融服务水平低下、金融产品缺乏创新，严重制约了西藏金融业的发展。

三、构建西藏现代金融体系的政策建议

（一）西藏现代金融体系构建的总体设想

1. 构建西藏现代金融体系遵循的原则

按市场化原则，以健全金融体系为目标，以加快推进西藏经济建设为动力，构建符合辖区实际需要的多层次、高效有序、充满活力的西藏现代化金融体系，从而为推动西藏经济金融的有序、良性互动发展、经济金融资源的优化配置作出贡献。

第一，与辖区经济特点相适应原则。西藏现代金融体系的构建应以辖区经济的发展特色、结构为基础，面向辖区经济主体制定相关金融改革措施，解决企业融资难等问题。第二，坚持协调发展原则。坚持辖区金融与经济社会发展状况相协调，实现辖区经济、金融和社会的有机结合，促进辖区经济的全面、协调、可持续发展。第三，坚持多元化和竞争性原则。通过加强金融市场体系的建设，促进竞争，提高经营效率，实现金融机构和金融市场的良性互动，从而适应辖区经济组织多元化发展的需求。

2. 构建西藏金融体系的基本理念

第一，全面贯彻落实中央第五次西藏工作座谈会精神以及中央赋予西藏的特殊优惠金融政策，围绕辖区加快产业结构优化升级、促进地方经济又好又快发展的目标和工作思路，深化金融改革，推动金融创新，加强金融监管，防范金融风险，逐步推动信用体系、金融生态环境建设，全面提高金融服务水平，建立与经济发展相适应的西藏现代金融体系。

第二，大力发展多种形式的金融机构，完善金融组织体系，加快发展金融中介机构；不断完善金融监管机制和组织架构，增强监管的协调性和统一性，逐步建立起能促进西藏经济跨越式发展的现代金融体系。

第三，积极构建多层次的金融市场，培育具有直接融资和持续融资能力的金融市场，拓宽企业融资渠道，不断提高企业直接融资能力；以功能创新为实施导向，加大对金融机构、工具、市场和机制等基础设施建设力度，优化金融结构，更好地满足金融服务的需求；合理配置区域金融资源，加快辖区金融市场的协调发展。

3. 构建西藏现代金融体系的基本框架

一是完善辖区金融机构体系，扩大金融业发展规模。通过大力发展多门类、多渠道的市场主体，形成融资方式多样、中介服务规范的多层次、多渠道、多元化的"三多型"新型金融体系。二是加强中国人民银行拉萨中心支行在辖区金融调控体系中的影响力，加大对辖区金融机构的窗口指导和引导的力度，加强"一行三局"之间的监管协调，形成合力，维护区域金融稳定。三是积极推进社会信用体系建设，不断增强社会信用意识，努力打造"诚信西藏"，加强金融知识宣传，积极推进金融消费者权益保护工作，营造良好的金融消费环境。四是辖区各金融监管机构和金融机构要立足西藏实际，加强金融产品创新，提升金融服务质量，努力推动担保体系建设，积极搭建信息服务平台，统筹兼顾、因地制宜，构建具有西藏特点的普惠金融体系。五是积极推进社会信用体系建设，不断增强社会信用意识，努力打造"诚信西藏"，加强金融知识宣传，积极推进金融消费者权益保护工作，营造良好的金融消费环境，优化辖区金融生态体系环境，促进经济、金融的协调发展。

（二）构建西藏现代金融体系的路径选择

1. 加快金融改革，健全组织体系

进一步完善西藏辖区的金融组织体系，形成政策性金融、商业性金融、民营性金融等多种形式的金融组织共同发展、相互竞争的格局，不断提高辖区金融覆盖面。积极引进有实力的股份制银行、全国性保险公司、证券公司等在藏设立分支机构，稳步、优化现有金融机构营业网点布局，不断向农牧区延伸服务，鼓励和培育村镇银行、小额贷款公司等新型服务组织，逐步形成机构健全、功能完善、竞争有序、服务优质的现代金融服务组织体系。

（1）健全和完善辖区银行业金融机构组织体系。政府要积极引进内地银行业金融机构在藏设立分支机构；通过政府的政策倾斜、扶持，完善公司治理结构，不断优化股权结构和经营机制，逐步充实壮大地方性城市商业银行的实力，努力提高金融服务水平；加大政策支持力度，稳步发展村镇银行；借鉴国外经验，广泛吸引民间资本，出台相应的税收、存款准备金等方面优惠政策，探索发展社区银行，为辖区居民创业和企业创新提供更好的金融服务。

（2）健全和完善辖区证券、保险业金融组织体系。积极争取大型证券公司在藏设立分支机构，努力培育和发展地方法人证券公司，不断完善法人治理结构，壮大机构规模和综合实力。引导和支持部分有竞争力的证券公司进行业务和服务创新，努力做优做强。积极创造良好环境，推动健康保险、农业保险等专业公司和地方性法人保险公司的设立和发展。

（3）健全和完善信托、担保等市场金融组织体系。严格审批程序，加强日常指导和监督，稳步推进小额贷款公司、资金互助社等各类新型金融组织的设立，不断满足小微企业金融需求；鼓励有条件的企业集团，发起设立融资租赁公司、财务公司等为辖区企业提供相应的金融服务；充分发挥信托、担保等非银行金融机构的融资、中介、提供担保等诸多金融服务功能。

2. 发展和完善金融市场，加快推进多层次、多功能金融市场体系建设

加快市场化进程，不断扩展辖区金融市场的广度和深度，使价格信号成为资源配置的关键因素，进一步发展以银行间债券市场和票据市场为主体的金融市场，不断丰富金融市场产品和金融创新工具，大力发展资本市场体系，积极开展保险产品创新，拓展保险业务范围。有力促进货币、资本、保险市场的有机结合，实现金融机构与金融市场间的良性互动，逐步形成多功能、多层次的金融市场体系，为辖区金融业的稳健发展创造良性竞争的市场环境。

（1）大力发展资本市场，扩大直接融资占比。一是大力发展股票市场。支持国有企业和民营企业进行股份制改造，建立现代企业制度，完善法人治理结构，推荐更多优质企业上市，提高企业直接融资比例。鼓励引导上市公司实施并购重组，支持符合条件的上市公司通过增发配股等各种方式进行再融资，支持上市公司做大做强；支持中小企业利用全国中小企业股份转让系统挂牌融资，努力拓宽中小企业直接融资渠道。二是着力推动中长期债券市场稳步发展，逐步拓宽融资渠道。积极争取国家政策支持，探索发行地方政府债券融资，扩大企业债券发行额度，增加债券发行主体，建立以机构投资者为主导的多层次债券市场。三是须尽快完善投融资体系建设，疏通投融资渠道，鼓励民间投资，设立创新投资基金，大力支持科技成果的转化运用和中小科技企业发展，增强企业资本市场融资能力。

（2）推进保险产品创新，健全保险市场体系。一是拓展保险业务范围，按照"政府推动、商业运作"的原则开展政策性保险试点工作。二是发展保险中介机构，鼓励各种经济成分的企业和自然人设立保险代理公司，发展专业代理及银行、邮政兼业代理保险业务。三是加大政府财政补贴力度，开展农牧区医疗、养老和财产保险产品创新，为农牧民量身定做保险产品，增加农业保险的有效供给。

3. 深化金融服务，提升服务质量，努力构建高效、便捷、全方位、广覆盖的现代金融服务体系

紧密结合西藏经济金融服务的现状，立足西藏实际，紧紧围绕社会主体的金融需求，加快金融产品的创新，加强金融服务基础设施建设，不断拓展金融服务领域，增强服务意识，提高金融服务水平，为金融市场提供优质高效的服务。

（1）积极发挥地方金融机构作用，加快金融管理、金融业务、金融工具创新相关工作的开展。一是借鉴国内外经验，积极推进信贷模式的创新，探索开展"信贷＋保险"、"担保基金＋银行信贷"等模式贷款，逐渐满足小微企业多样化的金融需求。二是结合西藏特点，加强业务创新，开发适合西藏群众实际需要的金融产品，拓展服务领域，增强金融创新产品对地方经济发展的支撑作用。三是创新金融服务，改进金融服务方式，主动上门提供服务，加强对金融创新产品的推荐宣传，为市场主体提供高效优质的金融服务，改变市场主体间信息不对称的状况。

（2）加强普惠金融方面金融基础设施投入与建设。一是在央行机构已经建成的现代支付系统基础上，在藏金融机构要加大对网络建设、设备更新等基础设施的投入，实施支付服务惠民工程，改善支付服务"软"、"硬"件环境，争取实现助农取款、手机银行等现代支付服务基本覆盖辖区金融服务空白乡镇、行政村。二是完善银政、银企、银担信息交流机制和融资对接机制，为经济活动和金融服务提供良好的资信服务。三是建立健全金融人才培养体系，加强培训，提升从业人员素质和服务水平，大力提倡优质服务、文明服务，为金融市场提供优质高效的服务。

4. 优化西藏辖区金融生态环境，构建促进实体经济发展的金融生态体系

（1）充分发挥政府部门的主导作用。一是各级政府和有关部门要积极行动起来，大力倡导社会信用意识，制定信用法规制度，积极推动辖区金融生态环

境建设，为金融生态体系发展创造良好的外部环境。二是加快建立政府相关职能部门、社会中介机构和金融机构之间的沟通协作机制，加强信用宣传，唤起全社会的信用意识，营造信用环境建设氛围，建立健全覆盖全社会的信用体系，共同创建金融生态环境的良好局面。三是整合信息资源，建立信用资源共享和失信惩处机制，逐步形成信息采集全面、覆盖面广、统一规范的西藏综合信用体系。

（2）引领形成诚信的社会风气，构建有效的社会信用体系。一是为企业的诚信健康发展奠定良好的社会基础，从根本上改变金融运行的客观条件和环境。二是辖区人民银行牵头，逐步会同政府相关职能部门，对现有征信查询系统进行整合，搭建统一的信用信息平台系统，促进信用体系建设。三是建立健全企业信用评价机制，开展企业信用等级认证和诚信企业评选活动，给予表彰宣传，营造全社会讲诚信的良好氛围。四是加强宣传教育，突出诚信的核心价值观地位，提高社会诚信意识，推进诚信文化建设，优化信用环境。

（3）营造西藏辖区良好法治环境和金融消费环境。树立"法治金融"的思想，改善西藏金融法治环境，维护司法权威，加大金融执法力度，严厉打击金融违法犯罪，切实保护客户利益。加大社会普法宣传教育，提高全民的法律意识。健全金融消费权益保护各项制度、机制，以人民银行拉萨中支金融消费权益保护中心为依托，努力推动金融消费者教育和宣传工作，营造良好的金融消费环境。

5. 协调金融监管，努力构建科学有效的现代金融管理体系

（1）加强人民银行与西藏各金融监管部门间的沟通与合作，不断完善"一行三局"监管体制，建立完善金融监管机构之间信息共享、沟通便捷、职责明确的协调配合机制，强化监管的综合协调性，形成监管合力，确保金融安全运行，共同维护辖区金融稳定。（2）坚持全面监管与重点监管相结合，加强政策指导，严格监管制度、改进监管方式、强化金融监管手段，提高金融监管水平，增强行业监管的系统性、连续性，促进金融业的健康发展。（3）进一步加强人民银行的窗口指导与监管，疏通货币政策传导机制，充分用好、用实、用活中央赋予西藏的特殊优惠货币政策，努力将政策优势转化为发展优势，推进银行、证券、保险业的协调发展。（4）各职能部门应加强产业政策、货币政策、财政政策的协调配合，充分发挥政策合力，积极推进西藏金融产业的发展。（5）强化部门协同配合，不断完善"一行三局"金融稳定协调机制，建立健全金融安

全稳定长效机制和防范化解金融风险的协调机制，严控银行、保险、证券、信托业交叉性风险。(6) 建立健全西藏金融风险预警指标和金融稳定监测指标体系，准确掌握辖内金融机构整体运行情况，完善金融风险防范和处置机制，增强化解系统性风险和处理金融突发事件的能力，确保西藏不发生系统性、区域性金融风险。

参考文献

［1］林毅夫：《金融结构与经济增长：以制造业为例》，载《世界经济》，2003（1）。

［2］张军洲：《中国区域金融分析》，北京，中国经济出版社，1995。

［3］杨德勇等：《区域金融问题研究》，北京，中国金融出版社，2006。

［4］Bencivenga, Valerie R, Smith Bruce D. and Starr Ross M. Transactions Costs, Technological Choice, and Endogenous Growth［J］. journal of Economic Theory, 1995, 67（1）: 153 – 177.

［5］Dutta and Kapur. Liquidity Preference and Financial Intermediation［J］. Review of Economic Studies, 1998, 65（3）: 551 – 572.

［6］Boot and Thakor. Financial System Architecture［J］. The Review of Financial Studies, 1997（3）: 693 – 733.

［7］Greenwood and Smith. Financial Markets in Development and the Development of Financial Market［J］. Journal of Economic Dynamics and Control, 1997, 21（1）: 145 – 181.

［8］King and Levine. Finance, Entrepreneurship, and Growth: Theory and Evidence［J］. Journal of Monetary Economics, 1993（3）: 523 – 542.

［9］Mayer. New Issues in Corporate Finance［J］. European Economic Review, 1988（32）: 1167 – 1189.

［10］Allen and Gale. Welfare Comparison of Intermediaries and Financial Markets in Germany and US［J］. European Economic Review, 1995（39）: 109 – 130.

加强支付体系建设　助推西藏经济发展

中国人民银行拉萨中心支行支付结算处

姚中玉　洛桑尼玛

摘要： 西藏央行系统采取多项措施，积极推进金融发展，完善支付体系建设，为西藏经济的发展保驾护航。本文通过描述西藏支付体系建设的现状，并叙述国内外支付体系建设方面的思路和形势，以西藏辖区大额支付系统资金清算量和地区生产总值两组数据为核心，从资金流动方面切入，分析辖区资金流动与经济发展之间的关系，说明加强支付体系建设对经济发展的支撑作用，最后以辖区支付体系建设，主要是支付系统建设中存在的主要问题为依据，提出促进西藏支付体系发展的政策建议。

关键词： 西藏　金融　支付体系　经济

支付体系是指为实现和完成经济活动中，特别是金融活动中各类支付活动所做的一系列法规制度性安排、相关基础设施以及保证各类基础设施有效运转的必要人力资源等的有机整体，它主要包括有支付服务组织、支付系统、支付工具、支付监管和法规制度四个方面的内容，支付体系建设是国家金融基础设施和金融体系的重要组成部分。随着西藏经济金融的改革和发展，支付体系的地位和作用日益突出，支付体系的安全、稳定和高效运行，有效支撑了西藏经济的高速发展。近年来，人民银行拉萨中心支行根据总行的统一部署，克服高原自然环境带来的困难，大力推进辖区现代化支付体系建设，确保支付体系的安全稳定，切实履行支付服务组织管理职能，改善支付工具使用环境，为促进西藏经济金融和社会发展发挥重要作用。

一、概述

西藏经济发展方式一直以来较为单一。从需求结构的角度来看，投资、社会消费品总额和净出口这三大需求中增量最多的是固定资产投资。西藏自治区的全社会固定资产投资由 2004 年的 162.36 亿元增加到 2013 年的 876 亿元，年均增长 18.4%。同时，西藏 GDP 由 2004 年的 220.31 亿元增加到 2013 年的 802.00 亿元，年均增长 29.4%，投资带动 GDP 较为明显。西藏经济发展方式主要以国家投资拉动为主，固定资产投资占经济总量的 80% 以上，这一数据充分体现出固定投资在西藏经济增长中的决定作用。[①] 但是这样的经济发展方式显示出了一定的弊端：一是投资主体过于单一化，社会性投资力度不足。社会成员的投资观念与投资意识比较传统，无法实现投资的多元化和多样化，导致投资效率较低；二是过分依赖投资和中央政策，经济发展自身动力不足，占全区 80% 以上的农牧民增收后劲不足；三是工业发展滞后，导致西藏的经济增长方式仍然是粗放型增长方式，地区工业产值占地区生产总值的比例较低。正是因为西藏单一的经济发展方式使得区内金融等现代服务业发展滞后，无法很好地适应全区各族群众物质、文化生活水平的提高。金融作为现代经济的核心，它必须随着实体经济的发展而发展，滞后的金融发展会成为地区经济快速发展的阻碍。所以西藏必须在地区的金融发展方面多下功夫，以地区的金融发展促进地区经济发展，从而实现西藏经济跨越式发展目标。

在推进西藏金融发展方面，尤其要注重的就是辖区内支付系统的建设，因为央行现代支付系统是金融运行的核心业务系统，辖区内多数资金流动都通过支付清算系统得以体现。本文主要以支付清算系统作为研究切入点。支付清算系统是由资金转移规则、提供支付清算服务机构和实现指令传送及资金清算手段共同组成，是实现债权债务清偿及资金转移的支持系统。不论是积极的财政政策，还是适度宽松的货币政策，这些政策的施行，都与支付清算系统密切相关。中央政府财政转移支付、国库资金拨付以及部分银行贷款，必将涉及银行业支付服务及跨行资金清算服务；另外，项目工程在建中的资金流动、完工后的资金结算，同样离不开支付系统的服务支持。而支付清算系统在实施货币政策中的作用尤其明显，如三大传统货币政策，公开市场业务、法定存款准备金率、再贴现业务的实施，均需要通过支付清算系统来实现。可见，支付体系的建设与完善在辖区金融发展中起着举足轻重的作用。

二、国内外支付体系建设方面的现状及特点

世界各国在支付体系发展方面日渐呈现出一个共同的趋势：支付服务组织

---

① 新华社，《固定资产投资拉动西藏经济进入快车道》。

多元化和专业化、支付工具网络化和电子化、支付渠道便利化和多样化、支付系统高效化和稳健化、支付监管重点化和原则化。

英国对支付体系的监管根据重要性原则，主要以对支付系统的监管为主。其原因为：支付系统发生风险将对金融稳定产生重要影响，支付工具和支付服务商发生风险只是局部或微小的影响，且支付清算系统可涉及支付服务商和支付工具。

美国的支付体系在世界上处于领先地位，得益于其完备的法律体系和高科技支持。美国对支付清算及相关活动的法律建设与管理较早，制约支付活动的法律规范较多，已体现出特定的立法特征，各类法律及规范对支付系统的运行起到了保驾护航作用。

德国中央银行按照效率与安全并重的原则，形成了比较科学、完整和有效的支付体系监督管理机制。把对支付体系监督的范围从传统领域扩展到新兴支付领域，对非现金支付工具、支付服务组织、支付清算网络可能带来的风险关注度日益提高。监管的范围从重要支付系统扩展到支付工具、零售支付系统和第三方服务提供者。

新加坡作为一个经济金融高度自由化的国家，长期以来其支付体系主要靠自我管理。随着金融业的不断发展，他们认识到支付体系对于货币政策、金融稳定和公众利益的重要性，新加坡金融管理局颁布了《支付体系监督法》，为其监管支付体系提供了统一的基础，针对支付体系提供完整的监管框架。

我国顺应趋势，借鉴吸收国际经验，结合国情因地制宜，构建了具有中国特色的支付体系。为此，有关专家针对支付体系建设提出的主要观点有：一是现代化支付系统朝着成本更低、效率更高的混合模式转化。二是计算机技术和通信技术的发展带来了支付体系的创新，第三方支付组织也成为支付结算服务的主体，实体账户与虚拟账户互为补充，促使零售支付服务专业化、市场化、私人化，监管部门应该有更灵敏的监管能力。三是支付服务已成为银行盈利的重要来源，由支付服务所带来的收益占银行利润的比例上涨，支付体系应该更加完善。四是适应经济金融全球化等的支付体系全球化，支付领域的标准化、一体化进程进一步加速。

关于支付系统资金流动与经济增长的关系研究，国内学者邱云武和黄照影研究认为云南省大额支付系统资金流量与经济金融运行一致，支付系统交易金额与 GDP 联系密切。华艳丽和刘凤梅对比分析巴彦淖尔市现代化支付系统推广前后的经济状况，认为支付系统对改善地区金融服务、推动地区间经济增长起到积极的作用。燕居慧基于大额支付系统数据，分析山东省东营市跨区域资金流量特点及对经济的影响，认为稳健运行的支付系统有助于东营市产业经济发展。由上述研究可以看出，研究西藏辖区支付系统资金流量与地区 GDP 之间的关系具有重要意义，能够在一定程度上为西藏经济的跨越式发展提供理论基础，同时有助于推动西藏金融的发展，促进地区经济平稳、快速发展。

三、西藏辖区支付体系发展现状

（一）支付服务组织得到稳步扩展

支付服务组织是提供支付服务的市场主体，包括中央银行、商业银行、支付清算组织和非金融支付机构等。西藏辖区支付服务组织机构得到不断扩展，全国性支付服务组织融入西藏并扩展，各类机构提供差别性的多元化金融服务，尤其是非金融支付机构分支机构的成立，不仅丰富了西藏支付服务市场，而且也为西藏经济的发展提供了有力的金融保障。

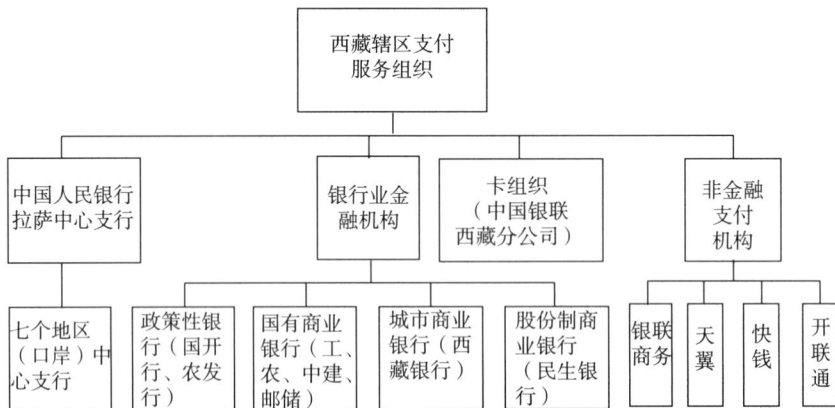

（二）支付系统与全国同步建设

中国现代化支付系统在物理结构上设立两级处理中心，即国家处理中心（NPC）和城市处理中心（CCPC），西藏辖区接口为拉萨城市处理中心，各大系统通过 CCPC 接入。目前，全区共有 221 家金融机构加入支付系统，其中直接参与者 22 家、间接参与者 199 家，为社会提供优质、高效、快捷的账户服务及安全的资金汇划服务①。

随着经济高速发展和金融高速运转的需求，2005 年人民银行拉萨中心支行根据总行要求，启动现代化支付体系建设，目前，全区基本形成了以现代化支付系统为核心、以商业银行行内系统为补充的支付清算网络体系，开创了西藏支付系统建设的新局面。2013 年，第二代支付系统上线工作圆满完成，支付系统的上线运行为银行业金融机构跨行支付清算业务提供了一个低成本的公共支付平台，加速了社会资金周转，提高了资源配置效率，畅通了货币政策传导，改善了金融服务质量，有力地推进了西藏经济金融的快速发展。据统计，2013 年大小额支付系统共处理支付清算业务 186.28 万笔，涉及金额 24 596.21 亿元，同比分别增长 26.47% 和 22.80%，业务金额为当年西藏地区生产总值的 30.7 倍②。

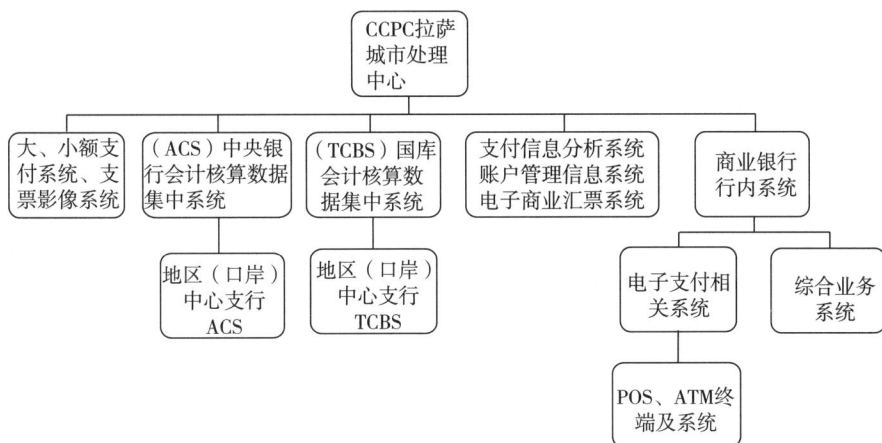

```
                    ┌──────────────┐
                    │ CCPC拉萨      │
                    │ 城市处理      │
                    │ 中心          │
                    └──────────────┘
   ┌──────────┬──────────┬──────────┬──────────────┬──────────┐
┌────────┐┌──────────┐┌──────────┐┌──────────────┐┌──────────┐
│大、小额││（ACS）中央││（TCBS）国库││支付信息分析系统││商业银行    │
│支付系统、││银行会计核算││会计核算数  ││账户管理信息系统││行内系统    │
│支票影像 ││数据集中系统││据集中系统  ││电子商业汇票系统││            │
│系统     ││          ││          ││              ││            │
└────────┘└──────────┘└──────────┘└──────────────┘└──────────┘
           ┌──────────┐┌──────────┐          ┌──────────┬──────────┐
           │地区（口岸）││地区（口岸）│      ┌──────────┐┌──────────┐
           │中心支行   ││中心支行   │      │电子支付相  ││综合业务    │
           │ACS       ││TCBS      │      │关系统     ││系统       │
           └──────────┘└──────────┘      └──────────┘└──────────┘
                                           ┌──────────┐
                                           │POS、ATM终 │
                                           │端及系统    │
                                           └──────────┘
```

（三）支付工具得到广泛应用

在推进现代化支付体系建设的同时，为适应西藏各类经济主体多种经济活动和居民居家服务的需要，不断完善非现金支付工具体系，票据业务稳步发展，银行卡产业不断壮大、银行卡受理市场不断改善，各类支付方式不断得到丰富。

目前，辖区几大商业银行均已开办支票、汇票业务。同时，银行卡产业也进入了快速发展期。银行卡产品功能不断拓展，应用领域不断扩大，品种不断丰富。截至 2014 年第一季度末，区内发行在用的银行卡共计 314.98 万张，人

---

① 数据来源于行名行号系统。
② 数据来源于支付信息分析系统。

均持有卡量为 1.05 张。西藏辖区特约商户数量为 7 362 家；ATM 终端 990 台，POS 终端 8 411 台，其他设备终端 184 台，每台 ATM 对应银行卡 3 181 张、每台 POS 机对应银行卡 374 张，银行卡受理环境得到进一步改善[①]。

（四）支付监管和法规体制得到逐步完善

辖区人民银行系统认真履行监督管理职责，有效地规范了支付业务参与各方的行为，维护了各参与方的合法权益；按照支付系统相关管理办法，制定了各类规章制度和实施细则，成立了相应的危机处置领导小组，及时完善各类预案，使之更加符合应急管理的实际需要，确保支付系统的安全稳定运行。同时，根据相关系统的运行情况及外部环境的变化，不定期下发关于加强系统安全运行管理的通知等规范性文件，及时发出风险预警，强化安全意识，杜绝了违规操作，保障了系统的安全无事故运行。确立了以"安全和高效"并重的支付体系监督管理目标，提高支付体系风险防范能力，包括：建立支付系统的日常监督、运行维护、应急处理等的考核机制，提高支付体系应对突发事件能力；完善银行卡、票据等非现金支付工具的管理办法；积极采取有效措施，加强银行结算账户管理，不断完善银行结算账户管理规章制度。

四、西藏辖区支付体系建设与经济增长关系分析

根据西藏辖区支付系统发生的业务量，大额支付系统发生的业务金额近三年在总业务量中的占比平均为 84.1%（见表 1、图 1），这充分说明了大额支付系统在金融体系中的主导地位，因此本文金融数据中支付系统部分主要采用大额支付系统的业务量。

表 1   近三年支付系统业务量及占比[②]

年份	2011		2012		2013	
	金额（亿元）	占比（%）	金额（亿元）	占比（%）	金额（亿元）	占比（%）
大额支付系统	14 206.14	82.59	19 876.06	85.63	24 301.04	84.03
小额支付系统	152.93	0.89	135.93	0.59	295.17	1.02
行内支付系统	2 778.91	16.16	3 117.34	13.43	4 200.16	14.52
银行卡跨行支付系统	61.99	0.36	82.08	0.35	123.99	0.43
总计	17 199.97	100	23 211.41	100	28 920.36	100

---

① 数据来源于银行卡业务情况季报表。
② 数据来源于支付信息分析系统、行内系统支付业务情况季报表、银联西藏分公司。

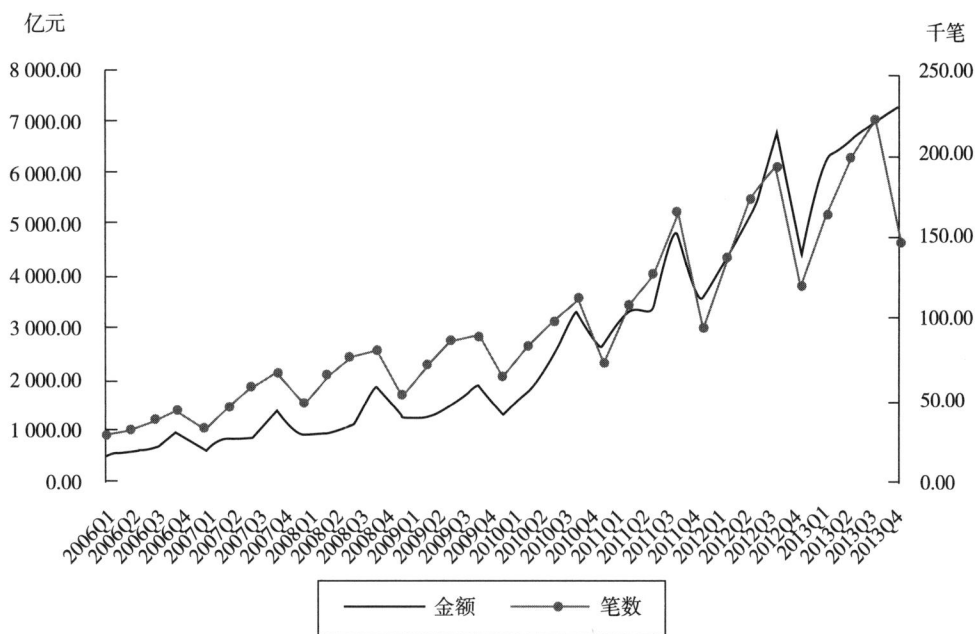

图1 大额支付系统上线至今业务量季度变化图

（一）大额支付系统业务量和地区生产总值间的计量分析[①]

国内生产总值 GDP（Gross Domestic Product）是度量一个国家或地区所有常住单位在一定时期之内所生产和所提供的最终产品或服务的重要总量指标，其既能从总体上度量国民产出和收入规模，也能从整体上度量经济波动和经济周期状态，成为宏观经济中最受关注的经济数据，是判断经济态势运行、衡量经济综合实力、正确制定经济政策的重要依据。因此，准确地分析预测 GDP，并且对上涨空间进行合理分析，对促进西藏经济发展的合理规划具有重要的理论和现实意义。

根据 2007—2013 年全国的 GDP 和大额支付系统业务量，两者关系如图 2 所示。

全国的 GDP（表示为 X）和大额支付系统业务量（表示为 Y）满足线性关系：$Y = 100.32X - 2 \times 10^7$，其线性关系的相关性 $R^2 = 0.9824$。

因此我们可以推测，从长期性数据看，假设西藏辖区的地区生产总值和大额支付系统业务量之间满足线性关系：$Y = \beta_0 + \beta_1 X + u_t$，我们采用计量经济学

[①] 数据来源于西藏统计年鉴（2013）、维基百科：中华人民共和国国内生产总值。

业务量（亿元）

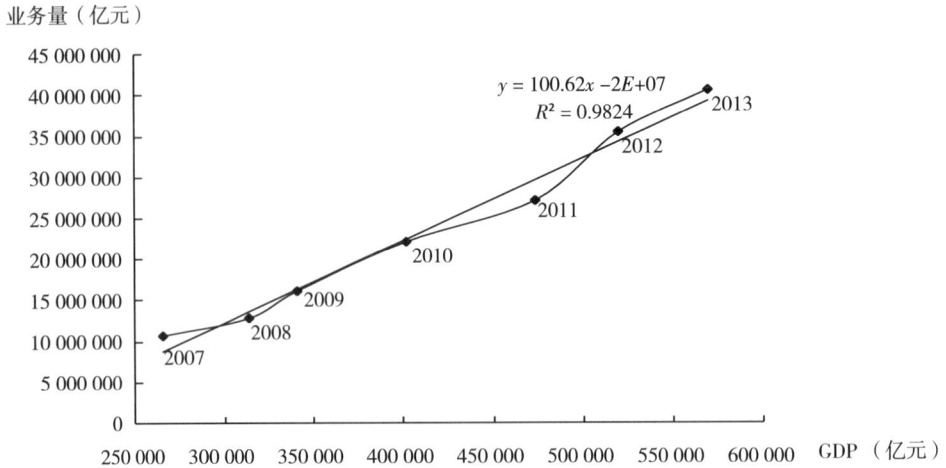

图2　全国GDP与大额支付系统业务量关系

中的双变量线性回归模型对此进行分析，使用高斯最小二乘法对西藏辖区的地区生产总值和大额支付系统业务量做回归分析可以大致得出二者的相关程度并以此为依据做进一步探究。在上述模型中：Y 表示西藏辖区大额支付系统业务金额，X 表示西藏地区生产总值，u_t 表示误差项，$u_t \sim N$（0，σ^2）；β_0、β_1 表示两者之间的线性回归系数。

西藏辖区从大额支付系统上线运行起，产生的业务金额和西藏地区生产总值如表2、图3所示。

表2　　　　　　　　　西藏地区 GDP 与大额支付业务量情况表

年份	GDP（亿元）	业务量（亿元）
2006	290.76	2 663.42
2007	341.43	3 624.34
2008	394.85	4 850.51
2009	441.36	5 819.53
2010	507.46	8 771.16
2011	605.83	14 206.14
2012	701.03	19 876.06
2013	802.00	24 301.04

基本数据整理过程如表3所示。

业务量（亿元）

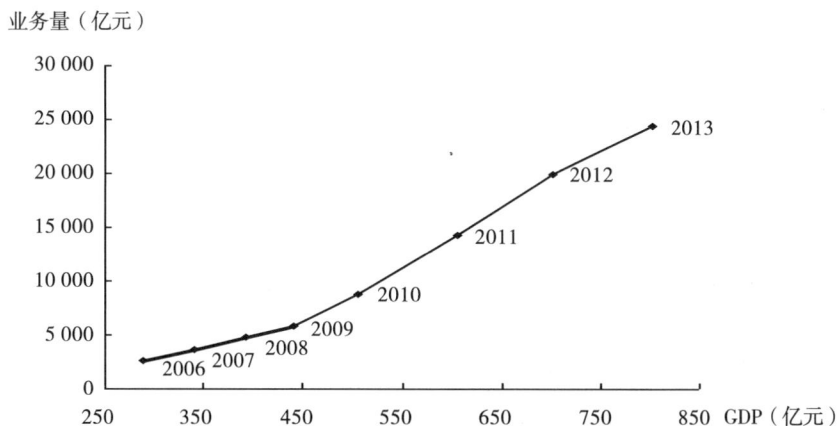

图3　历年西藏大额支付系统业务金额和地区生产总值关系

表3　　　　　　　　　双变量线性回归模型分析过程

年份	X = GDP（亿元）	Y = 业务量（亿元）	x	y	x^2	y^2	xy
2006	290.76	2 663.42	− 219.83	− 7 850.605	48 325.2289	61 631 998.87	1 725 798.497
2007	341.43	3 624.34	− 169.16	− 6 889.685	28 615.1056	47 467 759.4	1 165 459.115
2008	394.85	4 850.51	− 115.74	− 5 663.515	13 395.7476	32 075 402.16	655 495.2261
2009	441.36	5 819.53	− 69.23	− 4 694.495	4 792.7929	22 038 283.31	324 999.8889
2010	507.46	8 771.16	− 3.13	− 1 742.865	9.7969	3 037 578.408	5 455.16745
2011	605.83	14 206.14	95.24	3 692.115	9 070.6576	13 631 713.17	351 637.0326
2012	701.03	19 876.06	190.44	9 362.035	36 267.3936	87 647 699.34	1 782 905.945
2013	802.00	24 301.04	291.41	13 787.015	84 919.7881	190 081 782.6	4 017 674.041
平均值	510.59	10 514.02					
总计（Σ）			0	0	225 396.5112	457 612 217.3	10 029 424.91

由 OLS 法可得：

$$\beta_1 = \sum xy / \sum x^2 = 44.49 \quad \beta_0 = -12\ 205.59936$$

所以得出西藏辖区的地区生产总值和大额支付系统业务量的线性回归方程为：

$$Y = 44.49X - 12\ 205.59936 \quad R^2 = 0.975$$
$$(15.37) \quad (-7.844)$$

括号内的数字为回归系数的 t 值，由回归方程可以看出，其决定系数为 0.975，相关性达到 97.5%，说明方程的拟合程度较好，达到假设检验的要求。通过对回归系数 β_1 的显著性检验可以得出回归系数显著异于 0，也就是说支付系统资金清算量与地区生产总值之间的确存在正向的内在联系。西藏辖区的地区生产总值和大额支付系统业务量的关系模型中两者呈现较好的线性关系，支付系统资金清算量与经济总量保持一定的正比例关系，资金流动是市场经济的生命力。资金流动是经济增长的必要条件，其重要性在于它无处不在，资金一旦停止流动，所有经济活动就会停止。但是 GDP 是靠生产要素创造的，资金流动并没有直接创造 GDP，充当了社会经济发展的润滑剂，并随着经济发展而发展。

金融发展是经济增长的关键因素并良性互动，这是长期以来金融发展与经济增长的主流观点，金融发展有助于资本累积，进而促进经济增长。西藏辖区在金融发展与经济增长之间存在正的一阶关系，经济发展程度提高，将刺激金融服务需求增多，导致金融中介和金融市场竞争增加和效率提高，金融和经济增长之间具有双向关系。

西藏自治区经济增长与支付系统资金流量之间存在长期稳定的动态均衡关系，两者同方向变动；Granger 因果关系检验表明，经济增长与支付系统资金流量间的关系表现为单方向的因果关系，也就是说，经济增长确实拉动了当地支付系统资金流量的增长，但支付系统资金流量的增长并没有实现对经济增长同等的推动效应，这是因为，经济发展是多方面因素共同作用的结果，而支付系统资金流量并不是其中主因。虽然支付系统资金流量不是经济增长的主要原因，但两者之间长期稳定的动态均衡关系说明了两者相互依存、相互促进的关系。支付系统已经成为推动经济增长众多关系中的一个有力因素，不能忽视支付系统对经济发展的支撑作用。

（二）西藏辖区支付系统对地区生产总值支持度的实证分析

现代支付体系在降低交易成本，提高交易效率，支持经济发展，促进经济一体化等方面发挥的作用越来越明显。安全有效的支付体系为西藏辖区金融提供着强有力的支撑，反过来经济金融的发展及对支付安全和效率的不断追求，对西藏辖区乃至我国支付体系提出了更高的要求，成为其不断变革和发展的动力，进而推动了支付体系的现代化进程。

在建立模型后，根据现实中大额支付系统业务金额与西藏地区生产总值的数据，我们还可以从另一个角度选取"大额支付系统业务金额/地区生产总值"比值进行比较分析，近几年两者之间比值变化如图4所示。

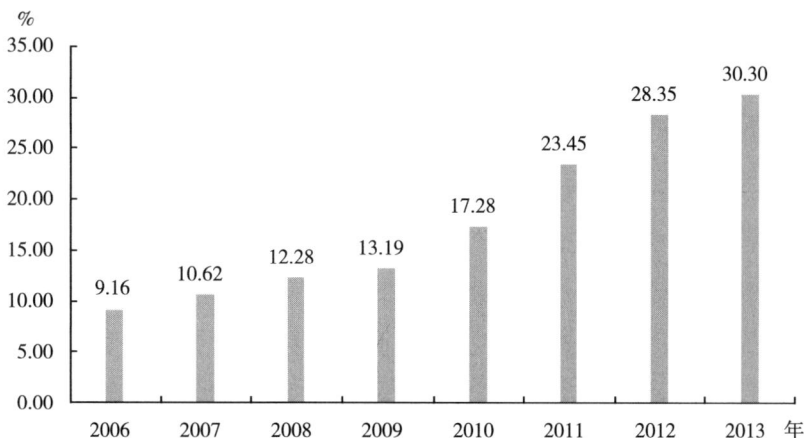

图4 历年"大额支付系统业务金额/地区生产总值"比值变化图

随着经济的发展，地区经济总量的变大，支付系统的业务量也越来越大。同时，从比值变化图可以发现，上述两者间的比值逐年变大，这也说明了随着西藏经济的发展，支付系统的利用率越来越大，支付系统对西藏经济发展的支撑力度也越来越明显。这也从另一个方面印证了上文模型中大额支付系业务金额与地区生产总值二者的线性关系，进一步凸显了金融在地区经济发展中的作用。通过支付系统的有效运行，从而使资金得到了全面而快速的运转，反过来又带动了经济的快速发展。

支付体系完善与否决定着实体经济和金融领域的资金流效率，没有高效运转的资金流，就不会有高度发达的市场经济。进一步完善支付体系，全面有效地履行支付结算工作职责，可以提高社会资源的配置效率。支付体系的进一步完善，支付系统的安全稳定运行，为西藏经济的快速发展保驾护航，因此有效建设并完善西藏金融体系，为经济发展奠定了坚实的金融基础。

（三）支付体系建设对经济发展的作用论述

1. 提高了社会资金流转效率。我国现代化支付体系中，各银行业金融机构直接参与现代化支付系统，实现了银行业金融机构系统内外的无缝对接。客户在银行业金融机构网点柜台或通过网上银行发起大额跨行支付业务，经过逐笔发送、实时清算的大额支付系统处理，几秒钟内即可到达收款人开户行账户，实现了全国大额支付清算资金"零在途"。对于低成本、客户时效要求较低的小额跨行支付需求，可以通过小额批量支付系统完成。为提高全国支票流通速度，促进资金流通，建设了全国范围内的支票影像交换系统，将纸质支票截留，扫描传递支票影像文件，突破了支票异地流通的业务屏障，提高了支票使用效率。

2. 满足经济活动中对支付工具的需求。充分发挥现代化支付系统功能，依托小额批量支付系统及银行卡跨行交易清算系统特点，拓展了我国支付工具的应用广度以及应用深度。为弥补偏远山区金融服务空白，解决农村居民日常生活支付需求的问题，从 2011 年起，在辖区大力推广银行卡助农取款服务，突破了银行卡 POS 取现的限制，为农村特约商户开通了 POS 小额取现和查询业务，通过特约商户为广大农村居民办理小额支付业务，及时支取各类财政补贴，解决补贴发放"最后一公里"问题。

3. 引入公平竞争，提高银行机构服务实体经济能力与水平。现代化支付系统是中国人民银行建设，为全国各银行业金融机构提供的一个公共的资金清算服务平台。凡是符合接入条件的我国金融机构及其分支机构均可接入现代化支付系统，作为其直接参与者或间接参与者，完成跨行支付清算。因此，这个系统是一个对所有商业银行完全公开、鼓励竞争的开放平台。同时，通过对支付系统参与者的统一管理和考核，对各商业银行支付业务进行评比，推动各商业银行之间形成良好的竞争氛围，互相学习并借鉴，促进我国银行业整体服务水平有更好的提高。现代化支付系统也为我国商业银行参与者实现了日间透支、自动质押回购、头寸查询等功能，帮助参与机构及时掌握本单位清算账户头寸，提高流动性管理水平，科学合理地为客户提供支付结算服务，促进实体经济发展。

4. 支持货币政策的实施，增强金融宏观调控能力。首先，中央债券簿记系统与支付系统实现直接连接，因此，可以在中央债券簿记系统直接发起即时转账业务，实现公开市场操作，很大程度地提高资金清算效率，确保公开市场有效运转。其次，支付系统对其法人参与机构存款准备金进行系统考核，中国人民银行及全国范围内各分支行通过支付系统考核结果，及时准确掌握存款准备金的余额信息，并根据具体信息实施管理。第三，为便于研究货币政策和宏观调控决策，在支付系统设计时，支付业务中就包含了详细的资金清算信息，其可以作政策研究的参考。近几年来，随着我国金融改革的不断深入完善，我国的债券市场、同业拆借市场、外汇市场快速发展，业务规模不断扩大，资金清算时效性要求越来越高。现代化支付系统与证券交易结算系统和外汇交易中心连接，有效地实现了债券交易、外汇交易和同业拆借资金的即时转账，促进了货币政策的实施，提高了中央银行金融宏观调控能力，确保了国民经济的平稳发展。

5. 防范支付风险，维护经济金融环境稳定。支付系统在处理业务过程中，采取多项业务风险管控和资金流动性保障措施，有效防范支付业务风险。支付体系已成为一个国家重要的金融基础设施，与个人生活和企业生产息息相关，是支撑社会资金流动的大动脉，其能否正常运作关系到整个金融市场的正常运作和社会经济活动的有序进行。一旦支付系统中断这必然引起整个金融市场紊乱，社会上人心惶惶，经济活动无法进行，国家经济陷入危机。因此，采取各种有效措施对支付体系实施严格监管，防范支付体系风险，将有助于维护金融市场稳定，有效传导货币政策，维护宏观经济平稳运行。

五、西藏支付体系建设方面存在的问题及困难

（一）基层网点现代化支付系统建设滞后，金融资源分布不均衡

西藏面积达 120 万平方公里，平均海拔在 4 000 米以上，自然环境恶劣，加上边远地区基础设施建设的滞后，办公条件差、经营理念旧、服务手段落后的现状一直困扰着基层金融机构，在人员培训、设备更换、网络建设等方面严重滞后，使商业银行行内支付系统难以推广，人民银行着力构建的大小额支付系统更是较难普及。据调查，农业银行县以下机构 400 多个中加入支付系统的机构仅占三分之一左右，且集中在经济较为发达的拉萨、林芝、山南等地区。

（二）支付系统潜在风险大、运维难

西藏地域辽阔，交通、电力、通信等基础设施还很脆弱，受这种特殊环境的制约，支付系统在运行过程中的风险加大，对支付系统稳定运行客观环境（如温度、湿度）要求较高，如地处藏北高原的那曲地区，终年积雪、含氧量平均只有内地的一半以下，系统用机难以完全适应复杂多变的自然环境，导致支付系统发生故障概率高，经常在高风险状态下运行。加之地区中心支行科技力量相对薄弱，对外交流、接受培训机会少，系统一旦出现故障，拉萨中心支行科技人员即使以最快的速度赶赴现场少则需要五六个小时以上，多则几天，错过了系统抢修的最佳时间，也给后续维护带来意想不到的困难。由于海拔高、气候干燥、灰尘及静电大，造成了支付系统设备故障率高、寿命短的情况，加

大了支付系统的维护成本和难度。

（三）城乡支付服务发展失衡

金融支付服务资源主要向城市倾斜，农牧区支付服务组织机构供给不足、支付系统的渗透率较低、支付结算设施（ATM、POS 机具等）偏少、结算方式单一、支付结算工具种类较少。同时，非现金支付工具推广面临种种困难，西藏辖区尤其是农牧民的文化层次普遍相对较低，其支付方式基本以现金为主，各发卡行的资金沉淀量很少，降低了商业银行发卡的利益。同时，在农牧区和边远地区设立的金融机构较少，使农村具备结算功能全的金融服务网点较少，而且基层支付结算工作人员老化严重，水平层次不一，使服务较难开展。

六、西藏支付体系建设政策建议

支付体系建设的建议：如何加强现代化支付手段的运用；支付系统安全性能加强风险可控。

（一）加快金融机构基础设施建设步伐

随着经济社会的快速发展以及区内外联系的进一步紧密，企业间的经济活动将会越来越频繁，人们生活水平的不断提高、经济生活方式的不断变化，客观上要求金融机构为其提供便利的、各种不同的资金结算服务；随着经济的发展，基础设施的不断完善，各大银行进入西藏市场，金融机构间的竞争会越来越激烈，竞争的加剧将导致商业银行业务向下进一步延伸，从这个意义上讲，支付系统在我区还有广阔的发展空间。因此，商业银行要着眼长远利益，要有计划、有步骤地对各经营网点进行整体改造，加大对网络建设、设备更新等基础设施的投入，提高服务手段技术含量，扩大支付系统连接范围，使所有的资金流都能够驶入支付系统这条"高速路"。

（二）加强支付结算队伍建设

支付体系建设是一个复杂而庞大的系统，无论业务人员还是技术人员都需要大量的工作实践和平日点点滴滴的积累来不断提高自己对支付系统的认知深度。因此，一方面要建立激励机制，创造良好的环境，保证支付人员相对稳定；另一方面要进一步加大培训力度，完善技能培训体系，以适应支付体系建设发展要求。适当时候，应效仿国内其他省市的做法，创建西藏支付清算协会，整合辖区所有支付清算有关组织单位和工作人员，形成长效机制，共同进行探讨和研究，解决西藏辖区支付体系面临的各种问题。

（三）加强现代化支付工具的应用，支撑现代化支付系统

推动非现金支付工具的广泛应用是西藏面临的一项长期性任务。扩大票据业务的使用范围，尽可能地发挥支票影像交换系统的作用，积极引导企事业单位广泛使用具有明显优势的支付工具。协调各金融机构，改善银行卡受理环境，扩大银行卡覆盖范围，发展银行卡受理商户数量，加大 ATM 和 POS 机的布放力度，争取对中小商户的优惠政策，发挥其以点带面的作用，改善银行卡受理市场环境，有效支撑现代化支付系统的发展。

（四）采取措施努力增大支付系统渗透率

在现有条件下既要尊重广大客户的支付结算习惯，又要大力发展新型现代化支付工具。充分发挥商业银行支付结算服务的基础性作用，鼓励商业银行依托现有的系统和传统的支付工具，延伸、创新出一些符合西藏地区情况的结算模式，进一步提高跨地区、跨银行的资金清算能力，逐步实现资金结算网络化、结算手段现代化、银行资源共享化。同时，进一步加大支付系统的应用广度，对所辖的城市分支机构全部纳入支付系统，对符合条件的偏远县级机构要逐步加入支付系统，使支付系统的触角不断延伸并最终覆盖全区。

（五）强化支付系统安全性能，加强风险可控

随着第二代支付系统以及中央银行会计核算数据集中系统等主要系统上线及切换工作的完成，及时修订完善各相关系统管理办法，以更加适应新一代支付系统的运行需求，同时，根据系统不间断原则、业务连续性原则、数据完整性原则、可操作性原则等进一步完善各相关系统应急处置预案，完善灾备系统，使西藏地区系统风险进一步可控。

（六）加快第三方支付体系进入基层的步伐

所谓第三方支付，就是一些和产品所在国家以及国外各大银行签约，并具备一定实力和信誉保障的第三方独立机构提供的交易支持平台。目前在西藏辖

区，第三方支付体系还并不算特别发达，第三方支付的概念也还没有深入人心。但是，第三方支付作为现代金融的创新之处，它具有极强的成本优势、竞争优势和创新优势。第三方支付平台降低了消费者直连银行的成本同时又提供了个性化的支付结算服务，满足了不同消费者的支付需求。对于西藏辖区而言，第三方支付在区内的很多欠发达的乡镇地区其实具有广阔的市场，由于第三方支付具有低成本、易操作和高效率并存的特点，若其与商业银行合作并在辖区内加以推广，一定能便利区内广大群众的日常生产生活，推动西藏辖区内支付体系的进一步发展与完善。

（七）增强辖区支付体系的监管，监管与发展并重

没有规矩，不成方圆。任何体系想要健康快速地发展都离不开切实有效的监管，当然西藏辖区内的支付体系建设也不例外。想要进一步完善辖区内的支付体系建设，就必须先建立一套完整可行的监管体系。西藏辖区可以借鉴内地建立得比较完善的支付监管体系，同时结合自身的特殊性，建立健全这样一套完整的体制机制对支付系统进行监管。在西藏辖区目前支付体系建设并不十分完全的条件下，此时建立的支付监管体系可以适当地放松其标准，让支付系统拥有更大的空间与活力。

参考文献

[1] 姚学林、宋连久：《投资对西藏经济增长的影响研究》，载《人民论坛》，2010（26）。

[2] 庞洪伟、巩艳红：《西藏经济发展模式存在问题分析》，载《西藏发展论坛》，2014（1）。

[3] 王杰璞：《德国支付体系对我国的借鉴与启示》，载《新疆金融》，2008（7）。

[4] 谢群松：《德国支付体系监督的经验和启示》，载《西部财会》，2005（1）。

[5] 邓创、刘晓彤：《关于我国现代化支付结算体系建设的思考——美国支付结算体系的经验与启示》，载《现代经济》，2008（11）。

[6] 潘永、刘灿霞：《中美支付清算系统比较研究》，载《金融与经济》，2010（7）。

[7] 王冬：《加快支付体系建设力促经济金融发展》，载《中国金融电脑》，2007（10）。

[8] 欧阳卫民：《完善支付环境建设 推动支付系统发展》，载《金融电子化》，2008（11）。

[9] 黄平：《新加坡支付体系监督的立法经验及启示》，载《中国金融》，2008（16）。

[10] 李莉莎：《论新加坡电子支付体系的法律监管及其启示》，载《东南亚研究》，2012（2）。

[11] 胡波：《英国支付体系的借鉴与启示》，载《金融会计》，2007（4）。

[12] 薛荣：《英国支付体系风险监管的启示》，载《西部金融》，2010（10）。

[13] 周金黄：《支付体系发展趋势与中国支付体系的未来发展》，载《上海金融》，2007（7）。

[14] 堵秋莹：《关于我国支付清算系统现状及问题分析》，载《财经纵横》，2007（9）。

浅析大小额支付系统对西藏经济发展的影响

中国人民银行拉萨中心支行营业部课题组

课题组组长：桑　旦

课题组成员：彭友明　黄雅菲

摘要：大小额支付系统作为现代支付系统的主要应用系统，其自在西藏上线以来，"快捷、高效、安全"的特征使其成为西藏跨行资金清算的主渠道，对于促进西藏经济发展、改善民生发挥了应有的作用。本文以西藏大小额支付系统清算资金量和 GDP 总量为样本数据，建立相关回归模型，对大小额支付系统对经济的作用进行了实证研究，由此得出大小额支付系统对西藏经济发展有重要的推动作用。

关键词：西藏　大小额支付系统　回归模型

近年来，西藏自治区社会经济快速发展，经济规模不断扩大，经济发展这一工程不仅浩大而且复杂，发展水平不仅因国家和地区的不同而不同，发展方式和发展速度也可能因体制和国情的不同而呈现差异。货币资金是市场经济运行的血液，它通过价值流引导实物流，使经济资源在一定的范围内重新配置。在当今全球经济以市场经济为主导的环境下，资金流动影响着社会主义市场经济的发展。现代经济条件下，资金流动渗透到经济发展甚至是社会生活的各个层面，上到宏观经济，下到微观生活，都与资金流动脱离不了联系。

在当今生活中，除了现金支付这一手段外，资金流动绝大部分是通过银行转账这一渠道完成的，而这一过程则是依托以中国人民银行大小额支付系统为核心的支付系统来实现的。中国人民银行大小额支付系统的开发运行打通了跨行资金的流动渠道，加快了资金的流转速度，减少了资金清算风险。作为支撑经济金融运行的重要基础设施，以中国人民银行大小额支付系统为核心的支付系统保持快速、安全、高效运行，对于促进西藏经济发展、改善民生发挥了应有的作用。本文将借助计量经济学中的回归模型，对大小额支付系统这一推动作用进行初步分析。

一、国内外研究现状

（一）国外研究现状

相当多的国外研究者就大小额支付系统对经济发展的研究各有各的看法。例如：布鲁斯·萨莫斯（2000）在 Clearing and Payment Systems：The Rule of the Central Bank 中得出支付系统的稳定运行对于一个国家的宏观经济和金融的稳定运行具有直接影响，支付系统的风险隐患将对整个国家的经济安全和社会安定构成重大威胁；威廉姆·艾蒙斯（William R. Emmons）在《大额支付系统的近期发展》（Recent Developments in Wholesale Payments Systems）中对大额支付系统进行了展望。

（二）国内研究现状

近年来，国内学者们广泛关注大小额支付系统与经济发展之间的联系，不仅从大小额支付系统运行影响货币政策执行效果角度进行研究，而且从资金流动与经济发展联动机制等角度进行深入分析，并在此基础上形成了不少研究成果。

经济发展的影响因素不少，大小额支付系统资金流动与此之间有着较强的关联关系。邱云武、黄照影（2008）在其文章中得出大额支付系统资金流动量与经济金融运行大体一致这一结论，正是基于数据对比发现大额支付系统资金流量增长与经济增长情况相关联，资金流量比重也与经济金融状况相同。盛松成、方铁强（2009）论证了支付系统的发展不仅提高了资金周转率，加大了银行资金的流动性，而且认为支付系统的运行效率与公开市场投放（或回笼）的基础货币呈明显反比关系，也即运行效率越高，基础货币可越少。明其升（2009）在分析完区域支付系统资金用途、流向等方面后，得出区域资金流动与区域经济发展联动特征明显，区域经济发展与区域间资金的流动有一定的互动作用。韩媛媛、刘文、赵锡尧（2011）通过大额支付系统支付业务数据分析区域资金流动量、支付业务量及变动趋势，发现了区域经济体资金流动的动力来源，在此基础上提出引导合理资金流动、充分发挥中心地市辐射带动作用等建议。

纵观上述文献，不难看出，随着经济的发展国内外涌现出了大量大小额支付系统与经济发展关系的研究，这也说明了学术界给予了极大的关注。但国内大部分研究与分析大多倾向于资金流动对货币资金执行和宏观经济影响等方面。本文在借鉴前人成果的基础上，借用计量经济学中普遍使用的回归模型，衡量大小额支付系统资金流动对西藏经济发展的影响程度，力求量化资金流动与西藏经济发展的关联关系。

二、国内大小额支付系统运行情况

中国人民银行现代化支付系统作为一个公共平台，它为金融市场和各金融机构提供资金清算服务，它是以现代信息技术为支撑开发建设的。该系统是人民银行核心支持系统，人民银行通过该系统提供金融服务，履行监管职能，金融市场资金交易清算业务和各金融机构各种支付业务能够通过该系统及时、安全地处理和完成。大额实时支付系统和小额批量支付系统两个业务应用系统是中国人民银行现代支付系统的基础系统。

（一）大额实时支付系统

大额实时支付系统（以下简称大额支付系统），是依托现代信息技术支撑下，根据支付清算业务的要求，对各商业银行发起的同城或异地跨行的大额实时贷记业务和紧急的小额支付业务进行处理，同时该业务的金额必须达到规定起点以上的一个基础应用系统。当下，大额支付系统的规定金额起点无限制，也即是说所有的贷记支付业务都可通过这一系统处理和实现。全球经济金融发展迅猛，中国人民银行决定于 2000 年 10 月正式启动大额支付系统的建设以适应经济金融形势的发展。在之后的五年里，中国人民银行在全国逐步分批次地推广大额实时支付系统，并于 2005 年 6 月圆满完成这一推广工作，中国支付体系改革和发展实现了质的飞跃，由最早的手工联行到之前的电子联行，而如今是全现代化的支付系统，使中国支付体系变得更具安全性和时效性。

大额实时支付系统的运行并不是单一的，它也与其他系统相连接，发挥出更大的功能，特别是与中央银行会计核算数据集中系统、国家金库会计核算系统等多个系统的连接，将其功能整合，使得作用更加显著，甚至有些方面达到世界先进水平。

高效的金融服务功能，特别是在支付清算服务方面。各金融机构参与者通过大额支付系统相互连接起来，以业务发生为纽带，一旦业务触发，自动处理每笔业务，此过程并不需要人工进行，及时有效地将资金从发起行转自接收行，真正实现了跨行资金清算的一步到位，提高了资金利用率，加快了资金周转率，增加了社会效益。

健全的系统管理职能，分别是：业务控制职能，大额支付系统对各金融机构参与者的支付业务进行控制，不论是发起业务还是接受业务；接入管理职能，大额支付系统可以满足各金融机构参与者接入系统，实时监控和管理的需求；监管清算账户职能，一旦直接参与者的清算账户发生信用风险或者有严重违规行为，人民银行可以对此参与者的清算账户进行控制，特别是金额上的管控；队列管理职能，系统对发生业务进行排序，而参与者可对这些业务相应地进行次序调整。

有效的金融市场资金清算和合理的货币政策传导功能。人民银行对各商业银行进行的存款准备金考核正是由大额支付系统来提供及时、准确的信息，以便于考核商业银行是否符合规定。同时，公开操作业务即时清算也是由大额支付系统来提供，这样就保证了买卖有价证券的资金清算及时、有效的完成，公开市场的操作效率也得以提高。

大额支付系统还为各金融机构参与者提供清算窗口开启、联机头寸查询等功能。各金融机构参与者可随时了解到清算账户的增减变动情况，若有盈余，可以提高自身资金使用率，若有不足，可以及时筹措资金，以便更好地完成资金清算业务。这样大大方便了各金融机构参与者对资金的使用和管理，为其流动性提供了更大空间。

（二）小额批量支付系统

小额批量支付系统（以下简称小额支付系统），是一个对发起行和接收行双方轧差净额清算的双边净额支付系统，以批量方式处理同城和异地纸凭证截留的借记支付业务和小额贷记支付业务，贷记支付业务不同于大额支付系统，小额支付系统主要处理 20 000 元以下的资金清算，实行 7×24 小时连续运行。若没有小额支付系统，银行间的实时清算将无法做到实现。中国人民银行在即将完成全国范围内推广和建设大额支付系统之时，于 2005 年 1 月正式启动小额支付系统的推广。小额支付系统推广建设步伐非常迅猛，于 2006 年 6 月即在全国范围内完成。

　　小额支付系统在功能上不同于大额支付系统，大小额支付系统前后接连启用正好使得两者可以功能互补，更好地服务于社会经济生活。小额支付系统具有以下特点：

　　支付清算规则严格。在小额支付系统设计之时，就被设置了严格的清算程序，定时清算已轧差的小额支付业务，对其净额也要统一清算，并严格要求各种业务的批量发送、组包处理等，还强调对自动轧差的业务要及时入账。另外，对业务的发起和接收方设置了权限控制，并不能随意更改，在适当情况下，可以根据具体要求进行调整。

　　支撑各种非现金支付工具的使用。传统的小额汇兑、委托收款的借、贷记业务可以通过该系统处理，单位的工资、津贴福利、保险金和养老金的发放等贷记业务也可以通过该系统来处理，这些业务都是与社会生产生活息息相关的，除上述所述以外，小额支付系统还可以处理未提及的一些业务类型，业务种类相对齐全，完全满足当前和今后一段时期社会生产生活的支付需要。

　　可扩充性和灵活性的功能。小额支付系统可以根据业务发展的需要进行技术更新和改善。一旦业务发展或是管理需要，其较强的适应性和灵活性可以根据要求灵活地升级，以保证各类业务正常完成，不影响支付体系正常运行。

　　此外，小额支付系统还是传输各种清算信息的桥梁，它不仅允许支付清算组织的接入，还允许其他支付系统的接入，它在中间连接和传递着各种清算信息。

三、大小额支付系统业务与 GDP 关系的回归分析

　　市场经济越是发展，社会资金流动越是频繁，资金是经济发展的血液，而社会资金离不开以大小额支付系统为核心的支付系统的运载，如同人体血液的流动，需要有血管的支撑。在经济发展与金融的关系上，两者是相辅相成的，但不可否认的是，经济发展是起主导地位的，它对金融起着决定性的作用，经济发展决定了金融的产生和发展；金融的基本功能是满足经济发展过程中的投融资需求和服务性需求。因此，在构建回归模型讨论大小额支付系统对西藏经济发展影响时，选择大小额清算资金为因变量、GDP 为自变量，以此体现经济发展与金融间的这一关系。

（一）回归模型的构建

　　表 1 涵盖了近三年每一季度西藏自治区大小额支付系统清算资金量、GDP

总量及其比值，其中，GDP 以 x 表示，清算资金以 y 表示。

表1　西藏自治区2011—2013年大小额支付系统清算资金量、GDP 总量及其比值

时间	清算资金（y）	GDP（x）	y/x
2011 年第一季度	2 396.41	115.43	20.76
2011 年第二季度	2 837.81	135.41	20.96
2011 年第三季度	3 031.55	184.56	16.43
2011 年第四季度	4 318.08	170.43	25.34
2012 年第一季度	3 296.22	132.74	24.83
2012 年第二季度	3 931.86	154.47	25.45
2012 年第三季度	4 006.27	211.51	18.94
2012 年第四季度	4 868.46	202.31	24.06
2013 年第一季度	3 543.69	152.87	23.18
2013 年第二季度	4 584.39	176.72	25.94
2013 年第三季度	5 146.99	246.14	20.91
2013 年第四季度	7 056.42	231.94	30.42

注：数据分别来源于支付系统和和讯财经网，单位：亿元；各季度 GDP 平均值（$\bar{x}$）为176.21亿元，各季度清算资金平均值（$\bar{y}$）为4 084.85亿元

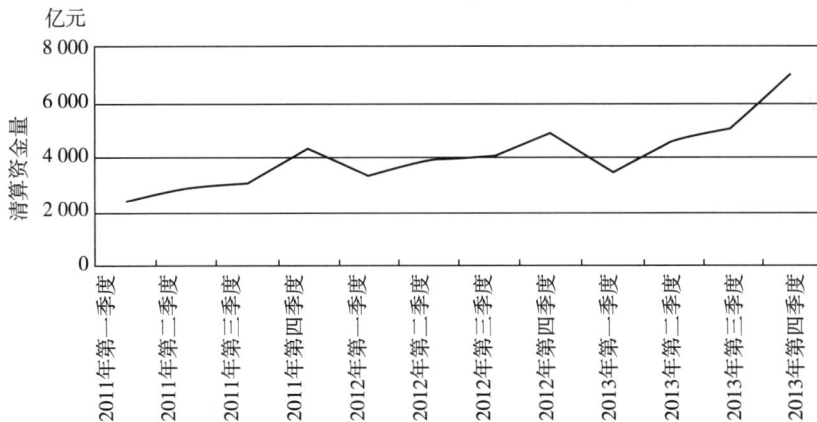

图1　西藏自治区2011—2013年大小额支付系统清算资金量走势图

从图1可知西藏自治区2011—2013年大小额支付系统清算资金量走势是呈递增趋势，大小额支付系统业务处理量不仅增长迅速而且增量很大，由2011年第一季度的2 396.41亿元到2013年第四季度的7 056.42亿元，清算资金量翻了几倍。另一方面结合表1中大小额支付系统清算资金量相当于同期 GDP 的倍数可以看出，大小额支付系统服务与支持经济发展的力度不断加大。因此，可以初步推断，大小额支付系统清算资金与 GDP 之间存在某种正比关系，进一步

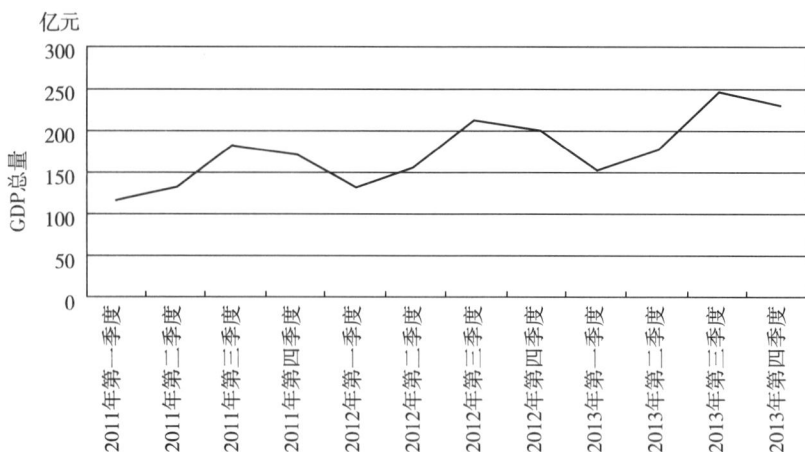

图2　西藏自治区 2011—2013 年 GDP 总量走势图

的线性关系可以使用回归线性模型进行估计。

使用回归分析中广泛应用的最小二乘法，令样本回归函数为：

$$\hat{y} = b_0 + b_1 x (\hat{y} \text{ 为估计值})$$

其中，$b_0 = \bar{y} - b_1 \bar{x}$；

$$b_1 = \sum (x - \bar{x})(y - \bar{y}) / \sum (x - \bar{x})^2$$

经计算可得，$b_0 = -263.54$，$b_1 = 24.68$

所以，求得的回归函数为：$\hat{y} = -263.54 + 24.68x$

（二）回归模型的检验

在回归模型构建完成后，下一步将利用线性回归模型进行检验，对 y 的变动进行解释的效果如何，在计量经济学中即模型的估计值（$\hat{y}$）或称拟合值对实际值（y）拟合的好坏，可以通过 R^2 统计量来衡量，它刻画了自变量所能够解释的因变量的波动。

定义：

$$TSS = \sum (y - \bar{y})^2 \quad ESS = \sum (\hat{y} - \bar{y})^2$$

$$RSS = \sum (y - \hat{y})^2$$

$$R^2 = ESS/TSS = 1 - RSS/TSS$$

其中，TSS 称为总离差平方和（Total Sum of Squares），反映观测值也即因变量总体离差的大小；ESS 称为回归平方和（Explained Sum of Squares），反映由模型中解释变量所解释的那部分离差的大小；RSS 称为残差平方和（Residual Sum of Squares）反映观测值与估计值偏离的大小，也是模型中解释变量未解释的那部分离差的大小。观测值 y 围绕其均值的总离差平方和可分解为两个部分，一部分来自回归线，另一部分来自随机势力，由此可知，总离差平方和等于回归平方和与残差平方和之和。检验回归模型的拟合度，称 R^2 为可决系数（Coefficient of Determination）。显然，在总离差平方和中，回归平方和所占的比重越大，残差平方和所占的比重越小，则回归直线与样本点拟合得越好。如果模型与样本观测值完全吻合，则有 $R^2 = 1$。一般情况下，模型与样本观测值不可能完全拟合，R^2 的值等于 1 是理想情况下。但无可厚非的是模型的拟合优度越高，R^2 的值是越接近 1 的。

经过计算，得出回归模型的总离差平方和为 17 336 102，回归平方和为 11 139 629，残差平方和为 6 196 473，因此，拟合优度为 64.26%。

四、相关分析和基本结论

（一）线性关系分析

通过以上计算得出拟合优度达到 64.26%，表明大小额支付系统清算资金量与 GDP 总量存在一定的线性关系。众所周知，在经济发展的历史长河里，能对经济发展产生影响的因素不计其数，但能在这不计其数的因素中，大小额支付系统清算资金量却能与 GDP 总量保持着正相关，可见大小额支付系统清算资金量对 GDP 总量有着非同一般的影响力。因此，我们完全有理由相信，资金流动是市场经济的生命力。一方面，西藏经济发展必然导致资金将跨区域、跨行业、跨主体流动，而大小额支付系统的构建和发展更好地保证了这种资金流动快速、高效、安全，特别是随着系统功能的不断完善和技术的日趋成熟，大规模、大范围的资金划转也逐渐变为常态，其在整个资金流动中的比重也不断上升。资金密集型行业表现得尤为突出，比如：石油、冶金等类型企业，大小额支付系统对其资金流动有支撑作用，依赖性很高，与大小额支付系统运行关系也更为密切。另一方面，大小额支付系统作为现代支付系统的基础应用系统，加快了西藏辖区资金流动速度，提高了资金使用率，确保了辖区经济运行能够进行快捷、高效、安全的资金转移，缩短了辖区资金流动周期，同时有效地减少了现金交易成本，有利于非现金支付工具的推广。

但是，总体而言这种正比关系并非十分显著，造成这种现象的原因是多方面的。首先，经济发展的过程是复杂的，在此之中影响西藏经济发展的因素又是众多的，因素的影响力有大有小，很难从中找出它们之间的具体关系。经济发展决定着金融的产生与发展，反之，金融为经济发展提供服务，资金流动同样是为经济发展来服务的。从图1、图2可知，西藏的GDP总量，不论是按季度统计还是按年度统计，其同比都是增加的，这一趋势变化与大小额支付系统清算资金量的变化是一致的。但是，通过观察可以得出，在每一年中，第一季度GDP偏低，第二、第三季度GDP相对接近，第四季度偏高，而每下一年第一季度的GDP往往低于上一年度第四季度。GDP主要是由投资、出口、消费以及政府购买等构成，除了最后一个因素波动较小外，其他三种因素都不是恒定的，都带有明显的季节波动性。第四季度临近元旦、春节和藏历年，资金需求较为旺盛，企业和居民在此期间的生产和消费都达到一年的高峰期，故导致经济值明显高于其他季度，但高涨之后必有回落，与第四季度相反，在第一季度经济发展表现的较为平和。社会经济的高涨和回落必然引起资金流动的跌涨起落，大小额支付系统清算资金量也会相应地随之波动。

其次，大小额支付系统不可能完全承担全部资金流动职责，在西藏经济发展过程中，辖区内各组织间的资金流动频繁，商业银行行内支付清算系统承担了其一部分资金流动，主要的跨行、跨区域的资金流动却是依靠人民银行大小额支付系统来承担，而对于商业银行支付清算系统承担的那一部分资金活动状况无法反映。而这一特征在西藏这种外向型经济并不发达的地区，表现得更加明显和突出。

最后，资金流动对于经济增长而言，的确是有重要的作用，但仅是经济增长的必要条件，因为资金流动并不能独自产生经济价值。现代西方经济学说认为，资金流动并非独立的生产要素，仅是与资本存量联系较为紧密，它只是为当今社会经济发展起到润滑作用，资金流动随经济发展而发展，并为经济发展而服务，只有劳动力、土地、资本和企业家管理才能等生产要素才能真正创造出经济价值。所以，两者虽然存在一定的线性关系，但这种正比关系并不十分显著。

（二）大小额支付系统有力推动了西藏经济发展

首先，大小额支付系统为西藏经济发展提供了一个基础性平台。大小额支付系统作为支付系统的主要应用系统，是西藏金融体系的核心支持系统，人民银行对金融市场和金融机构提供金融服务、履行监督职能都是通过该系统来完成，在促进和推动西藏经济发展过程中发挥了积极作用。在提供金融服务方面，跨行支付清算业务为大小额支付系统所支持，这是实现资金有效流动的一个前提保证，大小额支付系统提供一个开放平台，以实现同城、异地跨行业务的快速、高效、安全处理。辖区内各商业银行对其清算账户的增减变动情况可以实时监控，头寸调度也可灵活掌握，提高了银行资金周转效率，增加了商业银行的流动性，这些都是通过大小额支付系统来完成的。在履行监督管理职能方面，人民银行通过该系统对清算账户进行适度地集中管理，一方面对金融市场交易清算资金的即转提供了方便渠道，提高了处理交易清算资金的效率，另一方面也增强了人民银行对各金融机构监督管理职能。大小额支付系统强有力地保证了西藏辖区跨行、跨区域的资金流动，为整个西藏及其金融市场提供了公共支付清算基础平台，该系统已然成为西藏资金流通、清算的主要通道。大小额支付系统承担的社会责任越来越重，这与它的支付清算地位越加突出、社会经济效用越发明显是分不开的。

其次，大小额支付系统能够有效提高西藏社会经济活动的效率。大小额支付系统承担着现代支付系统的核心作用，同时是西藏社会经济资金流动的主要通道，整个辖区资金流动的安全与效率受大小额支付系统的安全与效率所影响，若其不安全或效率低下会影响整个西藏辖区社会经济活动的效率。在西藏经济发展过程中，经济发展程度与大小额支付系统运行质量是呈正比的，前者的程度越高，社会经济活动参与者对后者的要求也会随之变高。以大小额支付系统为支撑手段，各种非现金支付工具不断推陈出新，满足了经济主体和社会各方的需要，现金结算比例不断下降，进而减少了货币的交易成本，同时满足大众社会化、个性化需求，提高支付服务的效率和水平。另外，大小额支付系统缩短了辖区内资金流动的时间间隔，提高了资金利用率，加快了资金等生产要素的流动速度，其他与之相关的社会生产要素必然随着资金流动范围的扩大和流动速度的加快也会加快流动速度，社会资金效益也会因此成倍增长，西藏经济也得以持续健康发展。

参考文献

[1] 白勇：《中国人民银行第二代支付清算系统对商业银行经营的影响》，

内蒙古大学硕士论文，2012。

　　[2] 灿霞：《中美支付系统比较研究》，载《金融与经济》，2010（7）。

　　[3] 郭子香：《我国支付系统的发展及存在的问题》，载《时代金融》，2011（18）。

　　[4] 芦薇：《研析第二代支付系统的新变化及商业银行的策略》，载《时代金融》，2012（12）。

　　[5] 欧阳卫民：《我国支付清算系统的特点和发展趋势》，载《财经科学》，2009（2）。

　　[6] 施图德蒙德：《应用计量经济学（原书第五版）》，王少平等译，北京，机械工业出版社，2007。

　　[7] 翟涛：《中央银行现代化清算支付体系存在的问题及相关对策》，吉林大学硕士论文，2010。

　　[8]《中国与美国的支付清算系统比较研究》，http：//www. reader8. cn/da-ta/20110219/712326. html，2011. 4。

　　[9] 盛松成、方铁强：《支付系统发展对公开市场操作效果的影响》，载《金融研究》，2009（10）。

西藏保险业发展与社会保障体系建设研究

中国保监会西藏监管局课题组
课题组组长：王建宏
课题组成员：金泳龙　吴金鑫　朱构峨

摘要： 本文首先介绍了国际社会保障体系发展的主要趋势和经验启示，为商业保险参与社会保障体系建设提供现实经验和理论支持；其次，着重分析我国内地商业保险在我国社会保障体系建设中所发挥的积极作用，包括提高医疗保障建设水平、完善养老保障体系、提供就业岗位、放大财政资金利用效益等；最后，从西藏保险业参与我区社会保障体系建设的基本情况出发，分析了存在的困难和问题，提出了推进西藏保险参与社会保障体系建设的实施措施和方案。

关键词： 西藏商业保险　社会保障体系建设

党的十八大报告提出，要坚持全覆盖、保基本、多层次、可持续方针，以增强公平性、适应流动性、保证可持续性为重点，全面建成覆盖城乡居民的社会保障体系。2014 年 8 月，《国务院关于加快发展现代保险服务业的若干意见》正式颁布，提出"把商业保险建成社会保障体系的重要支柱"的发展目标。近年来，虽然西藏各级政府每年都在加大社会保障和就业方面支出，但仍然难以满足各族群众日益增长的社会保障需求。商业保险作为经济"助推器"和社会"稳定器"，积极参与社会保障体系建设，可以有效减轻国家财政负担，缓解政府在社会保障体系方面的压力，对于完善社会保障体系具有重要意义。

一、国际社会保障体系发展的主要趋势和经验

西方国家进入老龄化社会后，许多政府面临着严重的养老保险财务赤字和制度危机，建立可持续发展的社会保障制度是国际社会面临的共同课题。近年来，特别是 2008 年国际金融危机以后，缩减国家基本养老保险的水平，加强企业补充养老保险和个人储蓄性养老保险的作用，成为各国养老保险制度改革的

共识。

（一）养老保障改革

当前国际社会保障体系改革在养老保障方面，一是降低基本社会保险（第一支柱）在养老金中的比重，更多地发挥企业补充保险（第二支柱）和商业保险（第三支柱）的作用。欧洲国家认识到公共养老保障过高，开始推进结构性改革，德国、意大利、英国、西班牙等国将逐步降低基本养老保障比例，扩大商业养老保障份额。

二是将市场机制引入第一支柱，由保险公司或基金管理公司等私营机构管理基本养老保险基金，提高社会保障的运行效率。目前，许多国家都在尝试社会保险的商业化运作。美国公立养老保险计划的主要管理人是保险公司。南美和欧洲一些国家进行养老制度改革后，保险公司在管理和运营养老保险基金方面发挥着越来越重要的作用。

三是发挥商业保险在补充养老方面的作用，第二、第三支柱主要由商业保险公司等市场机构提供，政府通过税收优惠等政策给予支持，提高社会保障的整体水平。美国的401K计划主要由商业保险公司负责运作和管理，政府负责监督。自推行401K计划后，美国养老金的资产规模迅猛增长，成为1978—2000年长达22年大牛市的有力推手。

四是提供多样化的商业养老与健康保险产品，丰富社会保障体系层次。个人购买商业养老保险可以部分替代政府在社会保障方面提供的福利，有利于建立多层次的社会保障安全网，减轻政府在社会保障方面的负担。同时，保险公司可以提供多样化的养老金产品，也可以满足不同层次的社会保障需求。

（二）医疗保险改革

当前国际社会保障体系改革在医疗保险方面，突出发挥商业健康保险在社会保障体系中的作用。一是商业健康保险在医疗费用控制，解决"看病难、看病贵"方面有着较为显著的成果。美国健康保险主要包括了涉及医疗费用保险的住院手术保险、大额医疗费用保险（包括补充医疗保险和综合医疗保险）。同时，一些新型的医疗保险组织，如健康维持组织（HMO）和提供者优选组织（PPO）等，有效地控制了医疗费用的上涨，降低了医疗保险费用。二是商业健康保险在部分国家社会医疗改革中发挥重要作用。近十几年来各国商业健康保险都得到一定程度的发展，俄罗斯、波兰、保加利亚等国已转型为社会医疗保险制度模式，商业健康保险弥补了社会保险改革留下的空间，保证了社会保障制度改革的顺利进行。

（三）国外社会保障体系发展实践启示

一是减少政府参与，更多地利用商业保险的市场机制，提高资金使用效率和国民的福利。二是充分认识商业保险在社会保障体系中的作用，为商业保险服务社会保障体系建设提供更大的作用空间。三是在政策上支持保险业做大做强，使商业保险有能力更好地服务社会保障体系建设。

二、商业保险对我国社会保障体系建设的作用

改革开放以来，我国虽然在社会保障体系建设上取得了显著成就，但庞大的人口基数和老龄化的不断加深、城乡二元经济结构的长期存在，给我国社会保障体系带来了巨大压力。商业保险向社会提供多样化的健康保险和养老保险等服务，有利于丰富社会保障体系的层次结构，弥补社会保障供给的不足，保持社会保障体系的有效性、安全性、可持续性。

（一）提高医疗保障建设水平

多年来，我国保险业全面贯彻落实《中共中央国务院关于深化医药卫生体制改革的意见》，积极参与多层次医疗保障体系建设，不断推动创新医疗保障管理服务机制，丰富保障层次，提高保障水平。

1. 开展城乡居民大病保险。2013 年，全国共有 11 家保险公司在 25 个省 144 个统筹地区开展大病保险业务，覆盖城乡居民 3.6 亿人，显著提高居民医疗保障水平，切实保障参保群众利益，有效缓解"因大病致贫""因大病返贫"的现象。

2. 发展商业健康保险。2013 年，全国共有 100 多家保险公司开展商业健康保险业务，健康保险产品涵盖疾病险、医疗险、护理险和失能收入损失险四类，覆盖产品 2 200 多个。

3. 参与基本医疗保障经办管理。2013 年，保险业参与各类医保项目经办服务 3 亿人次，受托管理基金 165 亿元，保费收入 143 亿元，为 4 053 万人次支付赔款 230.8 亿元。

4. 发展医疗责任保险。2013 年，我国保险业医疗责任险保费收入 15.7 亿元，为全国医疗机构提供风险保障 241.76 亿元。近五年来，医疗责任险累计赔付支出 33 亿元。

（二）完善养老保障体系

日益临近的老龄化社会给社会保障体系建设带来巨大的压力和挑战，保险业积极响应《国务院关于加快发展养老服务业的若干意见》，参与新农合及其经办服务工作，投资建设养老社区，有效解决我国养老机构床位不足、缓解人口老龄化问题。

1. 参与新农合及其经办服务。新型农村合作医疗制度不仅为农民减轻经济负担，还进一步缓解了农民看病贵、看病难的问题，促进了农村卫生事业健康发展。近年来，保险业凭借网点、人才、技术等服务平台，积极参与新农合及其经办服务，有效提升了服务专业化水平。

2. 为企业和个人提供补充养老保险产品和服务。2013 年，保险业在企业年金市场共计为 4.3 万家企业和 832 万名职工提供受托管理企业年金业务、投资管理资产等服务，累计受托管理企业年金资产 2 501 亿元，占法人受托业务的 71%；投资管理资产 2 789 亿元，占年金投资管理市场的 48%，各类保险机构已成为企业年金市场的主要参与者。

3. 投资养老服务产业。自从放开保险资金投资不动产以来，保险公司积极开发养老社区项目。2013 年，全国共有 5 家保险机构投资 11 个养老社区项目，占地面积 3 298 亩，计划总投资 163 亿元，已投资 53 亿元。预计到 2020 年，保险机构向养老领域的直接投资规模可达到 1 万亿~3.5 万亿元，每年为国家增加税收 132 亿~330 亿元。

（三）创造工作岗位，提供就业机会

国际经验表明，保险业是吸纳就业的重要行业。在美国，保险业就业人数占其人口总数的比重为 0.7%，是美国金融业中就业人数最多的行业。2013 年，我国这一比重仅为 0.27%。如果我国保险业就业人口比重也上升到 0.7%，则可以新吸纳就业约 500 万人。此外，保险通过促进养老、医疗、汽车修理等关联产业发展，还可间接带动可观就业。

（四）放大财政资金的利用效益

近年来，一些地区在医改方面进行有益尝试，把医疗保险的经办管理委托给保险公司，用部分财政投入购买商业保险，产生了数倍甚至数十倍的效益。以"湛江模式"为例，通过保险公司的参与，广东省湛江市在财政支出和个人缴费标准不变的情况下，将基本医疗保险个人缴费部分进行分拆，85% 用于基本医疗支出，15% 用于购买保险公司的大额医疗补充保险，放大了保障额度。当地城乡居民的保障额度由原来的 1.5 万元分别提高到了 3.5 万元和 6.5 万元，按照个人缴费 20 元和 50 元两档，补充医疗保险报销额度分别为 5 万元和 8 万元，人均住院费用从 8 852 元降到 7 369 元，实现了参保人、政府、医院和保险公司的多方共赢。

三、西藏保险业参与社会保障体系建设情况

随着西藏保险业的快速持续发展，商业保险参与西藏社会保险体系建设的能力不断增强，逐步成为个人和家庭商业保障计划的主要承担者、企业发起的养老健康保障计划的重要提供者、社会保险市场化运作的积极参与者。

（一）西藏社会保障体系建设的现状

西藏地区的社会保障从无到有、从城镇到农牧区、从城镇职工到城乡居民、农牧民，经历了一个不断改革、发展和完善的过程。目前，已基本建立起以养老、医疗、失业、工伤和生育五大保险为主体的覆盖城乡居民的具有西藏特色的社会保障体系。2013 年，全区参加企业职工基本养老保险人数为 13.83 万人，城镇居民社会养老保险人数为 7.44 万人（含寺庙僧尼 2.46 万人），新农保人数为 130.54 万人，工伤保险人数为 14.55 万人，失业保险人数为 11.70 万人，生育保险人数为 18.46 万人；全区参加城镇职工基本医疗保险人数为 28.30 万人，参加居民基本医疗保险人数为 24.07 万人。

近年来，西藏社会保障体系建设成绩显著，但由于西藏经济总量小和社会保障体系建设基础差，社会保障体系还不太完善，存在结构过于单一，保障范围有限，保障程度不高等问题，需要商业保险积极参与社会保障体系建设，发挥丰富保障层次、实现可持续发展的作用。

（二）西藏保险业积极参与我区社会保障体系建设

1. 西藏保险业发展概况。近年来，在自治区党委、政府的关心和支持下，西藏保险业发展取得了长足进步，行业的发展壮大增强了西藏保险业参与社会保险体系建设的能力。2014 年，西藏保险业保费规模保持较快增长态势，全年累计实现保费收入 12.76 亿元，较 2010 年翻一番，同比增长 11.59%，较全国平均增速低 5.9 个百分点。2013 年，西藏保险密度为 366.33 元/人，保险深度为 1.42%。截至 2014 年底，全区共有保险机构 48 家，从业人员 2 275 人。

2014 年，保险业为全区各类自然灾害和意外事故赔付 6.06 亿元，同比增长 8.35%，累计为全区提供风险保障金额 8 311.19 亿元。

2. 西藏保险业积极发展商业养老保险业务。西藏现有的 2 家人身险公司，积极拓展商业养老保险市场，为企业和个人提供补充养老保险产品和服务。个人养老保险年金保险业务、团体养老年金保险业务和企业年金管理业务保费规模稳中有升。2014 年，西藏个人养老保险保费收入 1.05 亿元，团体养老保险保费收入 366.19 万元，企业年金管理业务收入 7 997.26 万元。在个人养老保险业务中，我区市场偏重保障型产品，受资本市场影响较大因而风险也较大的投连险和万能险两类产品目前并没有销售，只有普通型和分红型两种产品，其中，兼具保障与理赔功能的分红险最受欢迎，市场份额高达 90% 以上。

3. 发展商业健康险业务。近年来，西藏健康保险市场发展迅速，保险产品日益丰富，业务规模高速增长。2014 年，实现保费收入 1.18 亿元，较 2010 年保费收入（2 083.33 万元）增长了 467.62%。从保险密度来看，健康险人均保费收入已由 2010 年的 6.93 元增长到 2013 年的 36.04 元。健康险业务的快速增长，弥补了基本医疗保障范围的不足，使保障功能更加鲜明，服务特色更加明晰，社会影响力不断提升。

4. 积极参与医保体系建设。目前，西藏在全区范围内对城镇职工、城镇居民和农牧民开展了大额补充医疗保险，实现了补充医疗保险在全区全面覆盖（除公务员外）。针对自治区特殊地域情况，开展了孕产妇和新生儿医疗保险，得到全区一致好评，被称为"政府得民心、百姓得实惠、保险公司得发展"的民生工程。西藏因此成为我国补充医疗保险第一个实现了全人群全覆盖的省份。2008—2013 年，三类人群中共有 2 437 人申请了补充医疗保险赔偿，赔付金额为 8 167 万元。

（三）保险参与社会保障体系建设存在的困难和问题

西藏地区商业保险为全区人民群众提供了一定程度的社会保障，但也不可避免地存在一些局限：保障水平总体不高，人群待遇差距较大。大病医疗保险共济性不强，抗风险能力差，同时也造成了大量异地就医，报销不便，需要垫付医药费用等问题。

1. 健康保险行业基础建设有待进一步加强。一是健康保险业的保险密度远远低于我区保险业的整体情况，市场尚未得到充分开发，制约了健康保险保障功能的发挥。二是各公司经营模式雷同，服务同质、销售渠道单一，商业健康险市场运行的效率过低，难以做到市场机制下社会医疗资源的有效配置。三是信息技术应用水平有待提高。无论是我区医疗卫生部门还是商业保险机构，目前都没有覆盖全区、运行良好的信息网络，数据失真和流失等问题有待解决，亟待建立保险行业内部，保险行业与医疗卫生行业、社保机构之间有效的数据共享机制。

2. 我区商业保险机构经办点不健全。除中国人民保险公司西藏分公司在拉萨本部设有从事大病保险专营机构（健康险业务部）外，其他六个地区只有从事大病保险服务的健康险专职人员，地市级没有商业保险机构服务机构。但是，我区农牧区医疗基金目前仍是县级统筹，主要经办业务在县、乡两级，没有专设经办机构，致使两者之间工作衔接难度大，无法向农牧民提供就近、方便的保险服务。

3. 我区商业保险机构经办人员数量不足。目前中国人民保险公司西藏分公司在拉萨本部从事大病保险健康业务的工作人员有 20 名、其他六个地区健康险专职人员有 3 ~ 4 名，具有健康保险相应业务能力的保险人员非常缺乏。在具体经办过程中，面对庞大的目标人群和业务量，对票据的审查、医疗成本的控制、医疗机构的监管等方面将面临严峻的挑战和困难。

4. 西藏现行大额医疗补充保险与大病医疗保险并轨问题。西藏现行的大额医疗商业补充保险具有广覆盖、保障额度较低的特点，与国家《关于开展城乡居民大病保险工作的指导意见》（发改社会〔2012〕2605 号）要求的大病保险无论在筹资方式还是赔付方式上还存在一些需要衔接的地方。现行的三个类别各险种之间，保障金额差距较大，尤其是农牧民的保障额度较低。同时，各县执行农牧区基本医疗最高支付限额的标准不统一，不少地区的医疗支付限额与保险公司补充医疗保险的起赔额还有较大距离，有的地区最高支付限额为 2 万元左右，但全区原定的保险公司起赔限额为 6 万元，两者之间近 4 万元的差额仍要由农牧民自己承担。目前，由自治区医改办牵头，商人社、卫生、民政、财政等部门正在修改完善西藏地区大额医疗商业补充保险制度，选择城镇居民大额补充医疗保险转作大病保险试点，由人社厅、财政厅会签后呈报政府相关领导审定实行。

四、推进西藏保险参与社会保障体系建设的措施和建议

为了充分发挥保险在社会保障体系建设中的作用，减轻政府财政压力，提高社会保障水平，结合西藏地区实际情况，特提出以下建议。

（一）增多做强保险机构

通过外引内设保险机构，增加市场主体。一是积极争取各级党委、政府和相关部门的大力支持，引导和协调更多区外保险机构来西藏设立分支机构，并鼓励保险机构向下延伸，扩大在藏保险公司的服务半径，健全在藏保险公司经办网点，在医学专业人员配置、大病保险信息系统建设等方面加以改进和提高，更好地服务我区社会保障体系建设。二是推动西藏保险法人机构设立。加强与中国保监会相关部门协调，争取对西藏财产保险法人机构和西藏寿险保险法人机构设立的支持，争取尽早通过筹建和开业审批，加大区内融资力度，筹集更多资金投入社会保障体系建设。

（二）完善商业保险发展的支持政策

当前西藏地区保险市场与内地相比较为落后，商业保险机构的人力、财力、物力等资源相对不足，专业人员配备、信息系统建设等与社会保障体系建设的要求还存在不小的差距。要改善当前状况，需要各商业保险机构争取更大投入，加强自身建设。一是需要政府建立部门协调机制，促进商业保险与社会保障有效衔接；二是对商业保险机构运营效率更高的公共服务，政府可以委托保险机构经办，也可以直接购买保险产品和服务；三是在财政、税收政策方面加以扶持，适时开展个人税收递延型商业养老保险试点，落实和完善企业为职工支付的补充养老保险费和补充医疗保险费有关企业所得税政策，使商业保险更好地服务于全区社会保障建设和经济社会建设大局。

（三）创新产品并对西藏保险创新给予支持

从西藏各行业、人群需求出发，有针对性地开发缴费低、投保简便、保障相对较高的农村小额养老、小额医疗等创新型产品；大力发展与基本医疗保险有机衔接的商业健康险，积极开发满足城镇老年人保障需求的健康养老产品，实现医疗、护理、康复、养老等保障与服务的有机结合，并对这些商业养老与健康保险产品给予一定的保护期，以鼓励公司开发符合西藏特点的新产品，丰富社会保障体系层次。

（四）统筹协调，推进我区现行大病补充医疗保险与大病医疗保险并轨工作

开展大病保险涉及多个部门、多项制度衔接，按照《关于开展城乡居民大病保险工作的指导意见》要求和西藏实际，建议建立由发展改革委、人力资源和社会保障厅、卫生厅、财政厅和保监局等相关部门组成的大病保险工作协调推进机制，各相关部门定期碰头、统筹规划，研究确定符合我区实际的高额医疗费用和合规医疗费用标准，制定大病保险就医、结算管理等基本政策和组织协调、筹资管理、监管指导办法，按职责分工抓好落实，细化配套措施，形成合力，早日实现我区现行大病补充医疗保险与大病医疗保险的接轨。

（五）积极开展商业保险机构代办基本医疗工作

鼓励商业保险机构参与各类医疗保险经办服务，出台管理办法规范农牧民医保药品目录，确定定点医院，优化理赔流程和结算模式，建立专用数据系统，实现基本医疗和补充医疗即时结算，有效提高对广大农牧民群众基本医疗起付线以上的个人自付合理医疗费用的补偿水平。

（六）加大宣传普及保险知识力度

一是积极与自治区各级党委、政府和各部门厅局协调沟通，宣传保险的功能作用，推动各级政府运用保险手段完善社会保障体系建设。二是加强同宣传部门与各类媒体的沟通，重点宣传报道保险业在参与社会保障体系建设方面典型人物和事例，营造有利于保险业发展的舆论环境，树立和提升保险业的良好形象。三是大力开展保险知识进社区、进农牧区、进学校、进寺庙宣传活动，

组织行业力量深入基层，开展形式多样、群众喜闻乐见的保险宣传，让群众主动参保，乐于参保。

参考文献

［1］郑功成：《中国社会保障改革与发展战略：理论、目标与行动方案》，北京，人民出版社，2009。

［2］乌通元：《充分发挥商业保险在多层次的社会保障体系中的作用》，载《上海保险》，1994（8）。

［3］吴定富：《大力发展商业养老保险》，载《中国金融》，2005（10）。

［4］西藏自治区统计局：《2013 年西藏自治区国民经济和社会发展统计公报》。

［5］中国保监会：《中国保险业社会责任白皮书》。

服务研究篇

Fuwu Yanjiu Pian

西藏中小微企业融资问题探析

中国人民银行拉萨中心支行课题组
课题组组长：何俊斌
课题组成员：德　吉　曾茂娟　达瓦萨珍　次仁顿珠

摘要：本文通过收集、整理和分析全国、全区各项经济金融数据，特别通过与西藏经济总量相近发展环境相似的贵州、甘肃、青海、宁夏四省份进行横向比较分析，从全局的视角重审西藏中小微企业融资难问题，并提出了解决中小微企业融资难瓶颈的方案或措施。

关键词：中小微企业　融资

一、西藏中小微企业发展现状及特点

截至 2013 年 9 月末，西藏全区工商注册企业数为 18 534 户，其中约99% 为中小微企业。西藏中小微企业呈现出如下总体特征：起步较晚、底子较薄、发展水平较低、盈利能力较弱、分布地区与产业集中度较高、发展环境较差，绝大多数企业处在企业生命周期的幼年期。

（一）产业分布结构

1. 按三次产业划分来看，目前西藏绝大多数企业集中在第三产业和第二产业，而第一产业中的企业较少。根据人民银行拉萨中心支行 2013 年对西藏七个地市 347 家企业的抽样调查情况，第一、第二和第三产业中的企业占比分别为 4.6%、40.9% 和 54.5%。

2. 按主要行业来看，西藏中小微企业集中分布在批发零售业、建筑业、制造业和住宿餐饮业，这四大行业中的企业占比分别为 32%、13%、11% 和

10%、其余各产业共占34%^①（见图1）。与全国外向型经济不同，西藏上述四大行业呈现出鲜明的内向型特点，制造业和批发零售业中除少量民族手工业和土特产品生产销售企业外其余绝大多数企业都是面向区内市场的。此外，西藏中小微企业集中分布的四大行业都属于劳动密集型产业。

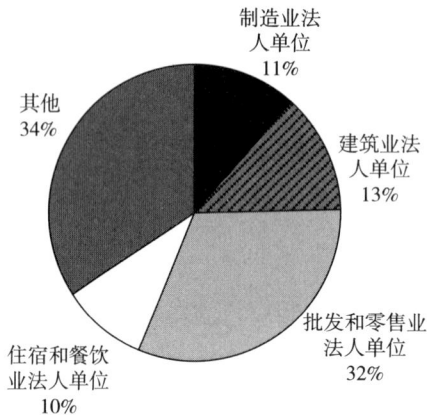

数据来源：中华人民共和国国家统计局。

图1 2012年西藏企业法人重点行业分布情况

3. 按就业结构来看，西藏私营企业和个体就业人员主要集中在批发零售业、住宿餐饮业和建筑业。其中，批发零售业吸纳了42%、住宿餐饮业吸收了14%、建筑业解决了13%。

4. 按产业增加值来看，仍然集中分布在上述四大行业中。2012年西藏建筑业、制造业、批发零售业、住宿餐饮业和交通运输与仓储业增加值合计占西藏地区生产总值的五成左右（48%），其中建筑业增加值单独占地区生产总值的近三成（27%）（见图2）。

（二）所有制属性

西藏企业法人单位中以私营企业为主，但与其他省（区）相比，私营企业占比较低。2012年，西藏企业法人单位中，私营企业法人占47.1%、国有企业法人占17.3%、集体企业法人占7.1%、其他所有制形式企业法人占28%^②。与贵州、甘肃、青海和宁夏四省（区）相比，西藏的私营企业法人占比最小，而

---

① 数据来源：中华人民共和国国家统计局 http：//data. stats. gov. cn/。
② 其他所有制形式企业法人包括股份合作企业法人、联营企业法人、外商投资企业法人以及港、澳、台商投资企业法人等。数据来源：中华人民共和国国家统计局 http：//data. stats. gov. cn/。

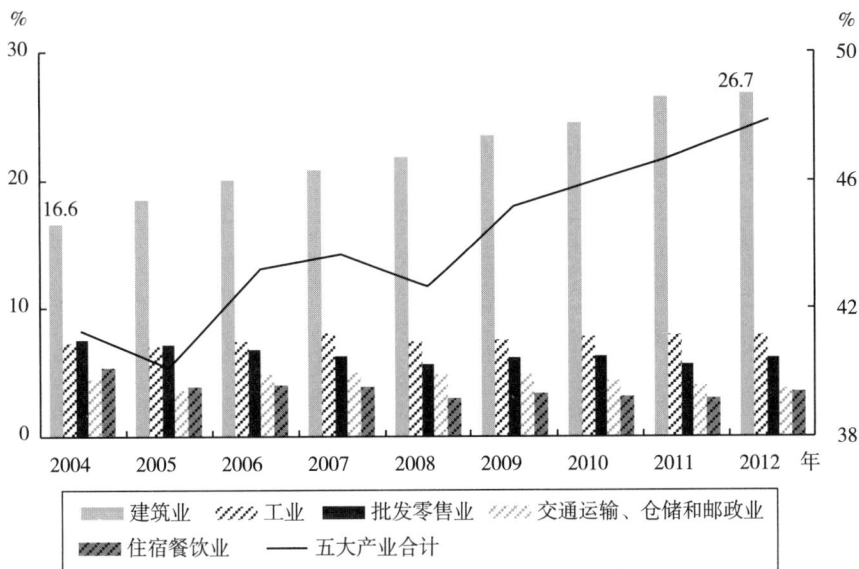

数据来源：中华人民共和国国家统计局。

图2 西藏五大产业增加值及其变化情况

国有企业占比最大，说明了西藏经济的私有化程度较低，市场化发展程度不高（见图3）。从发展的趋势来看，从2010年到2012年，西藏私营企业法人占比增加了1个百分点、国有企业法人占比下降了约2个百分点、集体企业法人占比下降了约1个百分点。

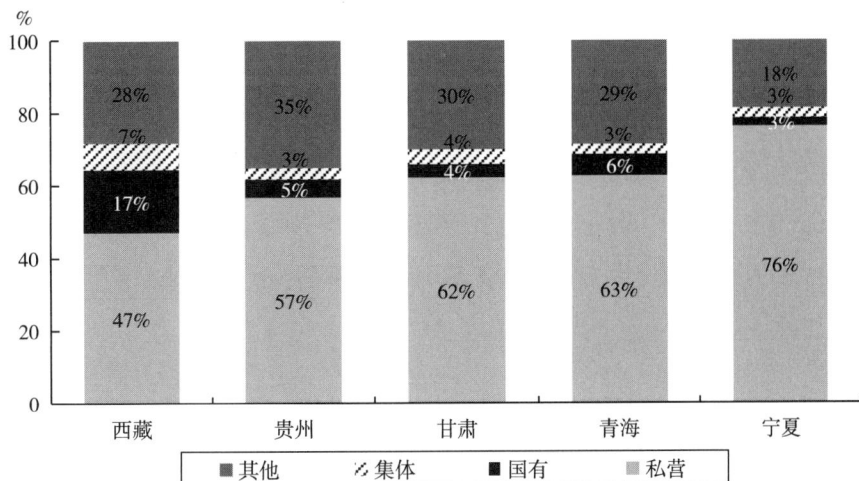

数据来源：中华人民共和国国家统计局。

图3 2012年五省（区）各种所有制法人企业占比情况

（三）所处阶段

根据人民银行拉萨中心支行 2013 年对西藏七个地市 347 家企业的抽样调查情况来看，创业期企业占 21%、成长初期企业占 54%、扩张期企业占 13%、成熟期企业占 9%。从调查企业成立的时间来看，75% 的企业成立不足 10 年。整体上看，西藏绝大多数中小微企业目前还处在企业生命周期中的幼年期。

（四）整体经营状况

鉴于西藏企业 99% 都是中小微企业的实际，本文通过分析西藏地区生产总值（GDP）和企业分布密集的几大产业[①]，从宏观上对企业经营状况进行结构性分析。从企业整体盈利情况及纳税情况看，按收入法计算的地区生产总值中，2012 年西藏企业营业盈余仅占地区生产总值的 12%，而贵州、甘肃、青海和宁夏的营业盈余占比分别达到 16%、20%、24% 和 20%；2012 年西藏企业生产税净额仅占地区生产总值的 9%，而贵州、甘肃、青海和宁夏的生产税净额占比分别达到 18%、17%、15% 和 14%。生产税净额与营业盈余合计占地区生产总值情况见图 4。以上数据说明，西藏企业无论是营业盈余还是生产税净额在经济最不发达的五省中都一直处于末位，其中虽然有西藏税收优惠政策的因素，但是主要原因是企业发展水平低、盈利能力弱、营业盈余与缴税少。

1. 建筑业企业

西藏建筑业对地区生产总值的贡献率达 26.7%，而在整个西部地区[②]，排名第二的宁夏仅为 12%，除西藏外西部各省（区）平均贡献率仅为 8.6%，可见建筑业和建筑企业在西藏经济中举足轻重的地位。按总体利润来看，2009 年西藏建筑业企业利润总额达到历史上最高的 12 亿元，随后逐步下降，到 2012 年只有 3.97 亿元。按以增加值计算的劳动生产率[③]来看，自 1996 年以来与贵州、甘肃、青海、宁夏的比较中西藏建筑企业劳动生产率长期处于较低的位置，只到最近几年才有所改善（见图 5）。

---

① 数据来源：中华人民共和国国家统计局 http：//data. stats. gov. cn/。

② 西藏 26.7%、内蒙古 6.7%、广西 7.4%、重庆 8.7%、四川 7.5%、贵州 6.7%、云南 9.4%、陕西 8.5%、甘肃 9.4%、青海 10.4%、宁夏 12%、新疆 8.4%。数据来源：中华人民共和国国家统计局 http：//data. stats. gov. cn/。

③ 即建筑业从业人员每人每年的增加值。2012 年，西藏 22 万元/人年、贵州 30 万元/人年、甘肃 18 万元/人年、青海 23 万元/人年、宁夏 25 万元/人年。

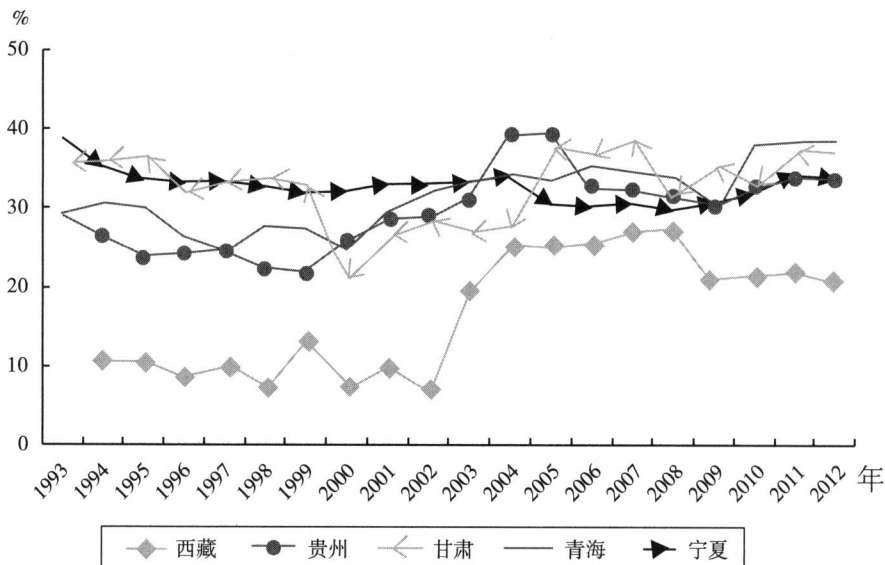

数据来源：中华人民共和国国家统计局。

图4 五省（区）生产税净额与营业盈余合计占各自 GDP 的比重

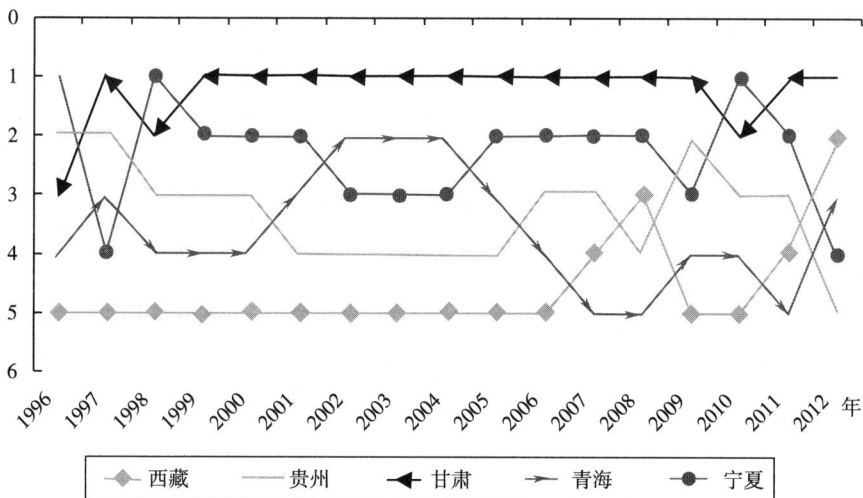

数据来源：中华人民共和国国家统计局。

图5 五省（区）建筑业企业劳动生产率排名及其变化情况

按成本利润率[①]来看，自 2005—2012 年，西藏建筑企业成本利润率从 21%下滑到 6%，企业整体盈利能力在 2009 年达到最高点后持续下降（见图 6）。具

---

① 成本利润率 ＝ 利润 ÷ 成本，反映企业盈利能力，成本利润率越高说明盈利能力越强。

体来看，虽然企业主营业务收入显著增加，但是成本上升速度更高，企业利润因而有所下降，导致了成本利润率下滑。

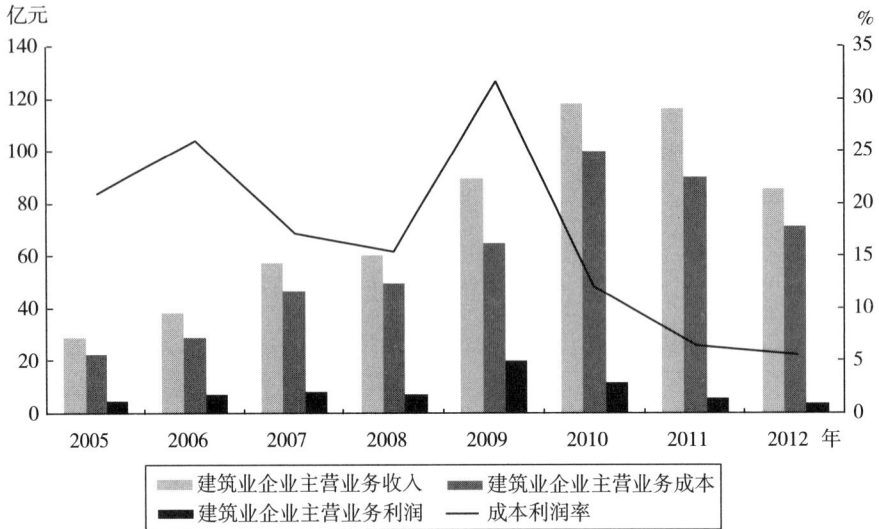

数据来源：中华人民共和国国家统计局。

图6　西藏建筑业企业主营业务收入、成本、利润及成本利润率

按资产负债情况来看，西藏建筑企业资产持续增长，与此同时负债也相应地上升，并且增幅比资产略高。2000—2012年，西藏建筑企业资产负债率从38%上升到51%（见图7）。

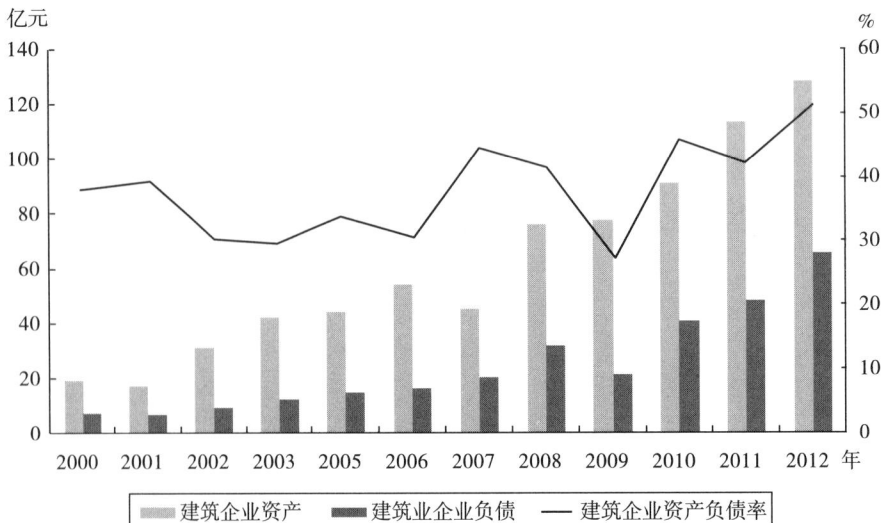

数据来源：中华人民共和国国家统计局。

图7　西藏建筑企业资产、负债、资产负债率及其变化情况

2. 工业（制造业）企业①

按成本利润率来看，自 2000 年以来西藏工业企业收入与成本基本同步上升（见图 8），而成本利润率从 31% 震荡下滑到 17%，说明工业企业整体盈利能力有所下降。按企业亏损情况来看，自 1993 年以来亏损企业占比一直在 15% 以上。其中，2009—2011 年亏损企业占比分别达到 26.7%、24.7% 和 25.0%。该数据反映西藏规模以上工业企业经营状况不容乐观。

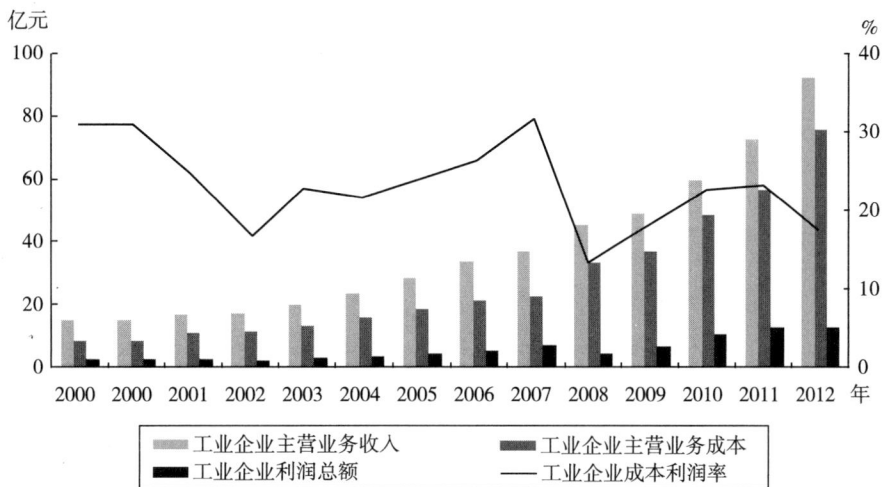

数据来源：中华人民共和国国家统计局。

图 8　西藏工业企业主营业务收入、成本、利润及成本利润率

按资产负债情况看，2000—2012 年，西藏工业企业资产从 84 亿元增长到 507 亿元，负债从 23 亿元增长到 163 亿元，资产负债率从 27% 略微上升到 32%（见图 9）。

3. 批发零售业企业②

按成本利润率来看，2000—2012 年批发零售企业主营业务收入从 10.3 亿元增加到了 132.6 亿元、主营业务成本从 8.9 亿元增加到 104.2 亿元、主营业务利润从 0.6 亿元增加到了 15.2 亿元、成本利润率从 6.7% 增加到 14.3%（见图10）。

---

① 国家统计局关于西藏工业企业的数据均为规模以上企业的，即便如此，鉴于西藏绝大多数企业都为中小微企业的实际，该数据在一定程度上仍能说明问题。

② 国家统计局关于西藏批发零售企业的数据均为限额以上企业的，即便如此，鉴于西藏绝大多数企业都为中小微企业的实际，该数据在一定程度上仍能说明问题。

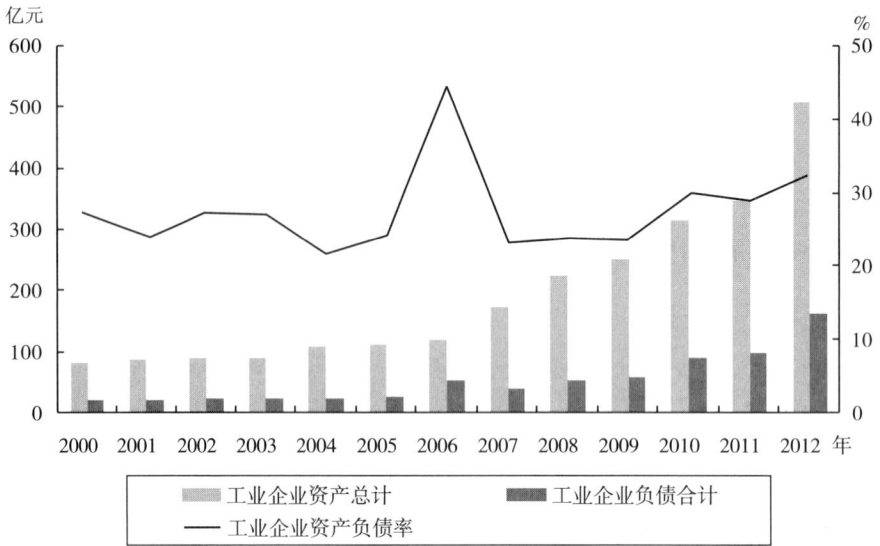

数据来源：中华人民共和国国家统计局。

图 9　西藏工业企业资产、负债、资产负债率及其变化情况

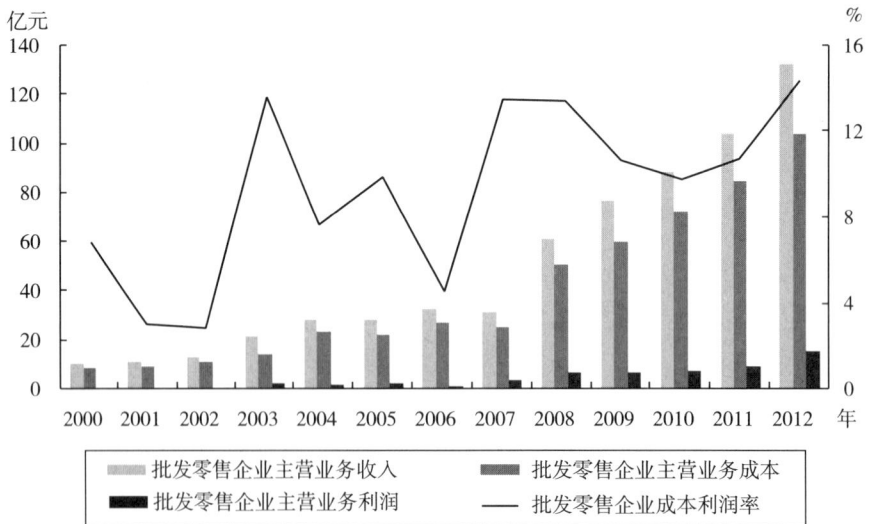

数据来源：中华人民共和国国家统计局。

图 10　西藏批发零售企业收入、成本、利润、成本利润率及其变化情况

按资产负债情况来看，2000—2012 年，资产从 10.8 亿元增加到 59.6 亿元、负债从 8.2 亿元增加到 30.6 亿元、资产负债率从 75.9% 下降到 51.3%（见图11）。

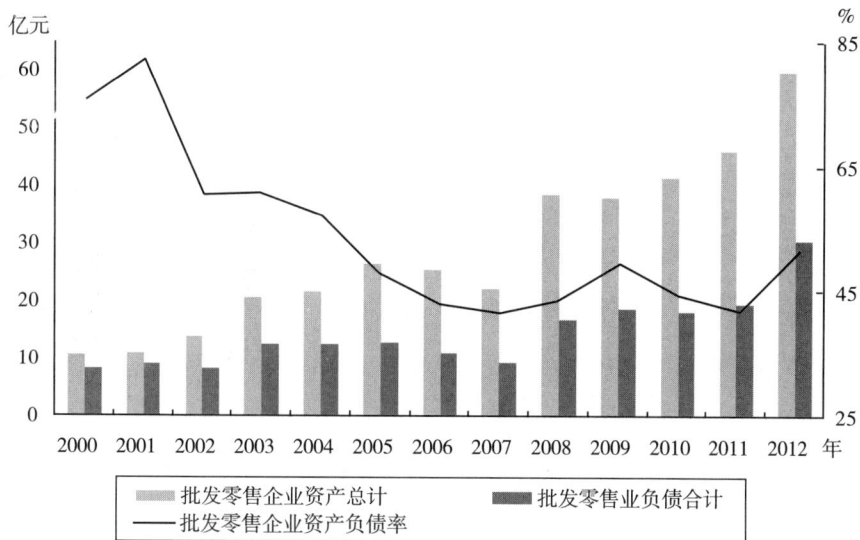

亿元

%

- 批发零售企业资产总计
- 批发零售业负债合计
- 批发零售企业资产负债率

数据来源：中华人民共和国国家统计局。

图 11 西藏批发零售企业资产、负债、资产负债率及其变化情况

4. 住宿餐饮业企业①

按成本利润率来看，2008—2012 年，西藏住宿餐饮企业主营业务收入从2.9 亿元增加到了 7.1 亿元、成本从 1.2 亿元增加到了 2.4 亿元、利润从 1.7 亿元增加到了 4.2 亿元、成本利润率从 144% 提高到了 175%（见图 12），住宿餐饮业企业整体盈利能力较强。

按资产负债情况来看，2008—2012 年，西藏住宿餐饮业企业资产从 21.1 亿元增加到了 28.1 亿元、负债从 6.6 亿元增加到了 11 亿元、资产负债率从31.3% 增加到 39.2%（见图 13）。

以上关于企业整体经营状况的分析证实了 2013 年人民银行拉萨中心支行关于西藏 7 个地市 347 家中小微企业抽样调查的结果，即成本上升（原材料价格和劳动力工资上升）以及资金紧张是企业面临的主要困难。一是西藏企业虽然近年来主营业务收入显著增加，但是成本几乎以同样的速度增长，使得企业盈利情况并无明显改善。二是除住宿餐饮企业外，其他产业企业成本利润率较低，

---

① 国家统计局关于西藏住宿餐饮企业的数据均为限额以上企业的，即便如此，鉴于西藏绝大多数企业都为中小微企业的实际，该数据在一定程度上仍能说明问题。

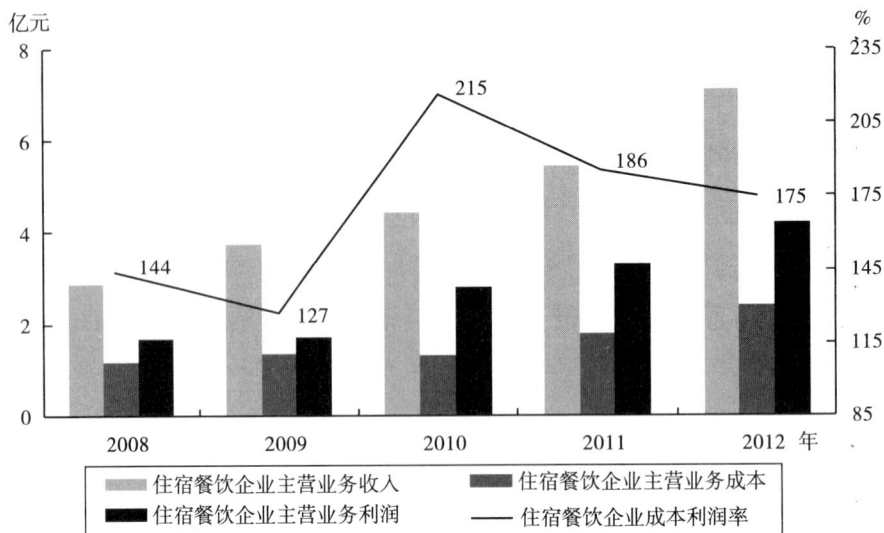

数据来源：中华人民共和国国家统计局。

图12　西藏住宿餐饮业企业主营业务收入、成本、利润及成本利润率

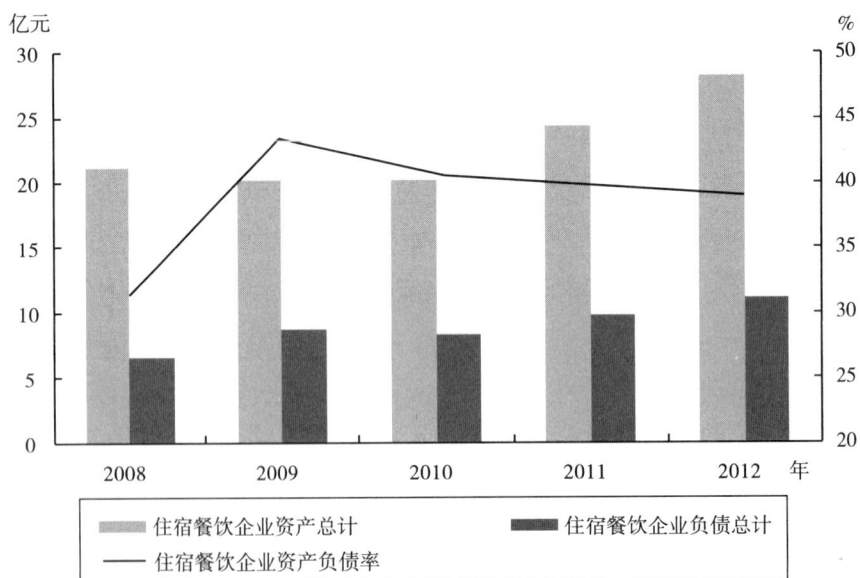

数据来源：中华人民共和国国家统计局。

图13　西藏住宿餐饮业企业资产、负债及资产负债率

企业盈利能力不强。三是四大行业中的企业资产负债率水平较低①，而且主要是

_____

①　四大行业中企业资产负率均比贵州、甘肃、青海、宁夏四省（区）低。

负债较低，说明企业融资确实困难。

（五）中小微企业信用状况

中小微企业信用评级一般要从企业负责人、企业素质、偿债能力、经营能力和盈利能力等方面进行全方位的量化打分[①]。从西藏中小微企业的实际来看，一是企业负责人学历或知识水平往往不高，同时个人信用记录有时也存在负面信息。二是企业素质所包含的管理团队并不存在，企业负责人往往就是管理团队，管理制度不健全，管理水平有限；同时西藏中小微企业成立年限很短，根据 2013 年的调研，约 10% 的企业成立不足 3 年，约 41% 的企业成立不足 7 年；企业市场竞争力不足，绝大多数企业仅面向区内市场，甚至大量存在只服务少数几家大型央企或机关部门的"专职服务企业"，这些企业的业务往往依靠个人关系而非市场竞争力；很多企业信息尚未纳入征信系统中，而部分已经纳入的企业存在不良贷款等负面信息记录。三是企业偿债能力有限。虽然西藏四大行业中的企业资产负债率较低，但这主要是因为负债低，而不是因为资产高；同时不少企业的不动产资产证照不齐，无法有效盘活。四是企业经营能力有限，部分企业由于过度分散经营造成主营业务增长乏力。五是从全国来看，西藏处于物流的末端、市场的边缘，鉴于多数商品需要从内地引进的实际，企业成本控制难成为影响企业盈利能力的主要因素，但由于管理能力与水平有限，西藏企业很难通过控制成本来增加盈利。六是西藏中小微企业产品科技含量低、独创性差，基本没有任何技术壁垒，行业准入门槛低，产品与业务的可替代性与可复制性强。综上所述，西藏中小微企业整体信用状况不够理想，也是影响企业融资的主要因素之一。

二、西藏中小微企业融资情况

（一）支持中小微企业的主要政策

近年来，为缓解中小微企业融资难问题，支持中小微企业发展，人民银行、发展改革委、财政部、银监会、工业和信息化部等均出台了一系列文件，其中，

---

① 其中企业负责人信息包括个人品质、个人信用记录、从业年限、学历和健康状况等；企业素质包括成立年限、管理能力、管理团队、市场竞争力和企业信用记录等；偿债能力包括资产负债率、现金比率和或有负债等；经营能力包括主营业务增长率、应收账款周转率和纳税情况等；盈利能力包括净利润增长率和净资产收益率。

人民银行的主要文件有《中国人民银行关于印发中小企业信用体系试验区建设指导意见的通知》（银发〔2010〕176 号）、《中国人民银行 银监会 证监会 保监会关于进一步做好中小企业金融服务工作的若干意见》（银发〔2010〕193 号）、《中国人民银行关于进一步加强信贷管理 扎实做好中小企业金融服务工作的通知》（银发〔2011〕184 号）等。2011 年，人民银行拉萨中心支行积极贯彻落实总行各项文件精神，结合西藏实际，因地制宜地出台了一系列区域性货币信贷政策或指导意见，强化对我区中小微企业的信贷支持力度，包括《中国人民银行拉萨中心支行关于转发中国人民银行关于进一步加强信贷管理 扎实做好中小企业金融服务工作的通知的通知》（拉银发〔2011〕155 号），文件要求辖区各银行业金融机构要严格执行中央赋予西藏的特殊优惠贷款利率政策，对发放的所有中小企业贷款暂不实行利率浮动，严禁以各种方式随意或变相提高贷款利率。2011 年 12 月，中国人民银行拉萨中心支行下发了《关于西藏金融支持小微企业发展的意见》（拉银发〔2011〕283 号），通过建立健全为小微企业提供金融服务的多层次组织体系、加快业务创新步伐、合理确定贷款额度和期限、坚决禁止各种不合理收费等手段改进和提升小微企业金融服务。2013 年，中国人民银行拉萨中心支行下发了《关于进一步做好金融服务中小微企业工作 确保实现两个"不低于"目标的通知》（拉银发〔2013〕203 号），要求辖区银行金融机构"重点加大对单户授信 500 万元以下小型、微型企业的信贷支持力度，确保实现中小微企业贷款增速不低于全部贷款平均增速，增量不低于上一年同期增量的'两个不低于'目标，逐步提高中小微贷款在全部贷款中占比"。

2011 年，自治区党委下发了《中共西藏自治区委员会 西藏自治区人民政府关于推进非公有制经济跨越式发展的意见》（藏党发〔2011〕19 号），不仅大幅放宽非公有制经济的市场准入条件，还规定设立的城乡妇女小额担保贷款财政贴息资金、藏区中小企业发展创业资金要全部用于支持个人和个体工商户以及微型企业创业项目；自治区财政厅、西藏银监局、西藏自治区工业和信息化厅下发了《关于印发西藏自治区中小企业贷款风险补偿资金管理暂行办法的通知》（藏财企字〔2011〕194 号），规定从 2012 年起，自治区财政厅对银行机构当年发生的中小企业第五类贷款净损失，按 10% 的比例予以补偿；自治区财政厅、工业和信息化厅关于印发《西藏自治区中小企业信用担保风险补偿资金管理暂行办法的通知》（藏财企字〔2011〕146 号）规定，对担保机构当年发生代偿损失的，按不高于代偿损失金额 20% 的比例予以补偿；对于自治区人民政府或自治区财政厅规定的贷款担保业务，担保机构在尽职尽责履行风险控制责任后，经过自治区财政厅审核确认的，其代偿损失予以全额补偿；2013 年，《自治区人民政府关于转发中国人民银行拉萨中心支行等部门关于进一步推进扶贫贴息贷款工作意见的通知》（藏政办发〔2013〕77 号），规定在明确扶贫责任的前提下，与广大贫困户联系紧密、致富带动能力强的县及县以下中小微企业的贷款可以享受扶贫贴息贷款政策，执行 1.08% 的扶贫贴息贷款利率。

（二）西藏整体融资环境

一是西藏融资总量小，融资高度依赖贷款。2012 年西部五省（区）非金融机构部门融资中，西藏新增融资量仅为 262.4 亿元，仅占甘肃的八分之一、宁夏的二分之一。从融资结构来看，西藏贷款融资在新增融资中的比重是五省（区）中最高的，占比高达 97.2%，债券融资比重未实现零的突破，而其他四省中，青海省债券融资的比重达到了 24.2%（见表 1）。

表 1　　　　2012 年西部五省（区）非金融机构部门融资结构

省份	融资量（亿元）	比重（%）		
		贷款	债券	股票
青海	822.8	75.4	24.2	0.4
甘肃	1 813.2	80.4	14.7	4.9
宁夏	513.5	90.5	4.9	4.6
贵州	1 795.3	81.9	16.9	1.3
西藏	262.4	97.2	0	2.8

数据来源：《2012 年中国区域金融运行报告》。

二是近年来贷款增速较快，但贷款总量仍然较小。从 2002 年到 2013 年，青海、甘肃、宁夏三省贷款增速与全国增速保持高度的一致性，增速较为平稳，一般保持在 10%～20%，也表明四省（区）在全国统一的经济环境和货币政策调控之下。西藏贷款增速变动则较为剧烈。增速变化区间为 -2.2%～62.34%。从 2011 年开始，西藏贷款增速远远超过了全国增速（见图 14），但是从贷款总量来看，受制于经济总量，西藏贷款总量与西部三省相比，贷款总量仍然较小（见表 2）。2013 年，西藏贷款余额首次突破 1 000 亿元，达 1 077 亿元，但仍不及西部四省末位青海省的三分之一，仅相当于首位的贵州省的十分之一。

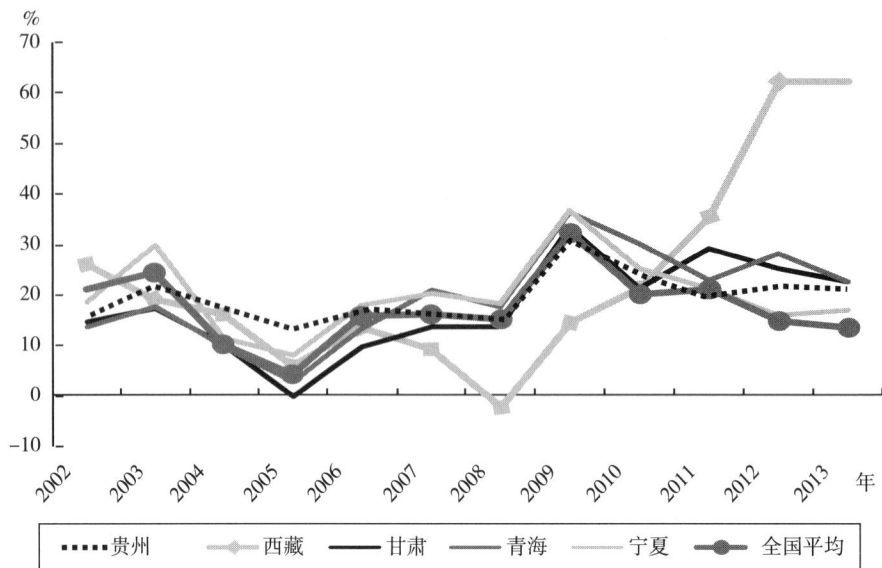

数据来源：中华人民共和国国家统计局。

图 14   西部五省（区）贷款增速对比情况

表2   2002~2013 年西部四省及全国贷款总量   单位：亿元

省份	2002 年	2003 年	2004 年	2005 年	2006 年	2007 年	2008 年	2009 年	2010 年	2011 年	2012 年	2013 年
西藏	122	145	168	179	203	222	217	248	301	409	664	1 077
贵州	1 416	1 727	2 034	2 304	2 696	3 129	3 569	4 657	5 748	6 876	8 350	10 157
甘肃	1 495	1 753	1 928	1 923	2 112	2 401	2 732	3 650	4 433	5 736	7 197	8 822
青海	482	567	622	639	723	873	1 026	1 399	1 823	2 239	2 868	3 515
全国	131 167	163 102	179 748	187 430	217 289	252 492	290 845	384 878	462 188	560 446	643 904	731 672

（三）西藏中小微企业贷款增势良好

"十二五"以来，随着西藏经济金融的快速健康发展，西藏中小微企业信贷也保持着良好的发展态势。2010 年末，西藏各项贷款余额为 301.49 亿元，其中中小微贷款 98.97 亿元，占 32.8%；2014 年 9 月末，全区各项贷款余额为 1 487.35亿元，其中中小微企业贷款 536.32 亿元，占比 36.1%（见表3）。截至目前，"十二五"期间西藏中小微企业贷款保持了很高的增速，而且不断提高在各项贷款中的占比，优化了信贷结构。

表3　　　　　　　2010—2014 年 5 月西藏各项贷款、中小微企业贷款、
GDP 增长情况对比

	2010 年	2011 年	2012 年	2013 年	2014 年 9 月底
各项贷款（亿元）	301.49	409.05	664.05	1 076.96	1 487.35
中小微企业贷款（亿元）	98.97	117.96	193.14	427.98	536.32
中小微企业贷款占比（%）	32.8	28.3	29.1	39.7	36.1
各项贷款增速（%）	21.6	35.7	62.3	62.2	38.1
中小微企业贷款增速（%）		19.2	63.7	121.6	25.3
GDP 增速（%）	12.3%	12.7	11.3%	12.1%	

三、西藏中小微企业融资面临的困难和问题

理论上造成中小微企业融资难的根源有两个：资金供需双方之间的信息不对称和风险管理上的激励不相容。具体表现在"三难"：一是收集信息难。中小微企业一般缺乏合格的财务报表和信用记录等"硬信息"。而基于传统信贷业务的我区银行机构来说，这些"硬信息"是发放企业贷款的基本条件。二是控制风险难。中小微企业资产有限，加之企业信息不透明，使得风险评估和风险管理难度大。三是控制成本难。缺少规模效应使得中小微企业金融业务经营成本偏高。此外，西藏优惠贷款利率政策旨在通过管制银行贷款利率来控制企业融资成本，但是在市场的实际运作中这种政策造成了价格扭曲，使得银行所承担的信贷风险与收益无法匹配，最终影响中小微企业的贷款可获得性。结合西藏整体市场环境和企业发展所呈现的特点，西藏中小微企业融资面临的主要问题有以下几点。

（一）融资瓶颈得不到缓解

西藏融资市场发展滞后，融资机制不健全，融资渠道过于单一，使得西藏中小微企业融资瓶颈得不到有效缓解。目前西藏上市企业仅有 11 家，在全区各类企业中的占比不足 0.1%；无发行债券的企业，债券直接融资市场完全处于待开发状态；无风险投资公司（Venture Capital）、无私募投资基金；小额贷款公司仅 9 家、信托公司 1 家。西藏直接融资市场发展滞后，致使企业严重依赖银行信贷。由于西藏绝大多数中小微企业尚处在幼年期，产品、人才、设备和管理等各方面都存在较多缺陷，企业基本条件与银行融资门槛有较大的差距。因此，西藏中小微企业融资瓶颈得不到有效缓解。

另外，西藏中小微企业集中分布的四大主要产业中西藏企业的资产负债率最低，而且与其他四省（区）的差距明显（见图 15）。建筑业中西藏企业资产负债率最低（51%），贵州企业资产负债率最高（78%），两者相差 27%；住宿餐饮业中西藏企业资产负债率仍然最低（39%），而宁夏企业资产负债率最高（72%），两者相差 33%；批发零售业中西藏企业资产负债率还是最低（51%），宁夏企业资产负债率最高（75%），两者相差 24%；工业（制造业）中西藏企业资产负债率仅 32%，而其他三省企业的资产负债率都在 60% 以上。通过对资产负债情况的具体分析发现西藏企业资产负债率低主要是因为负债低，而不是因为资产高。这也佐证了西藏中小微企业融资难的实际状况。

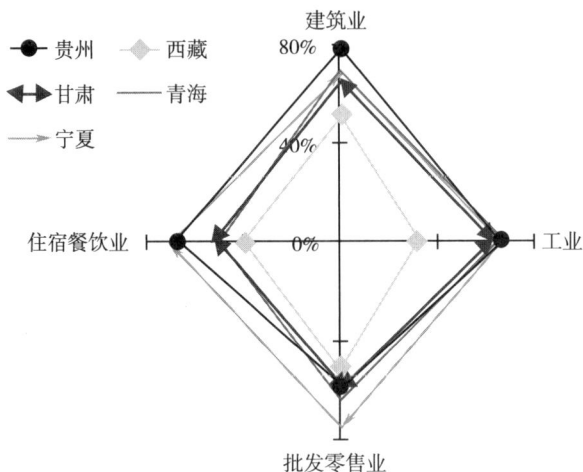

数据来源：中华人民共和国国家统计局。

图 15　西部五省（区）不同产业企业资产负债率对比

（二）企业自身问题较多

西藏经济市场化发程度低，产业发展规划落实不到位，企业发展底子薄、起步晚、条件差，企业普遍缺乏健全的财务制度与会计报表，没有持续的盈利能力作为还款保障，没有足够的资产用于抵押担保，企业发展预期不确定性很高，主营业务不突出并且呈现"小而散"的特点，部分企业还有不良贷款记录，无法满足银行信贷最基本的条件。此外，西藏部分企业的主要资产在内地。虽然辖区银行推出了异地资产抵押的信贷产品，但是由于不便办理资产评估等相关业务，申请银行信贷也受较大影响。同时，不少企业名下不动产的土地使用权又归属其他法人，使得很多此类资产无法进行抵押，难以获得信贷支持。

（三）保证方式单一

西藏中小微企业融资过程中除了传统的抵押外，还缺乏创新灵活丰富的保证方式。而融资市场严重依赖抵押恰恰因为中小微企业自身发展水平所限无法提供足够的资产抵押。一是担保机构与担保业务有待进一步加快发展。西藏辖区担保机构少（13 家）、分布集中、业务品种单一，而且受银行与担保机构之间风险分担比例固化等因素影响，现有担保机构尚不能满足众多中小微企业的融资担保需求。二是 2013 年底人保财险西藏分公司推出了中小微企业贷款保证保险产品，由于银行与保险公司合作机制尚不健全，加之风险代偿比例制约，目前没有开展一笔保证保险业务。三是商业银行虽然开办了质押贷款业务，但是由于西藏中小微企业缺乏足够的质押物，获得质押贷款也存在一定的难度。四是银行、担保、保险机构之间双边或多边合作有待进一步加强。西藏辖区目前尚未就企业融资事项开展深入有效的银保业务合作。五是辖区银行机构需要进一步创新保证方式、信贷产品与金融服务。

（四）中介机构发展不健全

在发展健全的融资市场中，各类中介机构对缓解银企信息不对称起着至关重要的作用，通过建立银企沟通与联系的桥梁能够促进银行、企业、中介三方有效顺畅地合作，使整个融资市场更加健康、活跃地发展。根据人民银行拉萨中心支行 2013 年对全区 347 家中小微企业的调查，西藏中小微企业对中介服务的需求也比较强烈。但是目前西藏中介机构少并且分布不均，中介运作不规范、服务功能不完善、业务办理环节多、手续繁琐、收费过高、行业监管不到位，使得中介不仅不能缓解银企信息不对称，而且可能增加新的信息障碍。这影响了西藏中小微企业的融资，也在一定程度上限制了西藏融资市场的正常运转。

四、政策建议

解决中小微企业融资难是一项系统工程，既需要不断创新金融组织、产品和服务，也需要有关部门在政策宣传、资源整合、管理服务等方面创新体制机制并提供更优化的服务环境。金融行业以及社会各方面形成合力，根据西藏中小微企业仍处在创业期和发展初期阶段的特点，有效结合产业政策、财政政策与金融政策，在自治区党委、政府的统一安排部署下切实形成合力，进一步加大工作力度，积极探索创新，切实疏通金融服务实体经济的"血脉"，为中小微企业持续健康发展提供更好的金融服务。

（一）促进资本市场发展，丰富企业融资渠道

建议对西藏企业 IPO、上市公司再融资、并购重组建立"绿色"通道，提前安排审核、加快审核进度、优先发行上市；优先安排西藏企业在中小企业股份转让系统挂牌交易和再上市融资；对证券营业部、期货营业部每年给予一定的费用补贴。优先对西藏企业通过银行间债券市场发行非金融企业直接债务融资工具；适当降低西藏企业发行非金融企业直接债务融资工具的条件，放宽设立时间、资产规模等限制，适度提高发行直接债务融资工具额度；增加中央代为西藏发行的城市建设投资债券额度。建议在西藏企业首发上市融资申报过程中，在同等条件下，加快审核进度，提前安排上会审核和发行上市。对西藏上市公司的再融资、并购重组在符合相关条件的前提下优先安排，加快西藏上市公司的融资进度，支持西藏上市公司做大做强。支持西藏更多的优质企业在主板、创业板、中小板、全国中小企业股份转让系统、区域性股权市场上市，加快西藏优质企业的上市融资步伐。同时，加强引进培育，丰富资本市场要素，鼓励优质证券公司，特别是具有主办券商资格的证券公司在西藏设立分支机构。为支持西藏企业扩大融资渠道，建议放宽政策限制，对发行企业债、公司债、银行间债券市场直接债务融资工具给予政策倾斜，优先安排。

（二）加强企业自身建设，努力推进企业发展

处于幼年期的西藏中小微企业，加强自身建设不仅是企业获取融资的目的，也是企业获得融资的必要手段。加强企业自身建设，争取更多企业能够达到各种融资途径的最低要求，显得十分重要和迫切。因此，一是各相关部门进一步加大对西藏地区中小微企业的管理、培训与扶持工作，引导企业建立现代企业制度，完善公司法人治理结构，建立健全企业财务制度和内控制度；清理不合理行政收费，简化行政手续；严格贯彻执行国家关于小微企业免收税相关政策；严格落实《西藏自治区中小企业贷款风险补偿资金管理暂行办法》，逐步充实中小企业贷款风险补偿资金；加强对企业的诚信教育和宣传，增强企业诚信意识，优化区内信用环境。二是企业要按照产权清晰、权责明确、管理科学的要求，建立以法人治理结构为重点的现代企业制度；加强财务制度建设和财务管

理。通过技术创新提升产品的附加值和科技含量，提高盈利水平；树立诚信意识，争创诚信企业，建立诚实守信、互惠互利的新型银企关系。在积极争取并充分享受各项扶持政策的同时，要将精力与资源投入到提升产品与服务、改善管理、开拓市场等方面，切不可只顾"等、靠、要"政策而忽略自身业务发展。

（三）整合各方支持政策，形成合力共同推进

一是完善中小微企业发展规划，强化服务中小微企业发展的基础。各地区要制定并完善中小微企业发展规划，发挥好规划的引领作用，按照"做大做强一批、扶持帮助一批、培育培养一批"的思路，提出分层次有针对性的金融服务措施。二是整合各相关部门中小微企业发展资金与银行信贷捆绑使用，深入推进"以奖代补"工作机制，积极配合银行信贷，充分发挥这些资金的杠杆放大作用，撬动更多信贷资金支持西藏地区中小微企业。三是各级地方政府加强对中小微企业发展工作的协调，督促相关部门进一步加强中小微企业发展工作的沟通合作，积极帮助解决银行支持中小微企业过程中遇到的实际困难和问题。四是建立和完善中小微企业信息共享平台，有效缓解银企信息不对称问题，促进银行更好地服务企业。继续加强中小微企业诚信建设，力争在三年内，将所有中小微企业纳入人民银行征信系统，建立信用档案，强化信用观念，建立良好的银企关系，为企业融资奠定基础。

（四）加强担保体系建设，支持企业增信增级

融资性担保机构是缓解银企信息不对称的专业化信用中介。加快西藏地区担保体系发展，对促进中小微企业信用增级，扩大银担合作，突破中小微企业融资难"瓶颈"具有重要意义。因此建议一是成立政府投资的中小微企业融资担保平台，建立民间监督机制，为企业提供信用增级服务；二是成立更多融资性担保机构。有条件的地区尽快成立国有政策性担保公司，降低准入门槛鼓励和吸引民间资本组建商业性担保公司，积极引进区外有实力的担保公司在区内设立分支机构，建立体系完备、形式多样、运作规范、适合西藏地区情况的信用担保体系。三是建立健全资本金补充机制。地方财政为国有政策性担保机构适时适度安排注入资金，强化担保公司担保能力。四是完善风险补偿机制。根据担保机构业务开展情况给予一定的风险补偿。五是建立市场化风险分担机制。

取消银行与担保公司间 3∶7 的代偿比例硬性规定，消除银担合作的政策障碍。具体风险分担比例由合作的双方按照市场原则协商确定。六是完善相关法规。明确担保行业的准入、定位、监管以及行业运作基本规则，明确监管机构和监管职责，加强对担保业的业务行为监管。

（五）加强银担银保合作，促进保证方式多元化

辖区银行业金融机构、融资性担保机构以及保险机构要进一步深化双边或多边合作关系，不断拓宽合作范围，创新合作模式，共同促进保证方式多元化。一是积极拓展信贷保证保险业务。充分利用"中小企业贷款保证保险"等保险产品，探索推广"贷款＋担保＋保险"的信贷模式。二是要不断加大创新力度，丰富企业信贷保证方式，通过企业商会、上下游企业等实现保证方式多元化。三是积极推动银担合作机制的建立。推动商业银行与现有担保机构的合作，就风险分担比例、放大倍数、保证金比例等达成共识，为中小微企业融资提供有效担保服务。支持鼓励担保机构扩大担保业务。四是加强多方合作。要进一步深化银行、保险、担保等机构多边合作关系，促进企业融资方式多元化。

（六）强化中介机构培育，促进中介市场发展

中介机构对于融资乃至整个经济市场的运转起着非常重要的"催化剂"作用。仅就中小微企业融资而言，中介机构能在银行与企业之间搭起更多沟通与联系的桥梁，减少双方间的信息不对称，分散业务风险。对一个健康的融资市场来说，中介机构是必不可少的组成部分。因此，建议政府有关部门继续加强社会中介服务体系建设，积极培育资产评估、法律、会计、审计、投资咨询、规划设计、信息服务等各类中介机构，逐步形成门类齐全、功能完善、竞争有序的中介服务市场。相关监督管理部门强化对中介机构的监督管理，规范中介机构行为，加强行业自律，建立健全中介机构的进入退出机制，使中介机构提供的服务可靠、信息真实，切实减少银企间的信息障碍，防止逆向选择和道德风险发生。鼓励和支持中介机构向地市延伸，减少地市企业融资时间、融资评估成本。建议有关部门督促和引导中介机构改进服务，简化业务流程和手续，合理确定收费标准，切实减轻企业负担。

（七）落实优惠金融政策，加大信贷支持力度

一是辖区银行业金融机构要按照人民银行《信贷指导意见》以及支持中小

微企业发展的相关政策，坚持"总量增加、结构优化、机制创新"原则，进一步加大对中小微企业的信贷支持与金融服务力度。人民银行的支小再贷款、定向降准等政策措施为辖区银行业金融机构支持中小微企业解决了流动性不足的后顾之忧。辖区银行机构确实出现流动性不足时，人民银行将按照相关政策提供流动性支撑，切实疏通金融服务实体经济的"血脉"。二是要按照自治区党委、政府的要求，进一步认真贯彻落实 2013 年 8 月下发的人民银行等部门《关于进一步推进扶贫贴息贷款工作意见的通知》（藏政办发〔2013〕77 号）精神，以服务中小微企业发展为重点，坚持"县域吸收的存款用于本地"原则，切实加大对县域法人企业的信贷支持力度，逐步提高县域法人企业贷款余额比重。特别是抓好扶贫贴息贷款政策的贯彻落实，对于符合条件的县及县以下中小微企业积极通过扶贫贴息贷款予以大力支持，有效降低企业融资成本。对暂不符合扶贫贴息贷款条件的企业，各相关部门要积极帮助和引导企业满足相关政策要求。

（八）大力推动金融创新，满足企业服务需求

一是建议建立中小微企业清单制度，强化金融服务措施。各经济主管部门向银行提出中小微企业融资需求清单。依托人民银行征信管理系统、支付清算系统和开户银行的企业信用档案等信息资源，摸清企业基本情况，逐户提出金融服务方案，本着"开户行主要负责，其他银行自主参与"的原则积极予以支持。二是各商业银行要采取灵活方式，对经营效益好、产品有市场、发展有潜力的中小微企业给予金融支持；对产业链上下游中小微企业依托骨干企业、龙头企业积极发展供应链融资、贸易融资等业务。三是各商业银行要积极探索中小微企业信用贷款、小微企业联保贷款等贷款产品。针对有固定店面或摊位微型企业（个体户），借鉴西藏地区已成熟的农牧区小额信贷经验，采取"一次核定、随用随贷、余额控制、周转使用"的管理办法，积极稳妥地开展推广小额信用贷款。四是金融机构要做好对中小微企业账户开立、支付结算、存款和存款类产品、外汇兑付、支付性质垫款等基础型金融服务。鼓励金融机构采用网络银行、手机银行等新型支付工具和手段，扩大对中小微企业金融服务的范围和覆盖面。

（九）加强政策宣传力度，广泛普及金融知识

建议各级政府相关部门，辖区银行业各金融机构进一步加大对西藏特殊优

惠金融政策宣传力度。通过媒体、公益广告、专题讲座、培训等形式，在全区开展金融政策与金融知识的宣传、教育和学习活动，定期对企业财务管理人员就西藏金融政策和融资知识进行培训，使其熟悉和掌握西藏金融支持中小微企业发展的优惠政策。通过广泛开展的宣传与培训活动，努力营造有利于更好地支持西藏中小微企业发展的社会环境。

基于供需视角下的西藏农牧区金融改革研究

中国人民银行拉萨中心支行课题组
课题组组长：郭振海
课题组成员：熊正良 吴、玲 田春苗 于 伟

西藏是我国的国家安全屏障、生态安全屏障，又是特殊的省级连片贫困区。中央高度重视西藏金融工作，给予西藏特殊优惠金融政策，支持西藏农牧区金融发展，帮助农牧区群众脱贫致富。但是，西藏农牧区自然条件恶劣，农牧区城镇化水平低，农牧业生产现代化程度低，农牧民文化教育水平低，一定程度上制约了农牧区金融的发展。随着社会经济发展，部分农牧民对提高贷款额度、提升金融服务质量和效率、扩大金融服务面的要求越来越高。因此，如何使农牧区经济主体平等享受到正规金融服务、满足其不断增长的金融需求，是西藏农牧区金融改革的重点和难点。本文从农牧区金融供给、需求的角度分析，探索深化西藏农牧区金融改革的方向和路径，构建符合西藏特点的农牧区金融服务体系。

一、西藏农牧区金融需求分析

2013 年末，西藏农牧区人口达 238.05 万人，占总人口的 76.29%，农牧民是西藏农牧区主要的微观经济主体，也是农牧区金融的主要需求者。随着农牧区经济改革的不断深入，农牧区经济主体呈多样化，农牧民之间的收入差距也在不断扩大。农牧区金融需求因不同经济主体的经济水平差异而不同。对农牧户来讲，贫困户由于依靠传统农牧业，收入单一且不稳定，其金融需求集中于小额贷款，用于弥补生产和生活资金；维持型农户解决了温饱问题，收入较稳定，有一定的支付结算、储蓄需求，信贷需求主要用于生产资料购置或临时周转，资金需求量较大；市场导向型农户以市场为导向进行专业化生产，其金融需求更为多元化和多样化，信贷需求主要用于土地改良、农机购买，借贷资金

量大，周期长。对企业来讲，农牧业产业化龙头企业制度相对健全，有一定的资金实力，信用等级相对较高，具有结算、投资、咨询、信贷、储蓄等多元金融需求，而且信贷资金需求量大；乡镇企业、个体私营企业、农牧民专业合作组织等小微企业和组织集中于储蓄、结算、信贷需求，而且信贷资金需求量也较大。总体来讲，经济主体的金融需求逐渐地由满足生活需要向满足生产经营需要转变，从简单的存款、贷款需求向结算、理财、保险、信托等多样化金融需求转变。通过对农牧区金融状况进行调查，近年来西藏农牧区金融需求具体呈以下特点：

一是金融产品需求丰富化。农牧民的金融意识随着经济水平的不断提高和思想的解放，不再局限于早期的现金交易，开始对转账消费甚至资产保值有新的认识，这种金融意识潜移默化的改变促使农牧民对金融产品的需求更加丰富化。调查显示，农牧民对金融产品的需求不单是传统的贷款、存款，保险、结算、理财、投资等金融服务在农牧区也具有一定市场。尽管现阶段农牧民对结算、理财和投资的关注度均不足 0.15（见图 1），但是它代表了农牧民未来金融需求的趋势，金融机构需要做好应对准备。

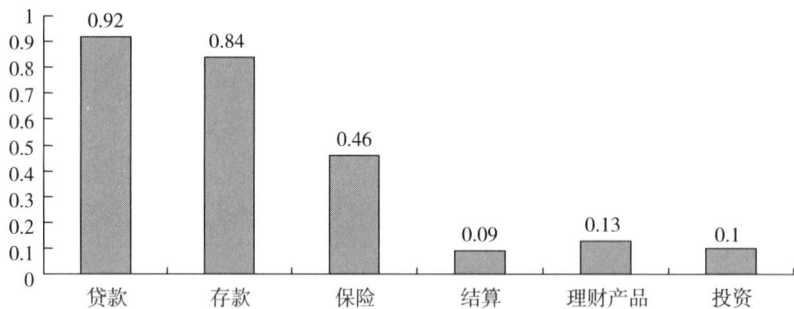

图 1　农牧民对主要金融产品的关注度

二是贷款需求增加。社会主义新农村、新牧区建设调动了广大农牧民生产的积极性，农牧民对发展生产、改善生活条件的意愿增强是农牧民对信贷资金需求增加的主要原因。调查显示，贷款依然是农牧民最关注的金融产品，而农牧民最关注的金融问题中降低贷款利率、提高贷款额度、放松贷款条件等有关贷款的问题位居前三位（见图 2）。关于农牧民信贷额度，实际贷款额度在 3 万元以上的占 74%，1 万 ~ 3 万元的占 15.15%，1 万元以下的占 10.48%，与农业银行实施的金、银、铜卡授信额度基本一致。农牧民家庭期望借贷额度在 4 万元以上的达 42.56%，3 万 ~ 4 万元的达 28%。这表明农牧民对信贷资金的期望需求大于实际发放，显然，金融机构需要提高信贷额度以满足农牧民的资金需求。

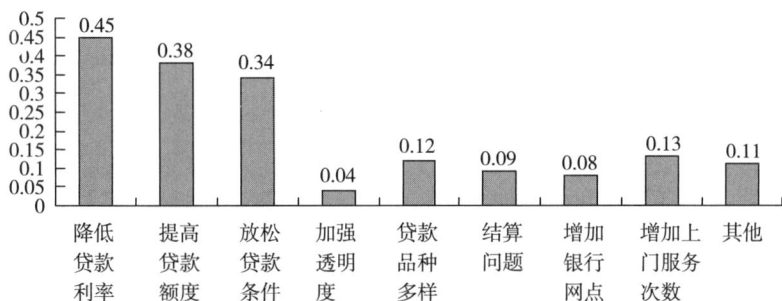

图 2　农牧民对金融问题的关注度

三是民间借贷是重要的金融力量。由于信贷程序复杂严格、信贷额度限制、金融服务软度低等原因，正规金融机构并不能满足农牧民所有的信贷需求。为解决信贷资金缺口，农牧民往往寻求于民间借贷。调查显示，在信贷行为发生的家庭中，来自正规金融机构的贷款发生比率为 84.4%，来自民间借贷的发生比率为 15.6%。民间借贷发生比率高的地区为那曲、阿里，分别达到 46.2%、30.9%。所有民间借贷中，依靠亲朋好友互助模式的比例高达 86.7%。

四是农牧区信贷需求呈现多层次性。受农牧区经济发展区位影响，农牧户和农牧企业经济活动的内容和规模差异很大，农牧区经济主体的金融需求呈现出不同的层次性。调查显示：人均纯收入在 4 000 元以下的农牧民用于农业生产支出的信贷资金比例达 76%；收入在 4 000~7 000 元的农牧民用于房屋建造的信贷支出占 54%；收入在 7 000 元以上的农牧民，其借贷目的主要是子女教育。由此可见，农牧民借贷资金的用途基本与马斯诺需求层次理论吻合，不同收入层次的农牧民其金融需求呈现不同特点。农牧区金融需求的多层次性同时表现在同一类市场主体在某一时点上对多种金融业务的需求。比如，农牧企业既有融资的需求，又有投资的需求，还有规避风险的需求。很显然，要满足不同层次的金融需求，依靠任何单一的金融组织和信用方式都是无法完成的。信贷需求的多层次性还表现为借贷资金的期限。调查显示：农牧民借贷资金的期限主要集中于 1~3 年、6 个月至 1 年、3~5 年和 5 年以上，占比分别达到49.3%、21.2%、20.9%、5.6%。其中，6 个月至 1 年的借贷主要用于农业生产支出，1~3 年的借贷主要由于房屋改造需求、婚丧嫁娶，3~5 年的借贷集中用于子女教育，5 年以上的借贷多为经营办厂、规模化养殖和运输等经营性投资。

五是超过农牧户小额信用贷款额度的信贷需求缺少有效担保。受西藏农牧业较强弱质性、农牧区融资性担保机构缺失影响，农牧户超过小额信用信贷额度的信贷需求由于缺少有效担保。调查显示，在借贷行为发生的家庭中，84%的农牧民由于缺少信贷担保，完全凭借信用获得正规金融机构的信贷支持，在信用乡镇中凭借信用借贷的违约率仅为4.3%；超过农牧户小额信用贷款额度的家庭因缺少担保和抵押，正规金融机构由于内部规章制度限制无法给予有力支持。很显然，农牧区金融改革离不开金融中介服务的发展；农牧区信用体系建设是适合农牧区特点的一项制度建设，对收入水平低、缺少信贷担保和抵押的家庭来讲信用体系建设是一项高效率的制度安排。

西藏农牧区金融需求所表现出的特点是由农牧区社会经济发展水平决定的，相对于过去已有很大的变化，然而与西藏城镇相比，西藏农牧区金融需求仍然层次低、规模小、密度稀疏、效率较低。其原因主要在于：一是西藏恶劣的自然环境。农牧区自然条件差，地广人稀，导致金融基础设施建设成本和金融服务成本远高于内地。时至今日，西藏农牧民仍有部分乡镇没有金融机构，而在有金融网点的乡镇中，金融机构的服务半径也往往较大。受此影响，一部分农牧户根本无法享受存款、汇兑、转账、小额取现等最基础的金融服务；部分农牧民受交通制约，需付出较高的交易成本从其他邻近乡镇获得金融服务。二是小农经济的存在决定了其金融需求量小。西藏农牧区经济基础薄弱，基本上以小农经济为主，农牧业生产具有规模小、市场化程度低、以实现自给自足为主要目的等特点，从而决定了农牧民金融需求规模小。三是农牧民思想保守。西藏农牧民信仰笃定，与外界接触少，对新事物和新观点的接受力不强。在金融工作人员的努力下，大部分农牧民才逐步接受存款、信贷、保险等，只有少数人才可能与沿海发达地区接轨，对最新金融服务有一定认识和需求。

从经济学来讲，西藏农牧区特殊的区情使得农牧区金融服务菜单成本高，不便于金融机构获知农牧区借款人所从事项目的风险程度、是否按照合同约定使用贷款、是否存在策略性赖账的可能性等，客观上与商业化金融运作存在矛盾。这导致农牧区金融服务面临以下约束：一是规模约束，农牧户获得的资金规模小于需求；二是交易成本约束，金融机构可能要付出更高的菜单成本；三是风险约束，农牧户缺乏有效抵押，如果信用体系建设滞后，农牧户难以获得有效的信贷服务。金融约束的存在制约着金融机构为农牧区提供金融服务的意愿。所以，如何控制或者弥补金融机构的菜单成本是满足落后地区、低收入经济主体金融需求的关键。因此，必须对西藏农牧区金融的发展力和供给力有准确认识。

二、西藏农牧区金融供给分析

一种金融行为的产生，不仅受到客观环境的影响，而且受到金融行为人主体条件的制约。在目前西藏农牧区经济环境下，过小的经济规模无法减少专业化分工发展带来的交易费用增加，因此西藏金融机构与全国相比其追求利润的方式比较简单，优惠利率政策和综合补贴政策能给商业性金融机构带来丰厚利润。

当前，西藏农牧区金融供给以农行基层营业网点和邮政储蓄代理网点等正规金融机构为基础，同时以非正规金融供给为补充，金融产品供给由传统的存款、贷款向存款、贷款、理财产品、保险、现代化支付结算、投资、咨询等产品多元化转变。依靠特殊优惠金融政策的有效落实和农牧区信用体系的建设，西藏农牧区金融的供给总体能满足辖区农牧区金融需求。但是，对于市场新型农户、农牧业产业化经营企业、乡镇企业、经济合作组织而言，农牧区过大的金融服务半径、担保体系的缺失导致正规金融机构无法满足其对金融服务效率、信贷资金量的有效需求。

特殊优惠金融政策的有效落实是西藏农牧区金融供给增加的保障。长期以来，党中央、国务院十分重视和关心西藏，根据西藏经济发展的不同阶段多次赋予西藏以优惠贷款利率为核心的特殊优惠金融政策。特殊优惠金融政策的执行，增加了农牧区的金融供给，有效调动了农牧区经济主体发展生产、改善生活的积极性。2014 年末，全区涉农贷款余额为 297.26 亿元，比 2001 年末增加 284.86 亿元，增长 23 倍。其中：农牧户小额信用贷款余额为 98.24 亿元，比 2001 年末增加 97.76 亿元，增长 203.67 倍；扶贫贴息贷款余额为 214.56 亿元，比 2001 年末增加 212.55 亿元，增长 105.75 倍。2012 年末，农业保险已经覆盖至全区 74 个县（市），覆盖面达 100%。2014 年末，农业保险参保金额达 9 226.6 万元，比 2010 年增长 11.30 倍。

农牧区信用体系建设为增加农牧区金融供给提供了良好的金融生态环境。自治区政府高度重视并积极推进农牧区信用体系建设，2014 年末，全区共评定出 405 个信用乡（镇）、3 850 个信用村，评定信用户 448 889 户，占全辖农牧户的90.7%。2014年末，全区建立信用档案的农牧户不良贷款率为0.3%，远低于全区其他贷款不良率水平。信用乡（镇）、村评定工作对培育农牧民信用意识、改善农牧区信用环境、优化农牧区金融生态环境、有效防范农牧区信贷风险、建设和谐社会起到了积极的作用。

尽管农牧区金融服务在广度和深度上不断拓展，但受地理、气候环境、经济发展程度等方面的制约，西藏农牧区金融供给仍旧存在以下问题：

一是农牧区金融供给主体主要依赖于农行。尽管西藏农牧区保险业、证券业有一定发展，但是农牧区经济主体的金融需求仍旧是以银行业服务为主。从银行业金融机构来看，农行基层网点遍布西藏各县，其他银行如中行、建行、西藏银行、邮政储蓄银行仅在个别县设立了分支机构，因此农行是服务农牧区经济主体的主要力量。农行一家独大的局面，不利于内地成熟金融产品的引入，不利于金融服务效率的提高。

二是金融基础设施比较薄弱。2014年6月末，全区县及县以下布放ATM648台，POS机1 302台，其中：全区684个乡镇中ATM数量仅为41台，POS机数量702台，而且这些机具设备主要布放在基础设施条件相对较好的乡镇与自然村；开通银行卡惠农取款服务点1 949个，布放惠农取款服务机具2 056台，填补金融服务空白行政村1 359个，完成符合填补条件行政村的63%，还有37%符合条件的行政村没有填补。

三是金融产品供给需完善。目前，金融机构向农牧区提供的金融产品种类较少，以存款类、贷款类和保险类为主，这与农牧区经济主体多层级、多方面的金融需求相差较大。从保险产品来看，农业保险主要以政策性涉农保险为主，险种仅限于种植业保险、养殖业保险、农牧民住房保险、农用机动车辆保险和农机具保险五类，符合西藏农牧民生产生活需求的保险产品较为单一，一定程度上影响了涉农保险的服务深度。

四是配套政策有待及时完善。农牧区担保体系不健全，到2014年10月末，全区仅有担保公司11家，除拉萨、林芝和日喀则外，其他地区尚未成立担保公司。而且，西藏地区担保公司多处于起步阶段，存在机构数量少、资本金不足、担保能力弱、风险分担比例和放大倍数不合理、手续繁琐、收费项目多、监管主体不明确等问题，导致信贷风险难以得到有效的分散与控制，影响了担保机构与商业银行之间的合作。当前在藏银行机构仅与财信担保、拉信担保及建设担保3家担保机构有一定程度的合作，其余担保机构均未正式与银行开展合作，担保业务的发展受到很大制约，加大了商业银行机构信贷投放难度。此外，西藏地区中介机构少、运作不规范、功能不完善，从事中小企业征信活动和信用评价的资信评级机构缺乏，中小企业的信用评估主要通过银行机构内部进行。而且，部分中介机构存在对企业财务报表审计不真实、对抵押物评估过高的现象，出具虚假财务报告，加大了银行获取企业真实资信状况的难度，影响了银行机构发放贷款的积极性。资产登记涉及土地、房产、工商、税务等众多部门，手续繁琐，部分中介机构收费过高，造成贷款的实际成本较高，加重了企业的融资成本，使部分企业放弃向银行申请贷款。

五是仍需中央特殊优惠金融政策的大力支持。一直以来，党中央、国务院十分重视西藏经济社会发展，赋予西藏经济主体以优惠贷款利率为核心和西藏金融机构以利差补贴和综合补贴政策为核心的特殊优惠金融政策，有效地缓解了金融机构的财务负担，改善了经营状况，在很大程度上拓宽了金融机构的生存空间，为其在商业性的原则下提供农牧区金融服务奠定了良好的基础。特殊优惠金融政策特别是利差补贴和综合补贴的实施弥补了西藏农牧区金融供给主体的负外部性，有效地引导商业银行加大对"三农"的投入力度，调动了服务农牧区的积极性。若西藏没有实施特殊优惠金融政策，商业银行在追求利润最大化的原则下，将削弱农牧区的金融服务并逐渐退出农牧区市场，西藏农牧区的金融服务将更令人担忧。

几十年来，西藏各级政府和金融系统为农牧区金融工作所做的制度设计和政策安排有效克服了部分农牧区金融机构的机会成本难以补偿问题，增强了农牧区经济主体的金融意识，拓展了金融机构的生存空间，促进了农牧区经济发展。但是对于金融服务空白区，即便有优惠金融政策的支持，仍旧无法弥补过低的人口密度、恶劣的自然环境、农业的弱质性所引致的高昂菜单服务成本；对于市场导向型农户、农牧业产业化经营企业、乡镇企业、经济合作组织，如果第三方中介金融服务体系的缺失，优惠金融政策也无法弥补其引致的高昂菜单服务成本。如何降低或弥补对金融空白区和具有特殊金融需求的经济主体的服务成本是值得深思的问题。

三、西藏农牧区金融改革的路径与政策建议

党的十八届三中全会提出，金融工作努力的方向是构建普惠金融。构建普惠金融为深化金融改革、满足农牧区金融需求提供了思路。普惠金融体现了和

谐金融和包容性金融的理念,其目的是有效、全方位为社会所有阶层和群体提供金融服务。西藏农牧区金融改革应以发展普惠金融作为改革方向,以满足农牧区经济主体金融需求为目标,以落实好特殊优惠金融政策为保障,不断拓展农牧区金融服务功能。

关于普惠金融,目前国际上比较成功的模式首选孟加拉格莱珉银行(GB)的非政府组织模式。它把客户目标定位为无法提供抵押而被正规金融机构排斥在外的穷人,目的是帮助他们消除贫困,改变生活的途径和能力,而非直接盈利。GB首创了无抵押、无担保贷款模式,以小组为基础的农民互助组织作为模式支柱,执行"顺序放贷 + 分期还款"的制度,定期召开由5~6个小组组成的会议以交流信息。在国内海南农村信用社成功探索出适合海南的小额信贷模式——"一小通"模式。这种模式成功的关键是建立层级服务站点、吸纳专业人才为社会服务、推行贷款风险赔偿金制度以及以联保和建设奖励诚信制度来防范农户风险。格莱珉银行和海南省农村信用社在建设普惠金融上的成功为西藏农牧区金融改革发展提供了宝贵经验。笔者认为在借鉴国内外经验的同时,应结合西藏特点,发挥政策优势、经验优势,做好以下几方面工作。

(一)加强政策支持和引导,助推农牧区深化金融改革

1. 强化政府组织领导作用,探索建立农牧民集团式经济组织。自治区政府需进一步深化农牧区金融改革和发展普惠金融的总体规划,以健全农牧区普惠金融体系为突破口,全面推进农牧区金融改革和西藏普惠金融体系建设。针对农牧区"等、靠、要"的传统守旧观念,结合西藏各地区农牧业自然禀赋特点,采取各省市对口支援的方式,积极规划西藏各区域农牧业特色产业发展的扶贫开发项目。以扶贫开发项目为依托,利用农牧区土地确权工作带来的土地流转机遇,通过政府的强有力的引导与扶持,扩大农牧民合作组织的规模、规范其运行机制,逐步建立起农牧区扶贫开发新模式——农牧民集团式经济组织,以此推动农牧业生产集约化和规模化发展,培养农牧民扩大再生产和发展商品经济的意识,增强农牧区的"造血"功能。

2. 贯彻落实好中央赋予西藏的特殊优惠金融政策,充分发挥政策导向作用。西藏农牧区金融发展离不开中央赋予西藏的特殊优惠金融政策。要落实好在藏银行业金融机构吸收的存款主要用于当地的政策,以增加在藏银行业金融机构发放贷款的资金来源。各商业银行总行继续完善和落实对在藏银行业金融

机构实行差异化的信贷管理办法和单独的考核办法。充分发挥中央各项费用补贴的信贷引导和激励作用。调整特殊费用补贴渠道和方式，发挥特殊费用补贴政策的正向激励作用，引导资金向"三农"、县域经济等领域倾斜。同时，鼓励各金融机构在金融服务空白乡镇设立分支机构，实现各项补贴"补之于藏、用之于藏"。积极争取中央给予农村金融机构的优惠政策，对农行县及县以下营业机构和农牧区其他金融机构除享受中央赋予西藏的特殊优惠金融政策外，向国家积极争取享受中央对农村金融机构在支农再贷款、存款准备金等方面的优惠政策，使其更好地为"三农"提供金融服务。

3. 强化全方位扶贫，打牢农牧区深化金融改革基础。以自治区强基惠民活动为契机，辖区各金融机构在驻村过程中要大力宣传金融知识、金融政策和金融消费权益保护条例，提升农牧民金融意识，普及发展理念，激发老百姓的潜在金融需求。积极开展多种形式的金融宣传活动，加大文化扶贫力度，大力鼓励老百姓利用金融改善生活、发展经济。要进一步强化基层营业网点的流动服务，多到农牧民家中近距离地加强金融宣传，传播金融理念，实现信息的双向交流等。继续把信贷扶贫作为农牧区普惠金融服务的重要抓手，落实好扶贫贴息贷款政策，进一步拓宽扶贫贴息贷款范围，切实减轻农牧民的利息负担，帮助农牧民脱贫致富。

4. 落实具体措施，支持农牧区深化金融改革。建议各类金融机构设立审批"绿色通道"，适当放宽准入条件，优化审批程序，提高审批效率，对西藏新设立的各类金融机构予以特批。适当放宽西藏地区村镇银行设立条件，实行贷款优惠利率和利差补贴、特殊费用补贴等与其他在藏银行机构基本一致的特殊优惠金融政策。适当降低民间资本进入西藏金融领域的准入门槛，鼓励和吸引民间资本在藏持股参与或全额出资组建农牧区各类金融机构。不断完善西藏农牧区金融监管标准，改进监管手段和方法，适当放宽农牧区县及县以下金融机构在存贷比、不良贷款率、计算资本充足率的风险权重分配等监管标准，实行差异化的监管政策。支持商业银行与新设机构向农牧区延伸服务，赋予新设金融机构一定的税收、土地、财政补贴等优惠政策，争取到 2020 年末实现"乡乡有网点，村村有服务"。争取中央财政支持，建立涉农贷款风险补偿机制，设立涉农贷款风险补偿基金，专项用于银行对"三农"贷款风险的补偿。落实好对县域金融机构贷款增量实行奖励的办法，鼓励县域金融机构加大贷款投放力度，支持农牧区经济发展。

5. 加强基础设施建设，创造金融服务条件。支持在藏金融机构加大对西藏辖内分支机构的网络建设、设备更新，有计划、有步骤地推进各营业网点的改造工作，扩大支付结算系统联结范围。继续鼓励基层营业所布放 ATM 等，丰富金融服务手段。推动农牧区电力、交通、通信等基础设施建设，改善农牧区"硬件"环境，为普惠金融服务体系的构建创造前提条件。

（二）建立以农行县及县以下机构为主体，新型农村金融机构和邮政储蓄银行为补充，其他金融组织机构为辅助的农牧区普惠金融体系

1. 把充分发挥农行的主力军作用作为西藏农牧区普惠金融体系基础。构建农牧区普惠金融体系不能脱离西藏实际，仍需主要依靠农行的基层服务网络，进一步完善其在农牧区的机构布局，筑牢西藏农牧区普惠金融体系基础。鼓励与支持农行根据金融空白乡镇的地域与经济特色、人口分布、交通及电力基础设施等实际情况，优化与完善金融机构空白乡镇增设网点的总体规划，逐步实现金融机构在空白乡镇的全覆盖——"乡乡有机构"。对农行乡镇营业所以经营政策性金融业务为主，逐步实行单独核算、单独考核、单独补贴的政策。以人民银行大力推广惠农取款工作为契机，逐步在西藏所有的行政村建立助农取款点，布放多种物理机具，有效解决农牧区金融服务网点缺失、农牧民取款难的问题，逐步建立以助农取款机具小额取款方式为主、其他取款方式为辅的助农取款机制，最终实现"村村有服务"。强化农牧区西藏普惠金融体系的"神经末梢"，探索建立自然村金融代理人员或金融常驻人员机制，把金融服务送到农牧民"家门口"。通过上述三种方式，延伸农行基础服务网络，强化农行服务"三农"作用，为农牧区所有经济主体提供便利而可持续的金融服务。

2. 把丰富完善邮政储蓄银行网点和探索设立新型农村金融机构作为西藏农牧区普惠金融体系的重要补充。发挥网点优势，积极推进邮储银行"三农"网点建设。当前，邮储银行西藏分行应抓住当前的历史机遇，加快将邮储代理网点全部改建为邮储银行的县支行，未设立邮储代理网点的县城新建邮储银行县支行，县以下的乡镇依托乡镇邮政所设邮储银行的自营网点或邮政代理网点。鼓励和发展农牧区微型金融组织。在地市及以下鼓励民间资本参与设立村镇银行、农村资金互助组织、小额信贷公司等新型农村金融机构，规范发展农牧区资金互助组织，在管理民主、运行规范、带动力强的农牧民合作社基础上培育发展新型农牧区合作金融组织，使之成为自主经营、自负盈亏、自我发展、独立核算的金融组织。当前，可在有条件的地区，积极引进和设立村镇银行、小额贷款公司，丰富农牧区金融供给主体，发展农牧区合作金融组织；在经济基础较好的乡镇设立农村资金互助社，由农牧民和小微企业自愿入股组成，为社员提供存款、贷款、结算等业务，发挥社区互助型银行业金融组织的便利优势。新型农村金融机构既能解决小额信贷管理成本较高的问题，又可增加西藏农牧区普惠金融体系的活力。

3. 把鼓励其他商业银行增设县域网点和创新农牧区自律型金融组织作为西藏农牧区普惠金融体系的组成部分。鼓励其他商业银行有选择性地增加县域网点。针对目前仅有个别县城设有农行以外的其他银行分支机构的情况，应大力鼓励政策性银行、其他国有商业银行、股份制银行和地方性银行分阶段、有针对性地在条件成熟的地市、县城设立分支机构。尤其是西藏银行要加快农牧区服务网络布局，尽快成为金融服务"三农"的新生力量。积极创新农牧区自律型金融服务组织。在构建西藏农牧区普惠金融体系过程中，既要发展需要监管机构批准的、正规的金融机构，也可引导农牧区经济主体自发自愿，在条件较好的农牧区创新设立如小组联保贷款组织或其他农牧区自律型金融服务组织。小组联保贷款组织运作可由同一经济层次的 5 人自愿组成 1 个小组，按照"2 - 2 - 1"的借款模式向金融机构申请贷款，即首先只有两个小组成员能借钱，当这两个成员开始还款后，另外两个小组成员才可以借钱，组长为最后借款人。借款额度根据还款情况适当调整。此外，还可整合现有的农牧民专业合作社，赋予其一定的金融功能，进行对外担保或融资等，逐步建立"专业合作组织 + 农牧户"的金融服务模式。总而言之，农牧区自律型金融服务组织必须要结合现状，采取政策引导，群众自愿自发的政策，处理好扶贫与商业化运营的关系。

4. 把物理网点建设和现代化科技手段相结合作为西藏农牧区普惠金融体系的有益补充。在自然条件恶劣、人口密度低的地区，单纯依靠物理网点提供农牧区金融服务，成本过大导致经济不效率，商业银行是不愿意设立服务网点的。可借助现代化科技手段，在有条件区域、家庭推广现代化支付工具，比如推广手机银行、增加 POS 机、电话银行、互联网金融等。在鼓励现代化支付体系的同时，务必做好科技后勤服务工作，以避免科技漏洞给农牧区经济主体带来损失。

（三）加强金融生态环境建设，创新金融服务

1. 把加快中介服务体系建设作为西藏农牧区普惠金融的有力保障。2009 年出台的《西藏自治区人民政府关于推进信用担保体系建设的意见》明确指出大力推动信用担保机构发展；政府主导培育国有全资政策性担保公司，鼓励民间资本组建商业性担保公司，积极引进业务成熟、运作规范的区外信用担保公司来藏设立机构，多形式组建担保机构并促进其协调发展等。进一步加强担保体系建设，有条件的地区应尽快建立国有全资政策性担保公司，通过政策引导来鼓励和吸引民间资本组建商业性担保公司，积极引进区外信用担保公司等，建立体系完备、形式多样、运作规范、适合西藏地区情况的信用担保体系，为农牧区经济主体融资提供担保服务，支持农牧区加快发展。自治区相关部门应强化对中介机构的监督管理，规范中介机构行为，加强行业自律，建立健全中介机构的进入退出机制，使中介机构提供的相关信息真实、可靠，减少银行在开展贷款业务时信息的不对称性，防止逆向选择和道德风险发生；切实改进中介机构的服务，督促有关部门简化抵押评估、登记、公证等手续，规范中介机构的运作和服务收费标准，切实减轻借款人负担。

2. 积极推进多层次的金融服务产品创新。根据不同区域资源禀赋和经济发展水平、不同经济主体差异化金融需求，在稳步推进传统业务的同时，多层次地进行金融服务和产品创新。在金融服务方式上，采取固定网点服务和利用现代科技进行服务相结合的方式对农牧区经济主体提供服务。积极推动农牧区金融机构网点服务升级，充分发挥固定网点对其服务区域内的经济主体提供金融服务的主渠道作用。利用现代通信手段大力推广手机银行、电话银行、金融IC卡等高效便捷支付方式，稳步推进网上支付、移动支付等新型电子支付方式，提升金融服务水平。在金融产品方面，全区范围内应继续做好以"四卡"为基础的农牧户小额信用贷款产品，适当提高小额信用贷款额度，满足部分农牧户发展生产较大额度的资金需求。经济相对发达地区可探索多元化贷款担保方式和专属信贷产品，开发诸如妇女联保小额贷款、农牧区小微企业联保贷款、农村诚信青年创业贷款、林权抵押小额贷款等信贷产品，推动农牧区小额信贷工作向纵深发展。同时，要积极创新贷款担保方式，探索以农作物、农产品、林权、土地草场承包经营权、农牧民住房财产权、喂养的牲畜等作为抵押获得贷款的方式，或是积极开展大型农机具抵押、动产质押、仓单和应收账款质押等新型信贷业务。要切实考虑不同层次人群的保险需求和可承受能力，有针对性地开发缴费起点低、投保手续简便、保障相对较高的保险产品，发展特色农牧业保险，通过与金融机构合作，探索建立小额贷款与农牧区保险业务的互动合作机制，提升农牧业抵御自然灾害的风险能力。

3. 加强信用体系建设，优化农牧区信用环境。深化农牧区金融改革、发展西藏农牧区普惠金融服务，必须要大力推进农牧区信用体系建设，深入开展信用与金融知识宣传、农户信用信息征集与评价，积极推进信用乡（镇）、村建设，推动信用县评定试点工作，深入开展信用户、农牧区青年信用示范户创建活动。稳步推进农牧户、家庭农场、农牧民合作社、农牧区企业等经济主体的电子信用档案建设，多渠道整合信用信息。搭建农牧户和涉农企业信息基础数据库，多渠道整合社会信用信息，促进农牧区信用体系建设，优化农牧区信用环境。

参考文献

［1］高晓燕：《基于供给视角的农村金融改革研究》，北京，中国金融出版社，2012。

［2］何广文：《合作金融发展及运行机制研究》，北京，中国金融出版社，2001。

［3］王曙光等等：《农村金融与新农村建设》，北京，华夏出版社，2006。

［4］金烨、李宏彬：《非正规金融与农户借贷行为》，载《金融研究》，2009（4）。

［5］钱龙：《农民小额信贷发展的理论探析》，载《商业时代》，2008（4）。

［6］杨胜刚：《比较金融制度》，北京，北京大学出版社，2005。

［7］刘玲玲、杨思群：《中国农村金融发展研究》，北京，清华大学出版社，2007。

［8］苑素静：《小额信贷融资与农业银行发展模式研究》，载《农贷的可持续发展》，2008（7）。

金融支持西藏农牧区经济发展研究

李玉福　贾蜀苇　杨富彬　申　霞

摘要： 本文在分析当前西藏农牧区金融支持经济发展的基础上，借鉴国内外学者的研究方法，基于 VAR 模型对西藏农牧区经济增长与金融发展关系进行了实证研究，结果表明农牧区金融发展规模和投资水平对农牧区经济发展影响程度最大，为进一步加大金融支持农牧区经济发展的力度，从金融组织体系建设、优惠金融政策的完善、金融中介机构发展以及金融服务水平提升等方面提出相关政策建议。

关键词： 农牧区经济　经济增长　金融发展

一、研究背景

西藏近 80% 的人口生活在农牧区，农牧业是西藏经济的基础。西藏农牧区金融服务对促进农牧区经济发展、农牧民群众奔小康、农牧区社会稳定与和谐社会建设有着重要作用。党中央、国务院高度重视西藏工作，针对不同时期西藏经济社会发展状况赋予西藏一系列特殊优惠金融政策。特别是西藏和平解放以来，特殊优惠金融政策不断丰富发展，金融支持力度不断加大，推动了西藏农牧区经济的跨越式发展。但随着近几年金融支持力度的加大，农牧民自身信贷需求趋于饱和，其他方面的信贷需求又相对不足，金融政策的"边际效应"显现，对农牧民的保收作用递减，农牧区经济发展依然缓慢，与全国内地省份相比还有不断扩大的趋势。另外，由于西藏农牧区金融机构单一，政策传导还存在梗阻，金融政策效应尚未充分发挥，这也在一定程度上制约了西藏经济的发展。

二、文献综述

从国内外的相关文献来看，研究经济与金融的关系一般从两个纬度考察，一是从金融发展与经济增长之间的关系方面，二是从金融发展与收入增长之间的关系方面。帕特里克（Hugh pattick，1966）最早提出了金融发展与经济增长的因果关系分析方法，提出并验证了与不同经济发展阶段相适应的两种金融发展模式，即"供给引导"型和"需求追随"型模式。麦金农和肖（Mickinnon和 Shaw，1973）在研究金融发展与经济增长之间的关系基础上，分别提出了"金融抑制"和"金融深化"理论。King 和 Levine（1993）对 80 个国家 1960—1989 年的金融发展与经济增长之间的关系进行研究，得出了金融发展促进经济增长，前者为因后者为果的结论。Green wood 和 Jovanovic（1990）通过动态模型分析认为金融发展与收入分配之间存在"库兹涅茨效应"的倒"U"形关系。Marco. Pagano（1993）在内生经济增长模型基础上对金融发展与经济增长的关系进行研究，认为金融发展导致了更高比例的储蓄转化为投资，减轻了投资中的信息不对称，提高了资源配置效率。戈德史密斯（Gold Smith，1996）从金融结构角度运用 35 个国家从 1860—1963 年间的相关数据认为"经济与金融发展之间存在一种粗略的平行关系"，经济的快速增长一般伴随着超水平的金融发展，但是其没有确定二者之间的因果关系。

而单独研究农村金融发展和农村经济发展之间的关系，国内学者更多是借鉴国外学者的分析方法从上述两个纬度考察，即农村金融发展与农村经济增长或农村金融发展与农民收入增长之间的关系。姚耀军（2004）认为我国农村金融发展与经济增长存在长期均衡关系，农村金融发展是经济增长的 Granger 原因，反之不然①；刘洁（2008）经过研究认为反映金融发展的各个相关变量与经济增长之间存在协整关系，农村金融发展与经济增长之间存在经济增长是金融发展的 Granger 单向因果关系；邱杰、杨林（2009）通过 1978—2007 年的数据分析得出金融发展与经济增长之间存在长期均衡关系，并进而得出当前中国农村金融发展与经济增长是"供给领先"型关系。张建波、杨国颂（2010）基于 VAR 模型对中国改革开放以来农村经济增长与农村金融发展关系进行实证研究，结果表明农村金融发展在很大程度上促进了农村经济增长，但农村经济增长并没有对农村金融发展起到应有的作用，认为中国金融市场还处于"供给引导"阶段②。吴言林、陈崇（2010）基于总供给模型对江苏省实际样本数据研究表明，农村金融深化并没有促进经济增长，认为在国有银行垄断下的区域金

---

① 姚耀军：《中国农村金融发展水平及其金融结构分析》，载《中国软科学》，2004（11）。

② 张建波、杨国颂：《我国农村金融发展与农村经济增长关系实证研究》，载《山东大学学报》，2010（4）。

融市场中，金融深化变成国家吸收农村经济发展资源的手段，阻碍区域经济发展，而内生的金融发展才促进了农村经济增长[①]。赵洪丹（2011）采用含有金融部门的内生经济增长模型，基于1978—2009年数据实证分析了中国农村金融发展与经济发展之间关系，结果显示两者之间具有长期的均衡关系，农村金融规模对农村经济发展具有显著的负面效应，农村金融效率对农村经济发展的正面效应具有明显的滞后性，认为中国农村金融发展要防止制度、结构和功能失衡，防止金融资源流失，提高金融运行效率，才能实现农村金融与经济的协调发展[②]。

温涛、冉光和等（2005）运用1952—2003年的实际数据对整体金融发展、农村金融发展与农民收入增长关系的实证研究表明，农民收入与农村金融机构信贷比率、农村金融储蓄比率之间不存在长期关系，后者不是农民收入增长的Granger原因，反而造成农村资金大量转移和流失，抑制了农民收入增长。杨雯（2007）分析认为农村金融发展与农民收入增长之间存在复杂的双向因果关系。余新平、熊晶白等（2010）认为中国农村金融发展不仅没有促进农民收入增长，而且还起到了抑制作用。周一鹿、冉光和等（2010）的研究结果表明，农村金融资源开发在短期内没有促进农民收入增长，而在长期内具有显著的负面效应。娄永跃（2010）发现农村金融发展与农民收入增长存在正向关系，而贾立和王红明（2010）认为对于农村金融发展水平是否促进农民收入增长不能一概而论，从长期来看西部地区农村金融发展规模、结构对农民收入增长具有正向促进作用，而农村金融发展效率对农民收入具有显著的负效应；而短期内西部地区农村金融发展水平对农民收入增长的作用有限[③]。杜兴端、杨少垒（2011）基于向量自回归模型（VAR）实证研究了农村金融发展与农民收入增长之间的关系，结果表明农村金融发展规模、金融发展效率与农民收入增长之间存在长期稳定的均衡关系，但短期内农村金融发展规模和金融发展效率是农民收入增长的Granger原因，反之不成立[④]。

---

① 吴言林、陈崇：《农村金融发展与经济增长关系实证研究——来自江苏省的实际样本数据分析》，载《学海》，2010（4）。

② 赵洪丹：《中国农村金融发展与农村经济发展的关系——基于1978－2009年数据的实证研究》，载《经济学家》，2011（11）。

③ 贾立、王红明：《西部地区农村金融发展与农民收入增长关系的实证分析》，载《农业技术经济》，2010（10）。

④ 杜兴端、杨少垒：《农村金融发展与农民收入增长关系的实证分析》，载《统计与决策》，2011（9）。

三、西藏农牧区金融发展现状与问题

（一）农牧区金融发展现状

西藏农牧区金融发展由单一的金融组织体制向多元化的金融组织体制转变，金融服务由单一的信贷业务逐步向信贷、汇兑、理财、保险等业务发展，由手工服务形式向电子化服务形式转变。

1. 金融组织体系建设

西藏和平解放以来至 1978 年 6 月，全区仅有人民银行以及人民银行在农牧区试办的信用社。1978 年 6 月，自治区财金局基建财务处对外挂牌"中国人民建设银行西藏自治区分行"，隶属自治区财金局管理，随后相继成立各地市中心支行。1985 年 6 月，中国银行拉萨分行从人民银行西藏分行分设出去，于 1987 年 9 月和 1994 年 5 月相继成立中行樟木支行、日喀则支行和亚东支行。1995 年 7 月 1 日，经国务院批准，农行区分行正式挂牌成立并对外营业，同时全区 7 个地（市）中心支行及其所辖分支机构挂牌成立并对外营业，中国人民银行西藏分行县及县以下分支机构和全区 426 个农牧区信用社改制为农行基层营业网点。1996 年 3 月"中国人民建设银行西藏自治区分行"更名为"中国建设银行西藏自治区分行"，建行西藏自治区分行升格为正厅级建制，各地区行升格为正县级建制。2012 年 5 月，西藏成立第一家地方法人银行机构——西藏银行，此后相继在拉萨市墨竹工卡、山南贡嘎县以及林芝和日喀则设立分支机构。2014 年初，林芝民生村镇银行正式对外营业。目前，除农行机构网点遍布各县，中国银行和邮政储蓄银行仅在部分县设机构网点外，其他银行分支机构只下设到地市。截至 2013 末，县及县以下银行营业网点 632 个。

2. 金融政策变革

西藏农牧区金融政策沿革与西藏货币信贷政策调整紧密相连，以利率调整为主线，实行优惠货币信贷政策，大体上经历了无息—微息—低息—差别利率—利差返还—优惠贷款利率等阶段，这个发展历程实际上是以低利率为核心和基础的货币信贷政策调整过程，本质是通过发放贷款，让利于民，帮助农牧民群众解决生产生活中的资金需求问题，促进农牧区经济发展，逐步缩小与内地的差距。

在和平解放时期，西藏仍是一个政教合一的封建农奴制社会，封建政权、人民政权并存的政权体制，金融体制也呈现两种形式：一种是为原西藏地方政府服务的金融机构——造币厂；一种是为西藏人民解放事业和经济建设服务的金融机构——中国人民银行西藏分行。为扩大政治影响，争取群众，逐步发展西藏的农牧业生产，帮助贫困农牧民解决生产和生活中的实际困难，从1952年起中共西藏工委及各分工委组织力量，以人民解放军名义，由财政和银行发放无息贷款及粮食，贷款工作以"慎重稳进"及"量小面宽与重点使用相结合"的具体方针进行贷放，农牧贷款原则上一律贷放大洋，农区种子贷款实行春贷秋还，牧区口粮和保畜贷款期限一般在一年以上。

在民主改革至改革开放前时期，货币信贷实行指令性计划，银行（人民银行西藏自治区分行及分支机构）和信用社均向经济主体发放贷款，同时银行向信用社放款以支持其更有力地扶持农牧业、民族手工业等产业发展，对农牧区经济主体的贷款利率先后经历了无息、微息、低息（1960年2月—1971年9月）并存——无息、全国统一利率（1971年9月—1976年10月）——微息、低息（1976年10月—1980年4月）三个阶段。

在休养生息时期（1980年4月—1985年10月），逐步扩大农牧业免息贷款范围。1980年3月中央召开第一次西藏工作座谈会后，4月9日经批准决定对区内利率进行调整：对边境乡村贷款、灾区口粮贷款、农牧民生产费用、设备及生活贷款、民族手工业贷款三年内实行免息。9月10日，根据国务院批示精神和请示人民银行同意，在三年内全区银行和信用社对农牧业贷款实行免收利息。1983年12月，经人民银行、农业银行总行批准，银行和信用社对农牧业集体和个体集体继续实行免息政策。1984年5月，中央召开第二次西藏工作座谈会后人民银行对西藏延长和扩大低息、免息贷款作出批复，延长农牧业贷款免息期限，对农牧业集体和农牧民从事商业、饮食业、服务业、修理业、手工业、建筑业等贷款，由月息暂改为免收利息。上述免息政策执行到1985年10月底。

1985年10月—1995年1月，实行差别的西藏优惠贷款利率。1985年10月—1990年2月银行和农信社贷款利率实行双轨制，农信社贷款利率执行西藏对农牧业贷款的优惠利率政策，不予上浮；同时对农信社发放的贷款由银行给予补贴。农牧业贷款根据贷款用途和期限不同实行差别化利率管理政策。从1990年2月起，农信社贷款利率随银行统一调整，按银行利率执行；1993年3月起农信社发放的贷款利率可以在基准利率上上浮，但部分贷款执行西藏优惠贷款利率的不予上浮；对符合条件的农牧民实行扶贫专项低息贷款。从整体上来看，这一时期是以贷款利率调整为主线，实行差别的贷款低利率政策，先后由银行和农信社发放贷款的双轨利率向单轨利率转变，由固定利率向浮动利率转变，由银行对农信社发放的贷款进行补贴到不予补贴转变。

1995年1月—2001年6月，实行利差返还和西藏优惠贷款利率政策。1994年7月，中央召开第三次西藏工作座谈会，赋予了西藏一系列优惠金融政策，对农牧业生产贷款、扶贫贷款、乡村水电贷款、乡镇企业贷款、粮油专项储备贷款、粮油收购贷款、农牧业生产资料储备贷款、老少边穷专项贷款、集体和个体民族手工业贷款执行西藏优惠贷款利率，优惠贷款利率比全国平均水平低2～3个百分点。对西藏自治区工商企业的商业性贷款执行全国统一贷款利率，由此增收的利息全部返还给效益好的国有企业用于增补流动资金。对农业银行西藏分行给予利差补贴和特殊费用补贴政策。此间，基本形成了包括农牧区在内的整个西藏地区特殊优惠金融政策框架和目前农牧区金融组织架构。

"十五"至"十二五"时期，对农牧区实行更加优惠的金融政策。2001年6月和2010年1月，中央召开第四次、第五次西藏工作座谈会，赋予了西藏包括财税金融在内的一系列优惠政策，明确了西藏农牧区优惠金融政策，形成一套完整的优惠金融政策体系。农牧区各类贷款统一执行优惠贷款利率政策；鼓励银行业金融机构延伸农牧区金融网点。与此同时，实行优惠的扶贫贴息贷款政策，到户扶贫贴息贷款范围提高到2 300元（含）以下的农牧户贷款，项目扶贫贴息贷款由在明确扶贫责任的前提下一般扶贫项目扩大到只要能与贫困村、贫困户增加收入紧密相关社会事业项目和县及县以下中小微企业。这一时期，是西藏农牧区金融政策的丰富和发展阶段，为农牧区金融发展奠定了良好基础。

3. 农牧区金融发展成效

据不完全统计，1952—1959年累计发放无息农贷340万元（银元）；1960—1985年累计发放无（免）息贷款12 200余万元；1986—2000年累计发放微息或低息农牧业贷款40.18亿元。截至2013年末，涉农贷款余额150.06亿元，较2000年末增加139.01亿元，增长12.57倍，年均增长25.49%（见图1）。同时，农牧民人均纯收入从2000年的1 331元提高到2013年的6 578元，增长3.94倍，年均增长30.32%，农牧民人均纯收入增速比涉农贷款增速高4.83个百分点（见表1）；农村居民家庭恩格尔系数从2000年的79.3%下降到2013年的54%，下降25.3个百分点。

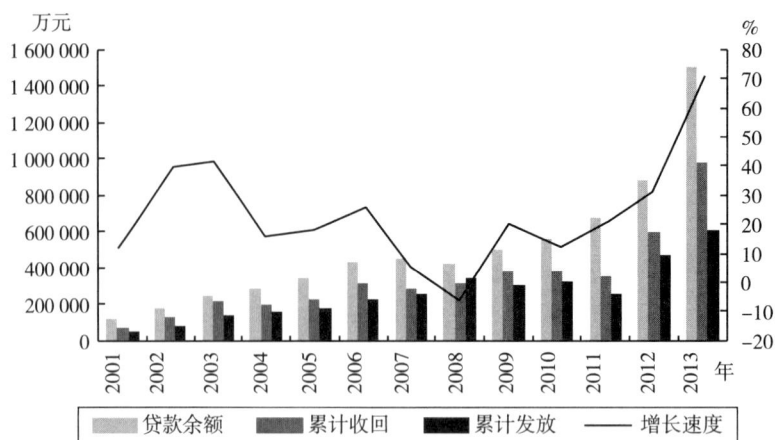

图1　2001—2013年涉农贷款投放情况图

表1　　　　　　　　2001—2013年涉农贷款与农牧民人均纯收入一览表

年份	贷款余额（万元）	贷款增速	人均纯收入（元）	收入增速
2001	124 031	12.14%	1 404	5.48%
2002	174 225	40.47%	1 521	8.33%
2003	247 880	42.28%	1 691	11.18%
2004	287 447	15.96%	1 861	10.05%
2005	340 508	18.46%	2 078	11.66%
2006	427 488	25.54%	2 435	17.18%
2007	453 653	6.12%	2 788	14.50%
2008	420 586	-7.29%	3 176	13.92%
2009	504 026	19.84%	3 532	11.21%
2010	562 690	11.64%	4 139	17.19%
2011	675 938	20.13%	4 904	18.48%
2012	885 583	31.10%	5 720	16.63%
2013	1 500 644	69.45%	6 578	15.00%
平均增速	25.53%		17.33%	

自1995年7月农行西藏分行成立以来，农牧区金融服务主要依靠农行及其基层机构，为满足农牧民群众的金融服务需求，解决广大农牧民贷款难问题，2000年人民银行拉萨中心支行联合农行西藏分行开发了农牧小额信用贷款产品，先后推广使用"金、银、铜、钻石"卡贷款证，对农牧民发放信用贷款。对持金卡、银卡和铜卡的农牧户授信分别由最初10 000元、6 000元和3 000元调整为目前的30 000元、20 000元和10 000元。同时，自2003年5月起，创造

性地开展农牧区信用体系建设，对被评定为信用乡（镇）、村的农牧户所取得的贷款证，按金、银、铜卡授信额度分别由最初的 20 000 元、10 000 元和 5 000 元调整为目前的 40 000 元、30 000 元和 20 000 元。为满足农牧户大额资金需求，根据农牧户的信用状况、致富能力，自 2005 年 4 月起向符合条件的农牧户授予三星钻石卡、二星钻石卡和一星钻石卡，提高了授信额度。通过十多年来不断的实践、总结、完善和推广，农牧户小额信用贷款成为农牧区信贷投放的主要载体，满足了农牧民的信贷需求，解决了农牧户"贷款难"、群众增收渠道单一等制约农牧区经济发展的主要瓶颈问题，有力地支持了农牧户发展生产、改善生活，成为西藏农牧区金融服务"三农"的品牌和亮点。截至 2013 年末，农牧户小额信用贷款余额达 74.19 亿元，较 2001 年末增长 152.77 倍，年均增长 63.51%；"金、银、铜、钻石"四卡发证数达 43.04 万张，较 2001 年末增长 7.03 倍；发证面达 98.79%，较 2001 年末提高 84.79 个百分点（见表 2）。同时，农牧区信用体系建设也取得可喜成绩。截至 2013 年末，全区共评定出 6 个信用县、303 个信用乡（镇）、3 138 个信用村，分别占西藏县、乡（镇）、村总数的 8.11%、44.43% 和 59.73%，74 个县建立农牧户信用评价体系，建立农牧户信用档案 43.04 万户，农牧民到户贷款不良率不到 1%。

表 2   农行西藏分行农牧户小额信用贷款统计表   单位：万元、张、%

年份	发证数	当年新发证数	发证面	贷款余额	累计发放	累计收回
2001	53 608	53 608	14.00	4 825	4 825	0
2002	156 488	28 079	41.00	32 867	28 079	37
2003	238 340	313 107	62.30	65 331	58 723	26 259
2004	304 704	70 652	79.05	97 295	88 252	56 288
2005	326 477	26 636	83.97	139 326	116 323	74 292
2006	345 380	25 051	87.50	213 014	179 428	105 740
2007	355 257	17 537	89.51	251 969	162 863	123 908
2008	361 636	20 317	88.11	293 233	196 134	154 870
2009	379 183	32 337	98.59	350 631	231 571	174 173
2010	393 099	22 014	98.31	403 018	246 672	194 285
2011	400 192	15 615	98.50	479 742	277 391	200 667
2012	421 415	36 899	98.60	580 960	405 261	304 043
2013	430 410	24 952	98.79	741 944	575 065	414 081
合计	—	—	—	—	2 570 587	1 828 643

在扶持农牧区贫困人口发展上，严格执行西藏优惠扶贫贴息贷款政策，加

大了信贷扶贫开发力度。十年来，辖区银行业金融机构始终站在讲政治、顾大局高度，认真落实扶贫贴息贷款政策，加大信贷扶贫开发力度，支持农牧民增产增收和脱贫致富。截至 2013 年末，全区扶贫贴息贷款余额 76.74 亿元，较 2000 年末增加 76.04 亿元，增长 108 余倍，年均增长 29.27%，为促使西藏贫困人口从 2001 年末的 148 万减少到 2013 年末的 37.6 万作出了积极贡献。

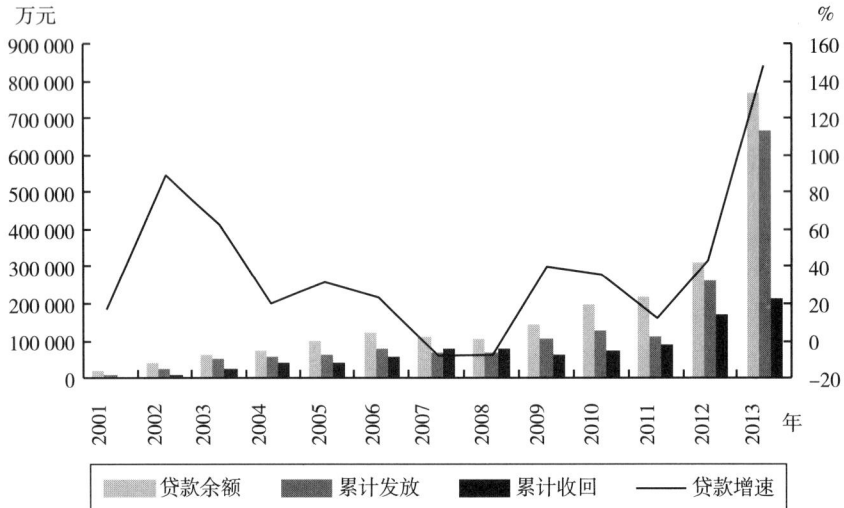

图 2　2001—2013 年西藏全区扶贫贴息贷款情况

（二）西藏农牧区金融发展存在的问题

近年来，农行基层机构把农牧区作为金融服务的主要阵地，把服务农牧民、促进农牧民脱贫致富和农牧区经济发展作为金融工作的出发点和落脚点，切实加强农牧区金融服务，提高金融服务水平，为农牧区经济发展提供了有力的金融支持。但是，离新时期农牧区金融服务需求和农牧民盼发展、谋发展的要求还存在一定差距，还存在制约农牧区金融服务水平提高的一些问题，主要表现在以下几个方面：

1. 金融机构发展不平衡。西藏农牧区金融机构单一，服务体系不健全，农牧区金融服务甚至存在盲区。截至 2013 年末，西藏全区共有 682 个乡（镇），包括 140 个镇、534 个乡和 8 个民族乡，仅有 404 个乡（镇）设立了金融机构营业网点，还有 278 个乡（镇）无金融服务网点，平均每个乡镇仅有 0.59 个营业所，目前部分营业所为 2~3 人，服务 2~3 个乡，服务半径大，金融服务的频率、深度自然会弱化，中央赋予西藏优惠金融政策不能及时有效惠及贫困农牧民群众，部分偏远地区高利贷盛行，加重了农牧民群众的负担，增加了社会不稳定因素。

2. 信贷资源配置不平衡。在金融支持方面，信贷资源配置不平衡，存在城乡差异和地区差异。在城乡信贷资源配置方面，如果按涉农贷款和其他贷款划分，截至 2013 年末，西藏全区金融机构各项贷款余额 1 076.69 亿元，涉农贷款余额 150.06 亿元，涉农贷款仅占各项贷款的 13.9%。在地区信贷资源配置方面，2013 年末拉萨市金融机构各项贷款余额 612.47 亿元，占全区各项贷款的 56.88%，阿里和那曲两地区贷款占全区贷款的比例还不到 4%（3.7%），其他地区贷款占比在 7%~16%。

3. 金融产品有待进一步丰富和完善。长期以来，农牧区信贷产品主要是以"金、银、铜、钻石"四卡为载体，以到户贷款为主要形式，发放农牧户小额信用贷款。截至 2013 年末，农牧户小额信用贷款余额为 76.7 亿元，户均贷款达 2 万元左右。随着户均贷款增加，信贷风险也随之增加，将进一步制约有效信贷投放。另外，单纯依靠粗放型农牧区经济增长方式，金融支持农牧民增产增收的边际效应也会随之递减。加之，在农牧区，涉农企业起步晚、数量少、科技含量低、竞争力弱，带动农牧民增产增收和脱贫致富的作用不强，吸纳信贷资金的能力有限。目前，仅靠现有的小额信用贷款品种承载信贷资金的能力十分有限，急需进一步丰富和完善农牧区信贷产品，增加信贷投放载体，打造资金"洼地"。

4. 配套政策有待及时完善落实。一是担保体系及配套政策有待完善和落实。截至目前，仅拉萨、林芝、山南、日喀则有担保机构，基本上仅限于开展城区担保业务，县及县以下区域担保机构极少，且促进担保体系建设的相关配套政策尚未落实，政策效应尚未发挥。二是农牧区中介服务有待进一步加强。目前，西藏除拉萨市外，地区及地区以下如会计事务所、审计事务所、评估机构、公证机构等中介机构较少，地区及地区以下企业申请贷款大多要到拉萨做财务报表审计、资产评估或公证等，进一步延迟贷款办理。三是农牧区抵押担保制度有待完善。目前，农牧民申请超过小额信用贷款额度以外的贷款需要担保，尤其是抵押贷款需要抵押人提供相应的抵押登记证明，而西藏地区农牧民房屋、土地等基本上没有取得相应抵押登记证明，不同抵押物登记归相应部门管理，实践中存在交叉登记管理现象。四是信贷风险补偿机制有待加快建立。由于西藏特殊的区情，辖区银行业金融机构也承担部分政策性金融任务，这与辖区商业银行机构自主经营、自负盈亏的市场化运作存在一定冲突，政策性金融就需要财政政策的更多扶持，信贷损失需要得到有效补偿，而西藏地区信贷风险补偿机制尚未建立。这些问题制约了农牧区银行机构增加信贷投放的积极性。

四、西藏农牧区经济与金融发展实证分析

为了进一步验证西藏农牧区经济与金融发展关系，本文此部分在梳理国内外对农村经济与金融发展研究方法和成果的基础上，根据西藏经济金融发展实际，选取有代表性的经济金融衡量指标，构建计量模型做实证分析。

（一）模型设定、数据说明与研究方法

1. 模型设定。金融作为现代经济的核心，是影响经济发展的重要因素。Pagano 在 AK 内生经济增长模型的基础上，建立了一个含有金融部门的内生经济增长模型，为研究金融发展与经济增长之间的关系提供了一个理论分析框架，该方法已被国内外学者广泛采用，成为研究金融中介促进经济增长机制的一个最具代表性理论模型。

反映金融发展与经济产出关系的生产函数可以表示为：

$$Y = f(F, K, L) \tag{1}$$

其中，Y 代表经济产出水平，F 代表金融发展水平，K 代表资本投入水平，L 代表劳动力投入水平。根据 Parente 和 Prescott（1991）以及温涛、冉光和等（2005）分析方法，假定劳动力处于最大生产能力，则经济产出就取决于金融发展水平与资本投入水平，上述（1）式变成：

$$Y = mf(F, K) \tag{2}$$

对（2）进行全微分可得：

$$dY = m\frac{\partial f}{\partial F}dF + m\frac{\partial f}{\partial K}dK \tag{3}$$

从国内外研究金融与经济发展的关系文献来看，衡量农村经济发展一般选取的指标为人均 GDP 或农村居民人均纯收入，衡量农村金融发展的指标（F）一般选取农村金融发展规模（RFIR）、金融发展结构（RLTL）和金融发展效率（RLD）三个指标。从金融发展的规模、结构、效率三个方面度量，相对来说符合西藏农牧区金融发展的实际。故西藏农牧区金融发展水平可以表示为下述函

数关系：

$$F = f(RFIR, RLRL, RLD) \qquad (4)$$

对（4）式全微分代入（3）式可得：

$$dY = m\frac{\partial f}{\partial F}(\frac{\partial F}{\partial RFIR}dRFIR + \frac{\partial F}{\partial RLTL}dRLTL + \frac{\partial F}{\partial RLD}dRLD) + m\frac{\partial f}{\partial K}dK \qquad (5)$$

将（5）式农牧区金融发展规模的边际产出用 β_1 表示，农牧区金融发展结构的边际产出用 β_2 表示，农牧区金融发展效率的边际产出用 β_3 表示，资本投入的边际产出用 β_4 表示，经进一步简化（6）式可得本研究的基本计量模型：

$$dRY = \beta_0 + \beta_1 dRFIR + \beta_2 dRLTL + \beta_3 dRLD + \beta_4 dK + \mu \qquad (6)$$

其中，RK 表示农牧区人均资本投入水平，β_0 表示常数项，μ 为随机误差项。鉴于农牧区资本投入水平数据难以获得，本文采用农牧区固定资产投资比率（固定资产投资与 GDP 的比率）$dRFI$ 代替农牧区资本投入水平 dK，则模型（6）转变为：

$$dRY_t = \beta_0 + \beta_1 dRFIR_t + \beta_2 dRLTL_t + \beta_3 dRLD_t + \beta_1 dRFI_t + \mu_t \qquad (7)$$

基于变量间滞后性考虑，当期人均生产总值增长率与金融发展规模、结构、效率和固定资产投资水平及其滞后变量之间也具有稳定关系，本文使用向量自回归模型（VAR）进行实证分析：

$$dRY_{ti} = \beta_0 + \sum_{i=1}^{n}\beta_{1i}dRFIR_{ti} + \sum_{i=1}^{n}\beta_{2i}dRLTL_{ti} + \sum_{i=1}^{n}\beta_{3i}dRLD_{ti} + \sum_{i=1}^{n}\beta_{4i}dRFI_{ti} + \mu_{ti}$$

2. 数据说明。本文研究涉及的数据主要包括农牧区经济发展水平、农牧区金融发展水平和农牧区投资水平三个方面。

农牧区经济发展水平。用人均农牧业生产总值衡量农牧区经济发展水平。

农牧区金融发展水平。农牧区金融发展规模选取农牧区金融相关率衡量（农牧区存款和贷款之和与 GDP 的比率），农牧区金融发展结构选取农牧户贷款占农牧区贷款的比重衡量，农牧区金融发展效率用农牧区存贷比（贷款与存款的比率）衡量。

农牧区投资水平。选取农牧区投资比率（农牧区固定资产投资与 GDP 的比率）衡量。

本文选取 1990—2014 年的年度数据，所选数据来自《西藏统计年鉴》、《西藏金融年鉴》以及内部统计资料。

3. 研究方法。为避免出现伪回归问题，本文研究首先利用 ADF 单位根检验变量的平稳性，对于非平稳性的变量进行处理使之成为平稳时间序列。如果变量是单整的，确定各变量序列的单整阶数。如果变量具有相同的单整阶数，将采用 Johansen 检验方法对相关变量进行协整检验，同时构建协整方程以反映农牧区金融发展和经济发展之间的长期关系。如果变量间存在协整关系，将建立误差修正模型进行短期关系分析；同时进行格兰杰因果关系检验，进一步分析农牧区金融发展与经济发展之间是否存在格兰杰因果关系。在此基础上，通过脉冲响应函数和方差分解方法确定西藏农牧区金融发展对经济发展的影响程度及对其预测方差的贡献度。

（二）实证检验结果与分析

1. 单位根检验。本文采用 ADF 检验方法对各变量进行单位根检验，以确定变量的平稳性。为了减少数据波动幅度，首先对人均农牧业生产总值取对数，仍用 *RY* 表示。检验结果如表 3 所示，*RY*、*RFIR*、*RLTL*、*RLD* 和 *RFI* 均为非平稳序列，经过一阶差分处理的所有数据序列在 1% 的显著水平下都是平稳序列，表明原序列为一阶单整序列。其中，ΔRY、$\Delta RFIR$、$\Delta RLTL$、ΔRLD 和 ΔRFI 分别表示相应变量的一阶差分。

表3　　　　　　　　　　　ADF 单位根检验结果

变量名称	变量符号	检验形式 (C, T, L)	ADF 检验统计量	显著水平 (临界值)	平稳性
人均生产总值	RY	(C, T, 2)	-1.986570	5%（-2.685477）	非平稳
△人均生产总值	△RY	(C, T, 0)	-3.089976	1%（-2.685477）	平稳
农牧区金融相关率	RFIR	(C, T, 3)	-2.445891	5%（-2.635586）	非平稳
△农牧区金融相关率	△RFIR	(C, T, 4)	-2.876621	1%（-2.621173）	平稳
农牧户贷款比重	RLTL	(C, T, 0)	-3.143364	5%（-3.737853）	非平稳
△农牧户贷款比重	△RLTL	(C, T, 5)	-5.480721	1%（-2.975578）	平稳
农牧区存贷比	RLD	(C, T, 4)	-3.884427	5%（-3.995724）	非平稳
△农牧区存贷比	△RLD	(C, T, 0)	-2.898524	1%（-2.652281）	平稳
农牧区投资比率	RFI	(C, T, 3)	-2.883654	5%（-3.221538）	非平稳
△农牧区投资比率	△RFI	(C, T, 3)	-3.278512	1%（-2.875569）	平稳

2. 协整检验。由单位根检验结果可知各变量单整，因此可以利用 Johansen 检验判断它们之间是否存在协整关系。根据 SC 准则可以确定，*RY* 与 *RFIR*、*RLTL*、*RLD* 和 *RFI* 的 VAR 的最优滞后期为 2 期，利用 Q 统计量检验、White 检验和 JB 检验，发现其拟合优度较好，残差序列具有平稳性，是最优模型。在此基础上，可以得到协整检验的具体结果，如表 4 所示。

表4　　　　　　　　　　Johansen 协整检验结果

零假设：协整向量的个数	特征值	迹统计量	5%临界值	结论
0	0.756689	68.245512	58.556428	拒绝
至多1个	0.586982	46.258743	45.887421	拒绝
至多2个	0.668745	37.589245	39.889251	接受
至多3个	0.355623	10.583541	13.872536	接受
至多4个	0.098234	1.2546197	1.9899376	接受

由此可知，在1990—2014年的样本区间内，在5%的显著性水平下，RY 与 $RFIR$、$RLTL$、RLD 和 RFI 之间存在协整关系。

$$RY = 3.476329 + 5.496435RFIR + 1.764218RLTL$$
$$(35.87) \qquad (24.51) \qquad\quad (46.94)$$
$$[19.63] \qquad [18.42] \qquad\quad [14.57]$$
$$- 2.241896RLD + 7.643352RFI + \mu$$
$$(7.45)$$
$$[17.83]$$

上式协整方程表明：

农牧区金融发展规模、金融发展结构、投资水平与人均农牧业生产总值之间存在正向关系，而农牧区金融发展效率与人均农牧业生产总值之间存在负相关关系。为了确保农牧区金融发展与农牧区经济发展之间的协整关系的稳定性，本文剔除农牧区投资水平这一控制变量，运用上述同样方法单独对农牧区经济发展与农牧区金融发展相关变量进行协整检验，发现农牧区金融发展与农牧区经济发展的这一长期均衡关系依然存在，并且符号相同，说明这一关系是稳定的。

利用协整检验确定了 RY 与 $RFIR$、$RLTL$、RLD 和 RFI 之间的长期均衡关系后，我们进一步确定误差修正模型反映变量之间的短期动态关系。实际分析发现：在10%的显著性水平上，误差修正模项并未通过检验，表明当短期波动偏离长期均衡时，误差修正项对 RY 与 $RFIR$、$RLTL$、RLD 和 RFI 之间恢复到长期均衡的作用并不明显，$RFIR$、$RLTL$、RLD 的第1期滞后项通过检验，而第2、第3期滞后项未通过检验，系数符号与协整方程中的相应变量的系数符号相反，说明上述三个变量的短期变动会影响到农牧区经济发展水平的短期波动，对 RY 与 $RFIR$、$RLTL$、RLD 和 RFI 之间恢复到长期均衡有明显作用。

3. 格兰杰因果检验。由于误差修正模型检验结果表明 RY 与 $RFIR$、$RLTL$、

RLD 三个变量之间的短期关系比较复杂，而协整方程仅表示变量之间存在相关关系或至少一个方向的因果关系。鉴于此，本文利用格兰杰因果检验分析变量之间的因果关系，检验结果如表 5 所示：

表 5   西藏农牧区人均生产总值与金融发展的 Granger 检验结果

变量	零假设	最优滞后期	样本数	F 统计值	概率
RFIR	RFIR 不是 RY 的 Granger 原因	2	25	4.56722	0.00343
	RY 不是 RFIR 的 Granger 原因	2	25	3.98419	0.00413
RLTL	RLTL 不是 RY 的 Granger 原因	2	25	0.83564	0.85283
	RY 不是 RLTL 的 Granger 原因	2	25	2.43706	0.00374
RLD	RLD 不是 RY 的 Granger 原因	2	25	0.43218	0.64125
	RY 不是 RLD 的 Granger 原因	2	25	0.54691	0.58143
RFI	RFI 不是 RY 的 Granger 原因	2	25	2.73462	0.00361
	RY 不是 RFI 的 Granger 原因	2	25	2.57336	0.00285

检验结果表明：（1）农牧区金融发展规模在 5% 的显著性水平上成为农牧区经济发展的格兰杰原因，而农牧区金融发展结构、金融发展效率不是促进农牧区经济发展的格兰杰原因，这说明农牧区金融发展与经济增长是"供给领先"型关系，农牧区金融发展规模对农牧区经济发展有显著影响；（2）农牧区经济发展是农牧区金融发展规模和农牧区金融发展结构的格兰杰原因，说明农牧区经济发展程度对金融发展有着重要的影响；（3）农牧区金融发展效率与农牧区经济发展之间不存在显著的格兰杰因果关系，表明农牧区金融发展效率外生于农牧区经济发展；（4）农牧区经济发展与投资水平存在互为的格兰杰原因，这与西藏经济主要依靠中央投资拉动型增长方式基本吻合，农牧区经济发展也不例外。上述检验结果究其原因主要是西藏和平解放以来农牧区经济社会制度从农奴制社会直接进入社会主义社会，经济发展阶段不具有跨越性，为了支持西藏农牧区经济社会发展，长期以来对农牧区实行金融供给引导型服务模式，采用免息、低息、优惠贷款等政策措施，通过金融知识普及和教育提高了农牧民群众的金融意识和诚信水平，促进了农牧民群众增收致富，形成了金融支持农牧区经济发展的良性循环，这与当前农牧民群众基本上户户有贷款、信贷资产质量良好的情况一致；由于农牧业产业化经营企业少，除近几年农牧区基础设施建设贷款外，很长一段时期农牧民贷款占比很高，金融结构比较单一，再加上农牧民群众的生活习惯，导致储蓄率低，县及县以下金融机构存贷比高（基本上为存款与贷款倒挂），出现金融服务城市反哺农村现象，进一步制约了

农牧区经济发展；同时，中央和援藏省市对农牧区经济发展也大力支持，资金主要用于改善农牧区基础设施和农牧民生活条件，增强其自我发展能力，但具有滞后效应，经过长期积累效果才逐步显现。鉴于此，发展西藏农牧区经济要继续加大资金向农牧区的倾斜力度，培育发展产业化经营企业，提高产业化水平，而信贷资金是农牧区经济发展资金来源的一个重要渠道，完善农牧区金融服务体系，持续增加农牧区信贷资金供给，合理配置金融资源，优化信贷结构，继续以金融供给引导农牧区经济发展。

4. 脉冲响应函数和方差分解分析。本文主要分析农牧区经济发展与金融发展的关系，此部分运用向量自回归（VAR）进行脉冲响应分析，进一步明确 RY 与 RFIR 之间的关系。由图 3 可知，农牧区人均生产总值与金融发展规模对来自自身的冲击一直呈正向效应，表明正向冲击有利于自身的改善；农牧区金融发展规模对来自农牧区人均生产总值的正向冲击呈现正向效应，表明经济发展也有利于金融发展规模的改善；农牧区人均生产总值对来自于农牧区金融发展规模的正向冲击在较长时期呈现负向效应，但随着滞后时期延长其负向效应幅度逐渐缩小并向正向效应逼近，这表明农牧区金融发展规模对农牧区人均生产总值的促进作用存在滞后时限。

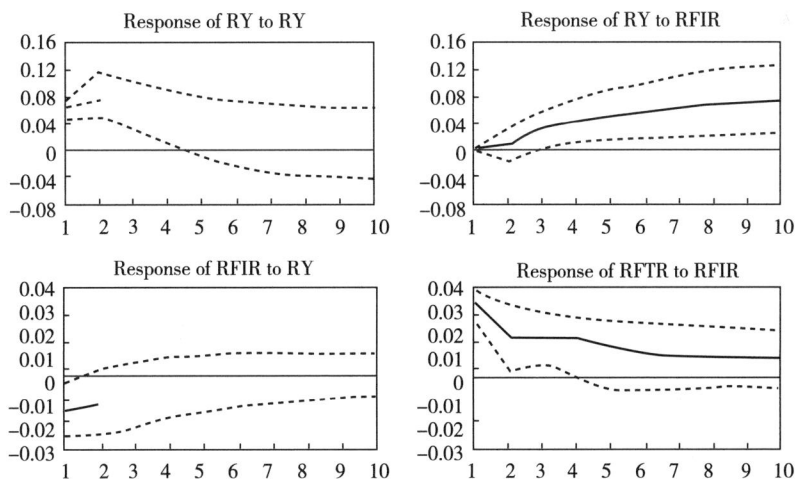

说明：图中横轴表示冲击作用的滞后期数（单位：年度），纵轴表示因变量对扰动项一个标准差冲击的响应程度，实线表示响应的脉冲响应函数。

图3　农牧区金融发展规模与人均生产总值对相关冲击的动态反应

由图 4 可知，方差分解结果显示，农牧区金融发展规模对人均生产总值的影响最大可占到农牧区人均生产总值预测方差的 52% 左右。随着滞后期延长，人均生产总值自身的贡献率逐年递减。投资水平对人均生产总值的即期效应要优于金融发展规模的贡献率，但到第 3 期金融发展规模的贡献率要高于投资水平，并逐年递增，滞后 9 期达到最大 45.53%。但农牧区金融发展结构、金融发展效率对人均生产总值的贡献率相对较小。这也说明在当前农牧区经济发展中，金融发展规模和投资水平对农牧区经济发展影响程度最大，长期影响效应将逐步显现。

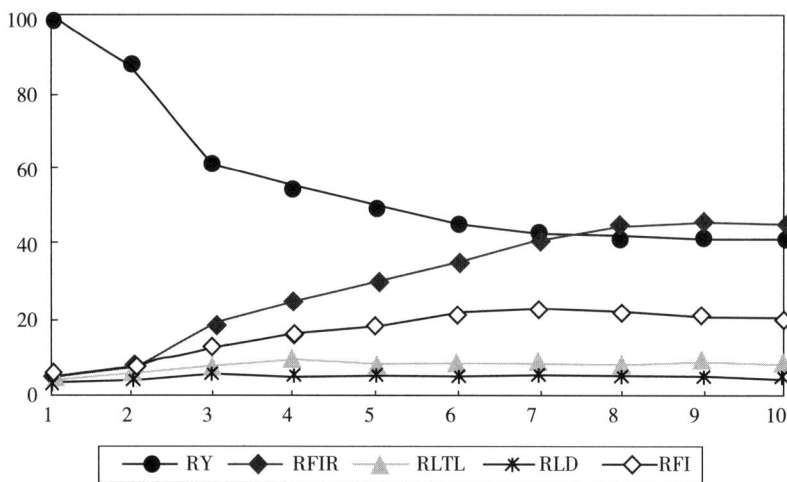

说明：图中横轴表示滞后期数（单位年度），纵轴表示 RY、RFIR、RLTL、RLDR、RFI 对 RY 的贡献率（单位:%）。

图 4　农牧区人均生产总值的方差分解结果

五、结论及政策建议

农牧区金融与经济协调发展不仅在理论上和逻辑上是存在的，而且对于全区经济发展十分必要。为实现上述目标，提出以下几点工作措施和建议。

（一）延伸农村金融机构，弥补金融服务空白乡镇金融服务主体缺失

《中共中央、国务院关于印发〈中国农村扶贫开发纲要（2011—2020 年）〉的通知》（中发 [2011] 10 号）明确提出"提高扶贫标准，加大投入力度，把集中连片特殊困难地区作为主战场，重点支持连片特困地区，因地制宜制定扶贫政策，实行有差异的扶持措施；尽快实现贫困地区金融机构空白乡镇的金融

服务全覆盖"等。《国务院办公厅关于印发兴边富民行动规划（2011—2015 年）的通知》（国办发［2011］28 号）明确提出"加大对边境地区的资金投入，鼓励各类金融机构在边境地区设立服务网点，开发适合边民、特色优势产业、农牧业产业化龙头企业需求的金融产品和服务方式"等。辖区银行业金融机构应认真落实扶贫开发纲要、兴边富民行动规划等有关措施，延伸营业网点，实现农牧区金融服务全覆盖，提高农牧区群众金融服务的可获得性和均等化。建议运用经济激励政策，如减免农牧区金融机构的税收、核销农牧区金融机构的不良贷款、对长期坚守在偏远乡（镇）提供金融服务的农行营业所给予一定的奖励等，鼓励各类金融机构根据自身业务发展和自身优势以及西藏经济发展的需要，有计划、有步骤地将营业网点延伸到农牧区。建议通过"政府搭建平台、银行提供服务"的模式，由自治区政府把 285 个乡镇金融机构营业网点建设融入国家批准的西藏"十二五"期间的 226 个项目建设中，通过捆绑为一个大项目即打包方式向国家集中申请项目分期实施，待网点建设、配套设施完成后，实行公开招标，后交由中标银行机构无偿使用来解决乡镇无金融服务网点问题。

同时，为加强和改进农牧区金融服务，应积极探索村镇银行、小额贷款公司、农村资金互助组织等新型金融服务机构的设立和发展，丰富农牧区金融市场主体，形成较为完善的农牧区金融服务体系。

（二）实行差异化的信贷管理办法

自从在藏各商业银行机构总行实行股份制改革后，为加强风险管理、防范信贷风险，各商业银行对在藏分支机构实行全国统一的信贷管理办法，致使各商业银行基层机构不能达到拥有授信审批权限的标准，从而授信审批权限被迫上收至各商业银行机构区分行，如目前中行地区分支机构的中小企业贷款、个人消费贷款均在区分行审批。中央第五次西藏工作座谈会召开后，针对西藏经济发展阶段、中小企业发育程度、银行业金融机构现状以及经济金融运行中存在的困难和问题等实际赋予了一系列特殊优惠金融政策，是通过金融途径支持西藏经济社会发展的重要举措，本质是降低信贷准入标准，刺激信贷需求，下放授信审批权限，调动各商业银行信贷投放的积极性。目前，各商业银行对在藏分支机构实行全国统一的信贷管理办法，条件要求多、信贷准入门槛高、授信审批权限集中在各商业银行区分行，这与中央赋予的"对在藏分支机构实行差异化信贷管理办法，合理扩大授信审批权限"优惠金融政策相矛盾，与中央赋予的核心金融政策相违背，不符合西藏地区经济发展实际。

建议各商业银行要进一步细化落实差异化信贷管理政策，在风险可控的前提下，设置与西藏市场主体、经济发展环境相适应的贷款准入条件；对借款人实行统一信用评级的基础上，适当下调评信级次作为信贷客户的准入标准；合理确定符合西藏实际的不良贷款容忍度；根据在藏分支机构的风险管控能力和风险状况，合理扩大和下放授信审批权限；加大对在藏分支机构的网络建设、设备更新等基础设施的资金和技术等方面的投入，有步骤地改造西藏辖内经营网点，提高技术含量，扩大支付系统连联范围；对在藏分支机构制订和实行区别于内地省级分行的特殊绩效考核办法，综合考虑西藏市场环境、客户资源、金融基础设施建设、人力和管理成本等特殊因素，对各类经营管理指标单独考核。

（三）完善差异化的综合补贴政策，引导信贷资源向农牧区倾斜

西藏无农村信用社，不能享受国家对农村信用社的优惠政策。而辖区银行业金融机构又承担着一定的政策性业务，特别是农业银行西藏县及县以下机构承担着为农牧区提供金融服务的重要职责，其经营成本比地区以上银行业金融机构高。2010 年农行县级支行亏损总额 4.63 亿元，占全行所有支行亏损总额的593.6%。74 个县级支行 70 个亏损，亏损面达 95%。若不给予特殊的政策扶持，将影响到西藏辖区县及县以下银行业金融机构的生存。同时，农牧民占全区总人口的八成左右，西藏能否在 2020 年同全国一道实现全面建成小康社会的宏伟目标，重点和难点都在农牧区，核心是增加农牧民收入，帮助农牧民脱贫致富，而当前农牧民人均纯收入只有全国平均水平的 74%。对此，建议对在藏各银行机构（含小额贷款公司）发放的涉农贷款与中小微企业贷款分别给予一定比例的补贴。

（四）丰富和发展扶贫贴息贷款政策

丰富和发展扶贫贴息贷款政策是实现农牧区经济社会跨越式发展和长治久安的根本保障，是西藏实现"十二五"经济发展目标的必然要求，是贯彻落实中央第五次西藏工作座谈会精神的内在要求，是西藏全面贯彻落实"中国农村扶贫开发纲要""兴边富民行动规划"和中央扶贫开发工作会议精神的迫切需要。西藏农牧民人口约占西藏总人口的 80%，没有农牧区的全面小康，就没有

西藏的全面小康；没有农牧区的跨越式发展和长治久安，就没有西藏的跨越式发展和长治久安。西藏"十二五"时期经济社会发展规划提出，"十二五"期间，农牧民人均纯收入与全国平均水平的差距显著缩小，农牧民人均纯收入年均增长应在 13% 以上，到 2015 年达 7 626 元。西藏要实现经济跨越式发展和全面建设小康社会的目标，关键在农牧区，重点和难点是增加农牧民收入，方法和途径是增加农牧区的资金投入，扶贫贴息贷款又是资金投入的重要途径。《中共中央、国务院关于印发〈中国农村扶贫开发纲要（2011—2020 年）〉的通知》（中发〔2011〕10 号）明确提出"提高扶贫标准，加大投入力度，把集中连片特殊困难地区作为主战场，重点支持连片特困地区，因地制宜制定扶贫政策，实行有差异的扶持措施"等。西藏由于物价水平、生产成本以及社会发展成本等一直高于全国其他地区，据 2003 年中国藏学研究中心调查研究显示：西藏自治区总体物价水平通常要比全国平均水平高 50% 以上；经济发展成本要比全国平均水平高 70% 以上，也就是说在内地 1 元人民币能办成的同样一件事情或能买到的同一种商品，在西藏最少要 1.7 元和 1.5 元多。内地农民人均纯收入 2 300 元，相当于西藏农牧民人均纯收入的 3 910 元。为从根本上改变西藏地区经济社会集中连片贫困落后的状况，切实缩小与内地其他省的差距，确保西藏地区与全国同步步入小康社会，迫切需要进一步加大信贷扶贫开发力度，丰富和发展扶贫贴息贷款政策，建议将涉农贷款全部纳入扶贫贴息贷款范围，不断加大对农牧区的金融支持力度，切实帮助贫困农牧民发展生产，改善生活条件，促进民族团结和边疆稳定。

（五）加快中介服务体系建设，优化农牧区融资软环境

2009 年底西藏出台了《西藏自治区人民政府关于推进信用担保体系建设的意见》（藏政发〔2009〕51 号），明确指出大力推动信用担保机构发展；政府主导培育国有全资政策性担保公司，鼓励民间资本组建商业性担保公司，积极引进业务成熟、运作规范的区外信用担保公司来藏设立机构，多形式组建担保机构并促进其协调发展等。要进一步加强担保体系建设，建议政府相关部门督促有条件的地区尽快建立国有全资政策性担保公司，通过政策引导来鼓励和吸引民间资本组建商业性担保公司，积极引进区外信用担保公司等，建立体系完备、形式多样、运作规范、适合我区区情的信用担保体系，为农牧区经济主体融资提供担保服务，支持农牧区加快发展。政府有关部门需要加强社会中介服

务体系建设，改变现有中介机构服务单一的状况，积极培育法律、会计、审计、投资咨询、规划设计、信息服务、资产评估等各类中介机构，逐步形成门类齐全、功能完善、竞争有序的中介服务市场，为融资主体提供专业化的服务。建议政府监督管理部门强化对中介机构的监督管理，规范中介机构行为，加强行业自律，建立健全中介机构的进入退出机制，使中介机构提供的相关信息真实、可靠，减少银行在开展贷款业务时信息的不对称性，防止逆向选择和道德风险发生。建议政府有关部门切实改进中介机构的服务，督促有关部门简化抵押评估、登记、公证等手续，规范中介机构的运作和服务收费标准，切实减轻借款人负担。

（六）改进金融服务，提高金融服务水平

建议辖区银行业各金融机构进一步健全农牧区金融服务机构和网点，培育建立竞争适度、开放有序、多元化、多层次的金融市场体系；继续发扬"背包下乡、走村串户"的优良传统，深入农牧区，了解掌握农牧信贷需求，积极创新涉农信贷管理模式，进一步推广和完善农牧户小额信用贷款和农牧户联保贷款，扩大贷款覆盖面；加快金融产品创新，积极研究开发农牧区城镇化改造、农牧业产业化、农牧民专业化培养、科技支持"三农"等适合农牧区发展的信贷新品种，创新"信贷＋保险"的金融服务产品，实行农牧业贷款与农牧业保险配套发放；完善农牧区支付结算体系建设，扩大现代化支付结算系统在农牧区的覆盖面，通过建立城乡共通、与内地共通的现代化支付网络，不断改善农牧区结算环境，为农牧民提供便捷、高效的资金清算服务；尊重农牧民群众用现习惯，进一步加强货币供应的管理，掌握不同区域、不同季节的现金需求，足额调运、合理摆布、合理搭配，满足农牧区对现金和券别的需求；继续做好农牧区反假货币工作，深入开展反假货币宣传教育，增强广大农牧民群众识假、辨假能力，切实维护农牧民群众利益；推进银行卡在农牧区的应用，加快推进"农民工"银行卡、金穗惠农卡业务。

参考文献

［1］《中国金融年鉴》编委会：《中国金融年鉴（1999—2011）》，中国金融年鉴杂志社有限公司。

［2］西藏自治区地方志编纂委员会：《金融志》，北京，中国藏学出版

社，2002。

[3] 西藏自治区地方志编纂委员会：《金融志》，北京，中国藏学出版社，2008。

[4]《西藏经济体制改革和对外开放 30 周年回顾与展望》编委会：《西藏经济体制改革和对外开放 30 周年回顾与展望》，拉萨，西藏人民出版社，2008。

[5] 旺堆：《金融支持西藏农牧区经济发展问题研究》，载《西南金融》，2005（12）。

[6] 姚耀军：《中国农村金融发展水平及其金融结构分析》，载《中国软科学》，2004（11）。

[7] 张建波、杨国颂：《我国农村金融发展与农村经济增长关系实证研究》，载《山东大学学报》，2010（4）。

[8] 吴言林、陈崇：《农村金融发展与经济增长关系实证研究——来自江苏省的实际样本数据分析》，载《学海》，2010（4）。

[9] 赵洪丹：《中国农村金融发展与农村经济发展的关系——基于 1978—2009 年数据的实证研究》，载《经济学家》，2011（11）。

[10] 贾立、王红明：《西部地区农村金融发展与农民收入增长关系的实证分析》，载《农业技术经济》，2010（10）。

[11] 杜兴端、杨少垒：《农村金融发展与农民收入增长关系的实证分析》，载《统计与决策》，2011（9）。

[12] 伍艳：《对西藏金融弱化的思考——西藏金融发展 55 年（1952—2006 年）》，载《西南民族大学学报》，2009（1）。

[13] 西藏统计局：西藏统计年鉴（1995—2011）。

[14] 西藏自治区人民政府：《西藏自治区人民政府关于推进信用担保体系建设的意见》（藏政发［2009］51 号）。

[15] 国务院办公厅：《国务院办公厅关于印发兴边富民行动规划（2011—2015 年）的通知》（国办发［2011］28 号）。

[16] 中共中央、国务院：《中共中央　国务院关于印发〈中国农村扶贫开发纲要（2011—2020 年）〉的通知》（中发［2011］10 号）。

"双惠"金融服务助推西藏经济社会又好又快发展

中国银监会西藏监管局

李明肖

摘要： 自中央第五次西藏工作座谈会提出"加大银行支持力度、实施'富民兴藏'战略"目标后，西藏银行业进入跨越式发展的崭新阶段，基本形成与全国"框架一致、体制衔接"的银行业机构体系格局。特别是近年来，西藏银行业充分结合西藏实际，以大力发展"双惠"金融服务为抓手，创新服务产品，改进服务方式，大力支持西藏实体经济发展，取得了良好的成效，普惠金融得到迅猛发展，国家赋予西藏的一系列特殊优惠政策得到全面贯彻落实，惠及广大城镇居民和农牧民群众。本文结合工作实际，从多个方面对西藏银行业的"双惠"金融服务成效进行了总结，分析指出了现阶段进一步扩大"双惠"金融服务存在的困难，并提出相应的对策建议，以期为"双惠"金融服务的持续发展提供参考。

关键词： "双惠"服务　银行业　经济社会发展

近年来，西藏银行业始终以科学发展观为指导，以服务地方经济发展为目标，以贯彻落实特殊优惠金融政策和发展普惠金融为抓手，不断扩大经营规模，提升整体实力，大力实施"金融撬动"战略，为西藏经济社会跨越式发展提供了有力的金融支撑。全区银行业金融机构本外币各项存款从 1994 年末的 52.57 亿元增加到 2014 年末的 3 089.19 亿元，增长了约 58 倍；各项贷款从 1994 年末的 40.34 亿元增加到 2014 年末的 1 619.46 亿元，增长 39.15 倍。

一、"双惠"金融服务的内涵

"双惠"包含两方面的内容。一是"普惠"，即普惠金融，是指具有广泛覆盖和普遍优惠性的金融服务。党的十八届三中全会对普惠金融的内涵作出了明确界定，即"扩大金融服务的广度和深度，提高金融服务的覆盖面和渗透率，为需要金融服务的社会各阶层提供合适的金融产品，从而构建一个多层次、广覆盖、可持续的现代金融服务体系"。二是"优惠"，是指中央赋予西藏的特殊优惠金融政策，即对在藏银行业金融机构的利差补贴和特殊费用补贴政策；也包括各总行的差异化管理政策和监管部门的特殊监管支持政策。

二、"双惠"金融服务主要成效

（一）普惠金融发展成效

西藏地广人稀，农牧民居住相对分散，交通、电力等基础设施相对落后，如何扩大金融服务覆盖面，提高金融服务的可获得性，最终实现普惠金融，一直是西藏银行业致力于研究和解决的重点课题。近年来，西藏银行业按照"提升城镇金融服务均等化、加大弱势群体金融服务关注度、扩大乡镇金融服务覆盖面"的三位一体普惠金融发展战略，通过优化金融网点布局、增加科技投入等措施，使金融服务的惠及面和覆盖面进一步扩大，有效推进了全区普惠金融的发展。

1. 银行业机构体系优化升级。根据中央第五次西藏工作座谈会精神，按照"与全国框架一致、体制衔接"的原则，西藏银行业机构体系不断完善。一是积极开展西藏地方性商业银行组建工作，2012 年 5 月西藏银行正式挂牌营业。二是鼓励和支持各类银行在藏设立分支机构，邮储银行西藏分行、工商银行西藏分行、农业发展银行西藏分行、民生银行拉萨分行先后获批设立，国家开发银行西藏代表处升格为分行，中信银行已正式获批在藏筹建分行。三是鼓励和支持设立新型农村金融机构，林芝民生村镇银行已于 2013 年 12 月正式开业，西藏金融租赁公司已正式获批在藏筹建。截至 2014 年末，西藏已有银行经营性网点 658 个，平均每万人拥有 2.2 个银行网点，相当于全国平均水平的 1.5 倍。

2. "三农"金融服务水平不断提升。按照自治区党委、政府提出的"乡乡有网点、村村有服务"的普惠金融发展目标要求，各行坚持"面向基层、面向三农"的原则，围绕特殊优惠金融政策，积极引导金融资源不断向农牧区倾斜，不断提高"三农"金融服务水平。一是机构布局更趋合理，各行进一步加大向县域、乡镇和农牧区延伸机构网点和金融服务，新设机构网点 40 多个，招录员工 2 000 多名，均半数以上在县城和乡镇。目前，全辖金融机构总数达到 658 个，覆盖全区 684 个乡镇中的 414 个，覆盖率达 60.53%，县域乡镇金融服务环境得到明显改善。二是基层基础金融服务覆盖面不断扩大，农行西藏分行制定了《营业所流动金融服务管理办法》，通过采取"马背银行、摩托车银行、汽车银行"以及定时定点、按月入乡、按季集中等灵活多样的流动服务举措，于2011年彻底消除了金融服务空白乡镇，实现了全区金融服务的全覆盖。三是服务方式不断改进，农行西藏分行针对西藏实际，推出了"钻石、金、银、铜"卡，加大农户到户贷款和农牧区特色产业的信贷投入力度。在全区乡镇设立"金穗惠农通"暨银行卡助农取款服务点2 472个，覆盖乡（镇）和行政村分别达到631个和1 951个，覆盖率分别达到92.39%和37.13%。截至2014年末，全区涉农贷款余额达297.26亿元，同比增加147.20亿元，比增98.09%，增幅高居全国榜首，较1994年末增加290.41亿元，增长41.40倍。

3. 小微金融服务机制逐渐完善。针对西藏90%以上非公企业为小微企业的实际，各行积极健全信贷制度、转变经营理念、丰富信贷产品、加大信贷投入，极大地缓解了全区小微企业融资难问题。一是完善制度，制定出台《关于进一步加强小微企业金融服务的意见》《小微企业信贷管理实施细则》《小微企业贷款考核激励办法》等，进一步强化小微企业金融服务和贷款管理。二是专设机构，各银行已在全区设立小微企业金融服务专营机构12个，配备专业人才，制定营销方案，独立进行小微企业融资管理。三是创新产品，各银行积极为小微企业创新金融产品，提供最优金融服务。如：建行西藏分行开展"走街区、进商圈"活动，为小微企业量身定制金融产品；民生银行拉萨分行对拉萨市八廓街商户进行市场细分，并有针对性地研制产品，满足融资需求。四是优化流程，各银行针对小微企业"短、小、频、急"的融资特点，在信用评级、授权、审批、风险额度、绩效考评等方面都不同程度地执行了差别化授权，精简审批环节，优化业务及审批流程，开辟信贷"绿色通道"。截至2014年末，全区小微企业贷款余额为234.55亿元，较年初增加37.37亿元，增长18.95%。

4. 方便快捷的自助服务功能切实加强。在藏各银行业金融机构坚持以"网点入基层、服务进社区"为目标，不断创新普惠金融服务方式，先后累计投放自助存取款设备1 000多台，POS机11 000多台，设立自助银行100多个，委托代理、咨询评估、投资理财等多类别多收益的金融产品日渐丰富，以电子化建设为主要载体，网上银行、电话银行、金融超市等多功能、多样化的服务手段趋于齐全，市场竞争更加充分，为金融消费者提供了快捷便利的金融服务。

（二）特殊优惠政策实施成效

近年来，中央赋予了西藏一系列特殊优惠金融政策，各商业银行总行制定了特殊管理政策，监管部门实施了差异化监管政策，充分调动了在藏各银行业金融机构经营和发展的积极性，促进了全区银行业和经济社会的迅猛发展。

1. 特殊优惠金融政策全面落实。长期以来，特殊优惠金融政策在实践中不断完善，有力地促进了西藏经济社会跨越式发展，取得了显著成效。一是实行优惠贷款利率政策，降低了借款人融资成本。一般类贷款执行比全国各档次基准利率低 2 个百分点，扶贫贴息贷款执行 1.08% 的优惠贷款利率政策，严格实行贷款利率上限管制，不上浮。二十多年来，向社会直接让利约 59.63 亿元，其中向农牧区直接让利约 12.09 亿元，直接降低了借款人的融资成本。二是作为特殊的集中连片贫困地区，西藏的扶贫贴息贷款政策在实践中不断丰富和完善，惠及的范围不断扩大。截至 2014 年 12 月末，全区扶贫贴息贷款余额达 214.56 亿元，较 1995 年末增加 213.46 亿元，增长 194 倍。三是实行利差补贴和特殊费用补贴政策，二十多年来，执行此项政策向在藏银行机构补贴约 143.42 亿元。同时，为引导更多信贷资金投向西藏农牧区和县域，鼓励各金融机构在西藏农牧区和县域设立分支机构，财政部出台了《关于实施西藏自治区金融机构利差补贴和特殊费用补贴有关问题的通知》（财金〔2011〕183 号），进一步明确和细化了贷款发放特殊费用 2%~7.5% 的差异化补贴标准，并增加对县及以下分支机构每年给予 35 万元特殊费用定额补贴政策，有效调动了银行信贷投放积极性。

2. 特殊的信贷管理政策和单独的考核办法全面推进。一是赋予特殊的信贷准入政策。如：中国银行总行规定，对于经营合规、具备发展潜力的借款人，若信用评级未能达到准入标准，可经西藏分行"三位一体"审批后实行特殊准入；农业银行总行也对西藏分行放宽了重点客户、重点项目准入条件，降低了中期流动资金贷款信用等级要求。二是赋予宽松的信贷规模管理。如：工商银行总行、农业银行总行和中国银行总行对西藏分行均实行指导性的信贷规模管理，信贷规模超限可以追加，且不实施惩罚性措施。三是赋予特殊的业务激励政策及考核措施。如：工商银行总行在考核时，不考核西藏分行利率议价指标；建设银行总行对西藏分行执行一系列财务倾斜性政策；农业银行总行允许西藏分行提取区域风险拨备等。

3. 差异化监管支持政策持续深化。银行监管部门始终在监管方面对西藏银行业予以倾斜，赋予很多特殊的监管支持政策。如：坚持"有保有压"的监管思路，对在支持地方经济发展和金融创新等方面有特色、有成绩、有进步的银行给予监管特殊支持，包括免查某些现场检查项目，在行政许可方面降低门槛、减少事项等。对大力支持"三农"和小微企业的银行，通过放宽"市场准入"政策、降低现场检查频率、提高不良贷款率容忍度、不纳入存贷比考核等一系列差异化监管政策。再如，2014 年 10 月，中国银监会同自治区党委、政府在北京召开"银行业支持西藏经济社会发展座谈会"，这是西藏银行业史无前例的一次高层次高质量的会议，会议争取了银监会和各银行总行给予西藏空前的监管支持和一系列特殊优惠政策，解决了西藏银行业可持续发展面临的紧迫困难，打开西藏银行业改革发展新的局面。

三、银行业在"双惠"金融服务中遇到的问题和困难

1. 农牧区开展普惠金融服务"难"。近年来，西藏金融机构空白乡镇的金融服务可获得性得到了一定改善，但农牧区基础金融服务不充分、均等化水平低的问题仍较突出。目前，全区还有 266 个金融机构空白乡镇，且这些乡镇大多数交通不便，公路、通信、电力等基础设施建设滞后，尚达不到联机联网的条件，"乡乡设机构"的硬件环境不成熟，主要靠流动服务解决金融需求。与此同时，农业银行西藏分行"金穗惠农通"暨银行卡助农取款服务点的金融服务功能尚不完善，村镇银行、小额贷款公司等新型金融机构在县域基层的设立亟待加强。

2. 信贷政策与地方政策联动"难"。一是对于具有西藏区域特色且有市场前景的项目和企业，银行和财政资金之间缺乏相应联动的风险补偿、奖励的市场培育机制。二是自治区党委政府提出"五放政策"推动西藏非公经济发展，而西藏 90% 以上的非公企业属于小企业，本身内控不完善、管理水平低，尚未建立起真正的现代企业制度，大多数小企业的融资需求缺乏必要的授信条件；三是西藏担保企业良莠不齐，部分企业存在资本金不足、管理不规范等问题，担保贷款损失抵补、呆账核销机制、银行与担保企业共担风险等机制建设滞后。

3. 信贷资金与大型项目合作"难"。西藏经济主要靠投资拉动，中央每年对西藏的投资及财政转移支付达数百亿元，大型项目投资主要来源于中央财政，多数信贷需求也仅在项目投资的前期（财政资金未到位）产生，而项目前期费

用贷款本身受制于项目相关手续、银行贷款审批政策等相关门槛的限制，一些基建项目给予银行的业务空间有限。截至 2014 年末，在藏银行业金融机构贷存比为 52.42%，信贷需求不足、有钱难贷的问题仍较突出。

4. 增放信贷与防范风险平衡"难"。近年来，西藏银行业信贷投放力度不断加大，贷款增幅屡创新高，在全国银行业贷款增幅收窄、流动性趋紧的情况下，西藏银行业贷款呈现持续增长的态势，这就对银行的贷款精细化管理、审慎经营水平、全面风险管理带来了挑战，新增贷款的风险隐患可能会加大。

四、几点思考及建议

1. 夯实普惠金融发展基础。在藏各银行业分支机构要积极争取总行支持，加大办公网络、设备更新等基础设施的资金投入，特别是要加大对农牧区基层营业网点电子化建设的投入，有计划、有步骤地对西藏辖内各营业网点进行整体改造，提高技术含量，扩大支付系统覆盖范围。继续大力支持其分支机构布放 ATM 等自助机具，弥补县域金融服务的不足，为银行卡用户提供便利服务。

2. 完善金融机构组织体系。大力推动中国进出口银行在藏设立分支机构，大力支持国有大型商业银行、全国性股份制商业银行在藏延伸增设分支机构，支持在藏设立村镇银行、小额贷款公司等新型金融机构，支持在藏设立金融租赁公司、金融消费公司、财务公司，完善西藏银行业金融机构体系。

3. 推动优惠政策持续优化。积极争取财政部支持，在继续执行在藏金融机构利差补贴和特殊费用补贴政策的基础上，进一步调整和完善对在藏银行业金融机构贷款的利费补贴政策。如：对"三农"和小微企业贷款实行特殊费用补贴政策，具体补贴标准由现在的 2% ~ 7.5% 的区域差异化补贴统一提高到 7.5% 的行业补贴；对邮储银行西藏分行县域及以下自营或代理金融网点给予每个网点 35 万元/年的补贴政策；对在藏法人银行业金融机构实行减（免）监管收费的政策等。

4. 推动总行强化政策支持。各总行要全面贯彻落实"银行业支持西藏经济社会发展座谈会"精神，继续加强对在藏分支机构的政策支持力度。如：对在藏分支机构持续深化差异化的信贷管理办法和制定专门薪酬、组织激励管理办法，在规模、授信、人才、费用、业务创新、绩效考核等方面予以倾斜支持，切实加大对在藏银行业自身发展和西藏经济社会发展的支持力度。

5. 强化各类政策协调联动。财政部门要在安排财政资金重点投向基础设施和民生领域的同时，有针对性地安排一些经营性项目由银行资金介入，提升西藏银行业发展空间。探索设立财政支持金融服务和创新专项补助基金，对银行业在金融机构空白乡镇提供基本金融服务和开展"三农"金融服务创新工作给予扶持补助。借鉴内地做法，建立金融服务年度奖励制度，激发服务热情和提升服务效果。

6. 加强担保中介信用体系建设。一是建立健全贷款担保和风险补偿机制。各级政府要加大对政府背景担保公司注资力度，并牵头出资设立风险补偿基金，对小微企业贷款进行合理风险补偿；鼓励和吸引民间资本组建融资性担保公司，积极引进区外信用担保机构，建立体系完备、形式多样、运作规范、适合西藏区情的信用担保体系。二是积极培育资产评估、法律、会计、审计、投资咨询、规划设计、信息服务等各类中介机构，逐步形成门类齐全、功能完善、竞争有序的中介服务市场。三是切实推动信用体系建设，加快农牧户等各类经济主体信用信息档案电子化建设，探索建立中小企业信用信息管理系统，建立和完善信用评价体系和配套政策，切实营造良好的信用环境。

7. 持续推动银行业稳健经营。在全区银行业信贷投放力度不断加大、贷款增幅屡创新高的大背景下，在藏各银行业金融机构要切实转变粗放经营的发展方式，树立审慎、合规经营理念，严格落实贷款管理制度，提高精细化管理水平，确保信贷管理依法合规。要坚持业务发展和风险防控并重，严防单纯追求市场份额而盲目扩张信贷规模，建立效益与风险、当期成果与可持续性发展兼顾的科学考评机制，杜绝绩效考核过于激进导致的风险隐患。要加大监督审计的频度、广度和深度，严查业务操作过程中的违法违规行为，确保银行业持续稳健经营。

西藏金融支持民生领域发展思考

中国人民银行拉萨中心支行课题组

课题组组长：刘伟兵

课题组成员：唐　超

摘要： 民生金融，是通过制度、规则、服务方式等金融手段配置社会资源，促进社会民生的发展和改善，实现社会公平、正义等公共目的的活动。本文拟借助西藏民生领域发展状况分析，研究西藏金融支持民生领域发展的困境，探寻西藏金融支持民生领域发展的路径。

关键词： 西藏　民生金融

众所周知，金融从来不是脱离社会价值的孤立存在，金融有其承载的特殊社会公益属性，其社会公益属性即金融发展的社会价值旨向，使社会民生与金融具有天然的联系，然而这种价值实现过程中也容易受到金融工具的扭曲，如金融资源配置过程中出现了偏好城市而忽视农村，进而导致农民难以借助金融服务支持扩大经营、发家致富。社会民生涉及多个方面，是因社会发展到一定程度产生，以维护社会公平、正义价值等公共利益，具体由就业、教育、社会保障等社会制度所承载。而在社会金融化这一背景下，民生与金融必然发生关系，形成新的领域，即有学者归纳的"民生金融"。民生金融的概念，即金融与民生结合后涉足的直接领域，主要包括金融促进就业、金融支持教育、金融改善分配以及金融促进社会保障等。

一、西藏金融支持社会民生发展的现状

从西藏辖区人民生活水平指标表现来看，西藏辖区社会民生领域发展快速，教育、卫生医疗和社会保障等各类支出逐年快速增长，平均增速在 10% 以上，城镇与农村的差异化程度仍然很高，城镇居民生活水平较农村居民的生活水平的发展速度更快，其中，以城镇人均可支配收入和农村人均生活消费支出都大

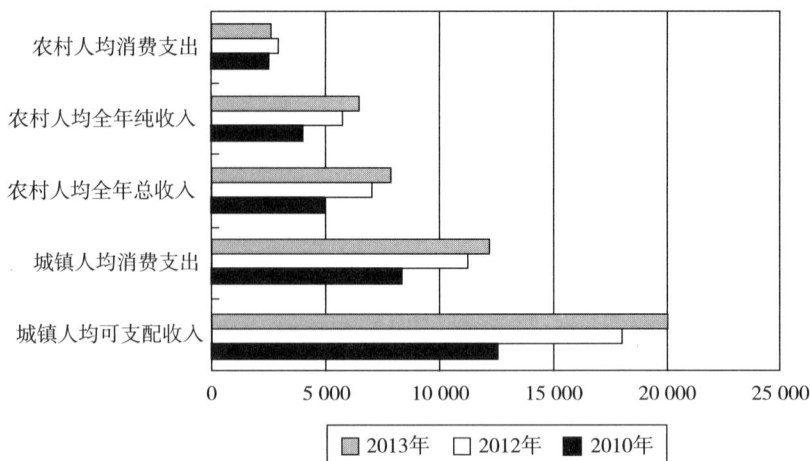

数据来源：2013 年西藏自治区国民经济和社会发展统计公报。

图 1　西藏人民生活水平基本情况

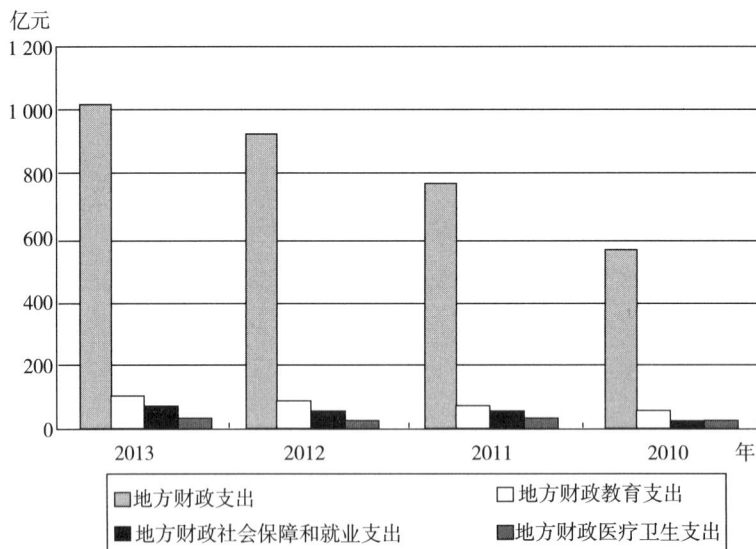

数据来源：国家统计局网站。

图 2　西藏地方财政公共服务支出情况

幅增加为代表。然而从地方政府财政性支出来看，教育、卫生医疗和社会保障等各类支出逐年快速增长，平均增速在 10% 以上，但占比不高，教育类仅超10%、社会保障类不到 8%、卫生医疗类不到 4%，整体民生领域地方财政性支出不超过 22%。可见，西藏社会民生发展资金缺口较大，难以满足发展需求，民生金融亟待开发。

（一） 西藏就业基本情况

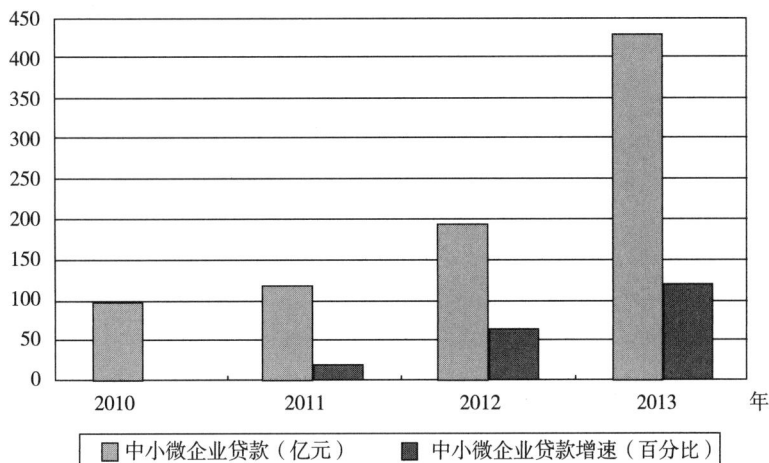

数据来源：国家统计局网站。

图3　西藏中小微企业信贷规模

根据西藏自治区统计局数据显示，自 2009 年西藏城镇就业总人数不到 50 万人，到 2013 年度总人数突破 100 万人，总人数翻番，同时城镇登记失业率从 4%左右降低至 2%，近年来西藏辖内中小微企业发展迅速，其信贷规模呈几何上升态势。中小微企业信贷规模与私营企业数量和带动就业人数相匹配，与失业率成反比，金融促进中小微企业发展规模的扩大，能够有效带动社会就业岗位的增加，能够有效增加社会就业人口总数，有效控制社会失业人数以及失业率。

（二） 西藏教育基本情况

从近年来高等学校和中专学校师生基本情况统计来看，学生数量基本呈现逐年增加，专职教师逐年增加，学生数量决定着教师配置数量。从助学贷款发放规模来看，人数逐年减少，贷款余额逐年降低，且不良贷款余额逐年降低快速，不良贷款率从 2010 年的 48.85% 降至 2013 年的 17.61%，为营造良好的教育民生金融提供了有利条件。同时，助学贷款规模与不良贷款率成正比，不良率决定着助学贷款规模的扩大，决定了助学贷款受助学生的规模。可见，在师生规模不断发展的情况下，助学贷款规模的紧缩短期制约了西藏辖内教育发展水平的提高，但为下一步金融支持民生教育领域发展打下了良好基础。

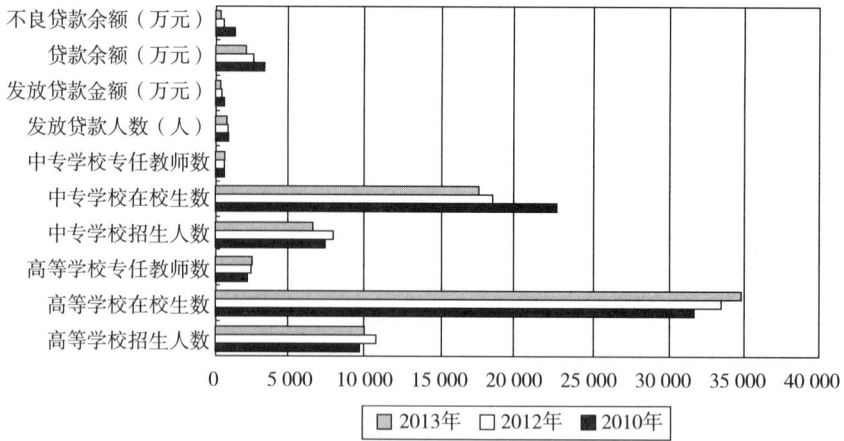

数据来源：国家统计局网站。

图4 西藏辖区中高等教育发展基本情况

（三）西藏收入分配基本情况

对比 2009 年与 2012 年度相关数据，人均可支配收入有所增加，消费能力有所增强，人均可支配收入绝对值仍然很低，从收入结构上来看，依赖工资性收入，而资产性收入很低，金融工具利用成效低，金融对社会民生发展的促进作用不明显。从消费结构来看，基尼系数仍然很高，食品消费基本占现金消费的 50% 以上，而更高级别的文娱消费类的增速达不到消费的平均增速。与此同时，较同期个人存贷款规模变化来看，金融工具在改善西藏社会收入分配及个体民生领域支出的作用没有发挥出来。

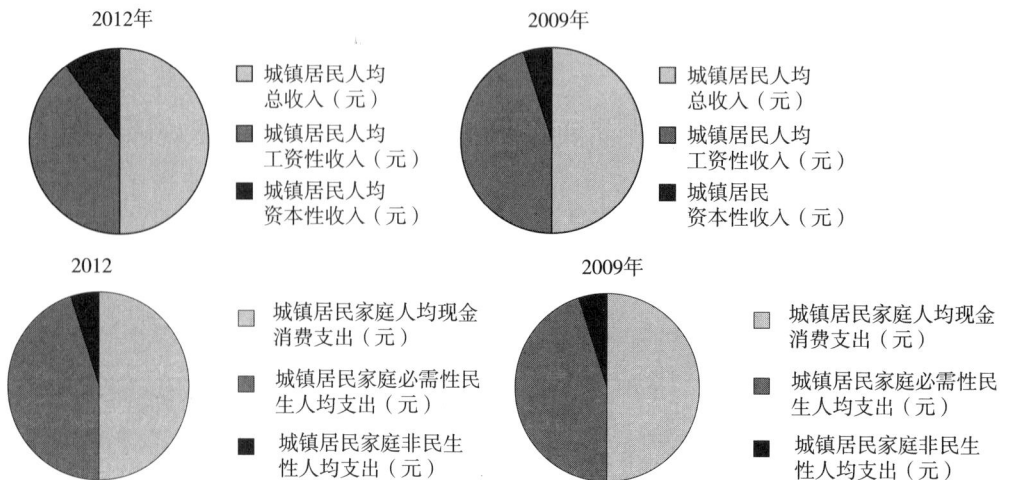

图5 2012 年与 2009 年城镇居民收入及消费情况对比

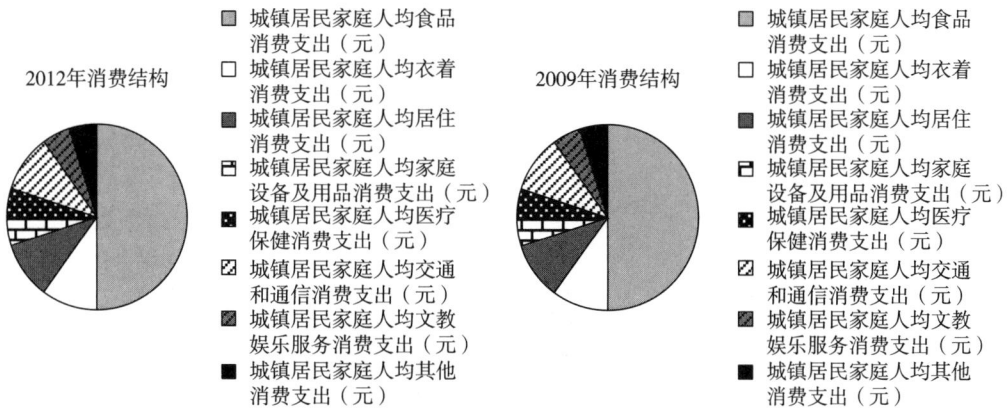

2012年消费结构

- 城镇居民家庭人均食品消费支出（元）
- 城镇居民家庭人均衣着消费支出（元）
- 城镇居民家庭人均居住消费支出（元）
- 城镇居民家庭人均家庭设备及用品消费支出（元）
- 城镇居民家庭人均医疗保健消费支出（元）
- 城镇居民家庭人均交通和通信消费支出（元）
- 城镇居民家庭人均文教娱乐服务消费支出（元）
- 城镇居民家庭人均其他消费支出（元）

2009年消费结构

- 城镇居民家庭人均食品消费支出（元）
- 城镇居民家庭人均衣着消费支出（元）
- 城镇居民家庭人均居住消费支出（元）
- 城镇居民家庭人均家庭设备及用品消费支出（元）
- 城镇居民家庭人均医疗保健消费支出（元）
- 城镇居民家庭人均交通和通信消费支出（元）
- 城镇居民家庭人均文教娱乐服务消费支出（元）
- 城镇居民家庭人均其他消费支出（元）

数据来源：国家统计局网站。

图5 2012年与2009年城镇居民收入及消费情况对比（续）

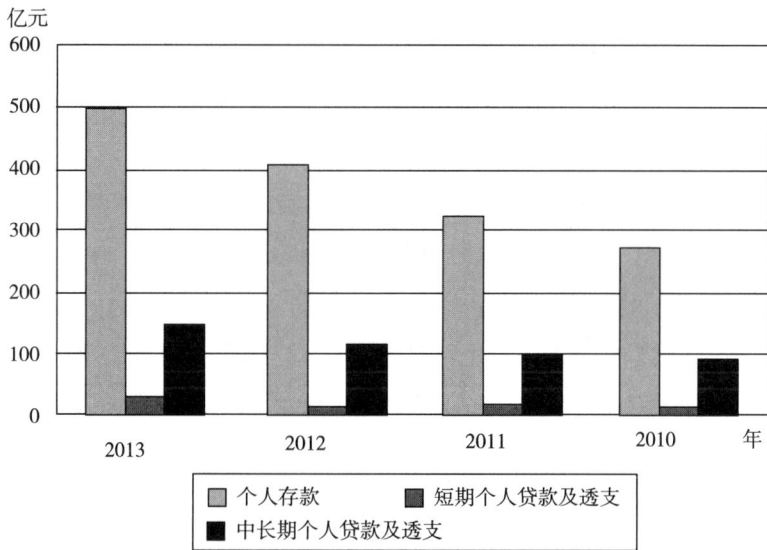

图6 西藏自治区个人存贷款情况统计

（四）西藏医疗养老保障体系分析

从近年来西藏辖区城镇居民参加养老保险的规模来看，参加养老保险的人数逐年增加，离退休人员参加养老保险人数保持不变。从西藏养老保险基金规模来看，基本养老保险基金收入增长较支出快，基本养老保险累计结余增加速度最快，可见，西藏城镇养老保险制度在抵御资金风险的能力上有所增强。但是，金融对进一步提高西藏养老福利待遇的帮助仍然不足。同时，伴随社会老

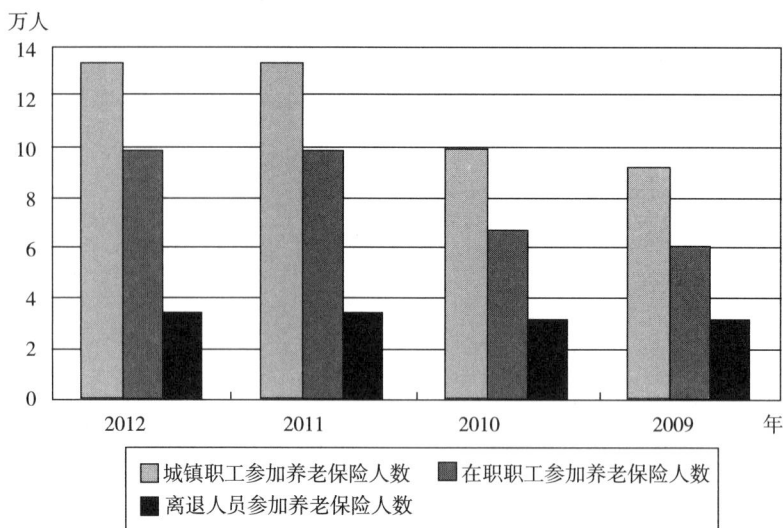

图 7　西藏自治区城镇养老保险参保规模

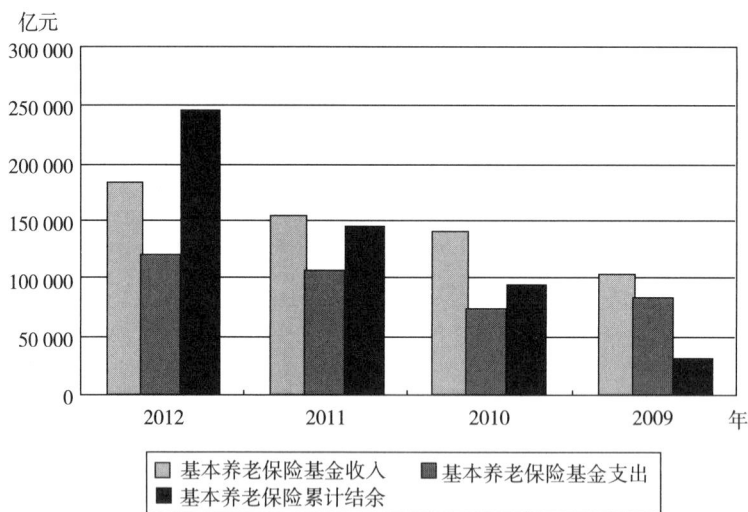

图 8　西藏自治区城镇养老保险基金规模

龄化和西藏人均寿命的提高，城镇基本医疗保险参与人数逐年增加，城镇职工医疗保险参与人数逐年增加且增速逐年升高，城镇居民医疗保险参与人数逐年增加且增速逐年升高。从医疗卫生保障的基本指标来看，西藏卫生机构数量较少，能够医治大病的卫生机构更少，卫生技术人员总人数较少，各项基础设施增速缓慢，甚至在妇幼保健所和每千人卫生技术人员的指标中出现负增长。从医疗保险收支平衡来看，在国家和地方财政共同支持下，基本实现收支平衡。可见，西藏医疗卫生水平发展不高，发展速度不快，相关金融服务支持基本处

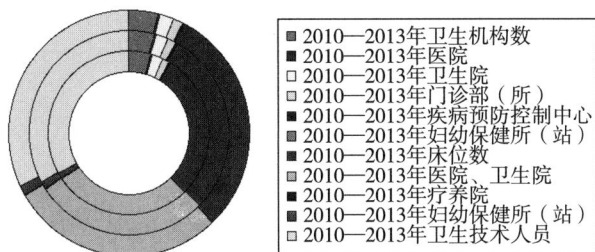

图例：
- 2010—2013年卫生机构数
- 2010—2013年医院
- 2010—2013年卫生院
- 2010—2013年门诊部（所）
- 2010—2013年疾病预防控制中心
- 2010—2013年妇幼保健所（站）
- 2010—2013年床位数
- 2010—2013年医院、卫生院
- 2010—2013年疗养院
- 2010—2013年妇幼保健所（站）
- 2010—2013年卫生技术人员

图9　西藏自治区医疗卫生发展规模

于停顿状态。

总体看来，西藏社会民生领域发展仍处于初级阶段，民生领域发展水平低，公益性民生金融需求依然旺盛，西藏社会对民生领域发展的促进仍需要以完善各类社会保障制度为主，正在不断提高公益性民生保障体系的保障水平，逐步满足西藏百姓公益性民生金融需求，而发展性民生金融需求刚进入初期阶段，西藏百姓的发展性民生金融需求意识不强。可见，西藏金融支持民生领域发展仍然处于发展的初级阶段，其导向性不强，公益性民生金融需求缺口仍然很大，发展性民生金融需求仍未获得社会认可。

二、西藏民生金融发展遭遇的瓶颈

近年来，西藏金融行业发展迅速，其支持民生领域发展的力度有所加强但制约西藏民生领域发展的因素也很明显，主要表现在以下几个方面：

一是金融产品同质化导致居民消费结构难以得到根本改变。从城镇居民的收入和消费情况来看，收支基本平衡，但消费结构严重不合理，食品消费金额达现金消费的50%以上，而较之同期个人存贷款规模，存款规模显著增加，个人消费类贷款无论短期还是长期，均没有明显变化，可见城镇居民对于自身抵御重大事故风险的担忧较强，对当前民生领域的投入较多。反观金融产品，其同质化严重，目前符合西藏市场需求的金融服务产品较少，同时受西藏的特殊性制约，一般性金融服务产品难以满足日益增长的民生需求，使得城镇居民的消费及信贷结构均不合理，难以改善个人的民生环境。

二是西藏金融机构对民生领域金融服务持保守观念。目前，西藏辖区银行业金融机构开始对民生领域进行有限探索，如从西藏助学贷款规模发展来看，金额规模逐年减少，不良率逐年降低，而学生规模逐年扩大，助学贷款需求越来越大。同时，金融机构动力不足，浮于表面，缺乏系统性战略思考，导致相关数据显示金融支持力度逐年减弱。因助学贷款等民生领域信贷不良率较其他类信贷不良率高，西藏辖内金融机构多持有民生金融风险过高、资金周转慢、缺乏利益的传统保守观念，导致民生金融发展缺乏内动力。

三是西藏地方性政策与信贷资金支持社会民生发展存在不协调。西藏地方性财政收入与支出差额巨大，地方性财政收入难以负担财政支出，其能够投入民生领域的资金较发达地区更为匮乏，基本依靠中央财政补偿民生经济发展。在这一背景下，财政资金能够撬动的用以支持社会民生发展的信贷资金规模较少，更依赖运用地方性政策引导信贷资金投入民生领域。目前看来，西藏地方性特殊金融政策虽然较发达地区更具优势，如整体利率较中央基准利率低 2 个百分点，扶贫贴息政策等，但是政策传导至金融机构后缺乏有效落实措施，导致作为终端的中小微企业和普通公民难以享受政策扶持的收益，造成了地方性政策与信贷资金支持社会民生发展的矛盾。

四是西藏民生金融的配套政策支持不足。受我国现行法律制约，如农村集体所有权土地质押问题，导致农牧民的土地资产难以转化为流动资金，而民生金融多涉及对公益性项目的金融支持，但公益性项目多涉及如学校、医院等以公益为目的的事业单位的设施，法律禁止利用公益性资产做抵押，进而公益性项目因缺乏有效担保而难以获得贷款，终而导致公益性项目的破产。

五是西藏民生领域生态环境有待改善。西藏金融生态环境建设较为欠缺，金融基础服务亟待加强，西藏社会信用体系尚未搭建成熟，西藏整个金融市场狭窄，抵御经济风险能力较差的个体户、中小微企业的生存环境有待改善，其弱势地位导致难以有效维护其合法权益。在西藏大力发展基础建设的背景下，金融机构更倾向于投入资金到国家项目之中，本就难以获得金融支持的民生经济主体如个体户、中小微企业，几乎就丧失了获取信贷资金支持的可能。

三、进一步落实金融支持民生领域发展的建议

（一）完善以扶贫开发为核心的民生金融发展战略

一方面，进一步丰富和完善扶贫贴息贷款政策。目前，西藏扶贫贴息贷款政策范围最广，政策支持力度最大，在全国范围内贷款利率最低。近年来，扶贫贴息贷款余额呈几何级数上升。根据西藏实际，可探索进一步丰富和完善扶

贫贴息贷款政策体系的内容，如在明确扶贫责任的前提下，将致富带头人与贫困户增收的带动项目、农牧业经济合作企业项目、农牧区公益性项目乃至各类致力于农牧区发展的组织全部纳入扶贫贴息贷款范围，进一步加强西藏民生金融中扶贫开发的力度。另一方面，建立扶贫开发金融服务联动协调机制。为深入贯彻落实《中国农村扶贫开发纲要（2011—2020年）》《西藏自治区贯彻中国农村扶贫开发纲要（2011—2020年）实施办法》（藏党发〔2012〕3号）要求，西藏成立了由人民银行拉萨中心支行、人民银行各地区中心支行和辖区银行业金融机构区分行为成员的扶贫开发金融服务联动工作小组。在具体工作中，应加大扶贫开发金融服务联动工作小组成员间的沟通和协调，可通过定期开展联席会议等方式，保障西藏民生金融领域扶贫开发政策的及时落地和以扶贫开发项目为主体的民生金融的发展。

（二）不断推进农村金融产品和服务方式创新

围绕金融创新支持西藏农牧业加快发展这一目标，西藏银行业金融机构应当进一步加大对农牧区经济发展的金融支持力度，努力做好农牧区金融服务工作，在认真总结农行西藏分行农牧户小额信用贷款及"四卡"发放经验基础上，加大对可推广的农村金融创新产品和信贷模式的探索，不断满足西藏辖区农牧信贷产品要求和金融服务。如农行西藏分行积极探索和研究开展新贷款品种的试点和推广工作，引进了农牧区青年创业贷款品种，对已评定为信用乡（镇）、村内的18周岁（含）至40周岁（含）的自主创业的农牧区青年，从农牧区青年的发展出发，通过金融政策扶持、金融资金支持、金融产品帮助，有效带动农牧区青年创业致富，改善社会民生。

（三）积极抓好中小微企业融资工作

为缓解西藏中小微企业发展过程中面临的融资难题，应当从以下几方面入手解决问题：一是加强政策引导。相关监管部门应制定促进辖区中小微企业发展的相关制度，并加强窗口指导，引导西藏金融资源更多流向中小微企业。二是推进辖区非金融企业债务融资工作，积极利用银行间债券市场非金融企业债务融资工具，同时，积极协调银行业金融机构对西藏优质企业进行筛选，针对部分发债亿元的优质企业开展前期培育辅导工作，通过发行非金融企业债务扩大融资规模，扭转融资渠道结构单一的局面。

（四）推动政府融资平台公司类贷款发展

围绕解决西藏部分政府项目融资难问题，完善规范融资主体，形成更多承贷载体，出台相应管理规定规范地方投资公司运营，明确融资主体、融资条件、融资程序、资金管理和偿还办法等具体措施，搭建辖内的开放式投融资平台。如引导银行业金融机构与自治区国盛投资有限公司展开深度合作，积极向自治区推荐的重点建设项目发放贷款，为有效加快解决西藏社会民生的基础性建设提供了有力金融支持。

（五）努力破解银担合作困境

西藏银担合作起步较晚，存在担保机构发展不规范、担保力不足、经营风险大、银担合作门槛较高等问题。为进一步加强银担合作，拓宽辖区企业融资渠道，结合对全辖范围内开展的西藏银担合作情况的调研，建议从担保合作到担保公司再到担保体系建设，建立从银担合作机制到担保业管理制度再到担保体系发展的政策扶持，加快推动银行与担保公司的合作，带动更多的金融机构投入西藏社会民生领域发展之中。

（六）加大对薄弱环节的金融支持力度

加强民生领域金融服务，是促进和谐社会建设的重要内容。西藏相关监管部门应督促引导辖区银行业金融机构加大对民生领域薄弱环节的金融支持力度。可从以下方面着手：一是围绕西藏贫困学生多的问题，积极督促辖区银行业金融机构加强与各自总行的请示汇报，处理好历史遗留问题，尽快恢复开办国家助学贷款业务，促进西藏教育事业的发展。二是吸取妇女小额担保贷款在拉萨、日喀则、阿里和林芝四个地区 7 个县（乡）推广的经验，因地制宜，尽快在全区推广，切实为西藏妇女创业、就业提供资金支持，促进传统民族妇女手工业发展。三是加强重点建设项目金融支持，为西藏民生领域发展提供基础保障。

参考文献

［1］陈伟明：《我国财政支出的收入再分配效率研究》，《厦门大学 2012 年学位论文集》。

［2］郭鹏：《高等教育投入和产出效率的国际比较研究》，《南开大学 2008

年学位论文集》。

［3］杨贵梅：《我国居民医疗保健支出差异性研究》，《首都经济贸易大学2012 年学位论文集》。

［4］王学丽：《我国养老保险基金的筹集研究》，《山西财经大学 2009 年学位论文集》。

［5］肖飞：《社会保障制度对我国居民消费影响的实证研究》，《湘潭大学2009 年学位论文集》。

［6］曹燕、吴世玉：《1996—2000 年湖北省与全国医疗保健消费的对比研究》，载《中国医院用药评价与分析》，2004（3）。

［7］刘妮雅、杨佩：《论城镇化变异与缩小城乡差距——基于城乡收支差异视角》，载《金融与经济》，2013（8）。

［8］郭彦卿：《城镇居民收入增长的现状分析与政策建议》，载《江苏科技信息（学术研究）》，2009（9）。

［9］丁瑞莲、徐婷婷：《金融的社会性及其伦理诉求》，载《商业研究》，2010（1）。

［10］陈苗苗、贾秀敏：《我国农产品价格波动对居民食品消费支出的影响》，载《新财经（理论版）》，2012（1）。

［11］赵艳、张鑫武、马妮娜、周明：《河北省城镇职工养老保险基金缺口现状与趋势分析》，载《未来与发展》，2014（5）。

［12］陈伟：《西部地区民生金融发展问题研究》，载《现代商业》，2013（17）。

［13］刘红梅：《从数据看青海城乡居民生活新面貌》，载《柴达木开发研究》，2011（4）。

［14］刘洁：《江苏城乡居民消费变化特征分析》，载《经济研究导刊》，2012（26）。

［15］杨阿维、张建伟：《西藏自治区消费需求与经济增长的实证研究》，载《濮阳职业技术学院学报》，2013（3）。

［16］王烨：《宁夏金融服务民生改善民生的现状、问题和对策研究》，载《宁夏大学学报（人文社会科学版）》，2011（4）。

［17］严先溥：《收入增长与经济发展关系的新审视》，载《金融与经济》，2012（12）。

［18］高云龙、肖坚：《城镇居民收支稳步增长生活水平大幅提高》，载《价格月刊》，2012（10）。

［19］郭戌颖、胡文会、李晓萌：《江苏省城镇居民人均家庭消费水平区域性差异分析》，载《城市建设理论研究》，2014（10）。

［20］胡海峰、赵亚明：《我国民生金融发展现状、问题与对策研究》，载《科学与研究》，2013（7）。

发展研究篇

Fazhan Yanjiu Pian

西藏金融生态环境实证研究

中国人民银行拉萨中心支行课题组
课题组组长：付代军
课题组成员：吴　玲　彭志坚

摘要： 本文首先对西藏金融生态环境的现状进行了详细的阐述，其次分析了西藏金融生态环境建设中存在的困难和问题，最后提出了营造西藏良好金融生态环境的对策建议。研究认为，经济环境对金融生态环境具有决定性的作用；制度环境对金融发展具有重大的推动或制约作用。改善西藏金融生态环境，应从改善经济环境入手，同时也不能忽略法制环境、信用环境等制度环境的建设。

关键词： 西藏　生态环境　研究

金融生态是个仿生概念。生态系统（eco – system）是指由生物群落及其所赖以生存的物理环境共同组成的动态平衡系统，包括生物系统和环境系统两个部分。参照生态学对生态系统的定义，金融生态是指金融系统在一定环境下生存与发展的状态，包括金融系统及其所处环境之间具有互动关系的总和。金融生态环境是指金融业运行的外部环境，主要包括经济环境、制度环境和市场环境等。决定金融生态状况的主要因素是金融系统的状况与金融系统所处环境的状况。改善金融生态，一方面要完善金融业自身的经营和运作机制，另一方面要改善金融业运行的外部环境。本文主要研究西藏金融生态环境，即西藏金融业运行的外部环境及其与西藏金融业的互动关系，对于西藏金融业本身的状况暂不做详细讨论。

一、金融生态环境建设的重要意义

金融生态环境研究是一个系统工程，涉及宏观经济环境、市场环境和各种制度因素等。良好的金融生态环境可以促进金融更好地发挥在现代经济中的核心作用，从而推动经济持续健康发展。这是因为，经济的持续健康发展离不开资金的有效投入。在市场经济条件下，区域间的资金流动取决于金融生态环境。目前，随着改革的不断深入，各家商业银行总行按照巴塞尔新资本协议风险控制的要求，开始建立内部评级体系，其中包括对不同地区的内部评级。如果一个地方金融生态环境好，商业银行对这个地方的内部评级就高，就会有更多的信贷资金向这个地方流动，从而形成资金聚集的"洼地效应"。因此，提高一个地方对资金的吸引力，从而提高其经济竞争的实力，必须重视改善金融生态环境。

当前，西藏经济主要靠投资拉动，从长远来看，西藏经济的持续、快速、健康发展，离不开金融的强有力支持。加强西藏的金融生态环境建设，可以不断吸引更多的信贷资金流入，促进西藏经济的良性发展；有利于防范和化解金融风险，降低金融机构不良贷款，增强西藏金融机构的竞争力；有利于发挥市场在资源配置中的决定性作用，提升资源配置效率；有利于提高企业和广大群众的诚信意识和风险意识，促进社会信用体系建设；有利于改善货币政策传导机制，增强贯彻落实特殊优惠货币政策的有效性。

二、本文的研究思路及西藏金融生态环境的评价

本文的研究思路如下：首先构建西藏金融生态环境的评价指标体系，并以西藏商业银行不良贷款率为评价指标，对西藏金融生态环境作出定量评价；其次，对各环境要素，尤其是经济环境对金融体系的影响进行分析；同时，鉴于金融生态环境和地区对资金吸引力的密切关系，对金融资产质量和西藏金融系统资金流出的关系作出定量分析；最后，针对前面的研究，结合西藏实际，找出金融生态环境建设中存在的困难和问题，并提出有针对性的政策建议。

地区金融生态环境的好坏，直接关系着金融机构的资产质量。有鉴于此，本文选择西藏国有商业银行的不良贷款率（XZNPL）作为评价西藏金融生态环境的指标，样本期从2006年第一季度到2013年第四季度，共32个样本，如图1所示。

1. 纵向比较（季度数据）。从图1可以看出，2006年以来，西藏的金融生态环境变化主要分为两个阶段。第一阶段，从2006年第一季度到2008年第三季度，西藏的金融生态环境总体较差，不良贷款率在15%～19%震荡。这主要是因为1997年的东南亚金融危机影响传导至国内，进而引起西藏经济下滑，不良贷款率上升。在这一阶段，部分不良贷款存量未得到消化，致使辖区不良贷

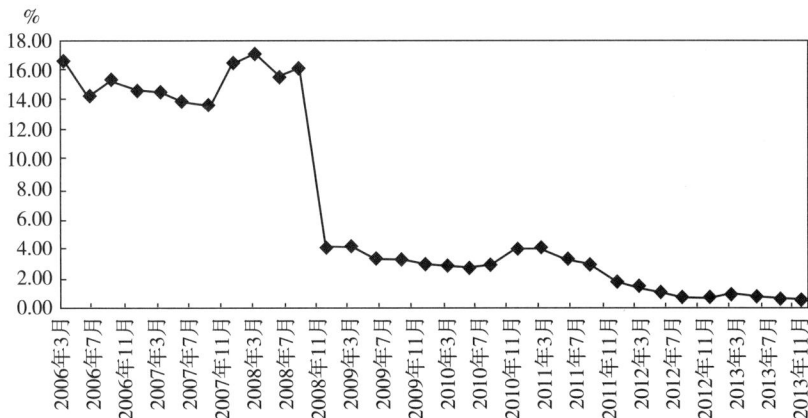

图1 西藏国有商业银行不良贷款率变化图

款率居高不下。第二阶段，从 2008 年第四季度至 2013 年第四季度，不良贷款率总体呈现下降趋势，不良贷款率从最高时的 18.61% 降至 0.70%，降幅达17.91% 以上，金融生态环境明显好转。这主要是由于：一是 2008 年末农业银行进行了股改，剥离了大量的不良资产；二是辖区各银行业机构加强了不良资产的清收处置力度，不良贷款总额大幅下降，为金融生态环境的改善奠定了坚实的基础。

2. 横向比较（年度数据）。

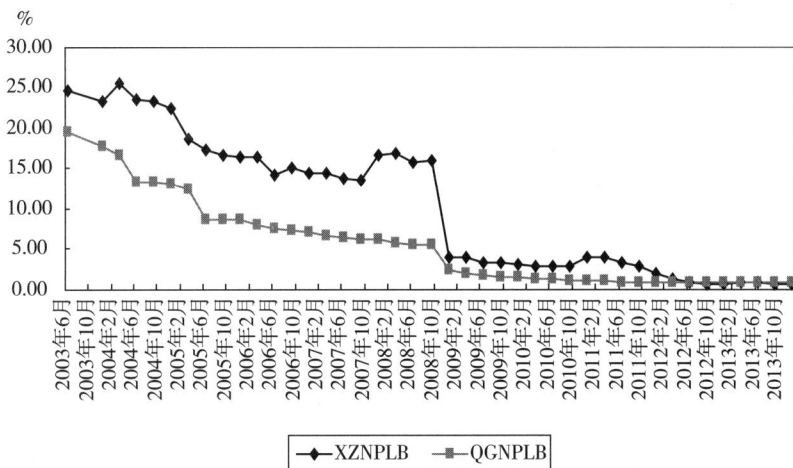

注：本图不良贷款率数据均为剥离后数据；同时由于技术原因，没有考虑四级分类和五级分类的差异。

数据来源：相关文献资料及银监会网站。

图2 西藏与全国国有商业银行不良贷款率比较

其中，XZNPLB 表示西藏国有商业银行考虑剥离因素后的不良贷款率，QGNPLB 表示全国国有商业银行考虑剥离因素后的不良贷款率。由于全国数据收集的难度，本图考虑的是年度数据。

从图 2 可以看出，西藏国有商业银行不良贷款率和全国的变化趋势是基本一致的，在全国与区域宏观经济环境向好、不良资产剥离、商业银行加强内部管理等因素的影响下，逐步下降，金融生态环境逐步改善。但同时也可看到，2012 年后，西藏国有商业银行的不良贷款率已低于全国平均水平，这表明西藏金融生态环境已明显得到了改善。

三、西藏金融生态环境的影响因素分析

经济决定金融，经济结构决定金融运行的效率和质量，经济因素对金融生态环境具有决定性的作用；制度因素作为上层建筑，包括法律制度、信用制度等，对金融发展具有重大的推动或制约作用；市场因素，如中介服务体系、金融市场等，其完善程度对金融生态环境建设具有重要的支撑作用。基于以上分析，本文将从经济因素、制度因素、市场因素三个方面分别探讨对金融生态环境的影响。

（一）经济因素分析

经济环境是解释目前中国不良资产成因的第一变量（易纲，2003）。经济因素作为金融生态环境的决定性因素，下面本文将从经济总量、经济结构等角度对金融生态环境进行详细的定量分析和研究。

1. 经济增长、投资率和金融生态环境的关系分析

从经济发展模式来看，西藏经济是典型的政府主导、投资拉动型经济，以大型基建项目建设为主导的固定资产投资成为推动西藏经济社会健康快速发展的主要动力。因此，本文分别选择西藏地区 GDP、投资率 IR 作为分析变量，讨论两个变量与西藏生态环境变量 LXZNPL 之间的关系。为了保证分析的可靠性和适当消除异方差，本文对 GDP 数据进行对数化处理，采用 EVIEWS5.0 进行数据分析。

（1）变量的单整和协整检验。时间序列如果是非平稳的，将会导致伪回归，从而得出错误的结果，因此必须对序列进行平稳性检验。检验结果见表 1 至表 3。

表 1 序列 LXZNPL 的单位根检验结果

Null Hypothesis：LXZNPL has a unit root

Exogenous：None

Lag Length：0（Automatic based on SIC MAXLAG = 3）

		t – Statstic	Prob*
Augmented Dickey – Fuller test statistic		– 1.857888	0.0619
Test critical values：	1% level	– 2.728252	
	5% level	– 1.966270	
	10% level	– 1.605026	

∗ MacKinnon（1996）one – sided p – values.

Warning：Probabilities and critical values calculated for 20

observations and may not be accurate for a sample size of 15

从表 1 可以看出，LXZNPL 是在 10% 的显著性水平下平稳，为弱平稳序列。

表 2 序列 LGDP 的单位根检验结果

Null Hypothesis：LGDP has a unit root

Exogenous：Constant Linear Trend

Lag Length：0（Automatic based on SIC MAXLAG = 3）

		t – Statstic	Prob*
Augmented Dickey – Fuller test statistic		– 3.614121	0.0633
Test critical values：	1% level	– 4.728363	
	5% level	– 3.759743	
	10% level	– 3.324976	

∗ MacKinnon（1996）one – sided p – values.

Warning：Probabilities and critical values calculated for 20

observations and may not be accurate for a sample size of 15

从表 2 可以看出，LGDP 是在 10% 的显著性水平下平稳，为弱平稳序列。

表 3 序列 IR 的单位根检验结果

Null Hypothesis：IR has a unit root

Exogenous：Constant Linear Tredn

Lag Length：0（Automatic based on SIC MAXLAG = 3）

		t – Statstic	Prob*
Augmented Dickey – Fuller test statistic		– 4.158003	0.0259
Test critical values：	1% level	– 4.728363	
	5% level	– 3.759743	
	10% level	– 3.324976	

∗ MacKinnon（1996）one – sided p – values.

Warning：Probabilities and critical values calculated for 20

observations and may not be accurate for a sample size of 15

从表3可以看出，IR是在5%的显著性水平下平稳，为平稳序列。

（2）变量的格兰杰因果关系检验及其相关性分析。以上分析可知，LXZN-PL、LGDP与IR变量均为平稳序列，三个变量之间是否存在相互影响的因果关系，则应对LXZNPL、LGDP与IR变量进行Granger因果检验。

表4　　　　　　　　　序列 LXZNPL 与 LGDP 因果检验结果

Pairwise Granger Causality Tests

Date：07/09/14 Time：20：15

Sample：1998 2013

Lags：1

Null Hypothesis	Obs	F – Statistic	Probability
LXZNPL does not Granger Cause LGDP	15	0.01769	0.89638
LGDP does not Granger Cause LXZNPL		6.40099	0.02642

从表4可以看出，在5%的显著水平下拒绝 LGDP 不是 LXZNPL 的 Granger 因果关系，即 LGDP 是造成 LXZNPL 的 Granger 因果关系；反之，则接受 LXZN-PL 不是 LGDP 的 Granger 因果关系，即 LXZNPL 不是造成 LGDP 的 Granger 因果关系。

表5　　　　　　　　　序列 LXZNPL 与 IR 因果检验结果

Pairwise Granger Causality Tests

Date：07/09/14 Time：21：22

Sample：1998 2013

Lags：2

Null Hypothesis	Obs	F – Statistic	Probability
IR does not Granger Cause LXZNPL	14	0.89469	0.44219
LXZNPL does not Granger Cause IR		2.69155	0.12127

从表5可以看出，在5%的显著水平下接受 IR 互不 LXZNPL 的 Granger 因果关系，即 IR 不是造成 LXZNPL 的 Granger 因果关系；反之，LXZNPL 也不是造成 IR 的 Granger 因果关系。这在一定程度上反映了西藏以政府投资为主体的现实。2000 年以来，西藏固定资产投资资金来源结构中国家预算内资金占比平均保持在 70%以上，这种投资资金结构使得 LXZNPL 与 IR 之间不存在明显的 Granger 因果关系。

综上所述，西藏的经济增长能够有效地化解不良贷款，改善西藏金融生态环境。而投资率对金融生态环境改善效果不明显。其实，对于西藏这种经济发展模式来说，较高的投资率能有效地加快西藏经济社会发展，间接地改善西藏金融生态环境，但由于国家预算内资金为主体，加之，贷款主体均为国内大型基建企业，信誉较好，其信贷基本不存在违约风险，使得投资变量与不良贷款率变量之间不存在因果关系。

2. 产业结构与西藏金融生态环境关系分析

西藏具有有别于全国其他地区的特殊"V"字型产业结构，这种产业结构是否会对金融生态环境产生影响，下面选择西藏第一、第二、第三产业分别占同期 GDP 的比重为解释变量，研究其对不良贷款率的因果关系。考虑到可比和异方差等因素，首先对第一、第二、第三产业和 GDP 的年度数据进行对数处理。处理后的变量分别以 LC1R_ I、LC2R_ I、LC3R_ I 表示。样本期从 1998 年到 2013 年，共 16 个样本。首先对西藏三次产业占 GDP 比重的变动趋势做一个直观了解，见图3。

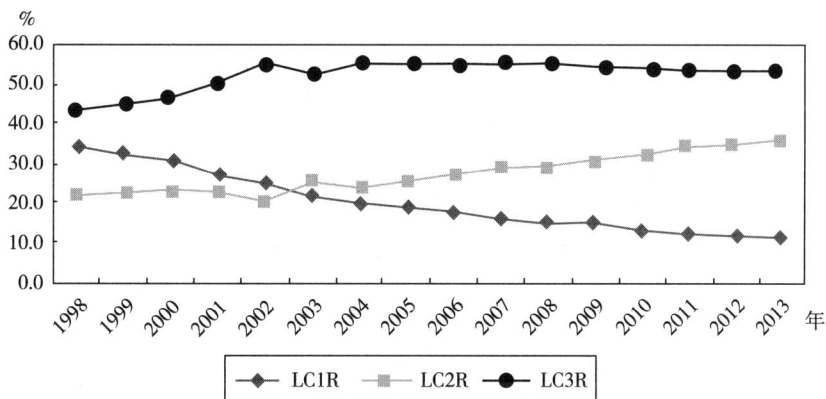

数据来源：由《西藏统计年鉴》相关数据整理而成。

图3　西藏第一、第二、第三产业占比指数变动趋势图

其中，LC1R 表示第一产业占 GDP 比重的指数的对数，LC2R 表示第二产业占 GDP 比重的指数的对数，LC3R 表示第三产业占 GDP 比重的指数的对数。

从图3可以看出，西藏的第一产业占 GDP 的比重逐步下降，第二产业占 GDP 的比重逐步提高，表明西藏产业结构逐步改善，工业化程度逐步提高。

其次，研究 LC1R_ I、LC2R_ I、LC3R_ I 和 LXZNPL_ I（西藏商业银行不良贷款率指数的对数）的因果关系和相关性，见表6和表7。

表6   序列 LC1R、LC2R、LC3R 和 LXZNPL 格兰杰因果检验

Pairwise Granger Causality Tests

Date：07/10/14 Time：11：59

Sample：1998 2013

Lags：1

Null Hypothesis	Obs	F – Statistic	Probability
LC3R does not Granger Cause LXZNPL	15	5. 79709	0. 03305
LXZNPL does not Granger Cause LC3R		0. 28507	0. 60315
LC2R does not Granger Cause LXZNPL	15	0. 06499	0. 80309
LXZNPL does not Granger Cause LC2R		5. 99957	0. 03063
LC1R does not Granger Cause LXZNPL	15	31. 2125	0. 00012
LXZNPL does not Granger Cause LC1R		0. 44708	0. 51638

从表6可以看出，西藏第二产业占比的变动与金融生态环境的因果关系并不明显，而第一产业和第三产业占比的变动与金融生态环境呈现明显的单向因果关系，即第一、第三产业占比的变动是导致金融机构不良贷款率变动的原因。

表7   序列 LC1R、LC2R、LC3R 和 LXZNPL 的相关系数

	LC1R	LC2R	LC3R
LXZNPL	– 0. 73	– 0. 89	0. 97

结合表7的相关系数分析可以发现，在其他因素不变的情况下，第一、第二产业占比与不良贷款率呈反向变动关系，第三产业占比与不良贷款率呈同向变动关系，即第一、第二产业占比的增加会使银行不良贷款率减少，第三产业占比的增加会使银行不良贷款率增加。这也在一定程度上反映了西藏第三产业发展质量仍有待提高。

（二）制度因素与市场因素分析

按照定义，金融生态环境除包括宏观经济环境以外，还包括制度环境和市场环境。那么制度因素和市场因素是否对金融体系构成影响以及如何影响，由于数据收集的难度，下面将采用定性方法进行简要说明。

1. 制度因素分析

制度因素主要包括行政制度、法律制度和信用制度等因素。

行政制度，是指有关国家行政机关的组成、体制、权限、活动方式等方面的一系列规范和惯例。我国是一个行政主导的国家，行政因素是影响我国金融

生态的重要因素。在我国现有银行类不良资产中，行政干预是其主要原因。有关调查表明，直接或间接行政干预形成的银行业不良资产占我国不良资产总额的80%左右。另外，我国金融案件中，执法不力也与行政制度有关，因为我国的司法与行政没有完全分离。

法律制度环境简称法制环境。对于一个地区来说，法制环境主要是指执法环境。市场经济是法制经济，良好的执法环境可以有效保护债权人、投资人的合法权益，打击金融违法行为，树立诚信意识和道德规范。"当前，……执法不力等，是我国制度环境方面存在的薄弱环境，是影响我国金融生态的重要因素"。

信用制度是指关于信用及信用关系的"制度安排"，是对信用行为及关系的规范和保证。这种制度安排既包括正式的如有关信用的法律（如契约法）、信用管理制度等，又包括非正式的信用观念、信用习惯等。信用环境在金融生态中占有十分重要的地位。市场经济既是法制经济，同时也是信用经济。信用制度建设滞后，不能对债务人履约形成有效的制约，会使债务人诚信和风险意识淡薄、金融诈骗和逃废金融债权等现象严重，将极大威胁银行资金的安全。

2. 市场因素分析

市场因素主要是指中介机构和金融市场等基础性因素。

中介机构是指介于政府、市场主体与个人之间，从事服务、协调、评价等活动的机构和组织。本文所说的中介机构主要是指律师事务所、会计师事务所、评级机构等中介机构。它们所经营的中介服务业务，不是金融机构自身的职能，但在金融服务中具有非常重要的地位。如果这些方面薄弱，就会使金融运行存在漏洞，危及银行资金安全，同时也不利于建立完善的社会信用体系。

金融市场是指资金融通或金融资产交易的场所。协调、健康发展的金融市场，对于提高资源配置效率、降低金融交易成本、促进经济健康发展具有重要的作用。金融市场不发达，尤其是资本市场不发达，会使企业融资结构中间接融资比例过大，造成企业对银行过分依赖，企业风险向银行转嫁，从而使银行资产质量受到影响。

四、西藏金融生态环境建设中存在的困难和问题

根据《中国地区金融生态环境评价分析报告》，我国的金融生态环境呈日益改善的态势。总体而言，由于中西部地区，特别是西部地区经济发展比较落

后，商业银行在管理上带有浓厚的行政色彩，加之法律体制与社会信用体系不健全，银政、银企关系尚未理顺等因素的影响下，东部地区比中西部地区的金融生态环境要好，西部地区金融生态环境仍亟待进一步改善。

经过 60 多年的建设，西藏经济取得了飞速的发展。1951 年，全区国内生产总值仅为 1.29 亿元，2013 年，全区国内生产总值已突破 800 亿元大关，达到 807.67 亿元，增长约 630 倍；第一、第二、第三产业占 GDP 的比例由 1951 年的 97.7∶0∶2.3 转变为 10.7∶36.6∶53.0，产业结构极大改善。与此同时，社会环境不断优化。一是法制环境不断改善。通过深入贯彻执行依法治国、依法治藏方略，积极推进依法行政，法律在经济和社会发展中的作用明显增强。二是社会信用明显提高。市场经济是信用经济，随着社会主义市场经济体制的逐步建立和完善，西藏各界信用意识明显增强，社会信用环境极大改善。以涉农贷款为例，截至 2013 年末，西藏涉农贷款不良率仅为 0.57%。三是市场中介机构数量不断增加，对构建诚信社会起到了积极的推动作用。

以上变化极大改善了西藏金融生态环境。但同时也应看到，作为西部欠发达地区，当前西藏金融生态环境还存在一些突出的问题，如西藏经济总量较小、产业结构不太合理、市场经济不发达、执法环境和信用环境还有待进一步改善等，这些问题的存在一定程度上妨碍了西藏金融生态环境建设。

（一）经济与市场环境：经济基础薄弱，产业结构不合理，市场主体单一，企业市场竞争力弱、融资途径单一

1. 经济基础薄弱，产业结构不尽合理。从经济基础来看，2013 年，西藏人均 GDP 为 26 039 元，仅为全国平均数的 62.29%、四川的 80.08%、青海的 71.01%、新疆的 68.32%。相比之下，2013 年西藏的生产总值为 807.67 亿元，是宁夏的 31.49%、新疆的 9.66%、内蒙古的 4.80%、青海的 38.44%。从经济结构来看，尽管 2013 年末西藏第一、第二、第三产业产值结构为 10.7∶36.6∶53.0，与全国 10∶43.9∶46.1 的产业结构大致相似，但由于西藏经济长期以农牧业为主，工业规模较小，服务业仍以批发零售、餐饮等较低行业为主体，使得西藏经济结构仍不发达，这必然导致有效需求相对不足，金融业发展的空间就会受到限制，金融机构抵御风险的能力相应较弱，资产质量必然受到影响。

2. 市场化程度低，市场主体单一，是典型的政府主导型经济。政府主导型经济是指由政府而不是市场控制和支配要素的经济，这些要素包括资金要素、土地要素和劳动力要素。由于历史性和体制性因素，我国经济是典型的政府主导型经济，"政府主导型的经济增长方式是本质"（方栓喜，2005）。西藏作为我国西部的一个经济落后省份，市场化程度更低，在缺乏优势和支柱产业、行业、企业的情况下，经济增长主要依靠中央直接投资和其他省（市）的无偿援助，经济要素必须由政府控制和支配，否则很难保证西藏经济的持续、健康发展，这是由西藏经济的特定发展阶段决定的。政府主导型经济在市场发育不成熟的条件下，对于降低转轨风险和成本，提高经济建设的速度和效率，起到了非常积极的作用。但与此同时，政府主导型经济也具有一定的负面效应：一是政府主导型经济容易造成价格扭曲，降低资源配置效率；二是政府主导的经济增长方式往往扭曲投资和消费的关系，使投资远远超过消费增长，投资率远远高于消费率，从而使宏观经济大幅度波动的压力增大。2000—2013 年，西藏投资率直线上升，从 56.62% 逐年递增至 113.72%，平均投资率高达 90.31%，远高于同期青海的 70.97%、宁夏的 76.96%、新疆的 57.81% 与四川的 46.67%。同时，西藏高投资率又始终是依靠着政府投资的强力支撑，2013 年，全社会固定资产投资为 918.48 亿元，其中，民间投资仅为 229.74 亿元，占比仅为 25.01%；以政府为主导的经济增长模式折射出西藏市场经济的不发达，西藏直接从封建农奴社会迈向社会主义社会，尽管通过民主改革废除了封建农奴制，但传统思想和观念的影响至今依然不同程度的存在，对现代市场经济的培育和发展构成了一定的阻碍。从前面的分析来看，虽然高投资率对于改善银行资产质量具有一定的作用，但也不能忽视民间投资和消费对西藏经济增长的作用。

3. 金融市场不发达，企业融资渠道单一。西藏金融市场不发达，企业融资渠道单一，以银行贷款等间接融资为主，股票、债券等直接融资规模较小。截至 2013 年末，西藏已有 10 家 A 股上市公司和 1 家 H 股上市企业，历年来西藏上市公司累计融资 181.61 亿元，而 2013 年末西藏银行业贷款余额就高达 1 076.69 亿元。直接融资比例的过低使得西藏社会投融资过多依赖银行贷款；商业银行既要向企业提供大量的流动资金贷款维持企业的生产经营，还承担着向企业投资项目提供大量中长期资本性资金投入的任务。这种情况下，企业的市场风险极易转化为金融风险。

4. 企业市场竞争力差、效益低下，符合商业银行贷款条件的较少，贷款有效需求不足。西藏金融机构资金流出率①逐年上升，从 1998 年第一季度的 3.87% 迅速上升到 2013 年末的 56.92%。按照国家《关于印发中小企业划型标准规定的通知》明确的中小企业划分标准，西藏企业大都属于中小企业，不具有规模经济性，资金实力弱、市场开发能力不足。同时，由于交通、通信等基础设施较落后，西藏大部分中小企业在引进人才、技术等方面处于劣势，绝大多数中小企业的生产经营停留在劳动密集型阶段，缺乏技术创新意识，产品科技含量低，市场竞争力弱。由于经营实力弱，大部分企业普遍存在固定资产少，土地、房产等抵押物不足的问题，有的企业甚至只是租赁经营，很难符合商业银行的贷款条件。

（二）制度环境：行政制度改革有待进一步深化，法制环境和信用环境有待进一步改善

1. 行政制度改革有待进一步深化。"我国还是一个发展中国家，各地特别是落后地区存在赶超的压力。这些压力如果处理不好，就可能转化为不适当的行政干预。具体表现是：片面强调本地区的特殊性，过分看重政策倾斜而忽视金融生态等软环境在地方经济发展中的作用。事实上，无论是落后地区还是发达地区，都存在各自在产业和区域分工上的比较优势，只要发展战略正确，产业定位准确，投资环境包括金融生态等软环境好，就能提高本地区的竞争力和吸收力"（苏宁，2005）。西藏同全国一样，是一个行政主导的省区，司法要受行政领导，行政就不可避免地影响金融生态。加之西藏属经济欠发达省区，是市场经济不发达地区，赶超压力更大，行政主导更为突出，行政制度改革有待进一步深化。

2. 法制环境尤其是执法环境有待进一步改善。法制环境是金融生态环境的主要构成要素，法制环境的好坏直接影响金融生态环境建设。目前，西藏各家商业银行在催收不良贷款、依法维护自身合法权益过程中，法院审理案件时间长、执行率低以及由此所产生的时间、人员的投入以及律师代理费、资产评估费、诉讼费、执行费等相关费用成本较高，从而导致"赢了官司赔了钱"的现象仍普遍存在。

3. 信用环境有待进一步改善。目前，西藏社会信用体系建设正在逐步推进

---

① 资金流出率＝资金流出/同期各项存款余额，其中资金流出＝商业银行资金上存余额＋邮政储蓄存款余额。

中，远不能适应市场经济发展的需要。社会信用信息征集系统、信用中介机构的建设还处于起步阶段，社会公众甚至机构投资者的信用信息还得不到有效的归集和准确的评估，金融企业无法根据客户的真实信用状况作出准确的经营决策，失信惩罚机制尚未有效建立。中介服务不健全，中介机构行为失范。一是缺乏专业性人才。中介机构从业人员的数量和素质均落后于全国平均水平，相关报告出现非执业资格人员签字的现象屡有发生。二是部分中介机构行为失范。一些中介机构从自身利益出发，出具虚假报告，对一些重要事项隐瞒或作不实的报告，蒙骗银行发放贷款。据调查，西藏国有商业银行对中介机构出具的报告仅仅作为发放贷款的一个参考，更重要的是依据自身对借款人的评级。三是中介机构收费偏高。西藏中介机构少，行业行为不规范，缺乏对其应有的约束力，金融机构在吸取、处置和变现抵贷资产及办理抵押贷款中，中介部门收费环节多、费率高。加之二级市场不健全等因素，致使银行信贷资产二次流失现象严重。四是对中介机构监管职责不明。社会中介机构按照财政、土管、工商等部门批设，各部门对中介机构的监督出现交叉、职责不明。中介机构的准入、退出及经营合法性、业务规范性等方面的管理缺乏明确的衡量尺度，因而对中介机构难以形成富有成效的管理。

五、营造西藏良好金融生态环境的对策建议

从前面的分析可以看出，影响区域金融生态环境的因素主要有经济因素、制度因素和市场因素。从经济因素来看，经济增长及第一、第三产业的发展、投资率等的变动都是影响西藏金融生态环境的格兰杰原因，其中，经济增长率、第三产业的发展、投资率与不良贷款率负相关，即这三个指标的增长会使不良贷款率下降；第一产业的发展与不良贷款率正相关，即第一产业占 GDP 的比重越大，金融机构的不良贷款率则相应越高；同时，虽然目前西藏第二产业的发展、消费率与不良贷款率没有直接的因果关系，但它们是经济持续、健康发展的重要因素，可以通过对经济发展的影响间接影响金融生态环境。因此，要改善西藏金融生态环境，必须大力发展经济，促进三次产业的协调发展，在继续推动政府主导的投资型经济的同时，逐步提高消费对经济增长的促进作用。从制度、市场因素来看，行政制度、法律制度、信用制度、中介机构体系、金融市场等都是影响金融生态环境的重要因素，要改善西藏金融生态环境，必须进一步完善上述制度和市场环境。

（一）提高区域经济核心竞争力，改善金融生态运行基础

经济决定金融，经济发展状况决定金融有效需求的规模，从而直接决定了金融业发展的空间。改善金融生态环境，首先必须改善经济运行环境。从西藏的情况来看，一是要加快经济结构调整。要积极优化三次产业的比重，稳定发展第一产业，有重点地发展第二产业，大力发展第三产业；同时，要积极促进经济增长方式的转变，利用高新技术提升传统产业，努力推动科技含量高、附加值高的产业发展。二是实施比较优势发展战略。结合西藏的实际，形成自己的经济特色，充分发掘高原、绿色、文化的丰富内涵，推进特色农牧业、旅游业、矿业、建筑建材业、藏医药业和民族手工业等支柱产业的发展。只要发展战略正确、产业定位准确，就一定能够提高西藏经济竞争力和对金融资源的吸引力。三是加快市场化进程。市场机制决定金融生态的自我调节能力，健全的市场机制不仅是良好的金融生态的本质特征，更是优化经济环境的重要内容。四是努力扩大民间投资规模，同时努力扩大消费需求，逐步提高消费对经济增长的促进作用。

（二）加强法制建设，改善金融生态的法制环境

法律制度界定了各类经济主体的权利边界和行为准则，法制环境是影响金融生态最直接的因素。要切实加大执法力度和维护司法公正。金融案件的审结和执结率不高，是当前维护金融债权面临的最突出的问题。司法部门应从改善地区投资环境、维护经济发展大局出发，对金融债权案件能够公正、及时、有效地立案、审理，进一步加大对失信行为的打击力度，维护司法公正。特别是要提高案件的执结率，避免各类逃废银行债务行为的发生，增强法律的威慑力。

（三）加强社会信用体系建设，夯实金融生态的信用基础

信用是市场经济的基石，信用环境是金融生态环境的核心内容。一是要建立多种形式的信用征信和评价体系。人民银行要按照全国统一部署，进一步做好信贷征信管理工作，积极推进企业和个人信用信息数据库建设。加强对各类信息资源的横向联网，加快工商、税务、公安、银行等各部门关于企业和个人信用信息资源的联网步伐，构建统一的信息平台，实现信息共享。大力推进信用乡（镇）、信用村、信用社区的评比和建设工作，营造重信用、讲信用的社

会风气，提高全社会对信用建设重要性的认识。二是建立社会信用联合制裁体系。加强工商、税务、法院、金融机构等部门的合作，联合制裁各种不良信用行为。各金融机构要积极参与揭露和纠正逃废金融债务工作，建立银行间的逃债企业信息披露制度。进一步完善银行信贷登记咨询系统建设，充分发挥其在打击恶意逃废银行债务行为中的重要作用。

（四）加快市场基础设施建设，丰富和完善金融生态链

一是大力发展直接融资，提高直接融资比例。要积极鼓励和引导企业走多元化融资道路，加快符合条件企业的上市步伐，不断完善企业融资结构，降低间接融资的压力和风险。二是要建立、健全社会信用担保体系。各相关部门应通力合作，积极争取西藏中小企业担保基金、下岗失业人员小额贷款担保基金和农牧户贷款担保基金早日投入运转。通过财政投资、引入外资、企业入股等多种方式，扩大担保基金来源，大力发展信用担保机构。三是加快和规范发展社会中介服务机构。加快发展各类中介服务机构，包括可以有效反映企业财务信息的会计师事务所、审计师事务所等验证性中介机构，揭示企业风险价值和风险等级信息的评估性中介机构，为银行提供企业项目投资和法律服务的咨询中介机构等。规范发展要以市场化改革为突破口，严格按照市场化、公司化原则运作，导入竞争机制，提高中介服务行业的执业水平；要以严格监管为手段，大力整治虚假中介行为，加大处罚力度，促进中介机构转变行业作风；要以规范和降低各类服务收费为重点，进一步提高中介服务水平。

（五）充分发挥政府在金融生态环境建设中的领导核心作用

创建良好的金融生态环境，政府是关键。金融生态环境包括经济、社会、文化、法律等诸多因素，涉及行政、司法、银行、企业等众多部门，这就决定了金融生态环境建设必然是一个复杂的系统工程，需要各部门甚至全社会的共同努力。要充分发挥地方政府的领导推动作用，探索建立金融机构与政府主管部门、司法部门、监管部门、企业的多层次沟通协调机制，通过联席会议、联合检查、信息通报、评比活动等形式，形成合力，共同改善和维护金融生态环境的良好局面。

（六）构建科学的综合评价体系，加强西藏金融生态环境的预警与监测

一个比较完整的金融生态综合评价系统应包括以下几个方面：一是经济环

境状况，包括 GDP 增长率、产业结构、投资率、资金流出率、通货膨胀率、企业净资产收益率等指标。二是市场环境状况，包括金融总量及其在经济总量中的比重、市场中介体系建设、企业直接融资率等相关指标。三是银行经营状况和资产质量，包括资产收益率、利息回收率、不良贷款率等指标。四是社会信用建设状况，包括企业逃废银行债务率、个人逃废银行债务率、贷款企业违约率等指标。五是司法环境状况，包括金融债权维护中的起诉率、结案率、胜诉率、实际执行率、资产收回率、企业关闭破产中债务落实率等指标。

参考文献

［1］周小川：《完善法律制度　改进金融生态》，2004（12）。

［2］苏宁：《央行副行长谈中国金融生态五大缺陷》，2005（7）。

［3］任亚军：《优化区域金融生态环境的思考》，载《上海金融》，2005（6）。

［4］杨子强：《优化金融生态环境　促进地方经济发展》，载《济南金融》，2005（5）。

［5］刘振海：《关于地区金融生态环境建设问题的分析与思考》，载《济南金融》，2005（4）。

［6］萧安富、徐彦斐：《金融生态与资金配置效率的一个微观解释：自贡案例研究》，载《金融研究》，2005。

［7］李杨：《中国城市金融生态研究——初步分析》，载《福建金融》，2005（7）。

［8］《西藏统计年鉴》，1999—2004 年。

［9］易丹辉：《数据分析与 EVIEWS 应用》，北京，中国统计出版社，2002。

［10］张宁：《中国渐进转轨中银行不良贷款与经济增长研究》，载《金融论坛》，2005（6）。

西藏金融资源配置效率研究

国家开发银行西藏分行课题组
课题组组长：崔晓峰
课题组主持人：刘　通
课题组成员：何　东　吕　垒　孙　杰　吴自云　柯晔妙
　　　　　　何　伟　林　泉　洛桑曲珍

摘要： 本文首先对金融资源以及金融资源配置进行定义，梳理金融资源配置效率理论演进过程。再通过分析西藏存贷资源、证券市场和保险市场，从总体分析西藏金融资源配置状况，进而得出西藏金融资源配置效率水平的判断。之后分析西藏特殊优惠金融政策对于金融资源优化配置、促进西藏经济发展的积极作用。最后提出西藏自治区金融资源配置效率突破口和着力点，加大金融支持西藏经济社会发展，优化西藏金融配置效率的政策建议与路径选择。

关键词： 西藏　金融发展　效率

一、研究背景

按照中央对西藏工作的要求，西藏是我国确定的重要的国家安全屏障、生态安全屏障、战略资源储备基地、高原特色农产品基地、中华民族特色文化保护地和世界旅游目的地。党的十八大以来，习近平总书记提出"治国必治边、治边先稳藏"，要实现"西藏长期稳定、持续稳定、全面稳定"，全国政协主席俞正声提出"依法治藏、长期建藏、夯实基础、争取人心"等重要指示。自治区党委政府提出，实现西藏经济社会跨越式发展和长治久安，到 2020 年与全国一道全面建成小康社会。近年来，西藏经济取得了较快的增长，地方生产总值由 2001 年的 139.16 亿元上升到 2013 年的 807.67 亿元，截至 2014 年 9 月末，地方生产总值达到 661.56 亿元，同比增长 10.7%。但受特殊的自然、地理、社会及历史等因素的综合影响，西藏经济社会发展相对滞后，目前还是国家特殊集中连片贫困区域，2013 年自治区城镇居民人均可支配收入 20 023 元、农牧民人均纯收入 6 578 元，低于全国 2013 年城乡居民收入平均水平（城镇居民人均可支配收入 26 955 元，农村居民家庭人均纯收入 8 896 元）。西藏地区经济社会发展与东部、中部地区相比仍然相对落后，其原因主要在于地理环境、经济自身发展规律等原因。课题组研究认为，西藏金融资源供给不平衡且金融资源配置效率低下是阻碍西藏经济发展的重要原因。基于此，本文分析了西藏金融资源配置状况，剖析了金融资源配置目前存在的问题，以及改善配置效率的政策建议和路径，以期通过提高金融配置效率进而促进西藏经济跨越式发展。

二、金融资源配置效率的理论分析框架

（一）金融资源概念及特征

1. 金融资源概念的界定

国内最早对金融资源理论进行系统深入研究的学者之一是辽宁大学的白钦先教授，他在《金融可持续发展研究导论》一书中对金融资源的内涵进行了详细的阐述，认为金融是一种稀缺的战略资源。白钦先教授将金融资源分为三个紧密的层次：第一层是基础性的核心金融资源，它是金融资源最基本的层次，其中基础性核心金融资源指的就是货币资本；第二层是实体性中间金融资源，这与美国学者戈德史密斯描述的金融资源大致相同，即包括各类金融机构、金融市场以及各种金融法律和金融法规等，第三层是整体功能性高层金融资源，具体指的是金融系统以及金融系统各组成部分之间的运行机制与运行状态[1]。

山西财经大学崔满红教授对金融资源的概念进行界定，认为金融资源主要包括四个层次，即为货币资源、资本资源、制度资源及商品资源[2]。陆家骝在结合白钦先的金融资源观的基础上，提出进一步修正的观点，即认为一个国家（经济体）所拥有的金融资源就是这个国家（经济）的金融体系，主要包括四方面的内容：一是货币资产和货币制度；二是金融产业，这里的金融产业不仅包括金融机构的货币性金融资产，而且还包括金融机构非货币性的金融资产以及金融机构的从业人员数量；三是金融的管理体制和金融的管理组织；四是金融意识[3]。

国内其他学者还有其他论述，如王秀山（2002）将金融资源分为广义金融资源和狭义金融资源。其中，狭义金融资源指金融自身资源，包括银行、非银

行金融机构以及储蓄、信贷、结算等金融工具和手段；广义金融资源是指整个金融体系环境[4]。柳明（1999）将金融资源划分成三个大的层次：一是基础性金融资源，包括货币和信用；二是内涵性金融资源，包括金融业其他构成要素；三是发展性金融资源[5]。曾康霖（2005）认为金融资源主要包括作为资金的货币、能够流通的证券、社会成员间及成员和政府间的信用，其共同特点是能够作为经济发展的要素带来增值[6]。

国内上述专家学者对金融资源理论的探索，从广义看包含三部分：资金资源、机构资源和制度资源。这当中资金资源包括债权资金、股权资金和保险资金等。金融机构是配置货币资金等使用权的组织资源，其特殊性不仅在于配置资金的使用权，还具有派生资源和再生产金融工具的能力；金融制度是金融资源有效配置的支持和保障资源，它包括正规制度和非正规制度，如金融法律、法规、章程、条例和风俗、习惯、偏好等。制度资源为金融资源提供产权界定、产权保护和产权转让的一系列制度安排，支持和增进各项权利交易的有序进行，同时起着维持市场秩序的功能，提供解决争端的仲裁机制。一般来说，制度资源的供给效率取决于制度资源本身对制度配置的有效性，它依赖于对现代市场经济的理解和对制度需求的有效供给[7]。

2. 金融资源的特征

从国内的金融实践和上述学者的深入研究中可以看出，金融资源往往具有二重性，即金融资源既具有一般资源属性又具有社会资源属性（特殊资源属性）。一方面，金融作为一种战略资源与其他资源一样具有有用性、贮藏性、开发性，另一方面金融资源是对其他所有资源（如自然资源和社会资源）有配置功能的资源。概括来说，金融资源既是被配置对象又是配置其他社会资源的重要途径和方式。金融资源通过配置不仅决定了货币资金的流向以及货币资金在金融机构与实体经济部门之间的分配，而且还决定了金融系统内部各类金融机构和金融市场之间的分配状态，由于货币资金体现的是价值和财富的积累，通过对货币资金的配置，同时对其他社会资源产生重大的改变和影响，从而达到配置其他资源的目的。

（二）金融资源配置的理论模式

从国内外学术界研究成果来看，金融资源作为经济发展的核心要素也分为三种模式：第一是计划经济体制下的配置模式；第二是市场经济体制下的配置模式，其中又分为金融市场主导型模式和银行主导型模式；第三是过渡模式即计划经济向市场经济转型模式，在这种模式下，市场对金融资源的配置发挥基础作用，政府的宏观调控发挥辅助作用。实践证明，市场体制下金融资源配置模式是经济发展中具有强大生命力的因素。党的十八大提出，市场要在资源配置中发挥决定性的作用。其中，市场经济体制下的金融市场和银行主导型模式主要区别在于金融结构的差异。有的学者认为银行在审查项目和监管方面上有明显优势，因此银行主导的金融体系能提高金融资源的利用效率，促进经济稳定增长[8]（Allen 和 Gale，2000，2001）；有的学者则认为以市场为中心的金融体系才能有效分散金融风险，更好地进行金融创新和公司治理，提高企业的经营效益，促进经济的发展[8]（Hellwig，1991；Rajan，1992；Obstfeld，1993）。

（三）金融资源配置效率的衡量指标

国内外研究学者普遍认为，衡量金融资源配置效率的一般指标包括：（1）金融相关率。美国经济学家戈德史密斯（Raymond W. Goldsmith）提出金融相关率能够较好衡量资金资源的利用程度和金融业发展水平。（2）直接融资和间接融资比例。两者比例是影响资源配置效率的重要因素和标志。（3）存贷差。存差"过大"表示金融资源没有被当地充分利用，有资金外流的趋势。（4）信贷结构。信贷结构决定了金融资源的投资流向，影响到金融资源的配置效率，特别是经济结构调整和产业经济之间的比重。（5）金融资产配置质量。如银行不良贷款率、利润率、上市公司回报率、股价指数等。（6）有效资金需求满足率，即金融资金满足市场有效需求情况。（7）经济增长及结构优化程度。行业结构、产业结构要符合国家经济发展要求。

（四）金融资源配置效率和经济增长

古典经济学家们认为经济增长与金融发展无关，指出货币数量的改变对生产供给、实际产出和就业不会产生实质性的影响。新古典经济学派认为货币经济的实质是物物交换的实物经济，货币不会对经济中的实际变量产生影响。货币学派代表人物弗里德曼（Milton Friedman，1956，1963）认为货币需求函数是极其稳定的，货币供给量只决定物价水平[9]；理性预期学派代表人物罗伯特·卢卡斯（Robert Lucas，1988）认为经济学家夸大了经济增长过程中金融市场的重要性，金融市场最多只不过在经济增长中起微小的作用[10]；琼·洛宾逊

（Joan Robinson，1952）、帕特里克（Hugh T. Patrick，1966）认为金融发展仅仅是实际经济增长的一个结果，它对经济的影响十分有限[11]。

与"金融无关论"不同，另一些经济学家认为金融是经济增长的引擎。19世纪末，瑞典经济学家魏克赛尔明确指出货币数量的变动不仅影响名义经济变量，也会引起实际经济本身的变化[12]。奥地利经济学家熊彼特（JosePhA. Schumpeter，1912）最早明确提出金融发展能够促进经济增长[13]。美国经济学家休·TD·帕特里克（X. T. Patrick，1966）提出了需求追随模式和供给优先模式，认为金融发展可以是相对滞后的，也可以是相对先行的[14]。格林和肖（JohnG. Gurly 和 Edward S. Shaw，1955，1966）认为金融的作用在于把储蓄者的储蓄转化为投资者的投资，从而提高全社会的生产性投资水平[15]。现代比较金融学的奠基人戈德史密斯（Raymond W. Goldsmith，1969）对金融结构和经济增长的关系进行了开创性研究，认为金融发展是指金融结构的变化，能够促进经济增长，经济发展与金融发展存在大致平行的关系[16]。麦金农（Ronald LMcKinnon）和肖（Edward S. Shaw）认为金融与经济发展息息相关，功能健全的金融能使贫困经济的增长步伐加快[17]。

国内研究学者也进行了金融发展与经济增长关系的研究。王广谦（1997）对金融对我国经济发展的贡献度进行了测量和计算，得出金融对经济增长率的贡献率为19.62%[18]。谈孺勇（1999）研究认为中国金融中介体发展和经济增长之间有显著的正相关关系[19]。韩廷春（2001）认为银行发展和经济增长之间具有双向因果关系且正相关[20]。贝多广和唐旭（1995）较早研究国内资金资源配置和流动[21]。张军洲[22]（1995）和殷德生、肖顺喜[23]（2000）都以"区域金融分析与研究"为题，探讨地区的金融发展状况和发展战略。江其务（2001）指出西部地区只拥有17.8%的金融资产，认为货币政策的传导效率低下[24]。周立、王子明、胡鞍钢（2002）认为中国各地区金融发展与经济增长强相关，金融发展有利于长期、稳定、快速、高质量的经济增长，金融市场化与经济增长的相关性十分显著[25]。郭金龙、王宏伟（2003）认为资本流动都是经济增长水平的决定因素之一，并通过计量经济模型对区域间资本流动对中国区域间的经济差距影响进行了数量分析和理论分析[26]。王小鲁、樊纲（2004）指出市场主导的资本流动在利润的引导下由西部流向了东部，这种流动改善了资金的配置效率，带动了经济的发展，但也扩大了地区差距[27]。

三、西藏自治区金融资源配置分析

这里首先分析西藏自治区银行金融机构体系中的信贷资源，然后详细分析西藏自治区的证券市场、保险市场和实际利用外资等情况。

（一）金融资源总量水平

西藏的金融资源总量选用金融机构存贷款余额、股票筹资额、债券筹资额、保费支出及实际利用外资水平近似得出。从表1中可以看出，西藏金融资源总量为3 618.18亿元，与西北四省相比，在总量上处于相对劣势。通过金融资源总量与GDP的比值来近似得出金融相关比率，可知西藏的金融相关比率（FIR）为447.98%，在五省中排在第一位，比排在第二位的青海省高73.94个百分点，比全国金融相关比率高123.65个百分点。有分析认为西藏金融相关比率较高，主要原因在于西藏存款很大程度上是中央政府转移资金的沉淀，是中央援藏政策的结果，并不能表明西藏金融深化水平较高。同时，西藏金融资源总基数处于相对劣势，金融资源对社会经济资源的主导配置作用需要进一步加强。

表1　　　　　　2013年西藏与全国及西北四省的金融资源总量及构成　　　单位：亿元、%

指标（亿元、%）	全国	西藏	甘肃	青海	宁夏	新疆
金融机构存贷款	1 780 000	3 576.03	20 892.8	7 625.42	7 778	24 624.6
股票筹资额	3 867	24.5	175.1	0	1.8	155.46
债券筹资额	36 699	0	397.6	189	25.5	449.7
保费收入	17 222	11.43	180.2	39	72.7	272
实际利用外资额	7 173	6.22	—	5.49	8.54	29.28
金融资源总额	1 844 960.99	3 618.18	21 645.7	7 858.91	7 886.54	25 531.04
GDP	568 845	807.67	6 268	2 101.1	2 565.1	8 360.2
金融相关比率	324.33	447.98	345.34	374.04	307.46	305.39

注：本表中债券筹资额不包括国家开发银行和农业发展银行总行筹集资金用于西藏贷款额度。

数据来源：人民银行拉萨中心支行，全国及各省金融运行报告数据整理。

（二）信贷资源状况

1. 银行机构发展

截至2014年末，西藏有国家开发银行、农业发展银行、工商银行、农业银行、中国银行、建设银行、邮政储蓄银行、民生银行、西藏银行、村镇银行、信托公司等金融机构，基本形成与全国"框架一致、体制衔接"的银行业机构体系格局。2013年西藏自治区银行业机构从业人员及其资产规模情况如表2所示。

表2　　　　　　　　2013年银行业机构从业人员及其资产规模情况

机构类别	营业网点			法人机构
	机构个数	从业人数	资产总额（亿元）	
一、大型商业银行	597	6 963	2 295.06	0
二、国家开发银行和政策性银行	2	77	60.27	0
三、股份制商业银行	1	88	14.69	0
四、城市商业银行	1	178	164.62	1
五、城市信用社	0	0	0	0
六、主要农村金融机构	0	0	0	0
七、财务公司	0	0	0	0
八、信托公司	0	0	0	0
九、邮政邮储	75	558	122	0
十、外资银行	0	0	0	0
十一、新型农村金融机构	1	30	0	1
十二、其他	0	0	0	0
合计	677	7 894	2 656.64	2

注：营业网点不包括国家开发银行和政策性银行、大型商业银行、股份制银行金融机构总部数据；大型商业银行包括中国工商银行、中国农业银行、中国银行、中国建设银行和交通银行；小型农村金融机构包括农村商业银行、农村信用社、农村合作银行；新型农村金融机构包括村镇银行、贷款公司和农村资金互助社；"其他"包含金融租赁公司、汽车金融公司、货币经纪公司、消费金融公司等。

数据来源：人民银行拉萨中心支行，西藏银监局。

2. 信贷资源配置

存款方面，截至2013年底，西藏金融机构人民币各项存款余额2 499.08亿元，近6年均保持20%以上增长率，平均增长率为25.38%，比全国近六年存款平均增长率17.86%高出7.52个百分点。贷款方面也呈现高速增长态势，从2009年的248亿元贷款余额增长到2013年的1 076.95亿元，年均增长率为44.31%，高出全国平均增长率28.5个百分点。特别是2012年和2013年西藏贷款余额增长率均在62%以上。

表3 2003—2013 年西藏各金融机构存贷款情况（人民币）

年份	存款余额（亿元）	存款增长率（%）	贷款余额（亿元）	贷款增长率（%）
2007	643.4	17.90	223.83	9.88
2008	829	28.85	219.31	−2.02
2009	1 028.4	24.05	248.34	13.24
2010	1 296.7	26.09	301.82	21.53
2011	1 662.5	28.21	409.05	35.53
2012	2 054.2	23.56	664.3	62.40
2013	2 499.08	21.66	1 076.95	62.12

数据来源：人民银行拉萨中心支行。

3. 横向比较分析

（1）主要信贷指标对比

为了进一步分析西藏金融资源的概况，本文以 2013 年西藏与全国及西北四省主要信贷指标作为参照，如表4 所示：从 2013 年统计数据可以看出，西藏每万人拥有银行网点数为 2.17 个，高于全国和西北四省水平，说明西藏社会公众获得金融服务的便利程度相对较高，但由于西藏国土面积较大，地广人稀，一定程度上影响了社会公众获得金融服务的便利性。西藏人均存款为 8.01 万元，也高于全国及西北四省水平。根据人民银行中心支行提供的数据可知，西藏存款主要为财政性存款或者类似财政性存款，因此人均存款较高并不能表明西藏金融机构动员储蓄能力和居民富裕度较高。西藏人均贷款为 3.45 万元，处于倒数第二位，仅比甘肃高 0.03 万元，比全国平均水平低 1.93 万元，说明西藏经济对贷款的吸纳能力很低，西藏金融资源外流现象严重。单位 GDP 所占贷款为 1.33 元，仅比西北四省中的新疆略高，处于较低位置，说明西藏金融资源对 GDP 的贡献率不高。

表4 2013 年西藏与全国及西北四省主要信贷指标

指标	全国	西藏	甘肃	青海	宁夏	新疆
人口（万人）	136 072	312	2 582	578	654	2 264
GDP（亿元）	568 845	807.67	6 268	2 101.1	2 565.1	8 360.2
金融从业人数（万人）	356.7	0.79	6.02	1.67	2.16	5.56
本外币存款余额（亿元）	1 048 000	2 499.08	12 070.6	4 110.74	3 868	14 247.5
本外币贷款余额（亿元）	732 000	1 076.69	8 822.2	3 514.68	3 910	10 377.1
人均 GDP（万元）	4.18	2.59	2.43	3.64	3.92	3.69
人均机构个数（个/万人）	1.54	2.17	1.76	1.84	1.84	1.54
人均存款（万元）	7.70	8.01	4.67	7.11	5.91	6.29
人均贷款（万元）	5.38	3.45	3.42	6.08	5.98	4.58
单位 GDP 所占贷款（元）	1.29	1.33	1.41	1.67	1.52	1.24

注：存贷款余额中西藏、宁夏为人民币存贷款余额，其他均为本外币存贷款余额。

数据来源：人民银行拉萨中心支行，全国及各省金融运行报告数据整理。

（2）信贷结构状况

存款结构分为企业存款额、城乡储蓄存款额和其他存款等占全部金融机构存款的比重；贷款结构则分为短期贷款、中长期贷款等占全部金融机构贷款的比重。

①存款结构状况

表5　　　　　　2013年西藏与全国及西北四省金融机构存款结构　　　　　　单位:%

指标（%）	全国	西藏	甘肃	青海	宁夏	新疆
企业存款占比	50.2	75.87	46.8	56.89	46.54	54.87
城乡存款占比	43	19.85	48.88	36.74	48.78	41.46
其他存款占比	6.8	4.28	4.32	6.37	4.68	3.67

数据来源：人民银行拉萨中心支行，全国及各省金融运行报告数据整理。

从表5可以看出，西藏企业存款占比远高于西北四省及全国水平，说明西藏企业存款为西藏金融机构的主要存款来源，而城乡居民储蓄和其他存款对存款资源的贡献不足。

②贷款结构状况

表6　　　　　　2013年西藏与全国及西北四省金融机构贷款结构　　　　　　单位:%

指标	全国	西藏	甘肃	青海	宁夏	新疆
短期贷款占比	39.8	24.12	37.09	23.83	38.08	33
中长期贷款占比	55.2	70.55	57.88	68.85	58.34	55.73
票据融资占比	2.5	5.33	1.61	4.19	3.04	3.82
其他贷款占比	2.5	0	3.42	3.13	0.54	7.45

数据来源：人民银行拉萨中心支行，全国及各省金融运行报告数据整理。

从表6可以看出，西藏中长期贷款占比为70.55%，远高于全国及除青海省外其他省份水平；短期贷款占比24.12%，仅略高于青海省23.83%，处于靠后位置。由于短期贷款存在较强的波动性，而中长期贷款在长期存在稳定性，因而西藏信贷结构将有利于经济长期稳定的增长。

（三）证券市场

1. 西藏证券业整体情况

证券市场是区别于以银行为主导的直接金融市场，证券市场的发展水平是区域直接融资能力的重要标准。受多种因数影响，西藏形成了以间接融资为主的融资结构，资本市场经过多年的发展，虽然证券机构和证券业务发展良好，但是间接融资的比重过大、直接融资比重较小的格局仍然未改变。目前，只有1家证券公司将总部设在西藏，没有基金公司和期货公司将总部设在西藏，还未形成成熟的票据市场、债券市场；各类企业尚未形成主动运用证券市场融通资金的理念，各级政府缺乏扶持企业参与直接融资的长效机制等，这使得西藏资本市场发育不全，市场总体规模小，结构不合理，资源配置的效率不高。

2. 证券业发展情况

（1）证券机构

2013年末，西藏自治区辖内共有6家证券营业部，其中西藏同信证券营业部5家，中投证券营业部1家。2013年7月，西藏首家期货营业部——同信久恒期货有限责任公司拉萨营业部正式开业经营，结束了西藏无期货经营机构的历史。

（2）证券业务

2013年末，西藏自治区共有西藏矿业、西藏天路、西藏旅游、西藏城投、西藏发展、西藏药业、西藏珠峰、梅花集团、奇正藏药、海思科10家A股上市公司和"5100"1家H股上市公司。2013年末，10家A股上市公司总股本69.5亿股，同比增长18.40%；上市公司总市值718.64亿元，同比增长25.56%。2013年末，10家A股上市公司累计融资181.61亿元：其中股权融资142.61亿元，中期票据融资19亿元，短期融资券融资20亿元（见表7）。

表7　　　　　　　　　　2013年西藏自治区证券业基本情况表

项目	数量
总部设在辖区内的证券公司数（家）	1
总部设在辖区内的基金公司数（家）	0
总部设在辖区内的期货公司数（家）	0
年末国内上市公司数	10
当年国内股票（A股）筹资（亿元）	24.5
当年发行H股筹资（亿元）	0
当年国内债券筹资（亿元）	0
其中：短期融资券筹资额（亿元）	0
中期票据筹资额（亿元）	0

数据来源：西藏证监局。

3. 证券业横向对比分析

（1）上市公司数量分析

表 8 反映的是 2010 年、2013 年西藏与全国及西北四省上市公司数量。全国上市公司数量由 2 063 个上升至 2 489 个，增长了 426 个，与此同时西藏与西北四省上市公司数量增加缓慢，只增加了 6 家。西藏上市公司数量占全国比重由 2010 年的 0.44% 下降至 2014 年的 0.40%。

表 8　　　　　　　　　　西藏与全国及西北四省上市公司数量　　　　　　　单位：家

年份	全国	西藏	甘肃	青海	宁夏	新疆
2010 年	2 063	9	22	10	12	37
2013 年	2 489	10	25	10	12	39

数据来源：人民银行拉萨中心支行，全国及各省金融运行报告数据整理。

（2）股票筹资额分析

表 9 反映的是西藏与全国及西北四省股票筹资额，2010—2013 年全国每年股票筹资额不断减少，从 2010 年的 11 971 亿元下降至 2013 年的 3 867 亿元，下降幅度较大。2010 年西藏的股票筹资额为 57.9 亿元，仅比新疆少，处于较高位置。后续三年筹资额度变化较大，2013 年筹资额为 24.5 亿元，处于中游位置。西北四省中仅甘肃和新疆股票融资额保持平稳。可以得出西藏企业股票进行直接融资的能力有限，降低了直接金融的配置效率。

表 9　　　　　　　　　　西藏与全国及西北四省股票筹资额　　　　　　　单位：亿元

年份（亿元）	全国	西藏	甘肃	青海	宁夏	新疆
2010	11 971.93	57.9	5.3	0	8.8	143
2011	5 814.19	25.8	75	45	27.3	98.07
2012	4 134.38	7.4	118.5	3.4	23.5	204.3
2013	3 867	24.5	175.1	0	1.8	155.46

数据来源：人民银行拉萨中心支行，全国及各省金融运行报告数据整理。

（3）股票市值和证券化率分析

证券化率是衡量股票市场是否成熟的重要标志，一般采用股票市值与 GDP 的比值来表示。我国的证券化比率由 1991 年的 0.92% 上升到 2007 年的 123.07%。但近年股市震荡，证券化率在 2007 年达到峰值后，2008 年急剧下降至 38.65%，2009 年上升至 71.56% 后，近几年持续下降，2013 年为 42.03%。由于西藏股票市值缺乏足够数据，仅有 2012、2013 年数据，2013 年上市公司总市值 718.64 亿元，比 2012 年增长 25.56%，证券化率分别为 81.64% 和

88.98%，分别高出全国平均水平 37.3 个和 46.95 个百分点，由此可见，证券市场对西藏国民经济的发展渗透力较强，西藏证券化程度在全国处于较高水平。

表 10　　　　　　　　　西藏与全国股票市值和证券化率　　　　　　　单位：亿元、%

年份	西藏自治区			全国		
	股票市值	GDP	证券化率	股票市值	GDP	证券化率
2007	—	341.43	—	327 141.00	265 810.31	123.07
2008	—	394.85	—	121 366.43	314 045.43	38.65
2009	—	441.36	—	243 939.12	340 902.81	71.56
2010	—	507.46	—	265 423.00	401 512.80	66.11
2011	—	605.83	—	214 758.10	473 104.05	45.39
2012	572.3	701.03	81.64	230 357.62	519 470.10	44.34
2013	718.6	807.67	88.98	239 077.19	568 845.00	42.03

数据来源：人民银行拉萨中心支行，全国及各省金融运行报告数据整理。

（四）保险市场

1. 保险业发展概况

（1）资产规模

2013 年，西藏自治区新引进一家保险机构省级分公司，即中国太平洋财产保险股份有限公司西藏分公司。2013 年末，西藏自治区保险市场共有省级分公司 6 家，其中：产险分公司 5 家，寿险分公司 1 家，无法人保险公司。2013 年末，西藏自治区保险业总资产 5.66 亿元，同比增长 22.14%，其中产险公司总资产 4.11 亿元，同比增长 28.16%，人身险公司总资产 1.55 亿元，同比增长 8.68%。

（2）保险业务

2013 年，西藏自治区保险业实现保费收入 11.43 亿元，同比增长 19.86%。其中，产险保费收入 7.96 亿元，同比增长 22.17%；人身险保费收入 3.47 亿元，同比增长 14.87%。2013 年，西藏自治区保险业赔付支出共计 5.60 亿元，同比增长 38.3%。其中，产险业务赔款支出 4.02 亿元，同比增长 19.83%；人身险业务赔付支出 1.57 亿元，同比增长 127.06%。2013 年，西藏自治区保险密度为 366.3 元/人，同比增加 56.6 元/人，增长 18.3%；保险深度 1.42%，同比上升了 0.05 个百分点，保险的社会"稳定器"功能日益增强。

表 11 2013 年西藏自治区保险业基本情况表

项目	数量
总部设在辖区的保险公司（家）	0
其中：财产险经营主体（家）	0
人身险经营主体（家）	0
保险公司分支机构（家）	6
其中：财产险公司分支机构（家）	5
人身险公司分支机构（家）	1
保费收入（中外资，亿元）	11.43
其中：财产险保费收入（中外资，亿元）	7.96
人身险保费收入（中外资，亿元）	3.47
各类赔款给付（中外资，亿元）	5.6
保险密度（元/人）	366.3
保险深度（%）	1.42

数据来源：西藏保监局。

2. 保险业横向对比分析

（1）保费收入情况分析

保险业务包括保费收入和支出两部分；而保费收入则由财产保险和人寿保险两部分组成，保险结构即这两项保费收入分别占全部保费收入的比重，这是反映保险市场的一个重要方面。

表 12 2008—2013 年西藏及全国保费收入及构成   单位：亿元

年份	西藏自治区			全国		
	保费收入	财保收入	人保收入	保费收入	财保收入	人保收入
2008	3.30	2.90	0.10	9 784.10	2 336.70	6 658.40
2009	4.00	3.40	0.20	11 137.30	2 875.80	8 261.50
2010	5.10	4.10	1.00	14 495.60	3 895.60	10 600.00
2011	7.60	5.70	1.90	14 317.70	4 617.90	9 699.80
2012	9.50	6.50	3.00	15 487.00	5 331.00	10 157.00
2013	11.43	7.96	3.47	17 212.30	6 212.30	11 000.00

数据来源：西藏保监局和历年《中国统计年鉴》。

表 12 分别反映了西藏和全国在 2008—2013 年保费收入和保险结构变化状况。从表 12 中可以看出，2008—2013 年间，西藏保费收入出现显著增长的趋势，由 2008 年的 3.3 亿元增加到 2013 年的 11.43 亿元，增加了 2.46 倍。从保

险结构来看，2008 年西藏财产保险收入为 2.9 亿元，到 2013 年为 7.96 亿元，且所占比例一直远高于人寿保险收入所占比例，与全国保费收入中人寿保险收入所占比例高于财产保险不同。人寿保险收入从 2008 年的 0.1 亿元，增加至 3.47 亿元，几年间呈现了大幅增长，年平均增长率为 103%。但截至 2013 年人寿保险收入占保费收入比例为 30.35%，远低于全国 63.90% 的水平，说明西藏人寿保险业务发展潜力较大。

（2）保费深度与密度分析

保险业的发展水平不仅是衡量金融资源是否有效配置的标准，而且是经济发展到一定阶段的重要体现。具体而言，保险业的发展不仅可以减少投资资金风险，鼓励投资，而且可以减少居民对未来不确定性因素的忧虑，进而推动消费增长。保险业的发展程度可以用保险密度和保险深度来衡量，它是一个国家（地区）保险业发展程度与市场潜力的两个重要指标。其中，保险密度 = 保费收入/总人口；保险深度 = 保费收入/GDP 总额。

如表 13 所示，2010—2013 年西藏保险深度呈现增长趋势，由 2010 年的 1.01% 上升到 2013 年的 1.42%，远低于全国 3.03% 水平，也低于西北四省水平，说明西藏自治区保险市场的有效需求不足，保险市场存在很大的发展空间。

表 13　　　　　　　西藏与全国及西北四省保险深度对比表　　　　　　单位：%

年份	全国	西藏	甘肃	青海	宁夏	新疆
2010	3.61	1.01	3.55	1.90	3.12	3.51
2011	3.03	1.25	2.81	1.67	2.63	3.08
2012	2.98	1.36	2.81	1.71	2.68	3.14
2013	3.03	1.42	2.87	1.86	2.83	3.27

数据来源：西藏保监局和历年《中国统计年鉴》。

表 14 反映的是 2010—2013 年西藏保险密度的变化情况。纵向来看，西藏保险密度自 2010 年以来，一直从呈现增长趋势，由 2010 年的 170 元/人上升到 2013 年的 366.35 元/人；横向来看，西北四省保险密度均低于全国平均水平，保险密度最高的省份是新疆，西藏处于最少位置，这说明西藏保险密度，在五省之中处于最低水平。通过分析西藏保险深度和保险密度情况，可知西藏保险市场的广度和深度开发不够，保险市场的筹融资和保障功能没有得到充分的发挥。

年份	全国	西藏	甘肃	青海	宁夏	新疆
2010	1 081.03	170.00	571.64	456.48	833.33	873.78
2011	1 062.66	250.83	549.65	491.02	866.04	921.77
2012	1 143.76	308.44	615.87	565.45	968.93	1 054.90
2013	1 264.94	366.35	697.91	674.74	1 111.62	1 207.99

表 14　　　　　　　　西藏与全国及西北四省保险密度对比表　　　　　单位：元/人

数据来源：西藏保监局和历年《中国统计年鉴》。

（五）非金融机构部门融资情况

1. 非金融机构融资量大幅增长

2013 年末，西藏自治区非金融机构部门融资总额达 438.1 亿元，同比增长 66.95%。从融资结构来看，贷款融资仍占主导地位，占比 94.1%，股票融资略有上升，占比 5.9%。图 1 是 2013 年西藏自治区社会融资规模分布图。

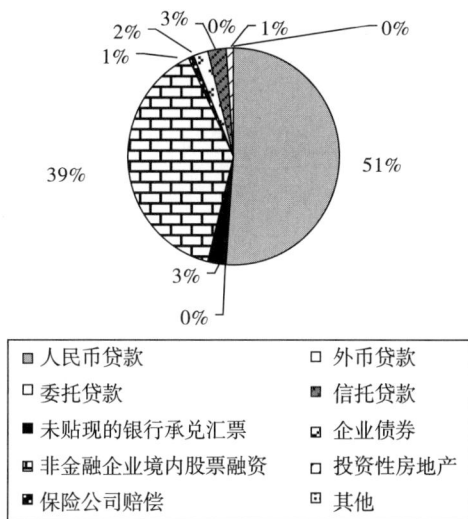

数据来源：《西藏自治区金融统计月报》、西藏证监局。

图 1　2013 年西藏自治区社会融资规模分布图

2. 票据市场交易下降

2013 年，西藏自治区票据融资规模较上年明显缩小。2013 年末，西藏自治区票据融资（含直贴和买断式转入）余额为 57.39 亿元，其中，企业贴现余额仅为 245 万元，票据转贴现余额为 57.37 亿元。其中，买断式转贴现累计发生额为 141.09 亿元，同比大幅减少 519.34 亿元，降低 78.64%。

票据转贴现业务大幅缩减的主要原因有：一是西藏自治区经济发展良好，重点建设项目、中小微企业等有效信贷需求出现较大增长，各家银行为满足区内各经济实体资金需求，纷纷压缩票据转贴现业务，增加信贷投入力度。二是银行业金融机构受各自总行以存贷管理模式影响，大幅削减了转贴现业务。

（六）信用环境和金融开放水平

1. 社会信用环境状况

目前，西藏自治区在社会信用建设方面有了一些进步。一是社会信用体系建设基础不断夯实。2013年8月，召开了西藏自治区社会信用体系建设联席会议第一次会议，研究制定了《西藏社会信用体系建设工作规划》。二是征信系统建设成效显著。截至2013年末，企业征信系统收录西藏自治区企事业单位及其他经济组织6 848户，个人征信系统收录西藏自治区自然人约111.4万人。三是目前全区已有2家政策性担保公司和10家商业性担保公司。

2. 金融开放水平

近年来，西藏金融对内开放的程度有所增强，除四大国有银行在区内设立省级分行外，国家开发银行和农业发展银行两家政策性银行设立了省级分行，邮政储蓄银行、西藏银行、民生银行和林芝民生村镇银行4家银行设立总部或分支机构。但是进出口银行、出口信用保险公司等金融机构在西藏尚未设立分支机构，总部设在西藏的保险公司、基金公司和期货公司尚未实现零的突破。

表15 　　　　　　　　2013年西藏与西北四省金融机构数量比较

银行性质	西藏	甘肃	青海	宁夏	新疆
国有商业银行	597	1 391	425	495	1 382
政策性银行	2	59	27	16	94
股份制银行	1	41	4	6	64
外资银行	0	0	0	0	2
邮政储蓄	75	589	177	195	660
保险公司（总部）	0	0	0	0	1
证券公司（总部）	1	1	1	0	1

数据来源：人民银行拉萨中心支行，全国及各省金融运行报告数据整理。

西藏的对外开放水平较低，一是无外资银行进入西藏区内，二是西藏的实际利用外资规模一直保持较低水平，虽然人均利用外资额高于西北四省，但总量较小，2013年仅1.01亿美元，人均利用外资额也远低于全国平均水平。总之，无论是从外来金融机构进驻状况，还是实际利用外资水平来看，西藏金融对外开放程度处于较低水平，且目前尚未迈出实质性的步伐。

表 16 　　　　　2013 年西藏与全国及西北四省实际利用外资情况

指标	全国	西藏	甘肃	青海	宁夏	新疆
实际利用外资额（亿美元）	1 175.90	1.01	—	0.90	1.40	4.80
人均利用外资（美元）	86.42	32.37	—	15.57	21.41	21.20

数据来源：人民银行拉萨中心支行，全国及各省金融运行报告数据整理。

四、西藏金融资源配置存在的主要问题

（一）金融资源配置效率主要问题

西藏银行金融机构信贷资源占金融资源总额的 **98.8%**，在金融资源总量中占有绝对优势的地位，银行信贷资源配置的效率对西藏金融资源配置效率具有举足轻重的地位，因此本文后续分析中重点就银行信贷金融资源的配置效率问题进行论证研究，证券和保险等其他信贷资源由于体量相对较小，本文暂不进行深入研究。

经分析，西藏自治区信贷资源配置效率与理想状态相比仍有较大差距。具体体现在：一是金融业发展水平较低，虽然单一指标金融相关率较高，但层次较低，且信贷资源体量很小，对西藏经济支持力度不够；二是金融机构"存贷差"过大，银行有大量的信贷资源无法得到充分运用，而且信贷资源外流严重；三是信贷结构不合理，信贷资源投向集中趋势加强，大量的信贷资金角逐少数大型贷款项目，中小企业贷款困难；四是信贷资产配置质量不高，不良贷款反弹压力增大；五是资金需求满足率不高，由于信贷和监管政策障碍较多，许多有效需求变为无效需求，导致有效需求不足。

1. 金融业发展水平低，对经济支持力度不够

（1）金融相关率虽然较高，但金融发展水平仍较低

由第四章分析可知西藏的金融相关比率（FIR）为 447.98%，在五省中排在第一位，比排在第二位的青海省高 73.94 个百分点，比全国金融相关比率高 123.65 个百分点。根据西藏存款实际情况，较高的金融相关率不能表明西藏金融深化水平高，主要原因：一是西藏存款很大程度上是中央政府转移资金的沉淀，较高金融相关比率不能表明西藏金融深化水平高；二是较高的金融相关率

是建立在西藏极低的 GDP 水平之上，2013 年西藏 GDP 仅为全国的 0.14%，同时西藏存款总体体量很小，相当于全国的 0.24%。三是西藏仍然是以间接融资为主的金融市场，金融市场不发达，证券、保险和债券等市场发展程度低。因此，西藏金融相关率虽然较高，但金融发展水平仍然较低。

（2）金融对经济的支持力度不够

金融资源对经济的支持作用不仅表现在总量的增加上，更主要表现在金融对经济增长的贡献率较高上。金融机构信贷比率反映金融体系对经济增长的贡献程度，是衡量金融发展的一个重要指标，可以用"贷款余额/GDP"表示。

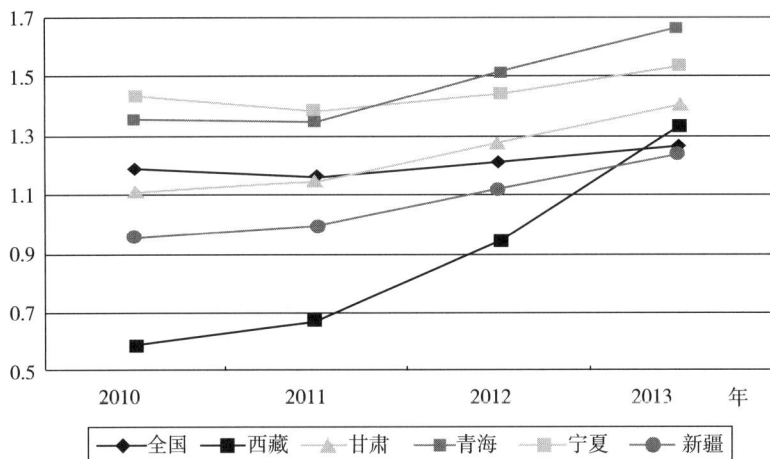

数据来源：人民银行拉萨中心支行，全国及各省金融运行报告数据整理。

图 2　2010—2013 年西藏与全国及西北四省金融机构信贷比率

由图 2 可以看出，宁夏与青海信贷比率始终处于高位，高于全国平均水平。西藏 2010—2012 年信贷比率始终处于末尾，远低于全国平均及西北四省平均水平。2010—2012 年，西藏每创造 100 元 GDP 需投入的信贷资金，比全国平均水平分别低 60 元、48 元和 26 元。2013 年贷款余额增长迅速，信贷比率跃升为中位水平。图 2 表明，西藏长期以来经济增长中信贷投入力度较小或者西藏经济本身对信贷资金吸纳能力很弱，但这种情况在 2013 年得到了扭转。

2. 信贷"存贷差"过大，金融资源外流严重

（1）"存贷差"过大

表 17				西藏历年存差情况统计表				
年份	2006 年	2007 年	2008 年	2009 年	2010 年	2011 年	2012 年	2013 年
存款	545.70	643.40	829.00	1 028.40	1 296.70	1 662.50	2 054.20	2 499.08
贷款	203.71	223.83	219.31	248.34	301.82	409.05	664.30	1 076.95
存差余额	341.99	419.57	609.69	780.06	994.88	1 253.45	1 389.90	1 422.13
贷存比	0.37	0.35	0.26	0.24	0.23	0.25	0.32	0.43
存差占存款比重	0.63	0.65	0.74	0.76	0.77	0.75	0.68	0.57

数据来源：人民银行拉萨中心支行。

如表 17 所示，西藏存差占存款余额的比重从 2007 年至 2010 年逐年加大，到 2010 年达到了 77%，远高于全国平均水平。2010 年后西藏贷款高速增长，至 2013 年存差占贷款比重下降至 57%，说明近两年西藏金融配置效率有了较大改善。西藏"存差"过大，是银行追求经营效益的必然结果，但巨额存差也表明西藏银行没有充分发挥好金融中介的作用，导致金融机构资金运用效率较低。

（2）金融资源外流严重

在市场经济体制下，要素市场的建立和完善打破了行政、地域和行业的限制，促使各种生产要素必然遵循市场经济规律，向着投资回报率高的地方流动。从实践看，西藏和其他欠发达地区也呈现出回流效应大于扩散效应的局面，西藏信贷资源外流严重[28]。

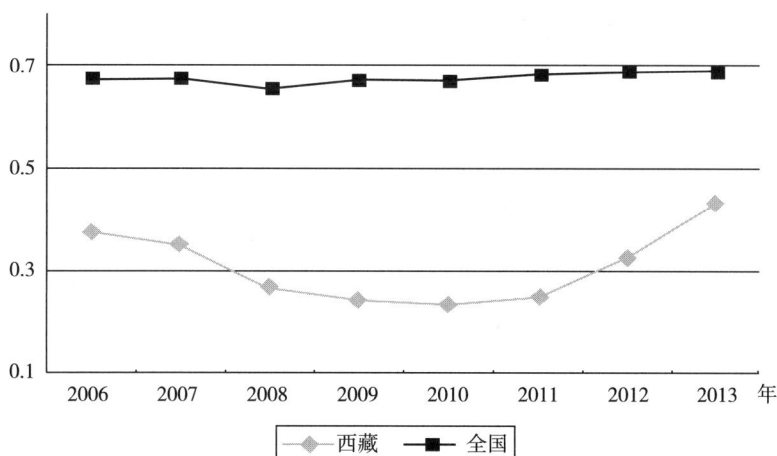

数据来源：人民银行拉萨中心支行，《全国金融统计年鉴》。

图 3　2006—2013 年西藏与全国存贷比比较

如图 3 所示，从西藏金融机构贷存比看，2006—2013 年，西藏贷存比比全国贷存比平均水平约低 30 个百分点，在 2006—2010 年间呈下降趋势，之后逐渐回升，至 2013 年贷存比达到 0.43。贷存比反映一个地区的存款总量转化为在该地区投放的贷款总量的比例。西藏薄弱的经济基础、银行缺乏资金投放项目和经济增长点，使得银行贷存比长期维持在一个相对较低的水平。

3. 信贷结构不合理

前面已经分析，西藏中长期贷款占比为 70.55%，短期贷款占比 24.12.%，中长期贷款比例较高，这是近年来推动西藏固定资产投资高增长的重要原因之一。由于短期贷款存在较强的波动性，而中长期贷款在长期存在稳定性，因而西藏信贷结构将有利于经济长期稳定的增长。但西藏信贷结构不合理主要体现在以下两个方面。

（1）信贷资源配置地域不平衡

信贷资源配置地域失衡现象明显。截至 2013 年末，拉萨市贷款余额达到 612.47 亿元，占全区各项贷款的 56.89%；而其他地区贷款余额为 464.11 亿元，占全区各项贷款的 43.11%。其中山南地区贷款占各项贷款的 15.65%、日喀则地区贷款占全区各项贷款的 9.43%，而那曲和阿里两地区贷款总量占全区各项贷款的比例还不足 4%。

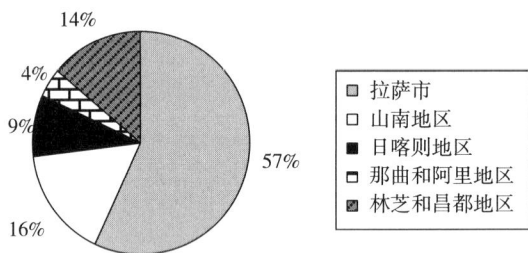

图 4　2013 年西藏各地市贷款占比图

在贷款增速方面，2013 年仅山南、林芝、昌都地区贷款增速高于全区各项贷款增速，分别高出 275.46 个百分点、173.44 个百分点和 34.29 个百分点，而日喀则、那曲贷款增速分别低于全区各项贷款增速 31.97 个百分点和 31.60 个百分点。

（2）信贷投放行业集中趋势明显

2013 年，西藏贷款投放过程中行业集中趋势明显。西藏银行业金融机构向建筑业、电力热力燃气及水生产和供应业、批发零售业、采矿业、租赁和商务服务业投放贷款达 381.46 亿元，占贷款投放总额的 33.45%。由于多种原因，小微企业融资难的状况长期存在。从六大支柱产业贷款结构来看，西藏六大支柱产业贷款余额占比较大。而旅游业、藏医药业、高原特色生物产业（含绿色食饮品业）、民族手工业四类产业贷款新增额占比较小，贷款结构呈现出一定的不均衡性。

4. 信贷资产配置质量不高，不良贷款反弹压力增大

西藏银行业不良贷款在经历近三年持续大幅回落后，2013 年银行业不良贷款有所反弹。一是部分机构不良贷款上升明显。2013 年末，西藏银行业金融机构不良贷款余额为 7.77 亿元，比年初增加 3.46 亿元，其中，农行不良贷款比年初增加 0.79 亿元，增长 33.62%。二是部分地区不良贷款上升明显。其中，日喀则地区不良贷款增幅明显，比年初增加 1.40 亿元，增幅达 2.26 倍。三是关注类贷款持续攀升。2013 年末，关注类贷款余额为 37.94 亿元，比年初增加 18.26 亿元，增幅达 92.78%，关注类贷款的增加对不良贷款反弹带来压力。

5. 有效信贷需求不足

西藏信贷投放始终面临着有效信贷需求不足问题，在短期内无法得到有效改善。贷款存量扩大后，信贷继续保持高速增长的难度加大。一是资金需求量较大的重点建设项目建设贷款和融资平台贷款面临许多监管政策和信贷政策约束，符合银行贷款和监管条件的有效需求不足。二是西藏的企业绝大数为中小微企业，存在资金流向不可控、信用结构不完善、财务管理不规范等问题，难以达到银行贷款标准。同时，西藏中小微企业信贷增长潜力经过两年多的挖掘，已得到有效释放，继续保持快速增长的难度增大。三是旅游业、藏医药业、民族手工业等产业总体还处于散弱状态，融资能力相对不足，贷款存在"两难"。四是在农牧业产业龙头企业、专业经营组织、农牧民合作社尚未充分发展的情况下，农牧区经济体难以吸纳大量信贷资金。五是农牧民户均贷款余额已达 22 000 余元，基本能够满足农牧民生产生活信贷资金需求。

（二）因素分析

1. 金融生态体系不完善是深层次原因

金融生态是利用生态学的概念来解释各种金融组织为了生存和发展，与其生存环境之间以及内部金融组织之间在长期的密切与相互作用的过程中，通过分工合作所形成的具有一定结构特征，执行一定功能的动态平衡系统。它既包括与金融业发展相互影响的政治、经济、法律、信用环境等因素，也包括金融体系内部各要素如金融市场、金融机构、金融工具、金融产品，通过资金媒介

和信用链形成的相互作用、相互影响的系统。[29]

通过上述章节分析，西藏金融资源配置效率与优化配置的理想状态相比仍有较大差距，配置效率较低。其主要体现在巨额存差以及资金外流，而不是资金短缺。造成西藏金融资源配置效率较低的深层次原因在于西藏金融生态体系不完善：一是经济基础薄弱，经济环境较差；二是金融市场不发达，金融体系不健全；三是经济发展模式中，财政资金对金融资金挤出效应明显。四是信用环境有待进一步改善。

（1）经济基础薄弱

经济基础对于银行业运行效率和质量有关键性作用。从经济基础来看，2013 年西藏人均 GDP 为 2.59 万元，仅为全国人均水平的 61.92%，新疆水平的 70%，青海水平的 71%，宁夏水平的 66%。西藏经济基础薄弱，使得银行资金缺乏广泛投放的实体基础，缺乏资金投放的项目和经济增长点，存贷比一直处于较低水平，金融机构资金大量外流。[30]

（2）金融市场不发达，金融体系不健全

受经济欠发达、有效金融需求小等诸多因素的影响，西藏企业以银行贷款等间接融资为主，银行信贷金融资源占金融资源总额的 98.8%，股票、债券等直接融资规模较小。近几年银行业机构体系不断完善，但与全国其他地区相比，西藏的金融机构数目少，金融生态主体单一。除四大国有银行在区内设立有分支机构，国家开发银行和农业发展银行两家政策性银行设立了省级分行，邮政储蓄银行、西藏银行、民生银行和林芝民生村镇银行 4 家银行设立总部或分支机构外，进出口银行、出口信用保险公司等其他政策性金融机构还没有在西藏设立分支机构，总部设在西藏的保险公司、基金公司和期货公司尚未实现零的突破。纵观全国其他地区，其金融体系都是由少数大银行和一批中小型金融机构组成，大中小银行分工合作，为地区经济的发展提供有力支持，增强了地区资本形成能力。

（3）信用环境有待进一步改善

西藏社会信用环境欠佳，需要进一步改善。第一，西藏社会信用体系还不完善。一是工商、税务、公安、银行等部门虽然都建立了为本部门服务的信用信息系统，但相互独立，还没有形成一个完整的系统，很难收集到完整的信用信息。二是还未建立市场化运作的征信机构，缺乏对数据的开发和分析工作。三是失信惩罚机制还未有效建立。第二，中介服务不健全，中介机构行为失范。

一是部分中介机构行为失范，存在对重要事项隐瞒或作不实报告的现象。二是对中介机构监管职责不明，难以对中介机构形成富有成效的管理。三是企业贷款担保中介机构缺位，银行信贷风险无法有效分散。

2. 银行总分机制和统一信贷政策为直接原因

（1）导致存款资源流失的总分行制

四大国有银行的管理体制导致西藏资金外流。我国四大国有银行均采用总分行制，受管理体制的制度性约束，西藏国有银行系统内资金的融通需求，只能通过银行系统内纵向调剂解决，而多数银行的总行对西藏分支机构的贷款投向实行"增量调整，存量移位"。贷款审批权限上收的政策对西藏而言，多存而不多贷，资金陆续向省级及以上行集中。经济相对发达的东、中部地区，由于投资机会和投资收益均多于和高于西藏，基于资金效益最大化和规避风险的考虑，资金被调度到沿海地区，或者通过同业拆借的方式流向东部地区。

股份制商业银行的运作机制导致西藏资金流失。股份制商业银行将吸收的藏区存款资金输出到收益率较高的地区，造成西藏的资金流出。且其初期业务主要是扩展在西藏的存款份额而非向西藏的企业提供贷款支持。

（2）统一的信贷政策

各银行实施的全国各地区统一的信用评级及贷款评审标准普遍高于西藏地区企业能够达到的水平，造成当地融资需求多成为无效需求。西藏大部分借款主体在信用评级、授权授信、贷款条件等方面，难以达到全国统一的信贷管理制度要求，造成最需要融资支持发展的中小企业往往因不能通过各银行评审标准而不能得到融资。

3. 单一利率优惠政策

现行的差异化特殊费用补贴政策能够在一定程度上促使银行将信贷资源向除拉萨外的地区倾斜，改变目前信贷资源地区不平衡现象。但现行的单一贷款利率优惠政策难以反映不同经济体之间的结构性差异以及需求差异。第一，现行优惠政策未对城乡不同发展水平经济体的业务需求及执行成本进行区分。第二，没有区分大企业和中小企业的还本付息能力差异。第三，没有区分不同区域发展阶段差别。第四，没有区分不同行业的盈利差异。这种单一的贷款利率优惠，间接影响了金融资本在社会不同行业领域、不同经济体间的有效合理配置。[31]

五、特殊金融政策与西藏金融资源配置效率的关系

根据前面的分析，西藏银行信贷金融资源占金融资源数量总额的98.8%，在金融资源总量中占有绝对优势的地位，银行信贷资源配置效率对全区经济整体的资源配置效率具有举足轻重的地位。目前，西藏执行特殊优惠金融政策的范围只覆盖了银行发放的人民币贷款，而外汇贷款、债券、保理融资、票据贴现等融资工具并没有纳入支持范围。因此，这里重点对银行信贷金融资源进行实证研究。

（一）西藏特殊优惠金融政策

按照中央精神，人民银行拉萨中心支行2010年出台了《关于认真落实"十二五"特殊优惠金融政策的贯彻意见》（拉银发［2010］158号），对中央赋予西藏"十二五"时期特殊优惠金融政策提出了具体的贯彻落实意见。

1. 西藏优惠贷款利率

按照中央精神，西藏地区各银行业金融机构人民币贷款利率统一执行比全国各档次基准利率水平低1.98个点的优惠贷款利率政策。对资金需求量大的国家重点建设项目，由银行业各金融机构总行直贷、总分行联动或由总行提供资金，执行西藏优惠贷款利率政策。

2. 利差补贴政策

根据《财政部关于实施西藏自治区金融机构利差补贴和特殊费用补贴有关问题的通知》（财金［2011］183号），为充分发挥财政资金的杠杆作用，鼓励金融机构加大对西藏农牧区和县域的金融支持力度，对西藏金融机构实行利差补贴和特殊费用补贴政策，具体如下：

（1）为引导更多的信贷资金投向西藏农牧区和县城，中央财政对西藏金融机构在西藏发放并使用的贷款，实施差异化的特殊费用补贴政策。补贴标准为：拉萨市2%，拉萨市所属县及以下地区3.5%，行署所在地4%，其他县及以下地区（不含拉萨市区所属县及以下地区，下同）7.5%。如贷款发放地区与投向地区不一致，按发放地和投向地补贴标准孰低原则确定。

（2）为鼓励各金融机构在西藏农牧区和县城设立分支机构，除实施差异化特殊费用补贴外，中央财政对各金融机构在西藏设立的基层分支机构（包括县城支行、分理处、营业所和储蓄所、不包含邮政代理网点）给予补贴，补贴金

额为每个分支机构每年 35 万元。

（3）中央财政对西藏金融机构现行利差损失补贴财政维持不变，对西藏金融机构因执行优惠贷款利率形成的利差损失，继续给予 2% 的利差补贴。西藏金融机构在当地办理扶贫贴息贷款形成的利差损失，按扶贫贴息贷款利率与同期同档次贷款基准利率的差额给予利差补贴。西藏扶贫贴息贷款不纳入全国扶贫利息贷款利差补贴范围。

（二）特殊金融政策对信贷供求影响模型[32]

1. 信贷资产的供给与供给曲线

如图 5 所示，用 r 表示银行的贷款利率，Q 表示银行对贷款资产的供给量，R 表示银行的贷款收益率，那么 $R = F(r,Q)$ 表示银行收益的函数，$Q = f(r)$ 表示银行的贷款资产的供给函数。

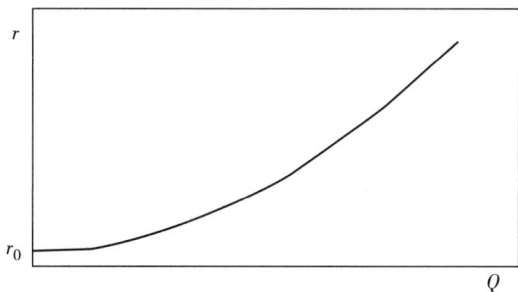

图5　银行贷款资产的供给曲线

如图 5 所示，银行对贷款资产的供给曲线为向上倾斜的曲线。当贷款利率提高时，银行对贷款资产的供给将随着利率的提高而显著增加。同时，当贷款利率降低到一定水平时，课题组假定这时的利率为 r_0，当 r_0 等于银行取得金融资源的成本和经营成本及预期损失之和时，银行对贷款资产的供给为零。

根据图 6，西藏地区对银行实行的利差补贴和特殊费用补贴政策，将使得西藏各银行的供给曲线向右移动，如图 6 所示，当利率水平为 r_0，原来银行的贷款供给为零，$Q = O$，银行对于贷款没有积极性，但是实施补贴后，由于供给曲线的右移，在利率为 r_0 时，银行对贷款拥有了积极性，供给量由原来的 O 移动到了 Q_0，整个银行的供给曲线由原来的 Q_1 变为 Q_2。

2. 信贷资产的需求者与需求曲线

西藏企业信贷资产的需求曲线可如图 3 所示。

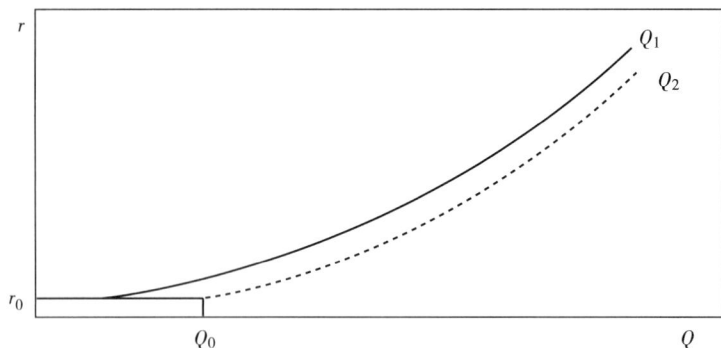

图 6　政府实行利差补贴后银行贷款资产的供给曲线

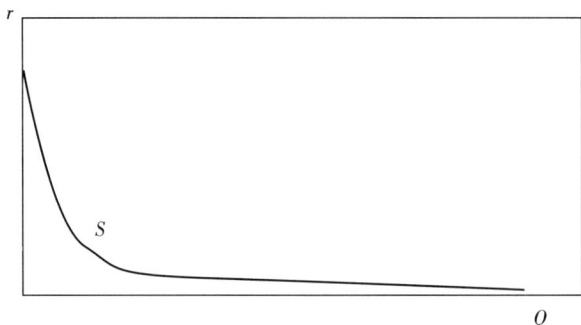

图 7　西藏企业对于信贷资产的需求曲线

根据图 7，r 表示信贷资产的利率；Q 表示企业对信贷资产的需求量；S 表示企业对信贷资产的需求曲线，它是一条向右下方倾斜的曲线。当贷款利率达到一定程度时，企业动用信贷资产从事生产经营活动取得的收益都不足以支付融资的利息时，即收益率低于利率，企业对银行的贷款需求量为零，为了分析的方便，假定此时的利率为 r_1。

3. 信贷资产的供给与需求曲线

西藏地区信贷资产的供给者是西藏的银行，需求者是西藏的各个企业。基于以上对西藏地区信贷资产供给曲线与需求曲线的理论分析，西藏地区信贷资产的供给与需求平衡，可以通过图 8 来表示。

如图 8 所示，Q_1 表示西藏银行贷款的供给曲线，S 表示西藏企业对于信贷资产的需求曲线，r 表示银行的贷款利率，Q 表示西藏信贷资产的量，即贷款额，r' 表示信贷资产的供给曲线与需求曲线相交时的利率，Q' 表示供给曲线与需求曲线相交时的贷款额。供给曲线与需求曲线相交点为供给与需求达到均衡

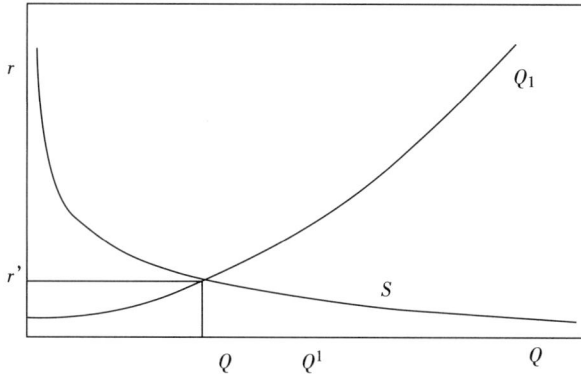

图8 西藏地区金融市场供给需求情况

的点，即西藏金融市场的利率。

图8表示的是在没有特殊优惠金融政策时，西藏金融市场上的供给需求状况。中央政府对银行贷款提供利差返还和特殊费用补贴，信贷供需状况的情况如图9所示。对信贷资产的供给者银行而言，特殊优惠金融政策的落实提高了银行放贷的收益，大大增加了银行放贷的积极性；对信贷资产的需求者而言，特殊优惠金融政策的落实降低了金融市场贷款的利率，减轻了贷款者的负担，促进了西藏地区企业的发展，带动了整个经济的高速增长。

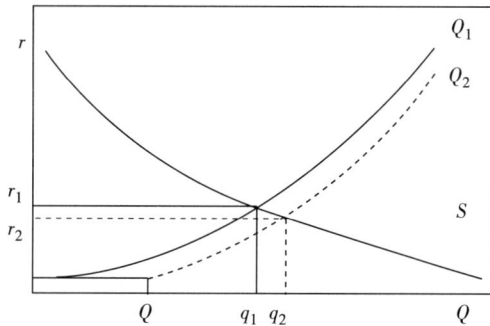

图9 特殊优惠金融政策下西藏地区金融市场供给需求状况

其中，r表示利率，Q表示西藏信贷资产的量，S表示西藏企业对于信贷资产的需求曲线，Q_1表示没有中央政府参与的银行信贷资产的供给曲线，Q_2表示有中央政府参与时的西藏金融市场上的供给需求状况。

如图9所示，信贷资产的需求曲线S与两条供给曲线相交，与Q_1相交时的利率为r_1，信贷资产的量为q_1，与Q_2相交时的利率为r_2，信贷资产的量为q_2，$r_1 > r_2$，$q_1 < q_2$。从图中可以看出，由于政府的参与，使得原来的均衡向新的均

衡移动，利率减少了，信贷资产的量增加了。因此，特殊优惠金融政策增加了投入到建设中的金融资源增加，促进了经济的发展。

信贷资产增加量公式：

$$\Delta q = q_2 - q_1 \tag{1}$$

通过对公式（1）变形有：

$$q_2 = q_1 \times (1 + \Delta q / q_1) \tag{2}$$

假定：

$$g = \Delta q / q_1 \tag{3}$$

g 表示在有了政府参与的情况下，基于原来的信贷资产供应量的增长率。

把公式（3）代入公式（2）可得：

$$q_1 = q_2 / (1 + g) \tag{4}$$

把公式（4）代入公式（1）有：

$$\Delta q = q_2 \times g / (1 + g) \tag{5}$$

通过公式（5），在假定一定的增长率情况下，可以计算出西藏地区银行的信贷资产供给量的增加量。假定在利率一定的情况下，政府提供增信支持，同样使得西藏银行的信贷资产的供给曲线仍然往右移动，效果与政府提供利差返还和特殊费用补贴一样，在此不再作同样的分析。

（三）结论

长期以来，西藏享受的特殊优惠金融政策促使更多的金融资源投入西藏经济建设中。一是对贷款实行优惠利率政策，刺激了西藏地区信贷资金的需求，促使了金融资源从存款转化为贷款，有力地推动了西藏经济的增长。二是实行利差补贴和特殊费用补贴政策，减轻了银行的财务负担，适当增加了银行的合理盈利，调动了银行增加有效信贷投入，支持了西藏地区经济的发展。

六、优化金融资源配置效率突破口：特色优势产业与基础设施建设

（一）大力支持西藏具有资源比较优势的特色产业

根据经济发展的比较优势战略理论，后发地区要较快地缩小与发达区域的差距，最好的方式是去发展那些自身具有比较优势而发达区域没有的优势产业。

水电、矿业是西藏具有资源比较优势的产业，具备较大成长空间，具有可持续竞争力，必将成为西藏未来产业结构中的主导产业。要提升西藏自治区金融资源配置效率就要继续优化金融资源配置，加大向具有资源比较优势的产业投放信贷资金。

1. 水电领域

（1）西藏水电概况

西藏全区多年平均水资源量为 4 395 亿 m³，主要河流雅鲁藏布江、怒江、澜沧江年径流量分别为 1 661 亿 m³、386 亿 m³ 和 116 亿 m³。水能资源理论蕴藏量为 2.01 亿千瓦，居全国首位，是国家资源战略储备基地。

长期以来，西藏电力缺口巨大，严重影响群众生活和特色优势产业开发，能源基础设施建设滞后一直是制约西藏经济社会发展的最大瓶颈。中央第五次西藏工作座谈会明确要求，必须大力加强西藏能源开发。当前，从比较资源优势的角度看，西藏的优势能源首推水电，"十二五"期间，西藏将切实加强能源开发规划和项目前期工作，争取尽快开工建设一批重点能源项目，强力推进以水电为主体电源；同时，西藏将全面启动"西电东送"接续能源基地建设。

（2）金融支持水电建设建议

一是明确水电发展目标。

近期目标。"十二五"时期，西藏能源发展的总体目标：开发和利用当地能源资源和输入区外优质能源并举，以水电为主，油气和新能源互补，形成稳定、清洁、安全、经济、可持续发展的综合能源体系。能源结构逐步优化，电力占全区能源供应量的比重明显提高。在能源中要大力开发水电，并加强主网架建设。青藏直流联网工程建成投运，开工建设雅鲁藏布江中游电源送出工程、昌都电网与外部电网联网工程，开工建设水电 248 万千瓦。中远期目标。西藏承担作为我国"西电东送"重要能源接续基地的重任。预计到 2020 年，西藏水电外送的装机规模要达到 1 000 万千瓦以上，总投资近 2 000 亿元，其中银行融资需求在 1 200 亿元以上。

二是支持水电项目前期工作。

为符合相关水电规划的项目积极提供规划合作贷款支持，推进重大水电项目的勘测设计工作。西藏河流状况与地质结构较复杂，水电项目开工前必须做好充分的地质勘测与工艺设计等前期工作。重点支持相关水电企业做好雅鲁藏布江中游加查、街需、大古，尼洋河多布，扎曲果多，象泉河阿青，金沙江上游叶巴滩、拉哇、苏洼龙、昌波，澜沧江上游侧格、卡贡、如美、古水、古学，怒江上游松塔，易贡藏布忠玉、朋曲康工等水电站的勘测设计和羊湖抽水蓄能电站二期技术方案论证，加快推进各水电站开工建设的前期准备工作。

三是中长期支持水电项目建设。

积极提供中长期贷款，支持相关重点水电项目建设。对于项目前期工作比较完善的项目，积极提供期限长、额度大的中长期贷款，支持相关项目的建设。其中，雅鲁藏布江中游加查、街需、大古水电站，尼洋河多布水电站，易贡藏布忠玉水电站，澜沧江上游侧格水电站，象泉河阿青水电站都属于满足区内用电需求的水电站。金沙江上游、澜沧江上游、怒江上游都属于规划中我国"西电东送"的能源接续基地。金沙江上游叶巴滩、拉哇、苏洼龙、昌波水电站，怒江上游松塔水电站，澜沧江上游如美、古学、古水水电站，玉曲中波、碧土、扎拉、轰东等水电站属于规划中"藏电外送"的水电项目。要在项目前期工作比较成熟的基础上，积极支持相关水电项目与其配套电网的建设。

2. 矿产业

（1）西藏矿产资源开发利用现状与形势

截至目前，西藏共发现矿种 102 种，有资源储量的矿产 36 种。其中至少 12 种资源的储量分别名列我国的前 5 位。已探明储量中，铬、铜等矿产资源储量以及盐湖锂矿的资源远景储量列全国第一位。

截至目前，中国黄金集团、金川集团、中国铝业、中冶集团等国有企业和西部矿业、紫金矿业、西藏矿业、西藏城投等上市公司已经进入西藏，五矿、中化、铜陵有色等央企和大型企业正积极筹备进入西藏。

（2）西藏矿产资源开发存在的问题和困难

地质勘探工作滞后，矿产资源勘查研究程度低。与丰富的矿藏相比，西藏目前缺乏相应的勘探资料与规划，绝大多数的矿点资源勘查还停留在普查阶段，存在大量空白点。

矿业资源开发利用程度不高，资源损失浪费比较普遍。西藏中小型矿山居多，多数达不到该矿种最小开采规模；深加工项目少，综合利用率较低，基本以原料输出和产品初中级加工为主，产业链没有得到进一步延伸，附加值较低。

重资源开发、轻环境保护的现象依然存在。

矿群矛盾不同程度地存在，矿业开采引发的群体事件有所显现。政府、企业、当地群众三者利益共享机制不健全，老百姓获利途径单一；个别企业社会责任意识不强，与地方政府和农牧民群众关系较差。

基础设施建设滞后，严重制约了矿产资源的开发利用。交通落后和电力短缺是制约西藏矿产资源开发最突出的短板。

（3）金融支持矿业行业建议

建议就西藏矿业大开发启动专项规划工作，跟踪梳理国家、西藏及央企的"十二五"规划成果，彻底摸清西藏矿业发展的整体规划、建设进度融资需求，做好坚实的规划先行和项目储备工作。

针对大型矿业项目前期融资难问题，建议在大型矿业项目（特别是央企在藏矿业项目）核准前，在满足一定条件下，允许发放流动资金贷款、规划合作贷款、相关的公路移民贷款、大型设备购置贷款、大型设备融资租赁等"过渡性产品"，保持银行业在大型矿业项目的中长期贷款份额。

建立与环保主管部门的联系机制。因为西藏地区特殊的地理位置、脆弱的高原生态，自治区矿产行业开发的环境风险比其他地区高出许多，从而在环保层面上无法借鉴江西等地的矿业开发经验。进驻西藏的企业如果严重违反了当地相关的环境法律法规，则会面临罚款甚至关停的处罚，对企业的经营造成严重影响，以至于会影响后期的偿贷能力，从而增加了银行的资金投入风险。通过银政合作等方式，银行应积极同自治区环保部门合作，加大环保方面的沟通力度，力图减少其矿业项目在藏运转的环境风险；具体措施可以采取共享或共建环境监控信息平台，通过了解企业先前的环保处罚记录以及及时跟踪企业当前环保情况，对贷出资金进行及时调整，以保证贷出资金使用效率。

健全风险控制体系。银行业监督管理部门对贷款资金的使用有着严格的规定，银行开展矿业权抵押贷款首先应取得监管部门的同意，并在操作中符合监管规定。同时，为避免以矿业权抵押贷款名义套用银行信贷资金进行其他用途问题，应严格核实矿业权受让人的自筹资金情况以及矿产开发资金筹集情况，防止信贷资金介入高杠杆受让行为。完善矿业权抵押贷款的业务流程和风险管理专业化机制，认真分析矿业权抵押贷款项目的自筹资金来源和到位情况，使矿业权抵押贷款资金确保有效使用在矿业权取得和开发中，防范法律及监管风险。同时，矿业权主体资格和转让条件的行政规定缩小了矿业权交易的范围，虽然在银行需要实现抵押权时会造成障碍，但从另一个角度看，银行应对这些具体规定强化贷后管理，细化此类贷款的操作流程，以便在贷后管理中能够及时发现问题，从而有针对性地采取措施，防止出现不利情况。

（二）重点支持基础设施建设领域

重点支持制约西藏经济发展的瓶颈领域与关键环节，尤其是交通和城建领域。将交通和城建等基础设施领域作为西藏经济增长的突破口，并不是人为选择出来的，而是立足西藏实际自身形成的结果。交通与城建共同具有以下典型特征：第一，投资规模大，投资强度大；第二，增长速度较快，自身扩张能力强，投资增长率快于西藏人均国民收入增长率；第三，产业价值链较长；第四，具有较强的扩散效应，能够有效带动区域经济与其他产业的发展扩张；第五，交通与城建领域的落后是制约西藏经济发展的最大瓶颈已经成为共识，已经到了非解决不可的地步；第六，它们都是今后相当长一段时间国家援藏的重点领域。

从现实中看，仅以公路交通为例，2013 年初，自治区党委、政府制定了西藏公路交通建设超常规发展重大战略，规划未来五年投资将超过 2 000 亿元。其中，拉萨至林芝高等级公路项目总投资约 320 亿～350 亿元，加上邦达机场至昌都、米林机场至八一、昆莎机场至狮泉河、和平机场至日喀则、贡嘎机场至泽当的机场专用线高等级公路项目，以拉萨为中心的三小时综合交通圈项目等，这些战略性、先导性、全局性的重大基础设施项目既提出了规模庞大的有效融资需求，又通过产业链的联系效应与扩散效应带动上下游产业的发展，从而成为推动西藏整体经济增长的原动力。

1. 棚户区改造

（1）西藏城镇化及棚户区情况

西藏的城镇化水平已由 1951 年的 19.8% 上升到 2011 年的 22.71%，部分地区城镇化水平较高，如拉萨市城镇化率超过了 50%，林芝地区的城镇化率超过了 30%。西藏"一江三河"地区对人口和经济的聚集辐射功能开始逐步显现。西藏目前城镇化存在的主要问题：城镇化水平仍然较低，远低于全国平均水平；城镇特色不鲜明，基础设施薄弱；城镇职能单一，城镇化的动力单一。西藏城镇化发展的总体思路：做好农牧区发展工作，引导有意愿的农牧区剩余劳动力进城镇落户就业；正确处理好城镇区与农牧区的关、人与土地的关系、生产与生活的关系、当前与长远的关系。这其中的重点包括棚户区改造、园区建设、交通等基础设施的进一步完善。

（2）金融支持西藏棚户区改造建议模式

区级统贷模式。以西藏自治区投资有限公司/西藏开发投资集团有限公司/西藏国盛国有资产投资控股有限公司/新成立的自治区棚户区改造平台公司作为承贷平台（借款人），推动拉萨市政府/各地区行署、棚改平台公司与自治区承贷平台签订委托代建协议，地市平台作为用款人从自治区承贷平台获取国开行贷款资金，项目还款以棚改项目自身收益和政府委托代建资金为主，由各地市平台归集至自治区承贷平台在开行账户统一还款，拉萨市政府/各地区行署安排的专项棚改资金列入财政预算并经同级人大批准执行，当地区财政无法偿还时由自治区财政协调还款。

在自治区范围内全力推广区级平台直贷模式。区级平台直接融资建设模式是指区级平台直接参与地方棚户区改造的投融资、建设管理，并实施综合性开发的模式。

拉萨市/昌都/林芝/山南等各地区单独设立市级统贷平台，以市级平台作为承贷平台申请国开行贷款，积极引导支持民营房地产公司与社会资本参与棚户区改造的市场化运作模式。

各地市在自治区级统贷模式以外，根据实际情况，以"政府主导 + 纯市场化公司"的方式发挥地方政府及社会企业的积极性，加速探索支持完全市场化房地产企业参与棚户区改造。

2. 园区建设

以藏青工业园为代表的相关园区的建设关系西藏特色优势产业的发展。

金融支持园区建设建议。向国家有关部门积极争取优惠金融政策。园区建设及入园企业能否享受西藏优惠金融政策，需自治区相关部门与财政部、人民银行进一步沟通并确认。完善组织结构，理顺运行机制。园区管委会的组建、运转及西藏自治区与青海省责权的进一步明确等工作均关系园区下一步的建设与运行。

3. 交通等基础设施建设

2013 年 4 月，自治区人民政府常务会议研究通过了《西藏自治区公路交通超常规发展方案》（以下简称《方案》），明确了自治区公路交通超常规发展目标、基本原则、工作措施、建设任务、融资方案，力争到 2020 年完成公路建设投资 2 000 亿元，全区公路总里程突破 11 万公里，农村公路里程超过 7 万公里，边防公路里程超过 5 000 公里，一级以上公路里程超过 1 200 公里，实现农村公路网络化、边防公路畅通化、国省干线高等级化目标。

金融支持西藏公路建设建议:

(1) 规划先行。结合西藏"十二五"规划重大项目中期调整,以规划课题合作方式支持自治区指定部门开展交通领域超常规发展系统性的融资规划研究,拟定未来金融支持公路建设的目标、方法、路径及推进策略等。

(2) 培育投融资主体,实现金融支持西藏公路建设可持续性。一是支持西藏构建与政府职能边界清晰的法人主体,加强法人治理结构建设,实行市场化运作。二是支持西藏政府以财政拨款、整合土地资源等方式向交通融资主体足额注入资本金。三是支持西藏政府加强融资主体现金流建设。建议自治区政府建立西藏自治区公路交通发展基金,每年定期足额注入融资主体,增加融资主体收入,构造稳定的现金流,增强融资能力,实现融资支持西藏公路交通超常规建设的可持续性。

(3) 审慎选择贷款项目。一是优先融资支持审批手续齐全、符合项目开工和建设条件的中央投资项目。二是积极支持对中央投资计划内已经启动、正在建设中的项目。三是对符合中央新增投资投向、正在报批或需要继续完善新开工条件的项目,要加强与自治区政府有关部门沟通协商,做好项目开发和评审工作。四是利用总分联动优势,依靠总行协调和项目评审力量,高效率、扎实做好项目开发和评审工作。具体到西藏公路交通超常规发展领域,一是重点支持已经纳入国家路网规划、"十二五"中期调整规划、国家发展改革委审批或审批已经通过等相对成熟项目建设。二是重点支持能够充分体现国家战略或自治区党委、政府关心的国家重点交通项目建设。

七、优化西藏金融资源配置效率的政策建议与路径选择

前面对西藏金融资源配置现状分析时,发现西藏金融资源配置存在诸多问题,如"存差"过大,有效信贷需求仍显不足、信贷资源配置地域差异较大、信贷投放行业集中趋势明显、不良贷款反弹压力增大等,致使金融资源配置效率低下。西藏金融资源总量的不足和金融资源配置效率低下制约了西藏经济增长,不利于西藏金融与经济协调发展。因此,必须解决好以上各方面的问题,以加快金融业发展,实现西藏金融资源优化配置,促进西藏经济发展。

(一) 完善西藏金融生态体系

要提升西藏金融配置效率,须构建良好的金融生态体系,为西藏金融业持

续发展提供支持。

1. 努力提高西藏经济发展水平，这不仅能够促进金融部门的发展壮大，还能增强其运营的稳健性。经验表明，地区经济发展水平越高，对资金的吸引力越强；反之，则越弱。

2. 健全西藏金融体系。一是应鼓励其他银行和政策性银行来藏设立分支机构，加快组建拉萨及成熟地区地方性银行，在经济相对发达的县开展村镇银行试点。二是利用优惠政策吸引股份制银行到西藏设立分行，对于新设机构，工商、国土、税务等部门应在工商登记注册、土地、税收等方面实行优惠政策。三是大力发展非银行金融机构。

3. 建立担保平台资本金持续注入机制和补偿机制。充分借鉴国内外担保体系运作经验，探索在各地（市）成立地方性担保机构，在条件成熟时，鼓励引进内地资金实力强、运作规范的担保机构在藏设立分支机构，切实提高担保机构的市场公信力和专业化服务水平，发挥对中小企业融资的杠杆作用。

4. 加强社会信用体系建设。一是综合运用法律、经济、宣传、舆论监督等手段，建立和完善社会信用的正向激励和逆向惩戒机制，建立不诚信行为信息披露和通报制度。二是加强信贷征信体系建设，促进银行、工商、税务等部门的信息共享。三是加大对逃废银行债务等失信行为的惩戒力度和金融案件的执法力度。

（二）完善各项金融政策，减少资金外流

1. 完善西藏优惠金融政策。一是为保持政策的连续性，建议继续执行"十三五"期间中央赋予西藏的特殊优惠金融政策。二是建议调整特殊费用补贴标准。特殊费用补贴应适当向助学贷款、保障性住房、棚户区改造、中小企业、水利、西藏优势特色产业、三农等民生领域以及西藏党委、政府重点关注的项目等方向倾斜，实现信贷资源的有效配置。三是西藏优惠金融政策仅体现在人民币贷款领域，建议增加中央特殊优惠金融政策覆盖范围，将债券融资、外汇贷款、票据贴现、租赁融资、保理融资等融资也纳入特殊金融政策支持范围，进一步丰富西藏金融业金融产品，促进社会融资总量增长。同时将具有援藏性质但跨区域的建设项目也纳入支持范围，提高对口援藏单位积极性。

2. 实施差异化信贷政策。各商业银行应继续争取总行差异化政策，制定差异化的信贷管理办法。在藏各金融机构要积极研究制定符合西藏实际的包括信

用评级、业务流程、风险控制、授权授信、尽职免责、呆坏账核销等内容的信贷管理办法和单独的考核办法，争取总行的理解和支持，使西藏信贷资金的规模在总行的大框架、大调整中有相应的份额和特殊安排；积极探索符合西藏特殊情况的经营理念和考核评价标准，确保中央的特殊优惠政策落到实处。

（三）完善财政援藏体制机制

目前，西藏已具备了转变财政援藏模式、完善财政援藏体制机制的基本条件，应"逐步变直接投入型财政援藏模式为间接撬动型财政援藏模式，积极完善现行财政援藏体制与机制，逐步减少基础设施项目的财政投入，相应增大特色优势产业项目的财政扶持力度，不断增强财政资金引导民间投资和信贷投入的针对性和有效性"[33]。可考虑列拨一定比例的财政援藏资金专款用于补贴、补偿、奖励直接从事特色优势资源开发的各类民间投资主体及为其提供信贷、保险、担保等金融服务的有关金融机构。具体而言，西藏可考虑设立以下产业导向型财政扶持基金或财政引导基金：一是西藏特色优势产业开发扶持基金，专款用于鼓励和扶持从事西藏特色优势资源开发的各类民间投资主体；二是西藏银行业金融机构信贷扶持基金，专款用于鼓励和引导各类在藏银行业机构扩大对藏信贷投放；三是西藏新型金融组织发展扶持基金，专款用于扶持各类新型金融组织（特别是合作性金融组织）的培育和发展；四是西藏地方政府产业融资平台公司，财政注资设立产业导向型地方政府融资平台，吸引其他各类民间投资主体积极参股，放大有限财政援藏资金的政策效应；五是西藏特色优势产业发展投资基金，注资组建若干只西藏特色优势产业发展投资基金，吸引各类民间投资主体参股。

参 考 文 献

［1］白钦先、陆家骝：《金融可持续发展理论研究导论》，北京，中国金融出版社，2001。

［2］崔满红：《金融资源理论研究》，北京，中国财政经济出版社，2002。

［3］陆家骆：《金融资源积累与金融可持续发展》，载《华南金融研究》，2000（4）。

［4］王秀山：《金融资源效率研究》，北京，中国金融出版社，2002。

［5］柳明：《论金融资源与金融发展》，载《内蒙古财经学院学报》，1999（1）。

［6］曾霖康：《试论我国金融资源的配置》，载《金融研究》，2005（4）。

［7］郭松：《金融资源优化配置解析及对江苏的实际考察》，硕士论文，2005。

［8］孙立坚：《金融体系的微观传导机制》，载《上海财经大学学报》，2003。

［9］胡代光：《米尔顿．弗里德曼和他的货币主义》，北京，商务印书馆，1980。

［10］Robert Lucas，"on the Mechanics of Economic Development，Journal of Monetary Economics，July 1988，3 – 42.

［11］Alif Darrt，"Are Financial Deepening and Economic Growth Causally Related ? Another Look at the Evidence"，International Economic Journal，1999 Volume13，Autumn.

［12］魏克赛尔：《利息和价格》，北京，商务印书馆，1982。

［13］约瑟夫．熊彼特：《经济发展理论》，北京，商务印书馆，1990。

［14］Patrick. "Financial Development and Economic Growth：The Role of Stock Markets，" Journal of Money，Credit and Banking，Ohio State University Press，Vol. 33（1），16 – 41.

［15］John G. Gully and Edward S. Shaw，financial development，Economic Growth and banking sector controls：Evidence from India. The Economic Journal，106（435），359 – 374.

［16］Goldsmith，R. Financial structure and development. NewYork：Yale University Press. 1969.

［17］Ronald L McKinnon and Demetriades，Panics. 1997. Financial Development and Economic Growth：Assessing the Evidence，The Economic Journal，107（May）：783 – 799.

［18］王广谦：《经济发展中金融的贡献与效率》，北京，中国人民大学出版社，1997。

［19］谈孺勇：《金融发展理论与中国金融发展》，北京，中国经济出版社，2000。

［20］韩廷春：《金融发展与经济增长——理论、实证与政策》，北京，清华大学出版社，2002。

[21] 唐旭：《货币资金流动与区域经济发展》，中国人民银行研究生部博士论文。

[22] 张军洲：《中国区域金融分析》，北京，中国经济出版社，1995。

[23] 殷德生、肖顺喜：《体制转轨中的区域金融研究》，北京，学林出版社，2000。

[24] 江其务：《关于中国金融系统"存差"的金融分析》，载《财贸经济》，2003（4）。

[25] 胡鞍钢、王绍光、康晓光：《中国地区差异报告》，沈阳，辽宁人民出版社，1995。

[26] 郭金龙、王宏伟：《中国区域间资本流动与区域经济差距研究》，载《管理世界》，2003（7）。

[27] 王小鲁、樊纲：《中国地区差距的变动趋势和影响因素》，载《经济研究》，2004（1）。

[28] 伍艳：《对西藏金融弱化的思考》，载《西南民族大学学报》，2009（1）。

[29] 徐诺金：《论我国金融生态问题》，载《金融研究》，2005（2）。

[30] 杨宝林、付跃东：《西藏银行业发展的政府支持》，载《银行管理》，2011（4）。

[31] 李力锋：《中央赋予西藏特殊优惠金融政策及执行情况》，载《财政研究》，2009（11）。

[32] 杨松：《西藏地区金融资源配置效率与经济增长》，四川大学博士论文。

[33] 丁业现、彭克强：《改革开发以来西藏金融发展与经济增长的实证研究》，载《西藏研究》，2011（8）。

影子银行体系发展与金融稳定的关系研究

中国人民银行拉萨中心支行货币金银处
唐　平　杜炳萱

摘要：金融稳定是经济持续健康发展的基本条件，《中国人民银行法》明确将维护金融稳定作为央行的重要职能。作为现代金融体系的重要组成部分，影子银行体系是金融体系的重要创新力量，其发展对提高金融市场的流动性和金融体系的效率有较大的作用。但由于其监管的不足，对于宏观经济稳定也会带来负面影响。本文采用互惠共生建模的方法对影子银行体系对金融稳定的影响进行了理论研究。结果发现，影子银行体系会对金融体系产生影响，但只要满足适当的条件其对金融稳定产生的影响较小，且会与传统银行体系一起共同发展。

关键词：影子银行　金融稳定　互惠共生模型

一、影子银行体系与区域金融稳定研究的重要意义

（一）影子银行体系与金融稳定概述

影子银行体系（The shadow bangking system）最早是由美国太平洋投资管理公司 McCulley 于 2007 年提出，定义为"与传统、正规接受中央银行监管的商业银行系统相对应的金融机构，这些机构筹集到大部分是不确定性很强的短期资金，游离于监管之外"。也就是指具有银行实质内容但不具备银行表面形式的各种机构。但由于金融发展程度和监管体系上的差异，我国影子银行体系与西方发达国家影子银行体系有一定的区别（见表1）。中国融资市场以银行为主导，加之资本市场发展不完善，影子银行体系资金来源和运用受到了限制，所以信用创造功能有限。资本证券化的缺失导致影子银行体系发挥期限或流动性转换功能。因此，本文认为影子银行体系是指在传统银行业务之外，能够创造信用，

具有期限和流动性转换功能，但是不受或少受监管的，具有直接或间接融资中介性质的业务或机构。

表1　　　　　　　　　影子银行体系与传统银行体系的主要区别

	国外影子银行体系	我国影子银行体系	传统银行
资金来源	货币市场基金	权益资金、银行信贷	存款
融资模式	批发	零售	零售
监管方式	资本市场调节、机构自身约束	各个监管主体的不同监管措施	巴塞尔协议、存款准备金率等
杠杆率	20 倍以上	10 倍以下	10 ~ 15 倍
流动性支持方式	无或间接支持	无或间接支持	直接支持
产品结构	复杂	简单	简单
危机形式	回购市场挤兑（负债方）	投资亏损（资产方）	存款、票据挤兑（负债方）

我国影子银行体系主要由以下几类构成：第一类是以银行为主导的影子银行，包括银行理财产品，银证、银保、银信合作产品等。第二类是银行模式下的非银行业金融机构，包括传统信托业务、委托贷款等。第三类是较少或不受监管下的影子银行，包括民间借贷、担保公司、高利贷以及新兴网络贷款等。

我国从古至今都存在典当借贷行业，但这并不是真正意义上的影子银行。随着改革发展，商业银行进行国企改革并不断市场化经营，我国逐渐形成以担保等为代表的影子银行，随着金融市场化的不断发展，近十年是其发展的黄金周期，各种形式的影子银行井喷状发展，其具体产生的原因为：

1. "金融脱媒"和金融制度缺失是我国影子银行体系产生的直接原因

从资金供给方面看，改革开放和金融自由化的发展，使种类繁多的银行诞生，中国银行市场竞争加剧，股票、期货市场的快速发展拓宽了直接融资渠道，银行存贷业务压力不断增加，竞争压力直接导致银行逐步发展银行理财产品和信托业务等，进一步开发了银证、银保、银信合作产品等。加之随着我国高学历人群的增加，收入相对稳定人群具有一定的风险偏好，而银行长期低利率或负利率的现象，无法满足其对财富增值的向往，进而选择高收益高风险的影子银行，极大促进了影子银行的发展。

从资金需求方面看，银行作为主要的金融中介已无法满足融通资金的作用，即"金融脱媒"，需实现在金融管制的情况下，资金供给绕开商业银行体系，以达到直接输送给需求方和融资者，完成资金的体外循环的目的。融资难和经济结构转型需要新的市场融资机制，中小型企业等资金需求方规避银行业监管规则，寻求其他相对监控较松的中介或非中介，从而导致典当行、高利贷、融资租赁工作的大量出现，直接促使影子银行体系为新的市场融资方式。

从金融制度方面来看，我国金融制度体系至今仍存在漏洞，金融制度和金融体系区域发展不均衡，如西藏大多数农牧区，银行尚未深入进去，融资制度和方式匮乏。中小型企业作为我国经济发展的最底层，缺乏融资制度支持，存在融资难、方式简单等问题。这些制度缺失是我国影子银行产生的直接原因。

2. 货币政策和利率市场化推动影子银行体系发展

2008年之前宽松的货币政策使企业融资成本低，发展规模较大，自2008年金融危机后，我国因流动性充足导致通货膨胀等一系列反应，政府被迫实行稳健的货币政策，上调存款准备金率、控制信贷发放等，政策波动造成企业陷入阶段性资金紧张，甚至企业运营节奏被打乱并受到生存挑战，为破解危机向民间金融市场和非银行业金融机构求助，影子银行体系得以高速发展。

利率市场化导致商业银行给投资者提供的收益率越来越低，而影子银行体系运用一定的杠杆来顺应投资者对高回报的需求，使影子银行体系备受青睐。

综上所述，我国影子银行是在从银行垄断向多元化金融体系过渡，从间接融资向标准化资本市场融资的中间产物。

（二）影子银行体系与区域金融稳定

金融稳定反映了一种金融运行的状态，服务于金融发展的根本目标，体现着金融资源配置不断优化的要求，具体表现为金融体系不发生剧烈波动，金融业自身能够有序、协调、稳定发展，同时表现为金融效率不断提高，金融服务于实体经济的功能能够得到有效发挥。我国影子银行体系对金融稳有一定的影响。

从影子银行体系的产生可以得知，它的产生是金融管制与金融创新之间博弈和变迁的逻辑演进过程，是金融市场自身不断演化的结果，降低了依赖银行体系融资的比重，一定程度上满足了经济实体融资需求，丰富和扩展了投资渠道，有效缓解金融不发达、资金紧缺、金融支持力度弱的区域资金短缺紧张的局面，推动了区域经济发展。与此同时，增加了整个金融市场的流动性，提高了市场活跃程度，促进了金融市场价格发现功能的有效发挥，有利于提高投融资效率。

从影子银行体系的特点和产生可以得知，影子银行规避了中央政府对信贷投放量的控制和流向政策的约束，从而会降低宏观政策调控的有效性，对银行的稳健运营和资金融通功能和渠道形成了冲击；影子银行体系发挥期限或流动性转换功能容易导致流动性风险；受利益驱使可能导致信用泛滥；低透明度致使外部评级失灵；缺乏监管约束将使风险可控性降低。

影子银行对区域金融稳定的影响是双面的，在我国以传统银行为融资主导的体系下，影子银行体系与传统银行的关系以及它们共同对区域金融稳定的影响，是本文研究影子银行体系与区域金融稳定的出发点和研究目的。

（三）研究思路

本文主要基于以下研究思路：首先对影子银行体系影响金融稳定的机制进行分析，得出其与传统银行体系间的关系；其次，将其之间的关系进行抽象概括建立数学模型，其中将考虑各要素的作用；再次，通过对数学模型的求解，对影子银行体系对金融稳定的影响作出评价；最后，结合西藏实际情况，对其在不同条件下产生的影响提出有针对的政策建议。

影子银行在 2008 年美国金融危机之后受到全球银行业监管机构及学术界的关注，我国近年来民间借贷问题突出，凸显了中小企业融资难问题同时也表明以民间借贷为代表的游离于银行业监管体系之外的影子银行存在无法忽视的风险。鉴于国际和我国的现实情况，研究影子银行对金融稳定的影响具有重大的理论和现实意义。

关于影子银行问题，国内外有不少学者对此做过研究。2008 年，Feng，L. 和 Wang，D. 在东京野村证券提出，金融危机的爆发虽然影子银行应当承担主要责任，但是整体上看影子银行的存在还是促进了经济的发展[1]。王增武以银行理财产品为例，提出影子银行的发展会增加货币供应量，从而损害中央银行的货币调控效果[2]。葛爽提出，监管当局应当对评级机构、商业银行监管范围作出改革，同时对影子银行体系中资产过度证券化的行为予以警示[3]。陈剑和张晓龙采用 SVAR 模型对影子银行产生的冲击进行平稳性检验，得到其对 CPI 及货币供给量的影响结论[4]。

从整体上看，现有研究文献中主要以宏观的角度对影子银行的影响进行分析，影子银行在合适的监控下对经济发展具有促进作用。但是以定量分析说明影子银行体系在合理的监控下对经济金融影响的文献并不多。本文基于互惠共生（Mutualism model）模型，对影子银行体系对于金融稳定的影响进行理论分析，对影子银行体系在国民经济中的作用进行实证。

二、影子银行对区域金融稳定的评价

（一）影子银行体系影响金融稳定机制分析

2007 年次贷危机爆发之后，美国加强了金融监管力度，分别颁布了两个金融监管改革法案，分别是 2009 年 3 月颁布的《金融体系全面改革方案》和国会 2010 年 7 月通过的《多德—弗兰克华尔街改革与消费者保护法案》，后者全面包含了美国对影子银行体系的实质性监管措施。

2009 年至今，英国也借助危机对现有的金融监管体系进行改革，并于 2009 年 3 月提出《特纳报告》、2009 年 12 月推出《衍生产品场外交易市场改革方案》、2011 年 6 月发布白皮书《金融监管的一个新方法：改革的蓝图》等一系列监管影子银行体系和活动。

在这些主要国家的监管框架中，均无意禁止影子银行体系的业务，而是强调消除其运行中的缺陷，将其置于监管者的视野以更好地促进经济的发展，即强调影子银行在经济发展过程中的"双刃剑"作用。从分析影子银行对经济的影响形成机制也可以得出以上结论，如图 1 所示，一方面，影子银行灵活的再融资功能能够促进中小企业的快速发展；另一方面，一旦遇到经济衰退，其风险的传递作用也将被放大。

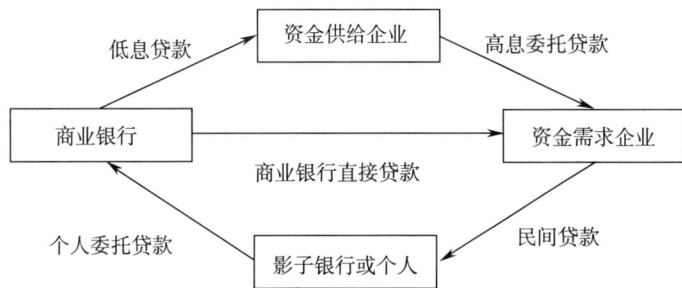

图 1　影子银行对经济的影响机制

由此可见，量化分析影子银行体系对于金融稳定的影响具有重要作用。在关于双变量之间的交互影响关系的分析中，竞争模型[5]-[9]（Competition model）和互惠共生模型[10]-[14]（Mutualism model）得到普遍应用，作出的结果在生物界得到广泛认可。由于影子银行体系与传统银行体系具有互惠共生的特点，同时时标能同时兼具连续变化和离散变化的特点，鉴于此，本文采用时标上的

MM 模型进行分析。

（二）变量选取及评价指标体系构建

本文拟构建以下指标体系：

1. 要素指标，主要是反映传统银行体系与影子银行体系发展中的指标，包括种群、传统银行密度、影子银行密度、传统银行内禀增长率、影子银行内禀增长率等。

种群（population）：指在一定时间内占据一定空间的同种生物的所有个体。

密度（density）：在一定空间范围内同种生物个体同时生活着的个体数量或作为其参数的生物量。种群密度是种群最基本的数量特征。不同的种群密度差异很大，同一种群密度在不同条件下也有差异。

内禀增长率（intrinsic rate of increase）：指具有稳定结构的种群，在食物与空间不受限制、同种其他个体的密度维持在最适水平、环境中没有天敌，并在特定的环境组配下，种群的最大瞬时增长率，反映了种群在理想状态下的扩繁能力。

2. 评价指标，指评价影子银行对金融稳定影响的指标。本文主要是采用持久性指标来评价其影响。

持久性（perdurability）：指在种群能够持久地存在于不断变化的环境中，不会发生因某个物种不稳定而引起生态环境崩溃的性质。

三、影子银行影响区域金融稳定的模型研究

作为现代金融体系的重要组成部分，影子银行体系是金融体系的重要创新力量，其发展对提高金融市场的流动性和金融体系的效率有较大的作用。但也不能忽视其由于监管不足而蕴含的风险。本文将通过建立模型，对影子银行在不同条件下对区域金融稳定所带来的影响进行定量分析。

（一）模型构建过程

在本文中，将能明确获得中央银行流动性支持或公共部门信用担保的金融中介为传统银行，将影子银行定义为未获得中央银行或公共部门支持的实体或业务活动。与传统银行体系相比，影子银行体系由于受到的监管较少，业务受限程度较轻，其扩张能力更强，由此也推动了金融业务规模的扩张，进而又对

传统银行体系产生促进作用。

金融共生是指规模和性质各异的金融组织之间、金融组织与各种企业之间、金融组织与区域经济之间在同一共生环境中通过交互式作用实现和谐发展，达到包括金融组织在内的整个经济区域的可持续发展，或者说达到了区域金融生态平衡。

本文将传统银行体系与影子银行体系看成同居于一共同栖息地的两个种群，由相互间的关系可以看出每个种群的增长都能促进另一种群的增长，因而本文引入互惠共生模型来刻画这种金融共生。互惠共生模型其基本表达式如下：

$$
\begin{cases}
\dfrac{dN_1(t)}{dt} = N_1(t)f_1(N_1(t), N_2(t)) \\[2mm]
\dfrac{dN_2(t)}{dt} = N_2(t)f_2(N_1(t), N_2(t))
\end{cases}
$$

但由于客户资源等各方面的限制，不可能出现某个种群密度太大的情况，因此，上述模型并不能很好地刻画两种群的互惠共生系统。加入条件限制，改进可得：

$$
\begin{cases}
\dfrac{dN_1(t)}{dt} = r_1 N_1(t)\,\dfrac{K_1 + a_1 N_2(t)}{1 + N_2(t)} - N_1(t) \\[3mm]
\dfrac{dN_2(t)}{dt} = r_2 N_2(t)\,\dfrac{K_2 + a_2 N_1(t)}{1 + N_1(t)} - N_2(t)
\end{cases}
$$

在现实模型中还需将不断变化的环境影响纳入考虑，因而模型中常系数需进一步改进为与时间变量有关的函数，进而可得：

$$
\begin{cases}
\dfrac{dN_1(t)}{dt} = r_1(t) N_1(t)\,\dfrac{K_1(t) + a_1(t) N_2(t)}{1 + N_2(t)} - N_1(t) \\[3mm]
\dfrac{dN_2(t)}{dt} = r_2(t) N_2(t)\,\dfrac{K_2(t) + a_2(t) N_1(t)}{1 + N_1(t)} - N_2(t)
\end{cases}
$$

无论是生态系统、金融系统，反馈控制都是维持其平衡或稳定的基本机制，故本文又在模型中加入了反馈控制项。

而由于在现实金融系统中，各变量不可能时刻随时间连续变动，如金融危机可能带来各参数的跳跃性变化，所以在连续条件下研究现实世界金融系统是不全面的，故本文在时间尺度上进行研究。进而最后构建模型如下。

$$\begin{cases} x^h(t) = r_1(t)\dfrac{K_1(t) + a_1(t)\exp\{y(t)\}}{1 + \exp\{y(t)\}} - \exp\{x(t)\} - b_1(t)u(t) \\[3mm] y^h(t) = r_2(t)\dfrac{K_2(t) + a_2(t)\exp\{x(t)\}}{1 + \exp\{x(t)\}} - \exp\{y(t)\} - b_2(t)v(t) \\[3mm] u^h(t) = -a_1(t)u(t) + c_1(t)\exp\{x(t)\} \\[3mm] v^h(t) = -a_2(t)v(t) + c_2(t)\exp\{y(t)\} \end{cases}$$

其中，$x(t)$ 为传统银行体系的种群密度，$y(t)$ 为影子银行体系的种群密度，$r_1(t)a_1(t)$、$r_2(t)a_2(t)$ 分别表示传统银行体系和影子银行体系的内禀增长率，$u(t)$，$v(t)$ 是反馈控制项。

令 $N_1(t) = \exp\{x(t)\}$、$N_2(t) = \exp\{y(t)\}$，若时间尺度 $\mathbf{T} = \mathbb{R}$，则研究的是金融环境各变量随时间连续发展的情况；若时间尺度 $\mathbf{T} = \mathbb{Z}$，则研究的是金融环境突变时的情形。

(二) 模型持久性讨论

首先，假设下列条件成立：

(H_1) $r_i(t)$，$K_i(t)$，$a_i(t)$，$a_i(t)$，$b_i(t)$，$c_i(t)$，$i = 1,2$ 都是 Γ 上有界非负函数使得对于 $i = 1,2$ 有

$$0 < r_i^m \leqslant r_i(t) \leqslant r_i^M, 0 < K_i^m \leqslant K_i(t) \leqslant K_i^M,$$

$$0 < a_i^m \leqslant a_i(t) \leqslant a_i^M, 0 < a_i^m \leqslant a_i(t) \leqslant a_i^M,$$

$0 < b_i^m \leqslant b_i(t) \leqslant b_i^M, 0 < c_i^m \leqslant c_i(t) \leqslant c_i^M$，以及 $a_i > K_i$。这里 $f^m = \inf_{t \in \Gamma}\{f(t)\}$

$$f^M = \sup_{t \in \Gamma}\{f(t)\}, -r_i^M, -a_i^M \in \Re^+$$

出于实际意义的考虑，我们总是假设系统满足初始条件 $u(0) > 0$。其次，引入下列已知结论：

(C_1) 令 $-a \in \Re^+$

(1) 若 $x^\Delta(t) \leqslant b - ax(t)$，则

$$x(t) \leqslant x(t_0)e_{(-a)}(t, t_0) + \frac{b}{a}(1 - e_{(-a)}(t, t_0))$$

特别地，若 $a > 0$，则对 $t > t_0$，有 $\limsup_{t \to +\infty} x(t) \leqslant \dfrac{b}{a}$。

(2) 若 $x^\Delta(t) \geqslant b - ax(t)$，则

$$x(t) \geqslant x(t_0)e_{(-a)}(t,t_0) + \frac{b}{a}(1 - e_{(-a)}(t,t_0));$$

特别地，若 $a > 0$，则对 $t > t_0$，有 $\lim\inf_{t \to +\infty} x(t) \geqslant \frac{b}{a}$。

(C_2) 令 $-a$，$-b \in \mathfrak{R}^+$. 对一切 $t \in \Gamma$，有 $x(t) > 0$

（1）若 $x^{\Delta}(t) \leqslant x(\sigma(t))(b - ax(t))$，则

$$x(t) \leqslant \frac{b}{a}\left[1 + \left(\frac{bx^{-1}(t_0)}{a} - 1\right)e_{(-a)}(t,t_0)\right]^{-1};$$

特别地，若 $a > 0, b > 0$，则对 $t > t_0$，有 $\lim\sup_{t \to +\infty} x(t) \leqslant \frac{b}{a}$。

（2）若 $x^{\Delta}(t) \geqslant x(\sigma(t))(b - ax(t))$，则

$$x(t) \geqslant \frac{b}{a}\left[1 + \left(\frac{bx^{-1}(t_0)}{a} - 1\right)e_{(-a)}(t,t_0)\right]^{-1};$$

特别地，若 $a > 0, b > 0$，则对 $t > t_0$，有 $\lim\inf_{t \to +\infty} x(t) \geqslant \frac{b}{a}$。

最后，由以上结论可以得到下列命题成立：

(P_1) 假设条件 (H_1) 成立，则模型的每个解 $(x(t), y(t), u(t), v(t))$ 都满足

$$\lim\sup_{t \to \infty} x(t) \leqslant x^*, \lim\sup_{t \to \infty} y(t) \leqslant y^*, \lim\sup_{t \to \infty} u(t) \leqslant u^*, \lim\sup_{t \to \infty} v(t) \leqslant v^*,$$
其中

$$x^* = \frac{r_1^M(\alpha_1^M - 1)}{r_1^m}, u^* = \frac{c_1^M e^{x^*}}{\alpha_1^m}, y^* = \frac{r_2^M(\alpha_2^M - 1)}{r_2^m}, v^* = \frac{c_2^M e^{y^*}}{\alpha_2^m}。$$

进一步假设下列条件成立：

$$(H_2)\, K_1^m - b_1^M u^* > 0, K_2^m - b_2^M v^* > 0$$

从而又可以得到下列命题成立：

(P_2) 假设条件 (H_1)、(H_2) 成立，则模型的每个解 $(x(t), y(t), u(t), v(t))$ 都满足

$$\lim\inf_{t \to \infty} x(t) \geqslant x_*, \lim\inf_{t \to \infty} y(t) \geqslant y_*, \lim\inf_{t \to \infty} u(t) \geqslant u_*, \lim\inf_{t \to \infty} v(t) \geqslant v_*,$$
其中

$$x_* = \ln(K_1^M - b_1^M u^*), u_* = \frac{c_1^m e^{x_*}}{\alpha_1^M}, y_* = \ln(K_2^M - b_2^M v^*), v_* = \frac{c_2^m e^{y_*}}{\alpha_2^M}$$

由命题 (P_1)、(P_2) 的结论，可以得出模型在 (H_1)、(H_2) 均成立的条件下具有持久性。

（三）模型结果分析暨区域金融稳定条件讨论

此模型重点分析了影子银行体系对经济发展的影响，并基于模型分析得出以下结论：

第一，影子银体系对金融发展具有积极作用。现代金融体系下，影子银行体系已经成为金融体系不可或缺的有机组成部分。由于影子银行体系的操作手法有别于传统银行体系，因而其存在和发展弥补了传统银行体系的不足，满足了新的市场需求，拓展了金融市场运作手段。从本文模型具有持久性可得此结论。

第二，影子银行体系的高风险可能对金融稳定构成一定威胁，金融发展不能过于依赖影子银行体系。影子银行体系由于杠杆率高、业务链长，故有高风险的特性，加上与传统银行体系关联度较高，因此，其风险容易在影子银行体系内部以及其与外部之间传递。同时，由于受到的监管相对较少，影子银行体系很容易走上盲目扩张的道路，从而埋下风险隐患。从本文模型要求变量必须满足合适的条件可得此结论。

由此，本文得出区域金融稳定条件如下：

第一，$x(t)$ 即传统银行体系的种群密度不是越大越好。虽然传统银行体系的种群密度越大，金融系统暂时越具有稳定性，但其过大将必然压缩影子银行体系的种群密度，从长远看会对金融经济发展起到抑制作用，进而影响系统的持久性。

第二，模型虽然具有持久性，即影子银行体系能与传统银行体系并存，但其需严格的限制条件。说明需要对影子银行各方面加强监管才能保证其共同发展。

四、营造良好金融稳定环境的对策建议

影子银行与传统银行互为补充。传统银行业以融资中介为主要功能，主要依靠吸收存款、发放贷款和创造货币作为运行基础。影子银行则以金融服务为核心，是应市场多样化的需求而产生的，其资金来源不是储蓄存款，而是通过商业票据、中期票据和债券进行融资；盈利模式不是为了赚取利差，而是通过交易活动赚取中间业务收入；它充分体现了金融业的创新精神，产品创新和服务创新层出不穷，甚至可以为金融消费者提供"量身定制"的服务，某种程度

上讲，影子银行的存在可以极大提高金融业包括传统银行的运行效率。因此，促进传统银行和影子银行体系发展的同时，加强法制建设和对影子银行体系的监测，扬长避短，可以提高区域经济稳定和发展。为此，提出以下五点建议：

1. 提高区域经济实力，改善经济金融环境

当前我国金融市场发展基础还很薄弱，金融深化程度不高，区域性金融发展水平差异很大，市场化转轨进行中的政府职能、投资者的意识和素质、企业投资行为与发达国家还有很大差距，而资本市场的成熟程度决定了传统银行和影子银行的成熟程度。当资金市场出现问题时，整个影子银行体系和传统银行都会面临系统性危险，所以提高区域经济实力，在孕育影子银行体系和传统银行的资金市场和资金环境良好的前提下，才能促进两者健康、平稳的发展。因此，促进我国金融结构的演进和效率的提升、消除金融压抑，根本上要稳步推进利率市场化机制，进入真正意义上的市场竞争环境，从而促进和带动影子银行体系和传统银行健康正规化发展。

2. 正确引导影子银行体系发展方向

我国金融资本占绝对垄断地位的现象在一定程度上束缚了金融系统发展，正确处理金融行业的发展，应以影子银行体系的形象丰富和活跃金融市场的竞争意识和创新能力，通过适当引入民营资本等方式，培育影子银行良性发展，使其更好地为我国经济金融服务。对于银行内部影子银行活动，关注影子银行体系的负债资金来源、资产负债的时间错配等问题，加强风险监控，建立风险止损和自救机制，对于其他影子银行体系，应积极规范民间金融发展，鼓励中小企业在融资方面的积极作用，循序渐进的监管方法和强制性的法律制度相结合，促进区域金融稳定和发展。

3. 完善支付体系，促进传统银行发展

任何社会的经济活动必然伴随着货币转移和资金流动，支付体系就是实现货币转移的有机组合。支付体系的安全、高效运行是实施货币政策和维护金融稳定的重要保障。支付体系发展不均衡，欠发达地区在非现金支付工具普及面、支付体系的电子化程度、信用发展水平方面都与发达地区存在较大差距。不发达地区逐步完善现代化支付体系，促进传统银行发展，加快资金的流动性，在一定程度上遏制了落后地区影子银行的发展，促进了区域经济增长。

4. 加强法制建设，改善金融法制环境

金融市场变化和发展都很快，基于法律滞后性和现实发展状态，没有必要

专门针对影子银行体系立法，但应以法律形式明确如何监管影子银行。我国近年来出台了一些法律法规来规范影子银行的行为，但仍需完善。首先，国家应尽快出台资产证券化管理条例来规范资产证券化行为，为其提供法律上的支持。其次，应出台私募等股权投资基金细化的管理办法，对其门槛、资质以及管理模式进行规范化的管理。再次，应加快对民间金融体系的立法支持，打击高利贷和地下钱庄，将民间资金引导至正规投资途径。同时，出台金融机构资产清算规范，为市场退出创造良好的环境。

5. 加强金融稳定的监测与预警，构建科学的综合评价体系

我国影子银行体系发展并不成熟，没有复杂的金融衍生工具和信用链条，基本是以单个实体存在，相互之间没有错综复杂的风险渗透，可以直接较容易的检测。如果在发展之初，加以有效的检测和管理，就能控制好影子银行体系的风险，促进其向良性发展。就现实发展情况而言，不是所有的影子银行在任何时候都需要受到严格的监管，而应根据影子银行的系统重要性程度，实行动态比例监管。我国相关监管机构应根据影子银行的影响和风险程度，区分审慎监管范围实行严格监管和由市场自律、注册、监测等监管方式。

由于我国实行分业监管的模式，众多金融机构被分拆到不同监管部门进行监管，各部门之间的监管数据信息缺乏统一标准的口径，无法直接汇总分析，人民银行除掌握在其监控内的影子银行体系，对区域内无法进行整体风险评估，从而削弱了货币政策效果。在同一业务涉及不同部门时，又缺乏有效协调造成不受监控区域。为此，为维护区域金融稳定，要建立一个统一、全面、共享的金融业综合统计体系。

参考文献

［1］王增武：《影子银行体系对我国货币供应量的影响》，载《中国金融》，2010（23）。

［2］葛爽：《金融危机中影子银行的作用机制及风险防范》，载《金融与经济》，2010（7）。

［3］陈剑、张晓龙：《影子银行对我国经济发展的影响》，载《财经问题研究》，2012（8）。

［4］Feng, L., Wang, D. Shadow Banking Exposure less than Feared and more t－han Priced［R］. Tokyo：Nomura Securities, 2011.

［5］ W. N. Li, Some new dynamic inequalities on time scales ［J］. J. Math. Anal. A - ppl. , 2006（319）: 802 - 814.

［6］ C. Potzsche, Chain rule and invariance principle on measure chains ［J］. J. C - omput. Appl. , Math. , 2002,（141）: 249 - 254.

［7］ M. Q. Feng, X. M. Zhang, W. G. Ge, Positive solutions for a class of boundary Value problems on time scales ［J］. Comeput. Math. Appl. , 2007（54）: 467 - 475.

［8］ R. P. Agearwal, M. Bohner, P. J. Y. Wong, Sturm - Liouville eigenvalue problems on time scales ［J］. Appl. Math. Comput. , 1999（99）: 153 - 166.

［9］ H. T. Zhang, Y. K. Li, Existence of positive periodic solutions for functional differential equations with impulse effects on time scales ［J］. Commun. N - onlinear Sci. Numer. Simul. , 2009（14）: 19 - 26.

［10］ M. Bohner, M. Fan, J. Zhang, Periodicity of scalar dynamic equations and a - Pplications to population models ［J］. J. Math. Anal. Appl. , 2007（330）: 1 - 9.

［11］ A. P. Chen, F. L. Chen, Periodic solution to BAM neural network with delays on time scales ［J］. Neurocomputing, 2009,（73）: 274 - 282.

［12］ L. Zhang, H. X. Li, X. B. Zhang, Periodic solutions of competition Lotka - Volterra dynamic system on time scales ［J］. Comput. Math. Appl. , 2009（57）: 1204 - 1211.

［13］ J. Zhang, M. Fan and H. Zhu, Existence and youghness of exponential dichotomies of linear dynamic equations on time scales ［J］. Compt. Math. App - l. , 2010（59）: 2658 - 2675.

［14］ T. W. Zhang, Y. K. Li, Y. Ye, Persistence and almost periodic solutions for a discrete fishing model with feedback control ［J］. Commun. Nonlinear Sci. Numer. Simul. , 2011,（16）: 1564 - 1573.

西藏保险业市场拓展问题研究

中国保监会西藏监管局课题组
课题组组长：马全平
课题组成员：康　学　白志刚　邱　嵩

摘要： 随着社会经济的跨越式发展，西藏保险业在服务全局方面步伐明显加快，发挥着越来越重要的作用。本文从区域保险市场拓展面临的机遇与挑战等方面进行论述和分析，西藏保险业市场拓展必须从提升服务能力、差异化监管、守住不发生系统性区域性风险底线等方面着手，不断提升保险在经济发展全局中的突出作用。

关键词： 西藏保险　市场拓展　因素

当前我国经济正处于增长速度的换档期、结构调整的阵痛期和前期刺激政策的消化期，党中央、国务院立足于服务国家治理体系和国家治理能力现代化，把发展现代保险服务业放在经济社会工作整体布局中统筹考虑，党的十八大、十八届三中全会对保险业发展提出了明确的要求，明确了保险业在国民经济发展中新的定位和高度。具体到西藏，随着社会经济的全面进步，保险市场进一步拓展，保险势必成为政府、企业、居民风险管理和财富管理的基本手段，成为政府改进公共服务、加强社会管理的有效工具。保险业在服务西藏稳定与发展这两件大事中起到了促进经济提质增效升级、创新社会治理方式、保障社会稳定运行的作用。

一、我国保险业和西藏保险业发展概况

新中国成立后，我国保险业经历了一段不平凡的发展历程。新中国成立初期，国家对保险业进行了改造、整顿，逐步确立了国营保险公司的主导地位。到 1958 年，受计划经济体制和"左"的思想路线影响，国家和企业承担了城镇居民的所有社会保障责任，商业保险失去了生存的土壤，国内保险业务基本停

办，只保留了一部分涉外保险业务。1979 年 4 月，国务院同意恢复国内保险业务。由此，我国保险业在沉寂 20 多年之后，重新开始焕发蓬勃生机。近年来，党中央国务院出台了一系列促进保险业改革发展的政策措施，从 2004 年到 2014 年，连续 11 年的中央一号文件对发展政策性农业保险提出了具体要求。尤其是党的十八届三中全会通过的《中共中央关于全面深化改革若干重大问题的决定》，多处提到保险，明确了保险业在完善和发展中国特色社会主义制度中的地位和作用。保险业的政策环境越来越好，保险在构建社会保障体系、提高社会治理水平、完善经济补偿机制、服务国家经济转型等方面发挥越来越重要的作用。

"十二五"时期，西藏保险业以科学发展观为指导，紧紧围绕"六个西藏"建设，不断拓宽保险服务领域，实现行业持续快速发展，为保险市场的进一步拓展奠定了良好基础。

1. 机构主体不断增多，保险组织体系日趋健全。2011—2014 年，新增阳光财产保险股份有限公司西藏自治区分公司、中国太平洋财产保险股份有限公司西藏分公司、中国人民人寿保险股份有限公司西藏自治区分公司 3 家省级分公司。中国人民人寿保险股份有限公司西藏自治区分公司的成立，打破中国人寿保险股份有限公司西藏自治区分公司一家独营的局面，竞争有序的市场格局逐渐形成。

2. 保费规模快速增长，服务经济能力明显加强。2011—2013 年，全区保费收入年均增速高达 31%。2013 年，西藏保险业实现原保费收入 11.43 亿元，同比增长 19.85%，从 2010 年的 5 亿多元到 2013 年的 11 亿多元，西藏保险业只用了不到 3 年的时间就实现了保费规模翻番，年均增长率达到 26.62%，远远超过西藏 GDP 的增长速度；对比近 3 年的状况，全区的保险密度从 26.98 元/人上升到 371.1 元/人，保险深度从 0.63% 上升到 1.4%；保险业总资产达到 5.43 亿元，同比增长 17.06%。保险业整体实力明显增强。在保费快速增长的基础上，保险的经济补偿、资金融通和社会管理功能得到进一步增强，在保障人民生命财产安全和经济稳定运行方面发挥了重要作用。

3. 围绕中心工作，服务水平显著提升。"十二五"以来，西藏保险业始终围绕区党委、政府中心工作，充分发挥社会稳定器、经济助推器作用，不断扩大保险覆盖范围，服务水平得到显著提升。逐步建立了符合西藏实际的涵盖城镇职工、城镇居民、农牧民的大病补充医疗保险体系，建立了覆盖所有西藏户籍人员和援藏干部的人身意外伤害保险体系，建立了涵盖全区的政策性农业保险体系。各险种业务的快速发展促使保险业在服务"三农"发展、促进道路交通安全、保障重大工程项目建设、推动旅游业大发展、完善社会保障体系、减轻政府救助压力、维护社会稳定等方面发挥了积极重要的作用。2011—2014 年上半年，西藏保险业为社会提供风险保障 6 014.73 亿元，是"十二五"期间的 5.8 倍，累计支付各类赔款及给付 7.56 亿元，是"十二五"期间的 3.4 倍。

4. 保险基础设施日益完善。"十二五"期间，全行业更加注重基础建设，树立合规经营理念，加强人才队伍建设和行业组织建设，从多方面着手，逐步完善行业发展基础设施。一是各保险机构树立合规经营理念，坚持业务发展与内控合规并重，内控管理机制更加科学，内控标准和流程更加明确，合规考核和问责制度更加健全，对基层机构的管控更加到位，内部规章制度体系基本覆盖了各关键环节，全区保险机构内控管理能力和水平明显增强。二是理赔服务能力不断加强。结合我区"属地管理、分级负责"的原则，进一步强化网格化管理措施，优化理赔服务流程，做到"快出、快处、快撤、快赔、快息"，切实杜绝因理赔服务问题产生客户纠纷。2011—2014 年上半年，西藏保险业为全区各种自然灾害和意外事故赔款和给付支出 15.56 亿元，对地震、雪灾等自然灾害及重大交通事故赔案进行及时赔付，有效补偿企业和群众的经济损失，有力地保障了社会稳定。三是人才队伍建设得到加强。积极争取总公司对西藏分公司的人才支持，保险业援藏人才队伍不断扩大，形成了援藏人才和本土化人才相互学习、相互促进的良好局面。保险从业人员数量大幅度提升，人才素质不断提高，为行业快速发展打下了较好的基础。截至 2014 年上半年，全区保险业从业人员 2 071 人，比 2010 年末增加了 621 人。四是加强教育培训，行业自律得到加强。西藏保险行业协会根据市场需要和会员单位的实际需求，开展政策理论、法律法规、经营管理、业务技能等方面的培训，提高行业从业人员素质，推动了保险人才的培养。同时，行业协会在建立健全行业自律公约、组织代理人考试、开展车险理赔信息交换等方面做了大量工作，推进行业自律取得积极成效。

5. 保险改革持续深化。一是推进监管政策差异化。针对西藏保险业所处的历史方位，着力于促进发展、壮大行业实力。在高管任职资格、代理人条件等方面适当放宽学历要求；在产品创新、销售渠道等方面积极争取保监会相关政策的支持；在机构设置、服务创新方面不断适应特殊区情的需要。二是争取费率优惠政策。从 2012 年起，在藏产险公司开展商业车险、企财险和工程险等业务统一享受优惠费率财政补贴。2013 年，在藏保险机构总公司同意将中央财政对西藏保险机构的费率补贴留在西藏，用于在藏保险机构的网点建设、员工培养、产品创新等方面，同时各总公司加大对在藏保险机构的人力、财力、物力支持力度。为扩大费率补贴范围，第三轮在藏保险公司费率补贴工作已经启动并在积极运行中。三是开展保险试验区试点工作。全面落实中国保监会和西藏自治区人民政府签订的合作备忘录，从西藏区情出发，探索如何借助保险这一金融工具统筹利用财政、民政、扶贫等资金，放大资金使用效益，促进保险业服务于医药卫生、教育文化、社会救助、污染防治、安全生产等领域，开展巨灾保险试点和信用保险试点，探索保险业服务于城镇化建设、小微企业发展和经济转型升级的道路，协助政府提高社会管理和公共服务的效率和水平，实现人民群众、政府领导和保险机构三方都满意的良好局面。试点成功后，将向全区推广。

二、拓展西藏保险业机遇与挑战并存

当前和今后一个时期，深刻认识并准确把握国内外形势新变化、新特点，抓住和用好国家和西藏发展的重要战略机遇期、促进保险业长期平稳较快发展，具有十分重要的意义。

（一）西藏保险业面临的机遇

1. 良好的发展环境。一是党的十八大明确了清晰的政治纲领和行动指南。中央进一步加大对民族地区、边疆地区、贫困地区的特殊关怀，为西藏实现同全国一道全面建成小康社会宏伟目标指明了方向，提供了支撑。党的十八大特别是十八届三中全会以来，我国经济社会发展进入新的阶段，党中央、国务院更加重视保险业在战略全局中的重要作用。2014 年 8 月，国务院印发了《关于加快发展现代保险服务业的若干意见》（国发〔2014〕29 号，以下简称《若干意见》）。《若干意见》是做好当前和今后一个时期保险工作的纲领性文件，对保险业改革发展和服务经济社会全局都具有里程碑意义。二是我国经济在较长一段时间内将保持平稳快速发展的势头，社会财富和居民财富不断积累，为保险业发展提供了广阔的空间。三是西藏跨越式发展为保险业带来强大动力，围绕"两屏四地"、新型城镇化、新农村建设和守土固边等重点任务，一大批公路、铁路、航空、能源、水利等基础设施项目和民生工程相继开工建设，将为西藏保险业提供强大的发展动力。四是有力的维稳措施，赢得民心的惠民举措，夯实基层的固本行动，为跨越式发展营造了良好的社会环境。

2. 较好的发展基础。全区保险业经过多年来发展，业务规模不断扩大，行业实力显著增强。全区各级党委、政府更加注重运用保险手段转移风险、维护社会稳定和惠及民生，政策支持力度大。随着保险市场主体较快增加，市场体系逐步健全，保险监管手段不断完善、监管能力不断提高，西藏保险市场对外吸引力正在逐步提高，内生增长动力不断增强。同时，行业聚集和培养了一支甘于奉献、热爱西藏、熟悉西藏的保险人才队伍，给快速发展提供了人才保障。

3. 西藏保险业具有后发优势。西藏保险业整体上落后于内地省区市保险业发展，也因此而具有落后本身的优势。西藏保险业可以积极吸收内地保险业在业务创新发展、服务经济社会发展、保险监管创新等方面的成功做法，采取优化的赶超战略，缩短发展的时间；而对于内地保险业的不足之处，西藏保险业则可经吸取失败的教训，避免或少走很多弯路。

（二）西藏保险业面临的挑战

1. 经济发展水平较为落后。经济增长作为影响保险需求的主要因素，已成为保险经济学界的一般共识。人口的收入水平是决定保险需求的关键变量。无论是财产保险还是人身保险都是建立在较高的收入基础上的。较高的收入带来较高的财产，所有这些都是保险消费的充分条件，同时较高的收入也提供了保险费用的支付能力。2013 年，我区农牧民人均纯收入达到 6 520 元，仅相当于全国平均水平的 73.2%；城镇居民人均可支配收入达到 20 192 元，仅相当于全国平均水平的 68.3%。

2. 人口因素劣势明显。无论从理论研究的结论，还是从世界各国的实践来看，人口因素都是影响保险业发展的非常重要的变量。从保险业的构成来看，保险从广义上可分为人寿保险和非人寿保险。就是世界范围来看人寿保险占到整个保险的 3/4 左右。就我国而言，2013 年实现保费收入 1.72 万亿元，其中人身险保费收入 1.1 万亿元，占比 63.95%。因此，人口以及与人口有关的其他因素对寿险产品的需求在整个保险业中居于决定性地位。2013 年，西藏农牧民人口占全区总人口 80% 以上，人身险保费收入 0.92 亿元，占比 0.78%。同时受宗教信仰和教育水平的影响，各族群众通过买保险来规避一些风险损失的意识十分匮乏。

三、拓展西藏保险市场的建议

近年来，在自治区党委、政府的正确领导下，西藏保险业立足西藏实际，紧紧围绕我区跨越式发展和长治久安，不断拓宽保险服务领域，取得了长足发展，为全区经济社会发展和各族群众安居乐业作出了积极贡献。与此同时，自治区党委、政府也主动运用保险辅助社会管理，充分发挥保险的功能作用，我区成为全国首个人人享有商业保险的省份。但由于起步晚、基础差、经营成本高等客观原因，与内地地区保险业发展相比、与经济社会发展的要求相比，仍存在较大差距，西藏保险业仍处于发展的初级阶段这一根本特质没有改变。保险业服务能力和水平与西藏经济社会发展的要求、自治区党委政府和各族人民群众的期盼相比还有很大的提升空间。到2020年，预计西藏原保险保费收入超过40亿元。保险业总资产突破20亿元，西藏保险深度力争超过3%，保险密度达到1 200元左右。

1. 围绕中心，服务大局，不断提升保险服务能力。一是服务经济发展战略。积极主动服务全区"一产上水平、二产抓重点、三产大发展"经济发展战略。围绕一产上水平，稳妥发展"三农"保险，提高保障水平。围绕二产抓重点，依托大项目、大工程，以发展工程保险为重点，服务交通、能源、水利等基础设施建设，服务矿业、能源等战略产业的发展。围绕三产大发展，推动发展游客人身意外保险、旅游责任保险等旅游业相关保险，为西藏旅游业大发展保驾护航。二是积极保障和改善民生。深刻领会西藏"十二五"规划改善和保障民生的精神实质，坚持保险业服务民生这一根本目的，认真研究西藏特殊区情，在广泛借鉴内地先进经验的基础上，政府通过招投标、竞争性谈判等向商业保险公司购买服务等方式，在公共服务领域充分运用市场化机制，积极探索推进具有资质的商业保险机构开展基本养老、基本医疗保险的补充服务，提高政策性保险的保障水平，提升社会管理效率，完善多层次社会保障体系。鼓励发展治安保险、社区综合保险等新兴业务。三是积极参与创新社会管理。积极协调有关部门参与社会建设、创新社会管理，积极完善推进各类事关百姓生产生活的责任保险，针对重点行业，特别是矿产企业等高危行业推行法定安全生产责任保险，推动安全生产责任保险全区统保工作。进一步推进旅行社责任险和承运人责任险。针对重点地区，在寺庙、商场和集市等重点地方推行法定火灾公众责任保险；拓展校方责任保险，扩大实习责任保险范围，积极推动"平安校园"建设。针对重点领域，鼓励发展医疗责任保险，引进医患纠纷第三方调解机制，促进建立和谐医患关系；积极开办食品安全责任险，保护消费者合法权益。针对重点战略，大力开展环境污染责任保险，为建设"美丽西藏"添砖加瓦。发挥保险业在防灾减灾和灾害事故处置中的重要作用，不断提高保险服务自治区安全生产和突发事件应急处置能力。

2. 夯实基础，促进发展，坚持走中国特色、西藏特点的保险服务业发展道路。一是加强市场体系建设。坚持统筹规划、分层次发展，大力加强市场体系建设。狠抓中国保监会与自治区人民政府签署的战略合作协议的落实，积极争取中国保监会的支持，尽快设立西藏财产险和人身险两个法人机构，填补西藏没有保险法人机构的空白，完善西藏自治区金融体系。大力营造公平竞争的市场环境，鼓励区外有实力的保险机构到西藏设立分支机构；鼓励和引导区内保险机构向基层设立分支机构；深入研究区情，大力发展保险代理、公估和经纪等中介机构。二是改善保险业务结构。坚持在发展中调整，在调整中发展，以完善保险机构考核激励机制为保障，以建立健全结构调整监管评价体系为引导，持续推动业务结构调整，重点发展能够提高公司价值和效益的业务，能够体现保险业核心优势的业务，能够满足消费者保障需求的业务。积极开拓财产保险市场，大力发展以工程险、责任险为主的非车险业务。积极拓展寿险领域，更加注重发展风险保障型和长期储蓄型业务。三是促进区域结构改善。目前，西藏的保源主要集中在以拉萨、山南、林芝3个地（市）中心城市为主的城市地带，广大农牧区保险较为薄弱。要继续加快中心城市保险业发展、有效发挥其带动和辐射作用，同时合理统筹西藏保险业区域布局，加大对其他地（市）政策支持力度、市场主体建设力度，特别是加大农村市场的投入力度，推广保费低廉、保障适度的风险保障型产品，改善服务设施。四是加强保险产品创新。大力加强对西藏各地（市）区情研究，针对各地方经济社会发展特点及各族群众消费水平与消费特点，继续争取各总公司支持，形成以紧密结合西藏实际为前提，以市场需求为导向的保险产品创新体系，努力研发有特色、个性化、能满足西藏各族群众需要的保险产品，促进保险潜在需求转变为现实需求。

3. 加强沟通，大力宣传，促进保险文化格局的形成。一是建立协调机制。加强保险监管跨部门沟通协调和配合，促进商业保险与社会保障有效衔接、保险服务与社会治理相互融合、商业机制与政府管理密切结合。建立信息共享机制，逐步实现数据共享，提升有关部门的风险甄别水平和风险管理能力。二是提升保险意识。按照西藏自治区党委书记陈全国"推进保险知识进社区、进农牧区、进学校、进寺庙"的指示精神，大力加强保险宣传与教育，广泛普及保险知识，逐步建立保险监管部门、行业组织、市场主体和社会公众等多方参与的保险教育工作机制，努力提升全区风险意识与保险意识，特别是提升地方各级政府、有关部门及行业积极利用保险解决问题的意识和能力，为西藏保险业的发展奠定坚实的社会环境基础。三是维护保险行业良好形象。整合保险行业宣传资源，统筹保险行业的宣传工作，强化行业新闻宣传和舆论引导意识，加强保险新闻发布管理，完善新闻发言人制度及突发新闻事件应急制度。加强同宣传部门与各类媒体的沟通，引导新闻媒体坚持正面报道为主，加大对保险业在维护社会稳定、经济补偿、防灾减损、扶危济困等方面典型人物和事例的宣传报道，维护和提升保险业的良好形象。

4. 为民监管，依法公正，防范系统性、区域性风险发生。一是加强基础建设，探索差异化监管机制。引导保险公司牢固树立政治意识、大局意识和责任意识，坚持社会效益优先。结合西藏实际情况，搞好全国统一监管政策在西藏的落地工作，不搞"一刀切"。积极稳妥推进西藏寿险费率和商业车险费率市场化改革。二是加强市场监管，规范市场行为。以业务财务数据真实性、销售行为规范性和中介业务合规性为重点，不断扩大现场检查覆盖面，提高现场检查深度。坚持检查和处罚并重、机构加个人双重处罚的原则，加大违法违规行为的处罚力度，加强对保险机构高管人员的责任追究。三是强化内控监管，防范化解风险。加强对涉及国计民生的涉农保险、人身意外险、大病补充医疗保险等的监管，切实防范惜赔、拖赔、无理拒赔等现象发生。针对重点公司、重点业务、重点地区、重点环节、重点群体，开展风险排查，加强监测预警，完善保险监管与地方人民政府以及公安、司法、新闻宣传等部门的合作机制，防范可能引发的系统性、区域性风险。严格要求保险公司做到"快出、快撤、快处、快赔、快息"，督促保险公司积极稳妥处理突发事件。四是切实保护保险消费者利益。畅通消费者利益诉求渠道，畅通来电、来信、来访渠道，全面提升信访投诉办理实效。高度重视解决舆论反映的突出问题，督促保险公司及时整改。逐步探索建立保险消费纠纷多元化解决机制，建立健全保险纠纷诉讼、仲裁与调解对接机制。加大保险监管力度，监督保险机构全面履行对保险消费者的各项义务。

参考文献

［1］封进：《人口结构变动的福利效益——一个包含社会保险的模型及解释》，载《经济社会》，2004（1）。

［2］李建智：《发展中国家注意保护和发展本国的保险业》，载《中国金融》，1986（16）。

［3］刘京生：《论区域经济与区域保险》，载《保险研究》，2002（6）。

［4］吴定富：《大力发展商业养老保险》，载《中国金融》，2005（10）。

［5］邹江、刘本定、罗彦杰：《中国保险需求地区保险实证研究》，2011。

［6］中国保监会：《中国保险业社会责任白皮书》，2014。

［7］徐晓：《经济巨人的保护神——外国保险业简介》，载《世界知识》，1985（12）。

［8］许毅、柳文：《少数民族地区经济发展的路径选择》，载《保险研究》，2002（8）。

借力银行间市场助推西藏直接债务融资发展

中国人民银行拉萨中心支行办公室课题组
课题组成员：贺　成　西绕甲措

一、直接债务融资发展现状

（一）直接债务融资相关理论概述

直接债务融资是指资金供给者与资金需求者通过一定的金融工具直接形成债权债务关系的金融行为，根据资金需求方的不同有具体的发债主体，本文如果没有特别注明之处主要讨论的是企业债务融资问题。关于企业债务融资的问题，学者们从理论和实践角度给予充分论述。从企业融资的基本动力看：Modigliani 和 Miller 提出的 MM 理论证明，在完美市场情况下，企业资本结构与市场价值无关，不存在最佳资本结构问题。Stiglitz（1972）引入市场均衡理论，认为提高负债比率将使企业财务风险上升、破产风险加大；Myers 和 Majluf（1984）指出企业融资偏好表现为内源融资—债务融资—股权融资的次序。从债务融资结构选择看：Carev 等（1993）认为公司债券发行规模超过 1 亿美元时方可获得规模经济效益；Cantillo 和 Wright（2000）发现，企业规模和现金流是企业选择银行贷款或债券的最重要因素。Hac1 – lock、James（1997）指出，银行贷款与公开市场上发行的债券相比更具有信息优势。从债务融资工具的实证研究来看：Selden（1963）最早提出了商业票据余额的逆周期行为，Friedinan 和 Kuttner（1993a）通过 VAR 分析证明任何导致经济活动萎缩的冲击都与非金融企业商业票据未偿余额上升相联系。此外，围绕商业票据利率与短期国债利率差异（票券价差）的关系，学者们提出了违约风险假设、货币政策假设（Cooke，1981）、现金流假设和流动性假设（Jones、Ostroy，1983）等解释。综上所述，可看出债务融资是企业最注重的融资方式之一，直接融资比率的提高对经济有着积极作用（见图 1）。但与国内外先进模式相比，西藏直接债务融资工具使用还处在起步阶段。

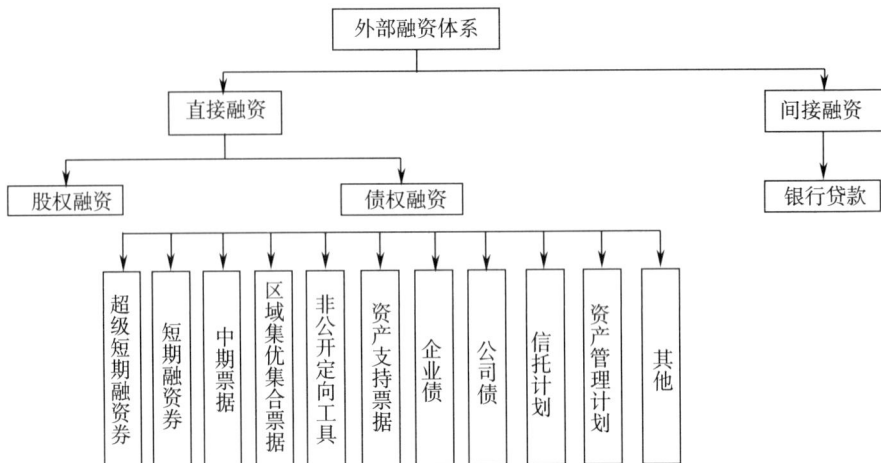

图 1　外部融资体系

（二）我国债券市场发展现状

近年来，我国债券市场的跨越式发展、直接债务融资工具的快速创新为西藏加快直接债务融资发展创造了难得的机遇；目前西藏正处在全面建设小康社会的攻坚期，直接债务融资的需求大、市场空间大，有很大的直接债务融资潜力可以挖掘。

截至 2013 年底，银行间市场非金融企业直接债务融资工具累计发行 11.2 万亿元，占非金融企业直接债务融资总额的 73.8%；未到期债务融资工具 5.4 万亿元，占未到期的非金融企业直接债务融资总额 67.1%（见图 2）。自 2009 年以来，非金融企业债务融资工具各年新发行量占当年企业直接债务融资规模的 80% 左右，而目前西藏在银行间市场直接债券融资尚为空白。

（三）直接债务融资工具介绍

1. 直接债务融资的优势

一是降低企业筹资成本。较银行留置余额贷款、预支利息等方式，直接债务融资资金可得率高，综合筹资成本较低，且成本公开、透明。二是期限灵活。直接债务融资工具品种多样，企业可根据自身需要和市场情况选择债务融资工具的发行时机和发行规模，也可通过选择 1 年期、3 年期、5 年期等产品灵活把

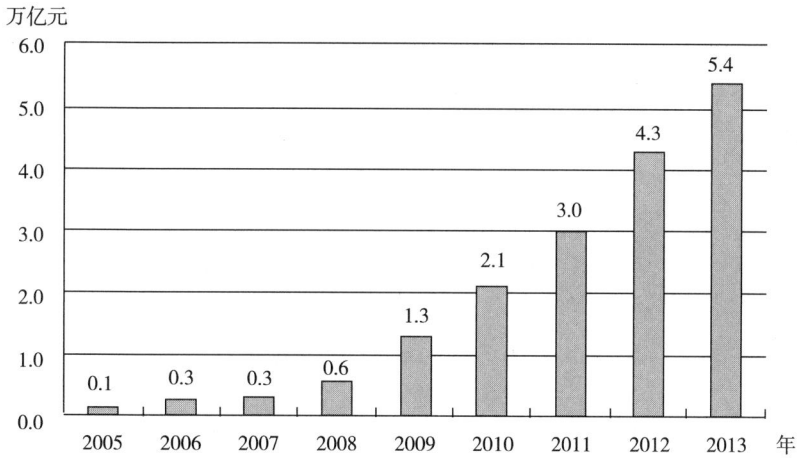

图2 2005～2013年银行间市场非金融企业直接债务融资工具存量变化

握资金使用期限。三是提高企业知名度，规范公司治理结构。市场普遍认为发行债务融资工具的企业资质优良，进入资本市场发行债务融资工具具有广告效应，有助于提高企业知名度；公开的信息披露机制有利于推动企业加强公司治理。

2. 银行间市场非金融企业直接债务融资工具品种介绍

非金融企业债务融资工具，是指具有法人资格的非金融企业在银行间债券市场发行的，约定在一定期限内还本付息的有价证券。主要品种有（见表1）：

表1　　　　　　　　　银行间市场非金融企业直接债务融资工具情况表

债券品种	债券期限	资金用途	发债金额	发行费用	其他
短期融资券（CP）	1年以内	补充流动资金周转、置换银行贷款	AA级以下的企业，所有债券待偿还金额不超过企业净资产的40%；AA级（含）以上的企业，可剔除长期债券待偿金额单独按照净资产的40%计算	承销费（0.4%/年）、律师费（10万元左右/项目发行人自行谈判）、评级费（25万元＋5万元/年）、银行间市场交易商协会会员费（10万元/年）、审计费等其他中介机构服务费；利率较为市场化，但不低于交易商协会发行指导利率下限，通常低于同期限贷款利率	

债券品种	债券期限	资金用途	发债金额	发行费用	其他
中期票据（MTN）	3、5、7、10、15、20、30 年	用于补充流动资金、置换银行贷款、项目建设	AA 级以下的企业，债券待偿还金额不超过企业净资产的 40%；AA 级（含）以上的企业，可剔除短期债券待偿金额单独按照净资产的 40% 计算	承销费（0.3%/年）、律师费（10 万元左右/项目发行人自行谈判）、评级费（25 万元 + 5 万元/年）、银行间市场交易商协会会员费（10 万元/年）、审计费等其他中介机构服务费	
中小企业集合票据（SMECN）	1 年、2 年、3 年（3 年居多）	补充流动资金周转、置换银行贷款、项目建设	单一发行人债券待偿还金额不超过企业净资产的 40% 且不得超过 2 亿元；单支集合票据注册金额不得超过 10 亿元	担保费用（1.5% ～ 2.5%）、承销费（0.3%/年）、律师费（10 万元左右/项目发行人自行谈判）、评级费（25 万元 + 5 万元/年）、审计费等其他中介机构服务费	集合票据是指 2 个（含）以上，10 个（含）以下具有法人资格的企业，在银行间债券市场以统一产品设计、券种冠名、信用增进、发行注册方式共同发行的，约定在一定期限还本付息的债务融资工具；区域集优的创新之处在于引入政府偿债基金和第三方担保机制
非公开定向工具（PPN）			主体评级 AA（含）以上且有公募债发行历史；不受净资产 40% 限制；不强制评级；投资人之间流通，流动性较差；注册文件简单；协会实行双人负责制；募集用途不得置换主承贷款；*保障房项目多采用非公开定向工具募集资金	具有法人资格的非金融企业，向银行间市场特定机构投资人发行债务融资工具，并在特定机构投资人范围内流通转让的行为。在银行间债券市场以非公开发行方式发行的债务融资工具称为非公开定向工具	

续表

债券品种	债券期限	资金用途	发债金额	发行费用	其他
资产支持票据（ABN）	实现支持资产本身偿付能力与发行主体信用水平的分离；拓展了低评级企业的融资渠道（低于AA）；根据资产现金流，安排期限和规模结构			非金融企业在银行间债券市场发行的，由基础资产所产生的现金流作为还款支持的，约定在一定期限内还本付息的债务融资工具	选择公开方式发行，需聘请两家评级机构进行评级；权属明确、可预测现金流的财产、财产权利或财产和财产权利的组合；不附带抵、质押等担保负担或其他权利限制，包括收益类资产、应收账款类资产。发行方式：公开或非公开

3. 银行间市场非金融企业直接债务融资参与机构（见表2）

表2　　　　银行间市场非金融企业直接债务融资参与机构情况表

发行人	符合国家产业政策支持的非金融企业
投资人	金融机构、非金融机构、QFII、ABF2
主承销商	32家全国性银行（A类）＋4家地方法人金融机构（B类）
评级机构	大公国际、中诚信、新世纪、联合资信、中债资信、东方金诚
律师事务所	（321家）
会计师事务所	（304家）
托管机构	中央国债登记结算公司 上海清算所（短融、定向工具、资产支持票据）

4. 银行间市场非金融企业直接债务融资的准入条件（见表3）

表3　　　　银行间市场非金融企业直接债务融资准入条件情况表

一般性企业发行条件	一是必须符合国家宏观经济政策和产业政策，二是财务管理规范、内控制度建全，流动性良好，具有稳定的现金流及到期偿债能力；三是住宅类商品房销售收入占比不能超过30%；四是一般钢铁/水泥企业需满足上一年粗钢产量/水泥产量居全国前20的要求；另外，投资人必须是金融机构、非金融机构、QFII或ABF2
城市基础设施类企业发行条件	一是必须符合"六真"原则，即真现金流、真公司、真资产、真项目、真偿债、真支持；二是地方政府负债率低于100%（含拟发债额）；三是企业发行中期票据募集资金用于保障房项目，可以不受银监会平台名单的限制
一般承销机构要求主体预评级准入标准	短期融资券（CP）：A＋（含）以上 中期票据（MTN）：AA－（含）以上 超短期融资券（SCP）：AAA 中小企业集合票据（SMECN）：BBB——A 非公定向工具（PPN）：AA（含）以上 资产支持票据（ABN）：AA－

二、西藏直接债务融资发展外部环境分析

推动促进西藏加入银行间市场具有非常有意义，既是贯彻落实 2014 年全区金融工作会议关于加快建设西藏多层次资本市场建设的具体举措，同时也进一步明确了西藏直接债务融资工作目标、建立完善直接债务融资引导机制、加快银行业务转型步伐、促进企业转变融资观念，推动银行间市场直接债务融资大发展，是西藏经济金融发展的一件大事。

（一）我国债券市场跨越式发展有利于西藏加快加入银行间市场直接债权融资

长时间以来，我国金融体系存在着直接融资与间接融资结构不平衡问题。2004 年末，我国公司信用类债券余额仅占社会融资总量的 1.8%，排在世界第 27 位，甚至远落后于经济规模比我国小得多的韩国、马来西亚。在此背景下，中国人民银行明确提出了大力发展金融市场的思路，2005 年短期融资券的推出，使债券融资比重在当年首次超过了股票融资。2007 年中国银行间市场交易商协会发起成立，在充分尊重市场力量的注册制推动下，银行间债券市场实现了跨越式发展。截至 2012 年 7 月末，我国公司信用类债券余额达 6.2 万亿元，占社会融资总量的比重上升至 10.6%，市场规模已排名世界第 3 位，亚洲第 2 位。其中，在交易商协会注册的非金融企业债务融资工具余额达到 3.59 万亿元，占我国企业直接债务融资规模的 60%，累计发行量占比超过 70%。可以说，银行间市场已成为目前我国企业直接债务融资的"主板"市场（见图 3）。可以预见，在加快多层次金融市场体系建设的背景下，银行间市场在资本市场体系中将发挥更重要的作用，这是金融改革发展的大趋势。

（二）直接债务融资创新发展为西藏扩大债务融资工具发行创造良好发展环境

首先监管创新营造有利环境。按照国务院统一部署，人民银行、证监会、发展改革委员会已经成立了部际协调机制，就进一步推动公司信用类债券市场改革发展的思路达成了共识，有利于进一步推动直接债务融资持续健康发展。

品种	相关单位	起始时间	发行管理	发行主体	发行管理体制
企业债	发展改革委员会	1983 年	核准制	具有法人资格的企业	发行企业向发展改革委员会提交发行申请，经核准并通过人民银行和证监会会签后，下达发行批文，人民银行核准利率。
可转债	证监会	1991 年 8 月	核准制	上市公司	发行公司债券应符合《公司法》和《上市公司证券发行管理办法》规定的条件，经证监会核准后方可发行。
公司债		2007 年 9 月			发行公司债券应符合《公司法》和《公司债券发行试点办法》规定的条件，经证监会核准后方可发行。
短期融资券	交易商协会	2005 年 5 月	注册制	具有法人资格的非金融企业	发行人提供关于债券发行本身及与债券发行有关的信息，向交易商协会注册。
中期票据		2008 年 4 月			
集合票据		2009 年 11 月			
超短期融资券		2010 年 12 月			
定向工具		2011 年 5 月			
资产支持票据		2012 年 8 月			

图 3　公司信用类债券监管体系

其次产品创新不断创造新的发行需求。西藏直接债权融资一直以来存在最大的一个问题是量做不上去，其主要原因是资本价格的问题。西藏实施特殊优惠货币政策，同档期贷款利率比指导利率低两个百分点，作为债券发行主体，企业间接融资成本较低，没有动力去发展直接融资。但实际上这并不能成为西藏可以不发展直接债券融资的理由。我们看到，目前银行间市场已推出短期融资券、超短期融资券、中期票据、定向债务融资工具、资产支持票据，中小企业集合票据等多种灵活工具（见图4），这些具有竞争力的"区域集优模式"正迅速发展，银行间市场还可以通过自治区级统一的融资平台为各地保障房建设募集资金。这些试点的稳步推进，都为加快西藏直接债券融资市场发展提供了新的契机。

再次政策创新为债务融资工具市场不断注入资金。目前银行间债券市场的机构投资者超过 1 万余家，涵盖了银行、保险、证券公司等主要金融机构以及越来越多的企业投资者。以保险公司为例，随着保监会出台政策取消保险资金投资公开发行的债务融资工具，对债务融资工具的需求将明显上升。

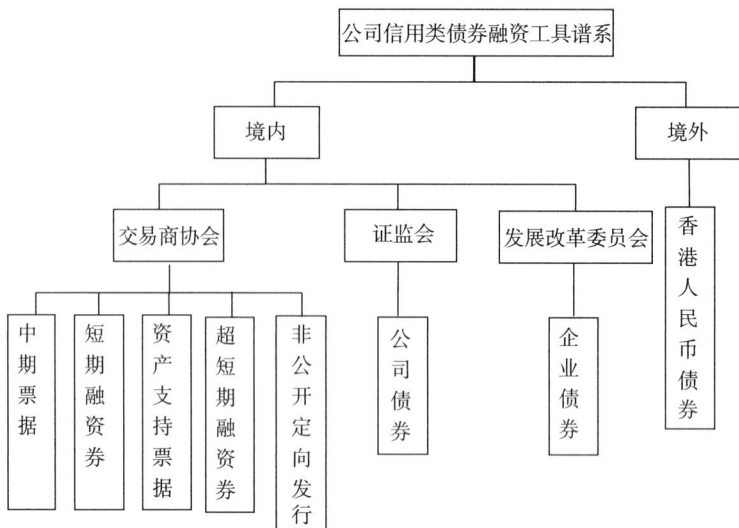

图4　公司信用类债券融资工具谱系

（三）西藏直接债务融资发展潜力和空间很大，有利于促进全区直接债务融资发展

近年来，西藏金融业发展迅速，行业规模层次不断扩大深化，但是发展空间还很大。2013 年，西藏通过全国银行间市场直接债务融资量仍为零（仅有的注册地在西藏的发行人梅花集团，其承销商也是区外机构）。全区直接融资规模占社会融资规模的比例为3.24%，占比远低于同期全国数据11.7%，还远未达到全国平均水平，从构成来看直接融资全部来自于股票融资。可以看出西藏资本市场存在较为明显的不平衡，这种不平衡固然有经济和企业基本面的原因，但也有理念、机制和重视程度方面的原因，还有巨大的潜力可以挖掘。

（四）促进西藏自治区与交易商协会的合作有利于为西藏在银行间市场直接融资争取更多资源和政策支持

近年来，内地各省纷纷与交易商协会签订了深化合作框架备忘录，为当地的资本融资市场广开了门路。以四川省为例，在抗震救灾和灾后恢复重建中，交易商协会开通了"绿色通道"，为四川企业提供了便利的融资服务，有力支持了其灾后恢复重建和灾区发展振兴。这方面可以值得借鉴，2014 年 9 月正好是中国银行间市场交易商协会成立七周年，建议自治区政府会同人民银行拉萨中心支行积极沟通协调上海银行间市场交易商协会，共同争取签署《借助银行间市场助推西藏自治区经济发展合作备忘录》，建立三方长效合作机制。期望双方紧密合作，优先考虑在西藏开展符合西藏区情的债务融资工具创新试点。与交易商协会的密切合作和良好关系，将有利于西藏争取更多政策支持和各种资源，为全区广开融资渠道，帮助西藏重点企业在银行间市场实现直接债务融资，可以期待直接债务融资发展成为继银行贷款之后西藏企业稳定的第二大融资渠道。

三、加快西藏直接债务融资的重要战略意义

当前，宏观经济形势复杂，经济发展中不平衡、不协调的矛盾突出，实体经济资金供给面临较大缺口，尤其是中小企业融资难的问题还是普遍存在。为实现自治区党委、政府确定的经济增长目标，需保持社会融资总量的较快增长。在此背景下，加快促进西藏加入银行市场，推进直接融资发展，对于缓解西藏资金需求矛盾、实现社会融资规模合理增长具有积极的现实意义。

（一）扩大社会融资总量，改善中小企业融资环境

在经济增速放缓、信贷增长回归常态的背景下，直接债务融资能降低对银行贷款的依赖，既能实现带动西藏企业在全国金融市场募集资金，也能改善中小企业融资环境。根据对国内 100 家大型企业[①]调查显示，在 2005—2010 年融资结构中，债券融资占比已从 8% 上升到 23%。这一特点在央企中更为明显，央企 50% 以上的融资需求通过债券融资实现，债券融资成为其首选融资渠道。大型企业直接债务融资占比上升，可以弱化银行贷款集中在大型企业的现象，同时腾出更多信贷资源支持中小企业和民营企业。此外，根据西藏中小企业普遍存在的规模较小，资质不全的实际情况，中小企业集合票据以及其他类似创新产品也可以成为中小企业直接融资的重要渠道。

（二）有利于企业优化融资结构，满足企业多样化融资需求

银行间市场债务融资工具对满足企业多样化融资需求有几个独特优势：一是融资成本相对较低，目前来看，由于西藏实行特殊优惠货币政策利率低于基准指导利率 2 个百分点，区内企业融资成本较低，但随着利率市场化不断破冰

---

① 到 2010 年末，对发行过债券的企业按总资产规模排名前 100 位的企业。

的趋势，可以预见这一优惠政策必将有所调整，战略性的来看提前"挂号占位置"是有其必要性的。从利率市场的趋势来看资本市场化的定价使很多优质企业发债利息率明显低于同期限银行贷款利率，可降低企业财务成本；二是可以优化负债结构，债务融资工具用款方式灵活，企业可根据自身需要和市场情况灵活把握发债时机与规模，减少对银行贷款的过度依赖，大额用款方面比银行实贷实付更有灵活性；三是融资工具多样，企业可根据融资偏好和个体特征选择品种，可以提高在和银行贷款时的议价能力。四是中介机构的专业服务有助于优化公司治理，提升资金使用效率。这些优势有利于企业拓宽融资渠道、降低企业融资成本、优化负债结构、增强融资能力，同时促进企业完善公司治理结构、规范自身经营行为，在全国树立西藏企业充满活力和守信用的良好形象，同时展现地方政府谋求发展、区域金融环境富有竞争力的良好形象。

（三）推动区内商业银行业务转型和拓展业务空间，提高综合竞争能力

目前，我国金融改革正逐步走向深入，在资本定价关键领域不断破冰的情况下，改革必然带来挑战，银行资本约束不断增强，利率市场化不断推进。从全区的情况来看，商业银行机构结构机构单一，仍然以粗放式增长为主。虽然从短期看客户发行低成本的债务融资工具，会对银行贷款产生替代效应，降低银行收益，但从长远看，通过发展债务融资工具承销业务，有利于银行拓展业务空间，提高综合竞争能力。2014 年以来，人民银行定向实施差别存款准备金动态调整措施，银监会完善资本充足率、拨备率、杠杆率、流动性四项监管制度，使银行业传统资产业务、负债业务及盈利模式面临挑战，业务空间受到制约。银行机构通过拓展直接债务融资工具承销，可在满足监管要求的前提下为企业制定差异化的承销服务，构建债务融资工具注册发行、销售、理财等业务组成的产品链，拓展与客户合作领域。这不仅有利于拓展中间业务，推动盈利增长模式的转变，也有利于金融机构为客户提供综合性金融服务，在为客户节约财务成本的同时，也争取了新的优质客户或避免了老客户流失，使增长方式从粗放增长转变为精细化管理，实现可持续发展的转型。

（四）优化金融资源配置，促进经济转型和发展

银行间市场已成为我国最大的资本市场和重要的金融创新基地，适应形势

快、创新能力强。这样的金融舞台自治区不应该缺席，应挂号占位，乘势而上。直接债务融资既能够为西藏产业结构调整开辟增量资金的来源渠道，还能依托机制和产品的快速创新，在更高层次上实现金融资源优化配置。通过信用增进等制度安排，以及高收益债、并购票据等产品创新，为西藏涉农产业、中小企业、旅游产业、传统文化产业等传统信贷融资渠道支持力度不足的行业提供资金支持，还能落实产业发展和结构调整的要求，助推优质企业发行债务融资工具，降低融资成本，加快做大做强步伐，提高经济发展的集约程度，促进资源向优势产业集中。

四、西藏推进发展直接债务融资的政策建议

（一）协调配合形成合力，以加入银行间市场为契机推动西藏直接债务融资发展

从内陆省份的实践经验来看，有效契合政府、金融机构、企业的需要，形成联动和配合，聚集各方力量，协调配合、形成合力是推动直接债权融资工作的基础和保障。

1. 人民银行拉萨中心支行要充分发挥主导作用，组织推动加入银行间市场，加快发展直接债务融资。一是要加强宣传和政策引导，积极向自治区党政领导和政府部门汇报和沟通，推动建立由自治区分管副主席任组长、各有关部门参与的自治区与银行间市场长期合作推进领导机构和工作机制，研究落实推进全区直接债务融资增长方案、政策，联合政府经济管理部门组织开展融资需求调查，对资金需求及财政补贴进行测算，做到心中有数。扩大宣传影响和实效，建立培育重点企业名单，推动承销机构按照名单对企业开展直接债务融资辅导，帮助企业完成债务融资工具的注册和发行工作。二是因地制宜，重点研究"区域集优直接债务融资"工具，要按照"区域集优直接债务融资合作框架协议"和"基金监管协议"的要求，在企业筛选、项目立项、信用增进、中介进场、后续监管等系列工作上根据西藏实际情况进行创新。把工作做到前面，拿出方案，争取早日成功注册发行本地区具有特点的第一批中小企业集合票据。三是由人民银行牵头，制定全区直接债务融资发展规划，结合实际确定重点企业直接债务融资增长计划，推动建立行业自律组织，加强与企业主管部门的沟通协调，对主承销机构进行推荐、指导，积极跟进承销项目，及时协调和帮助

解决承销项目开展中遇到的问题。四是对直接债务融资的监测评价，督促和引导商业银行提高承销工作水平，同时引导企业自觉遵守市场相关法规和自律规则，维护诚信市场环境。

2. 指导各金融机构增强转型发展理念，大力丰富发展直接债务融资服务的内涵。一是推动直接债务融资业务实行。指导各金融机构既要根据不同客户的需求量身定做直接债务融资产品，提供主承销及财务顾问等服务，也要通过债券结算代理、债券理财、债券型基金等业务，拓展关联业务，培养债券市场的投资者。二是要配备专业的营销服务团队，培养直接债务融资相关人才，培训对企业发行债务融资工具的服务能力，同时发挥网点优势，将直接债务融资宣传落实到基层，在日常营销和客户维护中向企业提供综合性融资方案，吸引企业关注。三是对本行客户进行分类筛选，同时对人民银行拉萨中支和自治区相关部门建立的后备重点企业名单中的企业进行对接和辅导，做好项目储备。对符合发债基本条件的企业，应尽快帮助其进入发债程序。四是积极向中央银行争取西藏在债券承销业务立项等方面的授权，建立银行、证券公司、基金管理公司等的联动机制，以及金融机构内部投资银行、公司业务、金融市场、理财零售部门的联动机制，提高工作效率。五是做好后续管理工作，实行定期回访制度，督促企业按时履行还本付息和信息披露义务，切实履行好作为主承销商的各项义务和责任，严密防范信用风险。

3. 督促指导区内企业顺应市场发展趋势，转变融资观念，积极应用直接债务融资工具优化负债结构。督促指导区内重点企业树立市场化融资理念，通过直接债务融资拓展、优化债务结构，推动自身改善公司治理结构，提高经营管理水平，积极配合人民银行和政府经济管理部门开展企业直接债务融资需求调查，客观反映企业的情况和融资需求，积极尝试直接债务融资，拓展融资渠道，优化股权融资、贷款、直接债务融资配比，并通过发行期限、发行时机选择，尽可能降低融资成本。要积极配合承销机构和中介机构做好尽职调查、跟踪评级、信息披露等工作，加强风险控制，强化募集资金使用管理，把发行直接债务融资工具作为完善公司治理结构、规范自身经营行为、提高竞争力和影响力的重要途径，努力将自身塑造成受欢迎的市场参与者和直接债务融资主体。

4. 对企业加强宣传和引导，利用银行间市场创造更加优化的区域融资环境。一是积极研究制定以"区域集优直接债务融资"模式为例的创新性产品。明确工作机制，明确落实牵头推动部门，明确直接债务融资目标。二是通过深化信用体系建设，引导企业加强诚信意识和自律管理，对企业进行后续监督管理，营造适应债券市场快速发展的多层次资本市场环境。三是财政与金融结合，研究建立财政对直接债务融资的撬动引导机制，对直接债务融资主承销进行适当奖励，对企业直接债务融资的承销费用、评级费用、担保费用、利息等给予一定的补贴，充分发挥财政资金在撬动直接债务融资发展方面的引导作用，利用直接债务融资创造更加优化的区域融资环境。

（二）人民银行组织推动、多方参与协调联动，加快研究制定《借助银行间市场助推西藏自治区经济发展合作备忘录》

"备忘录"是西藏和银行市场交易商协会间合作交流长效保证，同时也是西藏自治区政府直接债务融资发展的目标和动力，也是推进直接债务融资工作的基础和指引。"备忘录"对西藏在银行间市场直接债务融资发展预期应至少包括以下几个方面的内容：

1. 创新和完善金融资源梯度配置机制。银行间市场直接债务融资工具实行注册制发行、市场化定价，为企业提供了效率更高、成本更低、资金使用更灵活的融资选择。直接债务融资工具的这些优势必然会吸引区内大型优质企业关注它们，使用它们。而银行间市场是全国统一的资金市场，这就意味着区内大型优质企业完全可以从全国市场上较低成本地融入资金，实现区域融资需求与全国资金市场的对接，同时，腾出宝贵的信贷资源投向需要支持的更多区内中小企业。这样，就实现了资金从全国直接融资市场到区域信贷市场的梯度配置，这种资金供求的再匹配不但能够满足实体经济不同层面的资金需求，还可以显著扩大地区社会融资规模。充分认识金融资源梯度配置机制，通过积极创新和完善这一机制，引导区内企业发行直接债务融资工具，同时加强信贷政策指引，促进金融机构加快业务转型，使西藏金融资源配置更加优化。

2. 创新和完善财政引导奖励机制，将银行间市场直接融资纳入中央财政补贴范围。目前，银行间市场的融资成本根据债务发行种类、期限以及发展主体信用评级大概在5%～8%不等，而区内同期银行贷款成本在3%～5%，可以看出制约西藏银行间市场发展的主要瓶颈在于2%～3%的资本价格差。中央第五次工作座谈会后赋予了西藏特殊优惠金融政策，其中一项就是把同档期两个点的贷款利率优惠纳入中央财政补贴，这为西藏开展银行间市场业务提供了思路，即积极争取财政部门的支持，把银行间市场也纳入中央财政补贴，这也是西藏开展债务融资的突破口。

鼓励和引导金融机构加大对企业在银行间债券市场发行债务融资工具的支持力度,人民银行拉萨中心支行会同自治区财政厅即将出台财政金融结合的相关政策,研究制定《西藏在银行间市场直接债务融资引导奖励办法》,通过财政补贴的方式弥补银行间市场融资成本和区内信贷成本之间的差额,积极发挥财政杠杆的撬动作用,通过补贴引导企业运用直接债权融资工具。具体可以采取的办法有:对为企业发行短期融资券、中期票据、定向债务融资工具和中小企业集合票据等银行间市场债务融资工具提供主承销服务的自治区级金融机构,自治区财政按当年累计实际承销额的一定比例给予奖励;具体比例由自治区财政厅确定,相关基础数据由人民银行拉萨中心支行统计和认定。类似财政引导奖励机制在推动西藏直接债务融资发展方面必将发挥非常积极的作用。

3. 因地制宜,创新完善区域集优直接债务融资工具。西藏企业尤其是中小企业普遍存在资产规模小,信贷资质较差的特点,针对这一情况可以充分利用区域集优工具。区域集优直接债务融资模式(见图5)并不只是中小企业的融资平台,它通过整合地方政府、金融管理部门、承销机构、中介服务机构等相关资源,依托中债信用增进公司的信用实力及其与银行间市场交易商协会的密切关系,建立了一整套行之有效的运行机制。西藏可根据实际情况进一步加大工作力度,不断探索创新运用区域集优直接债务融资模式,完善流程,控制风险,降低成本,形成有西藏特色、可复制、易推广、可持续的区域集优模式,

> 集合票据是指2个(含)以上,10个(含)以下具有法人资格的企业,在银行间债券市场以统一产品设计、券种冠名、信用增进、发行注册方式共同发行的,约定在一定期限还本付息的债务融资工具;区域集优的创新之处在于引入政府偿债基金和第三方担保机制。
> **债券期限:**
> 1年、2年、3年(3年居多)
> **资金用途:**
> 补充流动资金周转、置换银行贷款、项目建设
> **发债金额:**
> 单一发行人债券待偿还金额不超过企业净资产的40%且不得超过2亿元;单支集合票据注册金额不得超过10亿元。
> **债券费用:**
> 担保费用(1.5%~2.5%)、承销费(0.3%/年)、律师费(10万元左右/项目发行人自行谈判)、评级费(25万元+5万元/年)、审计费等其他中介机构服务费。

图5 区域集优中小企业集合票据常规范式

使之成为全区企业开展直接债务融资的范式。

4. 创新和完善监测评价机制。在当前国内外经济形势复杂多变的情况下，债务融资工具市场发展也蕴藏着比以往更大的风险。如果直接债务融资企业违反银行间市场的管理规定和自律规则，甚至发生信用风险，将会严重破坏西藏在全国资本市场的良好形象，为西藏企业在银行间市场开展直接债务融资制造极大的障碍。在推进西藏企业加入银行间市场的同时，为加强对承销机构的监测评价，加强对发债企业的后续管理，人民银行拉萨中心支行应研究制定相关监测评价办法，明确人民银行各分支机构对债务融资工具注册发行进行全流程、全方位监测，对发行企业经营状况、风险情况、重大信息披露及本息兑付情况进行监测评价，注重对主承销商业务规范性、服务质量、后续监督水平和应急管理水平的评价。同时，金融机构从目标客户选择、项目管理、后续监测到信息披露。都要注重风险防范，督促发行企业自觉遵守市场规则。

最后，西藏加入银行间市场，加快全区直接债务融资发展前景非常广阔。紧密依靠自治区党委、政府的关心和支持，一定能够抓住机遇，有效利用银行间市场直接债务融资为西藏实体经济服务。直接债务融资一定会成为西藏落实"多层次资本市场建立"的发展战略，实现西藏经济社会跨越式发展更加重要的金融助推。

参考文献

［1］程海洋：《单位根检验和误差修正模型——直接融资和间接融资关系实证研究》，载《统计与信息论坛》，2004（19）。

［2］刘伟、王汝芳：《中国资本市场效率实证分析——直接融资与间接融资效率比较》，载《金融研究》，2006（1）。

［3］涂美珍、程建伟：《融资方式与中国经济增长的实证分析》，载《软科学》，2002（16）。

［4］周革平：《资本结构与公司价值关系研究——MM 理论及最新进展概要》，载《金融与经济》，2006（3）。

［5］周银香：《直接融资、间接融资与 GDP 的协整分析》，载《统计观察》，2005（2）。

［6］Benjamin M. Friedman，Kenneth N. Kuttner. Why does the Paper—Bill Spread Predict Real Economic Activity［Z］. NBER Working Paper No. w3879.

［7］ Benjamin M. Friedman， Kenneth N. Kuttner. Economic Activity and the Shoa—Term Credit Markets：an Analysis of Prices and Quantities ［J］. Brookings Papers on Economic Activity， 1993， 24， （2）： 193 – 284.

［8］ Cantillo， Miguel and Julian Wri ght. How Do Firms Choose Their Lenders? An Empirical Investigation ［J］. Review of Financial Studies， 2000。13， （1）： 155 – 189.

［9］ Pyle， David H. and Leland， Hayne E—Information Asymmetries， Financial Structure， and Financial Intermediation ［Z］. Journal of Finance， 1977， 32 （2）.

健全西藏多层次资本市场体系研究

中国证监会西藏监管局课题组
课题组组长：赵胜德
课题组成员：黄　忠　李伍瑛　尹　贺　李　婧　拉巴梅朵

摘要：文拟通过分析西藏多层次资本市场存在的问题，探讨健全西藏多层次资本市场体系的措施意见，从而促进西藏多层次资本市场持续、健康、稳定发展，提升资本市场服务实体经济的能力，进一步促进西藏经济发展。

关键词：多层次　资本市场　发展

一、资本市场的定义

（一）广义的资本市场

广义的资本市场是指各类资本市场金融工具发行和交易所形成的复杂市场体系，具体可以按照金融工具类别、交易场所、发行方式、服务范围四个维度进行划分。一是按照金融工具类别划分，主要包括股票、债券和衍生品市场。二是按照交易场所划分，主要包括交易所市场和场外市场。三是按照发行方式划分，主要分为公募大众的市场和私募小众的市场。四是按照服务范围划分，可分为国内市场和国际市场。

（二）狭义的资本市场

狭义的资本市场是指股票交易市场。实践中，市场组织者按照公司规模等指标确定不同市场的上市（挂牌）标准，从而形成纵向分层的市场结构。成熟市场国家，股票交易场所往往根据公司的规模、盈利状况、治理水平等要素，确定不同层次市场上市挂牌条件，形成了多层次的股票交易市场体系。

"多层次资本市场"主要是我国资本市场中的特有用语。在理论分析中，多层次资本市场是对资本市场结构复杂化现象的一种概括；在政策制定中，多层次资本市场是对推动资本市场结构优化政策目标的一种概括；在实践中，多层次资本市场这一概念通常用来描述各国资本市场在发展到一定阶段后，所呈现出的一种复杂市场结构。

本文所述的多层次资本市场是指狭义的资本市场，在我国目前主要包括面向大中型企业的主板市场、面向中小型企业的中小板市场、面向创新型企业的创业板以及中小企业股份转让系统（以下简称新三板）、区域股权转让市场、证券公司柜台市场。

二、我国多层次资本市场与西藏多层次资本市场概况

（一）我国多层次资本市场概况

我国资本市场，从 1990 年沪、深两市开办至今，已经形成了主板、中小板、创业板、新三板市场、产权交易市场、股权交易市场等多种股份交易平台，具备了发展多层次资本市场的雏形（见图 1、图 2）。

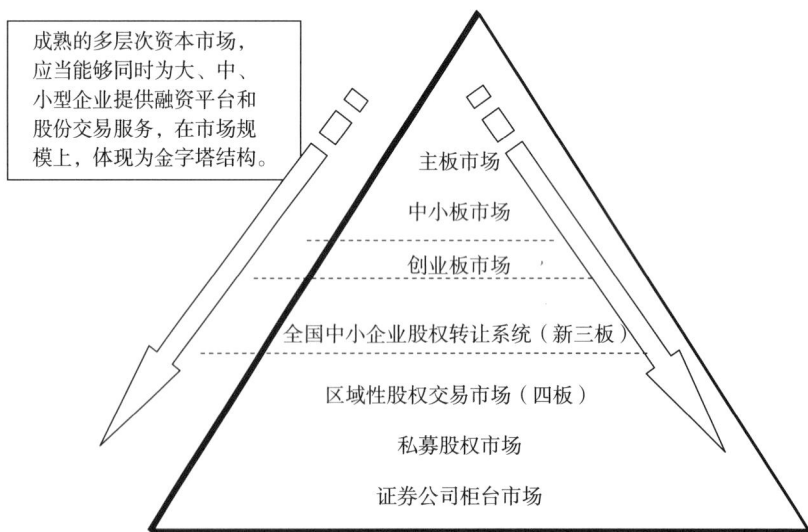

图 1　我国多层次资本市场概况

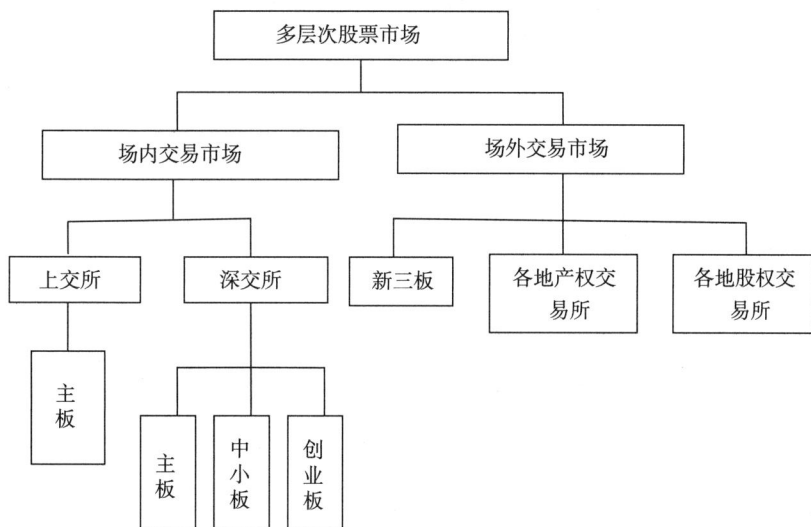

图 2　我国多层次股票市场概况

（二）我国多层次资本市场发展状况

1. 场内市场发展现状

（1）主板市场

我国的主板市场主要由上海证券交易所主板和深圳证券交易所主板市场构成。主板上市企业多为大型成熟企业，股票主要采用集中竞价交易方式（见表1）。

表 1　　　　　　　　　　我国主板市场发展现状（截至 2014 年底）

上市公司家数	3 413 家
总市值	35. 96 万亿元
流通市值	30. 55 万亿元
年度成交金额	74. 84 万亿元
日均成交金额	2 970. 04 亿元

（2）中小板市场

2004 年 5 月，经批准，深圳证券交易所设立中小板市场。中小板运行所遵循的法律、法规和部门规章与主板市场相同，中小板是主板市场的组成部分，实行运行独立、监察独立、代码独立、指数独立（见表2）。

表2 我国中小板市场发展现状（截至2014年底）

上市公司家数	737 家
总市值	4.96 万亿元
流通市值	3.46 万亿元
年度成交金额	15.09 万亿元
日均成交金额	599.09 亿元

（3）创业板市场

2009 年 10 月，经批准，深圳证券交易所正式启动创业板市场，设立宗旨主要面向成长型创业企业，重点支持自主创新企业。与主板市场相比，创业板对规模、盈利等方面的规定条件相对较低。创业板市场对自主创新国家战略支持促进作用逐步显现，在鼓励和引导社会投资、支持创新型企业发展等方面效果明显（见表3）。

表3 我国创业板市场发展现状（截至2014年底）

上市公司家数	414 家
总市值	2.13 万亿元
流通市值	1.29 万亿元
年度成交金额	7.73 万亿元
日均成交金额	306.96 亿元

2. 场外市场发展情况

（1）新三板市场初具规模

2006 年 1 月，经国务院批准，启动中关村科技园区非上市股份公司股份报价转让试点。在中关村试点的基础上，全国股份转让系统于 2013 年 1 月 16 日正式揭牌，市场运行的基本制度规则体系基本形成。截至 2014 年底，挂牌公司家数已达 1 744 家，总股本 723.49 亿股，年成交金额 2.07 亿元。

（2）区域股权转让市场发展迅速

2012 年以来，区域性股权转让市场（俗称四板市场）进入快速扩容期。目前，仅云南、内蒙古、宁夏 3 个省份尚未明确设立区域性股权转让市场。西藏与四川省也共同成立了川藏股权交易中心，为西藏企业进入四板市场搭建了平台。

（三）西藏多层次资本市场发展现状

自 1995 年西藏第一家公司首发上市以来，经过 10 多年的发展，西藏资本市场从无到有，从小到大，不断发展，对促进国民经济发展的重要作用与日俱增。

1. 西藏资本市场发展概况。西藏地区资本市场近年来保持了较好的发展势头，积极支持了西藏地方经济发展。截至 2014 年末，西藏地区共有 10 家 A 股上市公司和 1 家 H 股上市公司，有一家证券公司。西藏地区现有证券营业部 8 家，有期货营业部 1 家。现有拟上市公司 15 家，其中 2 家公司已经预披露，3 家公司已进行首发上市辅导备案。

2. 西藏上市公司情况。截至 2014 年末，西藏上市公司中，上海证券交易所上市公司达到 6 家，深圳证券交易所上市公司为 4 家，香港联交所上市公司为 1 家，没有退市公司。10 家 A 股上市公司历年累计募集资金 143 亿元人民币，1 家 H 股上市公司募集资金 13 亿港元。

伴随着西藏资本市场的发展，西藏上市公司也取得了长足的进步。2013 年与 2002 年相比，西藏上市公司总股本增长了 4.76 倍，总资产增长了 7.39 倍，股东权益增长了 5.94 倍，营业收入增长了 9.8 倍，净利润增长了 9.22 倍，总市值增长了 5.33 倍。具体情况如表 4、图 3 所示。

表4　　　　　　　　　　　西藏上市公司业务数据对比表　　　　　　　　单位：亿元

年份	总股本	总资产	净资产	营业总收入	净利润	市值
2002	12.06	49.22	26.43	15.26	-1.72	113.65
2013	69.50	412.80	183.49	164.81	14.14	719.00
增长	476.29%	738.68%	594.25%	980.01%	922.09%	532.64%

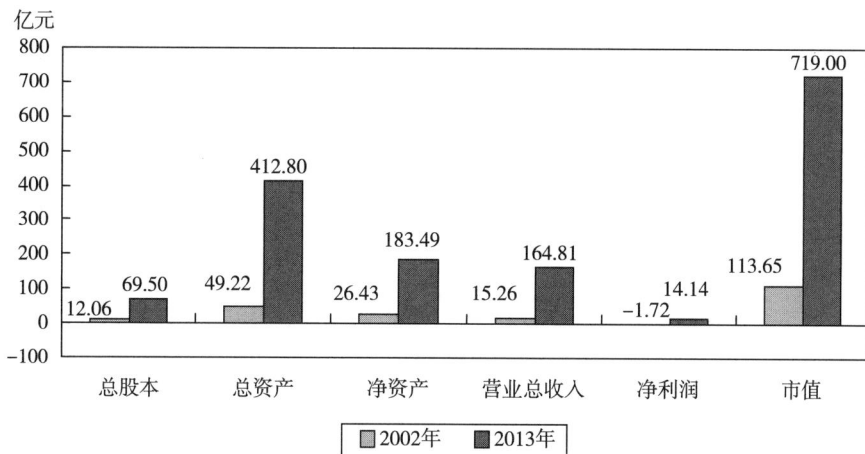

图3　西藏上市公司业务数据变化情况图

1995 年至 2002 年期间，8 家西藏企业在上海和深圳证券交易所主板上市；2002 年至今，奇正藏药、海思科 2 家公司在深圳证券交易所中小板上市，西藏 5 100 水资源公司在香港上市。截至目前，西藏 A 股上市公司首发募集资金 26.5 亿元人民币，H 股上市公司首发募集资金 14 亿港元（见图 4）。

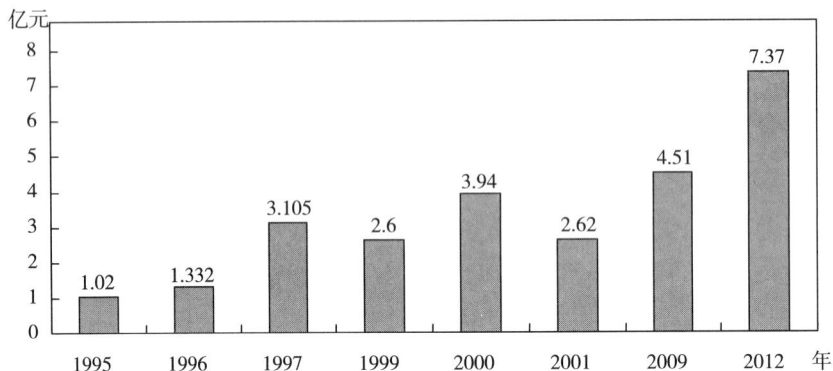

图 4 西藏 A 股上市公司首发融资情况图

1995 年至今，西藏 A 股上市公司累计实现再融资 116 亿元（见图 5）。2013 年，梅花集团单次募集资金达 24.53 亿元，为截至目前西藏辖区上市公司最大一笔直接融资。

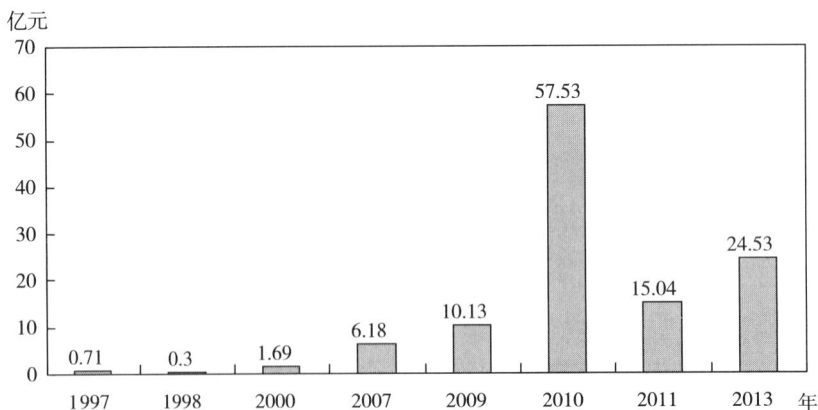

图 5 西藏 A 股上市公司再融资情况图

3. 西藏证券经营机构情况。西藏现有 1 家证券公司即西藏同信证券股份有限公司，成立于 2000 年。经过十多年的发展，公司注册资本增长了 9 倍，总资产增长了 9.66 倍，净资产增长了 13.98 倍，营业收入增长了 13.88 倍，净利润增长了 9.57 倍。公司证券业务资格由原来单一的证券经纪业务发展为全牌照业务资格。具体情况如表 5、图 6 所示。

表5		西藏同信证券主要业务数据对比表		单位：亿元
	2001 年	2013 年	增长	
注册资本	0.6	6	900.00%	
总资产	4.02	42.86	966.17%	
净资产	0.63	9.44	1 398.41%	
营业收入	0.24	3.57	1 387.50%	
净利润	−0.021	0.18	957.14%	

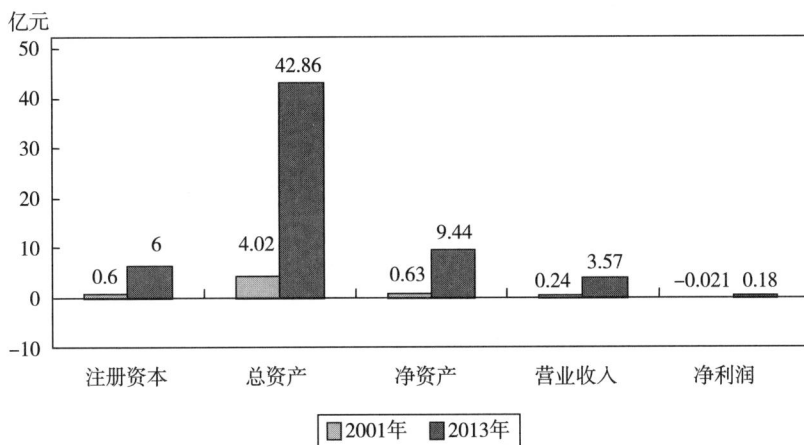

图6　西藏同信证券主要业务数据变化情况图

三、西藏资本市场发展面临的主要问题

（一）西藏资本市场发展的特殊性

西藏资本市场发展存在的问题，既有中国资本市场发展过程中上市公司普遍存在的问题，又有西藏上市公司在适应市场经济营运机制和证券市场发展过程中的体制、机制、深层次矛盾和问题的具体体现；既有公司外部环境政策因素，又有公司体制机制内部因素。但其中直接而重要的原因之一，则是由于西藏有别于全国其他省区的特殊性带来的影响所致。西藏特殊性的主要表现为：一是受历史、政治、体制等因素影响，西藏经济基础薄弱，经济发展水平大大落后于全国多数省区市，导致西藏上市公司持续发展的后备资源不足，缺乏好的资产和项目，试图通过并购重组进行区域内资源整合的难度较大，但跨区域的资源整合又由于管理、体制上的种种原因效果不佳；二是由于西藏所处的特殊地理位置和自然条件，如高寒缺氧、山高谷深、交通不便、能耗高、生产效率低、获取市场信息滞后等，都容易增大上市公司的生产成本、管理费用和管理难度；三是人才匮乏，特别是缺乏高素质的管理人员、技术人员，严重制约了公司的发展。

（二）西藏多层次资本市场发展面临的问题

1. 多层次资本市场体系尚不完善。截至目前，西藏地区有主板上市公司8家，中小板上市公司2家，无创业板上市公司，无"新三板"、区域股权市场挂牌公司，无基金公司、期货公司，无具有证券从业资格的会计师事务所、律师事务所、资产评估事务所等证券服务中介机构，资本市场要素不健全，多层次资本市场体系尚不完善，严重制约了西藏资本市场的发展。

2. 上市公司规模及质量有待提高。上市公司作为资本市场主体，从纵向来看，近年来经过各方面努力，西藏上市公司质量明显提高。但与内地省市相比，还存在一定差距，主要体现为公司经营还不够独立、公司规模还不大、产品或服务市场竞争力还需加强，其质量还需进一步提高等方面。同时，由于现有上市公司规模小、项目少，其再融资能力也不强。

3. 资本市场后备资源不足。后备资源是资本市场的预备队，是资本市场不断发展和壮大的源泉所在，更是多层次资本市场发展的基础。经过多年实践，资本市场对于促进地区经济社会发展的作用日益显现。对于如何将西藏的资源优势、特色产业优势转化为经济优势，西藏相关部门一直在深挖掘、谋思路。经过努力，尽管此项工作取得较大成效，但是对于全国性统一的证券市场来说，企业发行上市有严格的、统一的制度规定，要符合一定的公司治理和财务指标要求，由于历史、区域、经济基础薄弱等多方面原因，西藏区内符合条件的企业较少，资本市场后备资源严重不足。

4. 债券市场与股票市场发展程度不匹配。西藏上市企业发行企业债意愿不高，这主要是由于相比银行贷款，国家财政给予西藏企业银行贷款利息2%~3%的贴息政策。但对企业发债无债券贴息，导致西藏的债券市场无发展优势。

5. 券商发展存在一定的瓶颈。西藏现有券商多为中小型券商，中小型券商的发展面临着资金与人才等瓶颈，特别是培养、吸纳优秀人才方面，与大型券商存在较大差距。此外，在传统经纪业务上，规模劣势、营收结构不平衡等问题在市场不景气的大环境下进一步凸显，特别是互联网金融的兴起对西部地区佣金保护政策的冲击将成为对公司营收能力的严峻考验。

6. 区域股权交易市场的建设亟待加强。区域股权交易市场是多层次资本市场的重要组成部分，其建立可以大大促进区域内投融资业务的发展，成为区域经济跨越式发展的助推器，目前西藏区域股权交易市场尚未正常运行。对于西藏这样一个欠发达的西部地区来说，区域股权交易市场建设极其需要地方政府的大力支持，使本地区的市场建设适应全国发展的步伐，为地方企业尤其是中小企业投融资提供帮助，促进地方经济发展。

四、健全西藏多层次资本市场的建议

（一）建立健全保障措施，加大政策扶持力度

1. 加大政策扶持力度。围绕发展壮大西藏特色优势产业，抓好后备资源的培育。重点在交通、水电、环保、旅游、文化、矿产、天然饮用水、高原特色农畜产品加工、藏药、民族手工业等方面，挖掘、培育一批优质企业，纳入上市后备企业资源库。在企业改制重组、资源配置和项目核准等方面给予优先支持，加强上市辅导，依法解决企业上市有关问题，切实促进企业发展。

2. 强化财政、税收政策支持。为推动西藏自治区资本市场健康发展，西藏自治区财政厅每年将安排一定量的资金，专项用于奖励在西藏资本市场建设和上市企业培育等工作中作出突出贡献的相关单位，支持全区资本市场跨越式发展。重视金融税收制度对金融业发展的促进作用，完善符合西藏实际的金融业税收政策。

3. 给予企业产业政策支持。对上市公司和重点后备上市企业在项目和政策性资金安排上给予支持。上市公司募集资金投资的项目，凡符合国家、自治区产业政策导向的，可上报纳入自治区重点项目盘子。对列入自治区规划，具有稳定收益的重点建设项目，同等条件下优先选择有投资意向的上市公司作为投资方。对符合条件的上市公司和重点后备上市企业优先安排或申报各类专项补助资金；支持其申报高新技术企业、技术创新示范企业等资格。

4. 对成功进行债券融资的企业进行贴息补贴。企业成功发行债券或借入次级债进行融资的贴息2%；对成功发行债券或借入次级债进行融资的企业发生的中介费用（保荐机构费用、律师服务费、会计师服务费、评估师服务费），给予一定的奖励。

（二）充分利用资本市场，扩大企业直接融资规模

1. 继续加大上市后备资源培育力度。加大企业上市后备资源培育力度，建立多层次培育体系和服务网络，培育重点企业。深化与上交所、深交所和香港交易所的全面合作，推动符合条件的企业加快上市进程，支持企业到主板、中小板、创业板上市，支持符合条件的企业和上市公司子公司在新三板挂牌，使企业通过上市、挂牌或其他渠道直接融资。

2. 促进行业整合和兼并重组，提高上市公司再融资能力。鼓励证券公司、信托公司、资产管理公司、投资公司等参与企业兼并重组，向企业提供直接投资、委托贷款等融资支持。积极推进上市公司的并购重组，优化股权结构和资产结构。支持上市公司充分利用增发、配股、公司债券等多种方式再融资，采取换股、定向增发、整体上市等方式进行资产优化重组，促进优质资源合理配置，把企业培育成主业突出、核心竞争力强的龙头企业。

3. 鼓励符合条件的企业进行债券融资。鼓励上市公司发行公司债、可转换债券。积极推动中小企业发行集合债券。扩大支持和引导符合条件的企业通过发行中期票据、短期融资券等债务融资工具募集企业发展资金。鼓励金融机构积极创造条件申请发行次级债等资本性债务工具和金融债。鼓励企业积极参与和利用国内期货市场进行价格发现、套期保值、规避风险，使期货市场成为企业提高收入、控制成本、管理库存和稳定生产的重要工具。

（三）加强组织领导，促进资本市场健康发展

1. 加强组织领导。强化自治区党委、政府对资本市场发展的管理和协调机制。各地要指定一名副市长或副专员负责推动本地资本市场发展的相关工作，各条件成熟的市、行署、经济开放区也应成立对应的工作机构。加强对金融工作的组织领导和协调服务工作，积极创造资本市场发展的良好环境。

2. 进一步完善金融工作机制。加强与中国证监会及相关会管单位的协调沟通；建立健全自治区金融办与政府相关部门、西藏证监局的联席会议制度，协调服务资本市场发展。地方政府应进一步做好企业与金融行业之间的沟通桥梁工作，制定出台服务企业的长效机制，做好相关联企业平稳发展和重点布局工作。

3. 加强对地方部门的绩效评价和考核。建立推进资本市场工作目标责任制

和绩效考核机制，把推动地方企业上市力度纳入对地方金融负责人的绩效评价和考核，奖优罚劣，增强各地市做好资本市场推进工作的主动性和自觉性。

（四）鼓励金融创新，提升资本市场服务实体经济水平

1. 发展和完善多层次资本市场。充分发挥西藏的政策、资源、特色优势，依托新三板、区域性股权交易市场，积极推进具备条件的交通、水电、环保、旅游、文化、矿产、天然饮用水、高原特色农畜产品加工、藏药、民族手工业等企业挂牌交易。

2. 积极引进和新设各类资本市场主体。积极引进和新设证券、期货、基金等资本市场主体在西藏设立法人或分支机构。大力引进和培育金融中介服务机构。积极引进信用评级、资产评估、融资担保、投资咨询、会计审计和法律服务等与资本市场相关的中介服务机构来西藏设立法人或分支机构。

3. 加大资本市场服务实体经济的力度。充分发挥公司上市的正向示范和辐射效应，抓紧在拉萨、林芝、山南、昌都、日喀则等地区培育拟上市公司，带动当地经济发展。鼓励证券期货经营机构在市场空白区域设立分支机构，让各地区人民群众更好地分享资本市场发展的成果，拓宽投资渠道、实现财富的保值增值。

西藏自治区科技金融理论与实践研究

国家开发银行西藏分行课题组

摘要： 中国想要发展成为创新型国家，想要实现从劳动密集型到技术密集型生产方式的转变，必然要充分发掘和发挥科技金融联系科技产业和金融资源的纽带作用。西藏自治区目前正处于社会经济跨越式发展的重要时期，也正处于西部大开发战略的实施关键时期，科技金融就成为西藏自治区促进经济发展、调整经济结构转型的必然选择。本文在现有的研究基础上，总结了西藏自治区金融发展情况和科技金融发展基本情况，并采用现有的科技金融评估方法，对现有数据进行评估总结，用指数指标将西藏自治区科技金融发展的现状和全国平均水平进行对比分析，找出差距，并对科技金融该如何进一步发展提出战略思考。

关键词： 科技金融　西藏　指数

一、引言

（一）选题背景和意义

每一次世界经济的飞速发展，均是由科技革命和科技创新带来的，科学技术是第一生产力的观念深入人心，也已成为国家核心竞争力的重要组成部分。我国科技金融工作的正式开展是以 2006 年颁布的《中长期科学和技术发展规划纲要（2006—2020）》为标志，"科技金融"这一重要概念从幕后走到台前，从配角变成主角。到 2009 年末，有 78 项《规划纲要》配套政策细则由国家层面出台，其中，科技金融涵盖了 20 多项，内容涉及担保、债券、保险、创业投资、银行、资本市场等方面；各省市相继出台的 570 多个关于《规划纲要》的政策文件中，有接近 1/3 都和科技金融密切相关，内容丰富，影响显著。2010 年末，国家出台了《促进科技和金融结合试点实施方案》，如何发展科技金融被提升到更加重要的地位。

"十一五"期间，我国社会经济发展取得了举世瞩目的成就，这离不开科技发展的巨大推动作用；"十二五"期间，科技成果转化成经济发展的强大推动力是时代发展的必然趋势和要求。2015年是"十二五"计划的收官之年，我国重视科技工作，成形的科技成果已经有了几十年的累积，形成了大量潜在的资源。但是科技成果并没有全面有效地转化成经济效益，没有形成巨大的社会财富。这些问题的原因是多方面的，但是最主要的原因是因为科技企业创新过程中融资能力的低下，没有有效地利用资金和资本的助推作用，不能形成规模化集成化的影响效果。科技金融作为搭建科技企业和金融机构的桥梁，将长期成为金融领域研究的重点。

（二）选题意义

中国想要发展成为创新型国家，想要实现从劳动密集型到技术密集型生产方式的转变，必然要充分发掘和发挥科技金融联系科技产业和金融资源的纽带作用。西藏自治区目前正处于社会经济跨越式发展的重要时期，也正处于西部大开发战略的实施关键时期，科技金融就成为西藏自治区促进经济发展、调整经济结构转型的必然选择。

目前，针对西藏自治区科技金融的研究仍然非常欠缺，西藏自治区由于地理位置偏远、海拔高，经济发展长期落后于内地省份发展的平均水平，只有转变现有的经济结构和经济发展模式，大力发展以科技型产业为主体的经济方式才能迅速有效提高其经济水平，加快经济转化方式，实现西藏自治区社会经济的可持续发展。

基于以上理由，本文在现有的研究基础上，总结了西藏自治区金融发展情况和科技金融发展基本情况，并采用现有的科技金融评估方法，对现有数据进行评估总结，将西藏自治区科技金融发展的现状和全国平均水平进行对比分析，找出差距，并对科技金融该如何进一步发展提出战略思考，这对促进西藏自治区科技金融发展，科技金融带动地区经济发展和产业转型具有重大意义。

二、文献综述

（一）科技金融内涵

科技金融（science & technology finance，即 sci – tech finance）的概念 1993 年在国内首次被提出，其发展处于不断演变之中，目前还没有标准定义，对科技金融的内涵讨论主要集中在狭义概念和广义概念两个方面。狭义的科技金融是指金融机构运用间接或直接融资的手段支持科技型、创新型企业，即通过融资或者直接投资的方式去支持企业发展，做大做强。广义的科技金融是指为促进科技开发创新、高新技术产业发展和科技成果转化成社会价值的所有金融工具、金融制度、服务和政策的系统性的创新型活动。

（二）国内外科技金融研究情况

国际上对于技术和金融最重要的研究进展来自于卡箩塔·佩蕾丝的《技术革命与金融资本》，她描述了技术创新和金融资本的基本模式，在新技术出现的初期，资本家为了攫取高额利润，会将大量资金投入到新技术领域，从而出现高技术领域高度资金密集的特点，该项技术所累积的金融资产也呈几何级数增加。每一次技术革命的爆发都印证了这种理论的存在，金融支持科技的模式也在不断的创新过程中。国际上新生的"创新型国家"的金融创新和技术革命呈现出这种相互促进的特点。

房汉廷（2010）总结出：发达国家技术进步对国民生产总值的增长贡献率呈现出高度正相关关系，20 世纪初为 5% ~ 20%，50 年代上升到 50% 左右，80 年代上升到 60% ~ 80%。而发展中国家的技术进步对经济增长的贡献率普遍低于发达国家，在 1960—1987 年间，68 个发展中国家的技术进步贡献率仅为 14%。

在我国，科技金融的研究和实践是伴随着科技体制改革和金融发展不断深化而逐渐产生和加强的，王松奇研究得出，我国资本和科技的融合效率较低，产出成果和相互促进作用还有待增强；王海分析了我国 1991—1999 年科技金融的结合效益，得出两者整体结合的情况在加强，但效益偏低的结论。目前我国在科技和金融的结合运行方面还存在许多问题，其中科技创新融资的问题最为突出和关键，现有最主要的融资方式分为三种：一是政府财政资金；二是金融机构贷款；三是股票、证券、风险资本等直接融资方式。

孙伍琴（2004）认为，由于银行风险难以外部化，较难对高风险、高收益的高新技术产业进行融资支持，相对而言其他金融机构更能够通过资产组合的方式规避风险，支持科技创新活动。王雷、党兴华（2008）认为，高风险投资额对高技术产业的总产值、专利授权数和产出额等具有更加明显的促进作用。叶耀明（2007）认为，金融机构尤其对原创发明具有推动作用。刘降斌（2008）通过对我国四个地区珠江三角洲、长江三角洲、内陆科技圈和东北老工业基地进行调研，得出金融体系能够支持科技型企业进行技术革新，越是经济发达的地区这种特征就越是明显。李松涛（2002）认为，我国应加快发展风险投资，以技术改造支持传统行业。

通过上述学者的研究，本文认为，财政投入、资本运作以及风险投资对企业科技革新和创新具有较大的推动作用，银行因其本身的信用特点，难以对技术创新有较明显的推动作用，而地方财政资金的能力是有限的，因此，科技金融的发展应以风险投资和资本市场为主。

（三）小结

通过对现有文献和资料的研究，国内外学者对于科技和金融间关系的研究目前较少，且由于东西方金融制度和市场灵活度的差异，"西学东用"在科技金融领域难以实现。因此，基于国内学者现有的研究成果，本文将对西藏自治区科技金融的发展基础和现状进行详细分析，分析不同融资方式对西藏自治区科技金融发展的影响，并就科技金融的发展及其如何促进社会经济发展提出建议。

三、西藏自治区科技金融发展基础及存在问题

（一）西藏自治区金融体系发展状况

西藏自治区目前共有金融机构 676 家，较 3 年前翻了一番。其中主力仍是商业银行。金融从业人员达 7 894 人。银行业和保险业实力有明显提升，呈现出较好的发展态势。

从银行机构来看，目前，西藏有国家开发银行、农业发展银行、工商银行、农业银行、中国银行、建设银行、邮政储蓄银行、民生银行、西藏银行、村镇

银行等。银行业资产总额快速增长，信贷资产质量不断改善，不良贷款余额为7.77亿元，不良贷款率0.72%，经营效益稳步提高，实现账面利润30.58亿元，同比增盈3.46亿元。银行资产总额达到2 656.64亿元。

截至2013年末，全区金融机构人民币各项存款余额为2 499.08亿元，近6年均保持20%以上增长率，平均增长率为25.38%，比全国近六年存款平均增长率17.86%高出7.52个百分点。近四年全区贷款也呈现高速增长态势，贷款从2009年末的248亿元增长到2013年末的1 076.95亿元，年均增长率为44.31%。西藏金融机构存贷款金额总数均呈现出高速增长的态势，但由于其底子薄、基数小，同全国其他省份相比，仍存在较大差距。

表1　　　　　　　　　　　　　西藏各金融机构存贷款情况

年份	存款余额（亿元）	存款增长率（%）	贷款余额（亿元）	贷款增长率（%）
2003	322.23	—	144.44	—
2004	363.29	12.74	167.9	16.24
2005	456.3	25.60	178.85	6.52
2006	545.7	19.59	203.71	13.90
2007	643.4	17.90	223.83	9.88
2008	829	28.85	219.31	−2.02
2009	1 028.4	24.05	248.34	13.24
2010	1 296.7	26.09	301.82	21.53
2011	1 662.5	28.21	409.05	35.53
2012	2 054.2	23.56	664.3	62.40
2013	2 499.08	21.66	1 076.95	62.12

数据来源：人民银行拉萨中心支行。

从资本市场来看，西藏自治区间接融资比重远远大于直接融资比重，目前仅1家证券公司将总部设在西藏自治区内，尚无基金公司和期货公司，没有成熟的债券市场。2013年末，西藏自治区辖内共有6家证券营业部，其中西藏同信证券营业部5家，1家期货营业部。共有10家A股上市公司和1家H股上市公司，10家A股上市公司总股本69.5亿股，同比增长18.40%；上市公司总市值718.64亿元，同比增长25.56%。2013年末，10家A股上市公司累计融资181.61亿元，其中股权融资142.61亿元，中期票据融资19亿元，短期融资券融资 20 亿元。

表2 西藏与全国上市公司数量比较

年份	全国	西藏
2011	2 342	9
2012	2 494	10

数据来源：人民银行拉萨中心支行，《中国统计年鉴（2013）》。

由于直接融资市场体量小，且投向更侧重于西藏传统特色优势的矿产和水电行业，无直接支持科技型企业相关数据。

从保险市场来看，西藏自治区保险行业整体运行良好，资产规模稳步增长。截至 2013 年末，西藏自治区保险市场共有省级分公司 6 家，其中：产险分公司 5 家，寿险分公司 1 家，总资产 5.66 亿元，同比增长 22.14%，其中产险公司总资产 4.11 亿元，同比增长 28.16%，人身险公司总资产 1.55 亿元，同比增长 8.68%。实现保费收入 11.43 亿元，同比增长 19.86%。

表3 西藏、全国保费收入及构成对比 单位：亿元

年份	西藏自治区			全国		
	保费收入	财产保险收入	人寿保险收入	保费收入	财产保险收入	人寿保险收入
2008	3.30	2.90	0.10	9 784.10	2 336.70	6 658.40
2009	4.00	3.40	0.20	11 137.30	2 875.80	8 261.50
2010	5.10	4.10	1.00	14 495.60	3 895.60	10 600.00
2011	7.60	5.70	1.90	14 317.70	4 617.90	9 699.80
2012	9.50	6.50	3.00	15 487.00	5 331.00	10 157.00
2013	11.43	7.96	3.47	17 212.30	6 212.30	11 000.00

数据来源：西藏保监局、《中国统计年鉴》。

（二）西藏自治区金融发展的宏观经济基础

西藏自治区位于我国西部内陆地区，是国家确定的重要的国家安全屏障、生态安全屏障、战略资源储备基地、高原特色农产品基地、中华民族特色文化保护地和世界旅游目的地。10 多年来，西藏经济取得突飞猛进的增长，GDP 由 2001 年的 139.16 亿元上升到 2013 年的 807.67 亿元，2013 年经济增速达 12.1%，高于国家平均水平，其中，第一产业产值 86.82 亿元，占比 3.8%；第二产业产值 292.92 亿元，占比 20.2%；第三产业产值 427.93 亿元，占比 76.2%。图 1 反映了自 2000 年以来西藏自治区 GDP 变化情况。

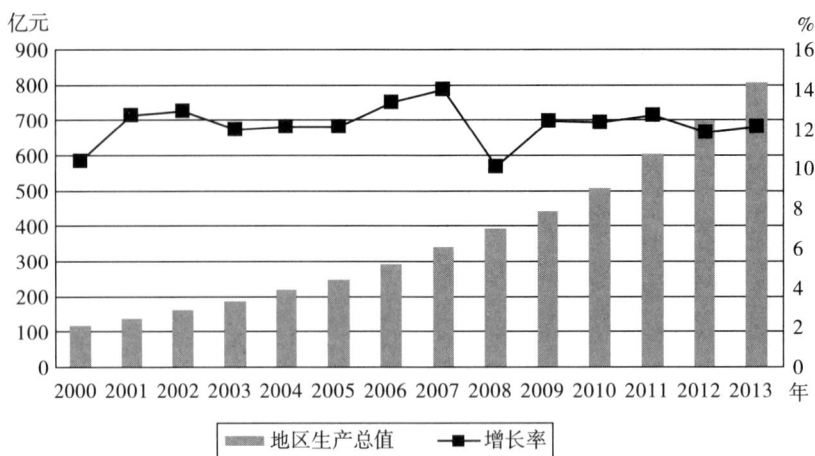

数据来源：西藏自治区统计局。

图 1　西藏 GDP 变化情况

由于中央和各地的经济支援和技术援建，西藏自治区经济取得了较快发展，但由于基础较差，自身造血能力不足，其依靠投资拉动的实质并没有发生改变，尚未形成消费拉动经济增长的格局。

四、西藏自治区科技创新发展情况

2013 年科技对西藏经济增长的贡献率达到 35%，较去年同期增加 2%；对西藏农牧业增长贡献率达 42%，较去年同期增加 2%；科技普及率达 85%，较去年同期增长 5%。

（一）科技创新资金投入

2012 年，自治区级财政预算安排应用技术研究与开发资金（R&D，research and development）1.78 亿元，比 2011 年增长 6.7%。2007 年至 2012 年西藏 R&D 变化如图 2 所示。

2013 年西藏自治区《政府工作报告》中指出：推进科技创新。大力实施人才强区战略，对接落实好中央支持我区的 12 项国家重点人才工程，启动实施高端人才培养计划；深入实施青稞产业、藏药产业、金牦牛等 8 大重大科技专项，推进拉萨、日喀则国家级农牧业科技园区、成果转化基地建设。全年安排自治区级应用技术研究与开发资金 1.7 亿元，比 2012 年增长 6.25%，同时争取到国家资金 1.19 亿元，全年科研经费共计 2.89 亿元。

万元

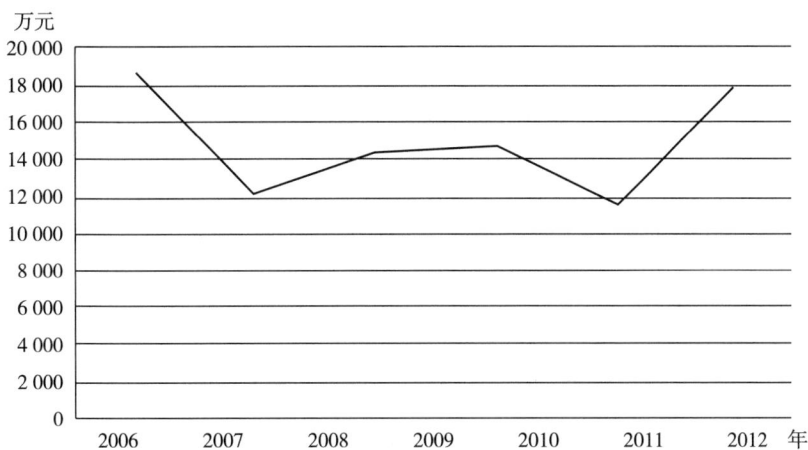

数据来源：中国科技统计年鉴。

图 2　西藏自治区近年来研究与试验发展（R&D）经费内部支出情况

西藏 R&D 总体趋势是逐年增加，但总量小，且增速缓慢。

表 4 是西藏 R&D 同全国 R&D 平均水平的比较情况：

表4　　　　　　　　　　　西藏同全国 R&D 平均水平比较　　　　　　　　　单位：万元

年份	2006	2007	2008	2009	2010	2011	2012
西藏	4 832	18 601	12 285	14 385	14 599	11 530	17 839
全国平均水平	968 741	1 196 852	1 489 039	1 871 647	2 278 251	2 802 261	3 322 067

数据来源：中国科技统计年鉴。

2012 年底西藏 R&D 仅占全国 R&D 平均水平的 0.53%，处于非常落后的地位。另外，西藏还存在科研经费地区差异大的特点，拉萨市对科研经费的使用占比 80% 以上，边远地区如阿里、那曲使用不足 1%。企业科技创新动力不足，缺乏金融支持，制约了科技企业的发展，远不能满足企业现代化转型升级。

（二）科技创新人力投入

2012 年，西藏共有科学研究机构 43 家，其中，国有独立科研机构 33 所，民营科研机构 10 所。自治区、地（市）、县（市、区）三级农牧业科研和技术推广机构 184 个，国家级和自治区级农业科技园区、重点实验室 29 个，高新技术企业 27 家，自治区级科技型中小企业 46 家，国家级创新型企业和企业技术中心 5 家，全社会研发全时当量为 1 199 人[①]。

---

①　数据来源于西藏自治区科技厅、中国科技统计年鉴。

目前，西藏 R&D 人员共计 443 人，学历分布情况如图 3 所示：

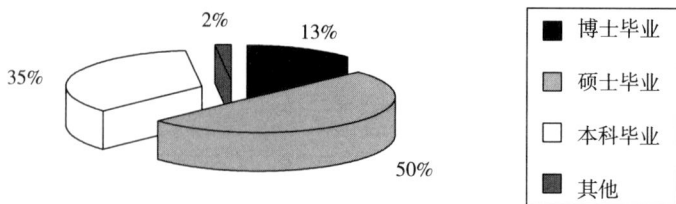

数据来源：中国科技统计年鉴。

图 3　西藏 R&D 人员学历分布图

专业技术人员 56 264 人，平均每万人专业技术人员数为 163 人，在全国五个自治区中排在倒数第一位；在专业技术人员中，医疗卫生和教学人员占 83.55%，从事科研活动的人员只有 894 人，平均每万人从事科研活动人员不到 3 人，远远低于全国 43 人的平均水平。另外，科研活动人员大部分集中在农牧业和工程科技领域（两项合计占 81.5%）。高层次专业技术人员和高水平学科带头人缺乏，科学家、工程师只有 410 人，平均每万人从事科研活动的科学家和工程师仅为 1.61 人，在西部 12 个省区（平均 5.83 人）排名最后一位①。

（三）科技创新成果产出

2012 年，西藏专利申请 11 件，其中，申请发明专利 10 件，有效发明专利 9 件，累计有效发明专利 69 项。西藏科学研究与技术开发机构，共发表科技论文 173 篇，其中国外发表 17 篇，科技著作 7 种。高技术产业共 6 家，主营业务收入 770 万元，利润 260 万元。共开发新产品数目 2 项，新产品开发经费支出为 198 万元，新产品销售收入为 20 597 万元，其中出口贸易额为 259 万元。

1. 重要项目开展

2012 年，西藏紧密围绕全区经济社会发展中重大科技需求，全面推进青稞产业、草产业、金牦牛科技工程等 8 个重大科技专项。"西藏特色动植物育种与高效生产技术研究""重点牧区'生产生态生活'保障技术集成与示范""草业与草原可持续发展关键技术研究与示范" 3 项涉农国家科技支撑项目启动实施。

2013 年，西藏共安排重大科技专项、科技园区及科技成果转化基地建设、

---

① 数据来源于西藏自治区科技厅。

企业技术创新、科技平台建设等项目 48 项，安排资金 16 334 万元。国家支撑计划、科技富民强县、农业科技成果转化、中小企业技术创新基金、科技部部长基金项目等已立项 30 项，落实经费 7 939 万元。组织实施了西藏无电地区电力建设项目基本建成并投入使用。

2. 重大科技成果

2012 年，西藏首批 13 家国家级高新技术企业授牌，涉及藏医药、生物医药、新能源等领域，其中医药生物行业 10 家；2013 年，又有 9 家企业被认定为国家级高新技术企业，高新技术企业产值达到 24.3 亿元。

截至 2013 年，西藏（成都）科技孵化器累计孵化企业 46 家，毕业落藏企业达到 20 家。全区科技型中小企业 46 家，产值达 8.01 亿元，支持企业科技创新项目 34 项，平均每家企业研发新产品 4.2 项。

3. 科技创新平台

完成拉萨国家级农业科技园区扩园工作，依托园区创新平台，重点开展蔬菜示范种植、奶牛高效养殖、园艺育种攻关，引进示范蔬菜新品种 200 余种，菌类品种 20 种，花卉品种 180 种。

分别与中国科学院微生物研究所成立了"高原真菌联合重点实验室"（自治区级），与中国科学院青藏高原研究所成立了"高寒生态学与生物多样性联合重点实验室"（自治区级），与藏医学院、藏医药研究院成立了省部共建"藏医药与高原生物联合重点实验室"。

目前，西藏共有 19 个重点实验室，其中省部级共建重点实验室 2 个，自治区和中科院共建实验室 4 个，自治区重点实验室 10 个，工程技术中心 3 个。

4. 农牧区带动发展

2012 年，西藏安排农牧科技项目 122 项，共落实资金 12 744 万元，项目区覆盖农牧民人口 14.29 万人。通过科技项目的增产提效，带动项目区农牧民人均增收 623 元，平均每万元科技投入带动增收 3 985 元，是全区平均水平的 2.9 倍。2013 年，西藏新发展农牧民科技特派员 2 600 名，全区行政村中科技特派员覆盖率达到 82%。

2013 年，科技部批准西藏国家科技富民强县专项行动计划项目 13 项，国拨总经费为 2 640 万元。目前，全区已有 59 个县共实施了 67 项富民强县专项行动计划项目，其中滚动支持项目 8 个，共得到国拨资金支持 12 744 万元。通过实施国家科技富民强县专项行动计划项目，支持了青稞、高原油菜、马铃薯、温室蔬菜、绒山羊、牦牛、绵羊、藏猪、藏鸡及藏药材、林下资源等一批区域特色优势产业，对壮大县域经济、优化产业结构、增加农牧民收入等方面起到了良好的促进作用。

5. 改善民生

2013 年，西藏组织实施阿里地区及那曲地区尼玛县、双湖县、申扎县、巴青县及拉萨市尼木县无电地区电力建设，总装机容量 8 310.08 千瓦，发放户用系统 25 669 套，新建 87 座风光互补电站，安装太阳能路灯、庭院灯、草坪灯1 204盏，解决项目区 26 034 户 110 849 人的用电问题。

（四）同全国数据比较

为了更清楚具体地说明西藏科技金融相关指标和全国现有情况的比较，本节将通过科技金融资源、经费和金融产出品三个指数，来分析西藏自治区和全国的金融资源投入、消费投入和金融产出品的情况分析。

1. 科技金融发展指数

科技金融发展指数的制定是以相关科技金融理论为依据，选取与之相关的数据作为计算指标，结果可以反映出研究区域科技金融的发展历史、现状，以及预测未来发展趋势。

本文关于科技指数指标的选择，参考了科技部高新技术产业开发区指标体系（2008）、美国国家创新系统的影响因素、商务部国家级经济技术开发区综合投资环境评价办法（修订稿）（2009），还结合了我国学者对现有科技和金融的结合情况、科技创新相关数据的研究成果，按照科技资源发掘、科技研发经费使用情况和科技成果产出和转化效率这样的思路，从科技产业链的上游到下游的顺序，分为三大指数：科技金融资源指数、科技金融经费指数、科技金融产出指数，最后用这三个指数测算出来的数据总结出科技金融发展指数的意义。

科技金融发展指数由 3 个一级指数，及其项下的 7 个二级指数构成。二级指数的主要数据来源有：中国科技统计年鉴、中国统计年鉴、西藏自治区统计年鉴和西藏自治区财政厅和科技厅提供的相关数据，能够基本反映出西藏的科技资源、经费和成果的发展情况。

科技金融资源指数是指研究区域内科技人力资源的开发程度和科技产品研发机构的数量、质量和研究能力等综合因素合成的参考指标；科技金融经费指数是指研究区域财政部门对科研事业的经费投入力度和科技型企业直接、间接

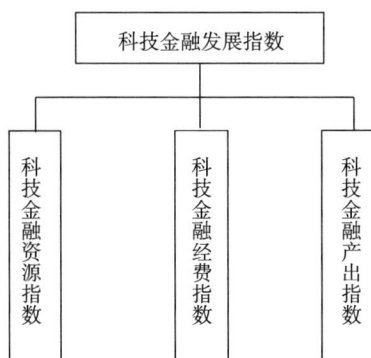

图4 科技金融发展指数含义

融资取得的资金支持这两项指标合成的参考指标；科技金融产出指数是指所有科技成果，包括论文、专利和产品等高新技术科技产品成果综合形成的参考指标。具体组成情况和计算方法如表5所示。

表5　　　　　　　　　　科技金融发展指数组成内容

指数	具体内容	计算方法
科技金融资源指数	人力资源指数	科研人员数量/地区人口数
	科研机构指数	研发机构数/企业和科研机构总数
科技金融经费指数	财政资金投入指数	财政科技拨款/财政支出
	科技贷款指数	金融企业融资额/金融机构总资产
科技金融产出指数	论文产出指数	论文数/科技经费支出
	专利产出指数	专利数目/科技经费支出
	产品出口指数	产品总出口额/科技经费支出

指标得分

X_i 表示研究区域某一年的指标值，X_{min} 表示该年最小值，X_{max} 表示该年最大值。每一项指标在当年的数值变化范围应该是（0，100），得分越高表示指标情况越好。

为准确界定各项指数的内涵，对于计算方法中各项指标的具体解释如下所述：

（1）科技活动人员是指各企业和科研机构从事科研工作和技术改造、创新的工作人员；

（2）研发机构数是指各企业、大专院校和科研院所总数；

（3）地区总人口是某区域内人口总数；

（4）地方企业数量具体指规模以上企业总数；

（5）财政支持科技指各省、市、自治区等各级政府对科研活动投入的资金；

（6）金融机构贷款指人民币贷款金额；

（7）科技贷款指金融机构支持自主创新和高科技发展，向科技企业、科研院所提供的贷款总额；

（8）地区生产总值是指本地区所有常住单位在一定时期内生产活动的最终价值；

（9）期刊论文数是指在国内期刊上发表的论文数；

（10）专利授权数是指由专利局依法授予发明人和设计人对该项发明创造享有的专有权的总数量；

（11）技术市场成交合同额是指对技术、专利产品的出售和转让时产生的交易额；

（12）高技术产品进出口贸易额是指各地高技术产品进出口贸易产生的交易额。

2. 金融资源指数

根据中国科技金融年鉴中关于科技人力资源和科技机构相关数据，采用聚类分析，计算出全国各省份近10年来的科技金融发展指数如表6所示：

表6　　　　　　　　全国各地区2001—2010年科技金融发展指数

地区	2001 年	2002 年	2003 年	2004 年	2005 年	2006 年	2007 年	2008 年	2009 年	2010 年
北京	80.87	78.48	85.95	85.56	85.17	84.22	85.21	76.79	43.65	33.07
天津	21.61	23.32	27.93	25.79	23.03	24.22	27.23	26.03	23.08	23.4
上海	39.43	39.92	38.66	33.30	30.79	31.81	35.75	28.87	37.53	31.35
重庆	14.73	15.43	18.51	14.83	11.31	6.48	6.01	3.62	1.64	1.61
河北	30.2	27.16	29.17	24.4	22.95	23.35	23.77	21.94	14.2	11.96
山西	31.81	35.62	36.73	33.44	39.16	39.94	42.44	42.83	14.28	11.34
内蒙古	24.85	27.45	24.3	21.53	18.51	15.99	13.49	14.21	7.12	5.43
辽宁	26.66	33.87	26.89	23.22	20.39	18.61	17.37	15.02	12.86	10.81
吉林	33.25	31.15	37.92	31.58	30.68	27.74	28.04	23.37	13.36	13.33
黑龙江	23.13	27.13	29.95	24.61	24.47	22.49	21.54	16.57	8.82	8.71
江苏	52.05	45.55	44.4	35.26	33.82	31.66	35.62	36.02	42.06	35.59
安徽	13.78	16.46	18.73	13.69	11.39	10.12	9.19	10.24	5.61	4.7
福建	27.34	18.72	21.26	19.62	16.5	19.84	21.63	21.7	24.79	24.24

续表

地区	2001 年	2002 年	2003 年	2004 年	2005 年	2006 年	2007 年	2008 年	2009 年	2010 年
江西	22.96	24.37	29.62	24.57	19.38	18.37	16.6	14.37	10.39	8.36
山东	21.68	25.12	27.52	24.98	18.89	18.72	21.58	20.08	21.04	21.06
河南	27.74	30.58	33.43	30.22	24.91	25.89	24.69	21.82	15.25	10.88
湖北	29.48	34.48	35.89	23.49	22.37	28.37	26.09	21.86	21.28	18.86
湖南	23.98	26.63	25.78	23.03	22.04	22.87	22.8	20.34	16.79	16.52
广东	28.44	26.21	22.86	19.98	12.84	19.67	24.46	25.22	33.34	31.86
广西	12.13	11.98	14.52	13.5	7.42	8.23	8.06	5.68	1.23	1.62
海南	7.69	14.16	9.1	10.11	17.89	16.66	18.35	21.16	0	0
四川	45.11	45.48	42.52	35.39	31.02	28.22	25.78	23	8.44	6.74
贵州	29.09	28.11	28.74	22.73	22.08	26.29	30.41	25.17	5.73	6.22
云南	48.54	42.17	38.73	34.8	32.33	31.8	32.07	31.05	11.95	8.5
陕西	90.47	81.21	80.69	75.61	71.07	70.89	70.14	64.73	16.63	13.97
甘肃	51.62	34.8	29.73	20.67	26.59	27.07	23.68	23.5	2.31	1.64
青海	42.73	41.71	34.3	27.41	32.92	30.03	29.99	24.79	13.63	13.39
宁夏	22.73	16.9	14.64	7.03	3.22	5.89	6.59	3.97	4.3	2.03
新疆	56.61	55.93	53.91	50.27	52.78	53.1	44.12	39.86	17.03	14.12
西藏	16.67	10.20	10.13	6.08	2.09	3.77	5.63	2.09	4.32	2.48

通过以上指数可以明显看出我国东部地区、东北部地区、中部地区和西部地区呈现出明显的差异。尤其是东部地区科技金融资源指数明显高于西部地区，而西藏的相关数据在西部省份中处于落后地位，距离全国平均水平有很大差距。

3. 科技经费指数

根据财政对科技企业的投入资金和金融机构的贷款金额测算出科技金融经费指数如表7所示：

表7　　　　　全国各地区 2001—2010 年科技经费指数

地区	2001 年	2002 年	2003 年	2004 年	2005 年	2006 年	2007 年	2008 年	2009 年	2010 年
北京	30.76	45.46	36.96	29.51	33.77	43.01	33.97	38.68	78.02	89.48
天津	13	9.26	14.62	10.93	22.34	15.28	24.75	29.65	11.72	14.3
上海	13.13	17.6	8.91	3.79	6.09	24.15	6.44	9.62	14.94	16.83
重庆	26.18	29.55	16.99	4.79	19.55	15.81	19.4	39.04	5.95	10.6
河北	13.1	20.7	15.61	6.42	10.04	11.33	9.88	12.26	11.28	14.49
山西	17.5	28.78	18.17	12.98	27.23	26.52	18	21.2	8.71	7.79
内蒙古	5.6	5.26	3.11	1.69	3.43	9.83	4.95	19.38	2.23	0.75
辽宁	7.66	26.12	8.54	7.03	9.58	11.54	9.96	11.27	4.44	10.49

续表

地区	2001 年	2002 年	2003 年	2004 年	2005 年	2006 年	2007 年	2008 年	2009 年	2010 年
吉林	46.59	22.61	17.08	8.82	31.06	18.68	21.87	9.32	12.14	14.75
黑龙江	13.28	25.89	17.3	7.71	16.19	15.48	22.9	22.84	12.6	17
江苏	25.33	46.8	28.77	17.66	54.74	50.7	55.79	58.62	18.67	21.02
浙江	19.1	37.36	18.22	12.43	42.3	35.1	41.7	46.89	6.84	10.48
安徽	19.03	35.74	58.64	22.36	56.79	56.14	55.64	50.7	25.28	22.12
福建	13.51	25.21	17.34	8.33	29.03	37.05	42.07	41.37	6.67	8.3
江西	10.66	12.38	8.78	7.72	11.2	13.79	29.65	26.71	13.8	11.71
山东	13.26	27.71	12.3	8.7	25.94	17.83	25.66	28.36	8.17	10.23
河南	11.77	17.8	9.63	8.15	18.03	19.64	29.82	19.3	9.65	16.35
湖北	16.93	23.1	17.86	13.14	15.49	20.4	23.14	28.86	19.96	25.78
湖南	16.87	19.69	15.85	6.44	15.99	16.16	14.28	24.4	15.75	16.64
广东	9.82	19.28	11.92	7.13	13.42	9.22	10.19	13.61	2.61	3.35
海南	2.87	7.63	3.25	3.13	2.63	5.21	4.95	7.25	7.27	7.35
四川	41.64	48.21	11.05	21.29	31.98	33.39	40.03	47.35	27.38	30.13
贵州	10.07	13.98	12.5	6.42	21.39	23.11	21.14	21.77	25.28	24.87
云南	16.38	20.98	17.71	13.86	23.93	24.51	23.52	46.66	36.73	28.01
陕西	69.36	80.61	60.49	52.72	63.12	73.64	64.7	85.47	84.73	77.87
甘肃	20.23	19.52	16.73	12.17	10.77	12.12	12.07	12.17	18.52	15.73
青海	61.79	59.26	27.94	60.14	12.6	14.16	19.85	49.76	31.24	10.04
宁夏	17.66	24.62	14.12	8.83	36.84	13.76	23.68	21.08	0.44	0.61
新疆	11.52	15.94	11.07	6.61	9.58	11.47	13.5	21.17	11.13	7.32
西藏	2.67	0.98	1.13	2.08	2.09	3.77	4.63	3.09	4.32	5.48

西藏科技金融所投入的经费指数仍远低于西部省份平均水平和全国平均水平，但近 5 年基本保持了整体增长的趋势，根据近年来西藏自治区 GDP 增长的总体趋势来看，科技经费的投入和 GDP 的增长呈现出明显的正相关关系。

4. 科技金融产出品指数

西藏科技金融产品的产出主要指论文、专利、技术出口的相关情况，2001—2010 年指标计算结果如表 8 所示：

表 8　　　　　全国各地区 2001—2010 年科技产出品指数

地区	2001 年	2002 年	2003 年	2004 年	2005 年	2006 年	2007 年	2008 年	2009 年	2010 年
北京	21.4	28.97	34.49	42.25	49.88	53.69	55.51	53.28	48.8	34.43
天津	16.25	27.44	34.6	28.82	32.06	30.92	26.83	21.22	21.92	14.59
上海	16.19	24.87	46.85	46.38	53.64	62.75	49.73	54.21	49.64	33.98

续表

地区	2001 年	2002 年	2003 年	2004 年	2005 年	2006 年	2007 年	2008 年	2009 年	2010 年
重庆	14.32	41.59	59.06	54.83	41.39	47.63	33.66	30.47	30.51	46.22
河北	12.59	18.12	16.12	16.96	14.53	16.42	16.96	15.63	11.9	11.73
山西	9.08	8.75	10.22	11.03	8.4	5.17	4.07	3.42	8.59	5.68
内蒙古	15.49	21.03	29.42	23.43	20.06	16.2	15.4	7.29	6.78	9.94
辽宁	16.24	19.18	28.54	30.99	33.38	34.66	33.65	29.41	25.56	17.18
吉林	25.18	19.77	32.52	32.16	27.04	33.86	32.09	31.63	25.14	9.66
黑龙江	13.33	20.05	22.57	26	28.59	31.42	34.56	29	20.28	10.92
江苏	10.23	14.47	29.92	32.8	37.74	39.34	38.92	34.17	39.56	35.13
浙江	22.33	34.91	36.48	33.15	31.27	40.92	42.83	38.33	38.59	31.07
安徽	19.35	17.42	10.31	16.58	18.44	19.17	18.79	14.39	19.46	13.5
福建	21.02	38.57	64.21	45.69	42.23	37.02	36.69	34.48	38.45	34.2
江西	13.71	18.49	15.43	16.78	18.2	15.4	15.45	10.31	8.86	9.24
山东	10.49	15.2	22.27	23.08	24.11	21.16	21.24	18.5	15.3	11.87
河南	10.7	16.55	16.85	14.72	16.76	14.43	14.45	15.58	11.87	9.37
湖北	15.3	20.76	25.77	29.57	31.98	32.75	32.98	26.67	23.14	12.89
湖南	17.01	25.85	32.52	32.43	35.5	41.29	36.03	24.74	23.8	10.81
广东	16.23	29.22	55.51	55.85	60.1	58.18	58.22	53.3	44.19	41.56
广西	9.95	13.52	11.93	17.39	14.27	16.51	14.17	13.41	14.41	10.07
海南	52.54	28.63	40.21	25.08	12.63	16.28	18.28	17.14	44.52	21.3
四川	7.73	7.87	8.98	13.03	10.14	17.2	21.37	26.23	30.58	14.36
贵州	11.32	17	18.35	16.43	16.17	17.73	19.89	14	16.74	18.59
云南	30.25	35.49	42.97	36.38	30.37	28.04	26.82	16.23	33.67	12.77
陕西	7.37	10.94	12.57	11.66	16.14	22.15	22.84	20.4	20.92	14.99
甘肃	27.96	30.23	31.53	36.01	41.63	39.33	36.91	37.12	39.18	15.83
青海	3.18	4.27	2.47	6.42	6.67	8.9	16.36	14.11	20.4	14.56
宁夏	7.16	9.35	14.8	13.32	8.29	4.46	1.25	7.61	9.29	8.48
西藏	1.97	0.88	1.51	2.49	3.26	3.98	4.15	5.33	6.02	7.50

西藏自治区科技金融产出品指数较全国平均水平和西部地区平均水平均较低，这和西藏金融资源、西藏科技研发的资金投入均有很大关系，由于金融资源和科技研发经费的缺乏，直接导致其科技金融产出品的价值受到抑制。

五、西藏科技金融发展存在的问题

（一）科技型企业融资模式较单一

中小科技企业不但可以带动产业升级、孵化新兴产业，而且还是区域经济发展的重要推动力，但高科技产品开发周期短、成本高、风险大，也就意味着科技企业需要大量的高尖研发设备和高素质研发技术队伍，简而言之就是需要大量的资金。不过，大多数高新技术企业都是"轻资产、高风险"，又缺抵押物和担保，较难向银行等金融机构争取间接融资。另外，西藏目前尚无基金公司和期货公司，没有成熟的债券市场，因此直接融资的渠道基本无法打开。

西藏的担保机构数量少、业务品种单一，主要产品集中在：贷款担保、承兑汇票担保和信用证担保，虽然资本金和担保贷款业务量在逐年增加，但是业务面窄、发展动力不足都是老大难问题，尤其是对新兴科技产业的支持力度显得更加力不从心。科技型企业的价值多存在于其无形资产中，要评估这部分无形资产的价值难度较大，银行和担保机构不愿介入。科技成果转化成经济效益的转化率和市场效益难以确定，科技企业的专利技术能否顺利转化成为产品，这些产品能否在日新月异的更新速度中存活并保持竞争力，这些问题也考验着风险投资等直接融资来源。

西藏的科技金融工作一直以政府主导，其主要资金投入来源于地方财政支出，其他有效补充模式的种类和数量都很欠缺，在信用体系失灵、担保方式单一的情况下，银企、政企和银政三方信息沟通不顺畅，金融资源无法发挥其调节市场资金资源的基本功能，政府的组织协调优势不能充分作用在这个相对不完善的市场，导致资源配置低效、市场有效竞争失灵、银行信用结构不健全、担保公司态度保守，银行或因政府干预被动放款，但资金总量有限，难以匹配企业实际需求。

（二）科技金融资源、经费投入不足

R&D 是科技活动的核心，也是科技活动中最富有创新性的部分，2012 年底，西藏自治区 R&D 经费总投入为 1.78 亿元，当年全区 GDP 为 695.58 亿元，其 R&D 经费投入占全区 GDP 的 0.26%。其次，R&D 经费来源结构不合理，全部为政府投入，对政府的依赖度太高。

西藏科技金融资源和资金的投入同全国平均水平比较有着相当大的差距，这和西藏特殊的地理、历史原因有关，也和目前的经济发展现状有关。随着西藏经济社会跨越式发展的需要，对科技型企业的培养、科技金融服务平台、金融支持科技创新的建设等都需要投入大量的资金和资源，科技金融硬件工程建设形势仍然非常严峻。

（三）金融创新落后于科技创新

近些年来，我国金融市场出现一些新的变化，最直接的表现就是金融服务背离了实体经济与科技创新，"影子银行爆发式增长，资金成本提升，企业金融环境劣化"，而科技金融却是要实现知识产权的资本化，科技资源的资本化，以及科研成果未来预期的资本化。

西藏金融创新落后于科技型企业发展的需要，金融工具种类少，品种不完善，金融制度和组织结构创新力度不足；资本市场发育不完善，调动和刺激金融的杠杆优势和资源调配内生动力不足。在西藏，还严重缺乏针对科技型企业的融资担保机构，以及服务于科技企业、针对科技企业无形资产的评估和定价机构，尤其是缺乏对知识产权和专利等无形资产的认定、评估和变现以及维权的专业服务手段。金融创新手段落后、金融服务模式单一、金融衍生品种类稀少，以上问题，均是限制科技金融的最关键的亟需解决的问题。

（四）专业人才队伍缺乏

经济发展的长期落后、自然环境的恶劣等原因导致西藏人才聚集度较低，形成科技金融人才和科技金融创新发展需要的不平衡。科技金融对于正在健全中的西藏金融体系来说无疑是个全新的概念，还处于起步阶段，高端人才的缺失导致金融调节手段失灵，在尝试实施科技融资的银行机构和担保公司，还有风投公司缺乏既懂科技又懂金融的专业复合型人才，导致科技型企业融资业务审批时间过长，错过企业最好的成长期；担保服务因落实反担保、企业总体审核等问题效率低下，难以做好科技型企业的担保服务。

六、西藏自治区科技金融工作的建议

西藏自治区整体经济实力近 5 年来虽然有大幅度提升，但是和全国平均水平也仍然有较大差距，科技金融综合发展水平距离全国平均水平也仍然有较大差距。为加强科技金融合作对自治区自主创新企业的支持力度，引导金融资金推动科技企业发展，同时为金融注入新鲜血液，实现科技、金融和企业多赢的目的，提出如下建议。

（一）继续加大政府支持引导力度

财政资金和金融资金的结合是科技金融结合的本质，财政投入是科技金融结合的基础和先导。政府财政科技投入与金融资本相结合，不仅是一种金融创新，更是政府科技投入的创新，有利于企业利用金融资本加强自主创新，提高财政科技资金的使用绩效。

要加快推进科技计划，进一步深化财政科技经费管理改革，抓紧设立科技金融结合专项资金，争取科技型企业相关政策补贴，逐步扩大规模，积极探索和实践引导基金、贷款贴息、风险补偿、绩效奖励、保费补贴等多种财政经费使用方式，加强与银行、保险、担保、投资等机构合作，探索财政资金和金融资本带动民营和民间创业资本促进新兴产业发展的有效合作方式，鼓励和引导金融机构扩大对科技型企业的资金投放，降低企业融资成本和门槛。

加快发展创业风险投资引导基金和科技成果转化引导基金。继续扩大省创投引导基金规模，鼓励有条件的市、县（市、区）人民政府设立创业投资引导基金，综合运用阶段投资、参股、风险补偿和保障等方式，引导创业投资机构向初创期科技型中小企业参股和投资，促进科技型中小企业创新发展。设立和运行科技成果转化引导基金，积极做好与国家科技成果专户引导基金的对接，通过母子基金、风险补偿和绩效奖励等多种方式，鼓励和引导社会资金投资国家、省、部门科技计划项目的成果转化和产业化工作。

发挥财政资金的风险补偿和增信作用，建立健全政府、银行、企业、中介机构多方参与的科技型中小企业贷款风险补偿机制，鼓励和引导银行进一步加大对科技型中小企业的信贷支持力度。综合运用资本注入、风险补偿等方式，引导担保机构创新业务模式和产品，加快科技担保发展，拓宽企业融资渠道。进一步扩大各级财政对专利质押融资业务的补助，推动银行、担保公司、评估机构开展专利质押融资业务。建立面向科技企业融资的公共服务平台，促进资本、人才、项目的对接，提高企业融资效率。

探索建立科技保险保费财政补贴制度。支持引导保险公司创新科技保险产品，开展科技保险业务，扩大科技保险覆盖面。重点推进自主创新高新技术产品、首台（套）产品质量保险、科技型企业融资保险以及科技人员保障类保险等产品，完善出口信用保险功能，分散企业技术创新的市场风险，改善企业信贷环境。

（二）积极推进科技成果转化和产业化

高成长性科技企业的发展是科技金融结合的依托和载体。要进一步优化科技资源配置，引导各类创新要素向企业集聚，加快建立以企业为主体，市场为导向，产学研相结合的技术创新体系。加快发展创新型企业、高新技术企业和科技型中小企业，为企业提供全方位、多层次的金融服务和产品，形成优质科技和金融资源的集聚效应，打造一批具有核心竞争力的行业领军企业，为金融资本提供优质的资源配置对象。要落实国家鼓励技术创新的财税政策，引导企业加大科技投入，加强企业研究机构和科研基础设施建设，培养引进高水平人才，推动研发、设计、工程和生产的有机结合，提升企业核心竞争力。

科技成果转化和产业化是科技金融结合的出发点。要围绕战略性新兴产业发展和传统产业转型升级，综合运用财政、信贷、投资、担保、保险等手段，加大投入力度，推动重大科技公共和成果转化项目的组织实施，推动具有自主知识产权的核心技术和重大产品迅速抢占技术和市场优势地位，突破制约发展的技术瓶颈。支持高新技术产业开发区、藏青工业园等自治区重大科技创新基地的建设工作，满足园区和基地基础设施、公用配套设施、主体工程等建设的资金需求，加快发展研发园、创业园、创新城等各类科技产业集聚区，完善区域创新服务设施和条件。

（三）创新金融服务和产品

大力发展直接融资，支持创新型企业、高新技术企业等科技企业在主板、中小企业板和创业板上市和并购重组，充分利用资本市场促进科技企业转型发展。鼓励科技型上市公司发行公司债券和可转换债券，支持经济效益好、信誉度高的科技型企业发行短期融资券、中期票据等债务融资工具，积极推进科技型中小企业集合票据等债券产品发行工作。

优化信贷投放结构，加强信贷政策与产业政策的协调配合，重点支持战略性新兴产业、高新技术产业和高技术服务业，加大对传统产业改造提升的支持力度。推动银行在科技型企业比较集中的地区设立专门面向科技型企业的科技支行等信贷专营机构，实行专门的客户准入标准、信贷审批机制、风险控制政策、业务协同政策和专项拨备政策，进一步拓展服务科技型企业的深度和广度。在国家和省级高新技术产业开发区（园区）逐步开展设立科技小额贷款公司试点工作，逐步将科技小额贷款公司发展成为专门服务于科技型小企业的专业金融组织。

创新金融服务和产品。鼓励商业银行针对发育初期的科技型企业研发和推广新型融资模式、服务手段、信贷产品及抵（质）押方式。针对发展较为成熟、经营模式较为稳定、经营业绩较好的中小型科技企业，应鼓励各家金融机构优化信贷评审和发放过程，优先考虑对这一类企业融资。针对有稳定现金流和物流配送系统的科技型企业，可酌情考虑为其提供信用贷款，考虑采取应收账款质押或者仓库单抵押等信用结构。综合运用各类金融工具和产品，开展信贷、投资、债券、信托、保险等多种工具相融合的一揽子金融服务。

完善科技保险服务。保险机构要根据科技型中小企业的特点，不断开发出适合科技创新型企业的保险产品，确定较为合理的反担保措施。要不断加强完善科技创新型企业保险市场，支持科技创新型企业进行自主创新、支持行业整合并购、支持其研究成果转化，进一步拓宽科技型企业保险服务范围。

参考文献

［1］房汉廷：《关于科技金融理论、实践与政策的思考》，2010。

［2］约瑟夫·熊彼特：《经济发展理论（中译本）》，西安，陕西师范大学出版社，2007。

［3］赵昌文等：《科技金融》，北京，科学出版社，2009。

［4］邓天佐等：《关于我国科技金融发展的几点思考》，2012。

［5］邓天佐、房汉廷、郭戎、沈文京等：《促进科技成果转化的科技金融支持机制重大问题研究》，部党组重大调研报告，2010。

［6］王元等：《中国创业风险投资发展报告2012》，北京，经济管理出版社，2012。

［7］王海、叶元煦：《科技与金融结合效益的评价研究》，载《管理科学》，2003（2）。

［8］吴和成、郑垂勇：《科技投入产出相对有效性的实证分析》，载《科学管理研究》，2003。

［9］唐炎钊：《区域科技创新能力的模糊综合评估模型及应用研究——2001 年广东省科技创新能力的综合分析》，载《系统工程理论与实践》，2004（2）。

［10］于静霞、刘玲利：《我国省际科技投入产出效率评价》，载《工业技术经济》，2007（9）。

［11］The economic theory of agency：the principal's problem. American Economic Review，Ross S. 1973，63（2）.

［12］崔毅：《基于 DEA 方法的广东科技与金融结合效益评价》，载《华南理工大学学报》，2010。

［13］曹颢、尤建新：《我国科技金融发展指数实证研究》，载《中国管理科学》，2011（6）。

［14］程贵：《技术创新与金融结构关系的研究进展》，载《财会研究》，2011。

［15］孙伍琴：《论不同金融结构对技术创新的影响》，载《经济地理》，2004。

［16］李松涛、董樑：《技术创新模式与金融体系模式的互动选择》，载《科技进步与对策》，2002。

［17］段世德、徐璇：《科技金融支撑战略性新兴产业发展研究》，载《科技进步与对策》，2011。

［18］束兰根：《科技金融融合模式与中小科技企业发展研究》，载《金融纵横》。

［19］朱立龙、尤建新、张建同、孙遇春：《国家级经济技术开发区综合评价模型实证研究》，载《公共管理学报》，2010。

［20］希克斯：《经济史理论》，载《商务印书馆》，2010。

［21］夏太寿、褚保金：《科技金融创新与发展》，南京，东南大学出版社，2011。

［22］王凤荣：《中小高新技术企业成长的金融支持制度研究》，北京，中国经济出版社，2006。

［23］朱轶、涂斌：《财政分权、投资失衡与工业资本深化——基于中国区域特征的经验研究》，载《宏观经济研究》，2011。

［24］中国科技财富指数研究中心：《“指数时代”呼唤中国科技企业财富

指数》，载《中国科技财富》，2009。

[25] 回广睿、徐璋勇、师荣蓉：《科技金融相关文献回顾与综述》，载《理论与方法》，2012。

[26] 杨勇：《广东科技金融发展模式初探》，载《科技管理研究》，2011。

[27] 魏颖、刘曙光：《高新技术中小企业投融资的最佳途径风险投资》，载《商场现代化》。

[28] 刘文丽、郝万禄等：《我国科技金融对经济增长影响的区域差异——基于东部、中部和西部面板数据的实证分析》，载《宏观经济研究》，2014。

[29] 王伶俐：《科技金融支撑体系的建立与对策》，载《中国科技成果》，2006。

[30] 宋彧、莫宇宏：《科技与金融结合模式的比较研究》，载《商业研究》，2005。

[31] 周永涛：《金融中介、技术进步与产业升级的动态关系——基于ARDL－ECM 模型的实证研究》，载《金融教学与研究》。

[32] 廖添土：《科技投入的国际比较与科技金融支持体系的构建》，载《金融电子化》，2007。

[33] 王松奇、李扬、王国刚：《中国创业投资体系研究》，载《科技进步与对策》，2000。

[34] 中国人民银行营业管理部课题组：《支持科技创新创业的金融政策研究》，北京，中国经济出版社，2007。

[35] 国家统计局：《中国统计年鉴》（2006—2013）。

[36] 西藏自治区统计厅：《西藏统计年鉴》（2006—2013）。

[37] 中国人民银行拉萨中心支行：《西藏自治区金融统计月报》（2006—2014.6）。

[38] 中国人民银行拉萨中心支行：《西藏自治区金融稳定报告》，2012。

[39] 中华人民共和国科学技术部：《中国科学技术发展报告（2007—2013）》，北京，科学技术文献出版社，2012。

[40] An incomplete contracts approach to financial contracting . Review of Economics Studies，Aghion P，Bolton P. 1992，59（3）：473 –494.

[41] Endogenous technological change. Journal of Political Economy，Romer PM. 1990，98（5）：71 –101.

［42］Carlota Perez：《技术革命与金融资本（中译本）》，北京，中国人民大学出版社，2007。

［43］Financial architecture and economic performance：international evidence［J］．University of south Carolina，Mimeo，Tadassee S. 2000.

［44］The Theory of Economic Development：An Inquiry into Profits，Capital，Credit，Interest，and the Business. Cambridge，MA：Harvard University Press，Schumpeter Joseph A. 1934.

［45］Aghion P，Howitt P. A model of growth through creative destruction. Econometrical，Econometric Society，1992，60（2）：323 – 351.

大数据时代的互联网金融创新与传统银行变革

——兼论西藏银行业迎接互联网金融的建议

国家开发银行西藏分行课题组
课题组组长：孙　杰
课题组成员：吕　垒　何　东

摘要：互联网金融是目前金融领域最引人瞩目的潮流之一。本文对比了互联网金融与传统银行之间的本质差异与各自面临的挑战，探讨了两者之间的融合路径与改进方向，从西藏特殊金融环境出发，站在商业银行角度提出应对互联网金融的策略；最后，提出谋求互联网金融与传统银行的最大交集、抓好务实超前研究、树立底线思维等三点思考。本文的目的，是在互联网金融已对传统银行全面触动的关键节点上，深入思考两者如何对接融合、推测未来可能发生的变化以及我们的对策，确立在大数据时代背景下，银行业成功走向未来的思路。

关键词：大数据　互联网金融　银行　融合　转型

一、国内外关于互联网金融相关研究

近年来，互联网金融的蓬勃兴起成为金融领域最引人瞩目的潮流之一，并正在深刻影响着既有银行竞争格局。

互联网金融是借助于互联网技术和移动通信技术实现资金融通、支付和信息中介功能的金融模式，其业态包括网络融资、网络渠道、支付结算、虚拟货币等类型，P2P、众筹、比特币等则是其特有形式。从发展历程上来看，互联网金融的发展离不开大数据、云计算、社交网络、搜索引擎等互联网技术的突破和运用，是伴随着电子商务而迅速发展起来的。

表 1　　　　　　　　　　　互联网金融的五种模式创新

类型	主要内容	行业特点	所处时期	典型企业
网络融资	P2P 网络借贷平台	投资人通过互联网平台，将资金带给有借款需求的人	成长期	陆金所人人贷
	电商小贷	利用电商平台积累的小微企业数据，完成小额贷款需求的信用审核并发放	成熟期	阿里小贷京东供应链贷款
	众筹融资	搭建网络平台，由项目发起人发起需求，向网友募集项目资金	萌芽期	天使汇
网络渠道	网上银行	包括传统银行设立的网上银行	成熟期	招商银行
	金融网销与互联网理财	基金、券商的金融与理财产品的网络销售	成长期	余额宝理财通
支付结算	第三方支付	独立于商户、银行，为商户与消费者提供支付结算服务	成熟期	支付宝
虚拟货币	电子货币	网络虚拟货币	萌芽期	比特币
	电子币	包括游戏币与专用币	成熟期	腾讯 Q 币
支持性服务平台	支持性产业	金融搜索垂直平台、市场化征信公司、数据挖掘、金融咨询、法律援助等	萌芽期	融 360 上海资信

对于互联网金融的未来发展，存在不同判断。谢平、邹传伟（2012）认为，互联网金融将对金融模式产生颠覆性影响，可能出现既不同于商业银行间接融资，也不同于资本市场直接融资的第三种融资模式，即"互联网金融模式"；吴晓灵（2014）则持相反观点，她认为互联网金融本质是金融，属于"草根性"金融服务，对传统金融不会产生太大影响；刘士余（2014）则持保留意见，他认为互联网金融处于发展初期，全面评价还为时尚早，应有一定的观察期。马云（2013）认为，互联网金融是开放的金融生态系统下，外行对金融既定格局的挑战与创新；钮文新（2014）则反驳说，以余额宝为代表的互联网金融并未创造价值，它拉高了社会融资成本，因此应坚决予以取缔。

之所以观点如此分歧，一是因为互联网金融作为新兴事物，发展历程较短，本身缺乏足够数据来清晰判断其未来发展方向；二是受摩尔定律作用，互联网金融本身尚处于高速成长期，全新商业模式不断涌现，而原有模式不断消亡；三是在大数据时代背景中，云计算、互联网金融、传统银行与基于新巴协议的金融监管出现相互交织融合的新动向，使分析方法存在较大的挑战性。

虽然如此，但互联网金融对传统银行业的触动已经清晰可见。因此，从银行角度，深入思考互联网金融与传统银行如何对接与融合、推测未来可能发生的变化、互联网思维的深远影响以及我们的对策，成为颇具现实意义与紧迫性的课题。

二、互联网金融与传统银行的本质差异与挑战

（一）传统银行的本质特征与现存挑战

银行是工业化时代的产物，因此不可避免地带有浓厚的工业化思维烙印。简而言之，一是以大规模组织、大规模生产、大规模销售与大规模网点为本质特征，依靠本部中心制进行指挥运营；二是靠信息不对称和特殊渠道建立的"差异化"竞争优势与垄断壁垒；三是依靠金融媒介与中间环节获取利润空间。

传统工业化银行模式在信息碎片化、媒介透明化、需求个性化的大数据时代，面临日益严峻的考验。

从负债业务上来看，在金融改革市场化与投资渠道多元化的背景中，金融脱媒的趋势不可逆转、加速推进。从 2000 年到 2014 年，中国银行业的社会融资比重从 95% 下降到 50% 左右，其中主要是存款下降导致。资金脱媒直接带来客户脱媒、渠道脱媒、信息脱媒等一系列负面连带效应，使商业银行赖以生存的存贷款业务被大量分流的同时，金融债券融资成本被不断推高，商业银行面临越来越大的资金来源压力，而利差收窄则意味着传统银行的可持续盈利能力不断下降。

从资产业务上来看，伴随大数据时代的来临，传统银行原先行之有效的风险控制能力不断弱化，甚至有可能失效。在传统的风险控制手段中，审贷分离制度、财务报表审查制度、贷后管理制度、独立审计评价制度、内控三道防线等，都属于事后监管手段。从实践中看，传统银行对贷款项目的建设与经营进行实时监控、对借款人财务状况进行实时分析的过程监管，除了客户经理的定期现场检查外，缺乏有效技术手段，对重大突发性事件也缺乏动态预警机制。对风险过程监管的缺失，使传统银行在应对行业性风险、区域性风险、系统性风险、国际化风险、道德风险，甚至经营性风险时越来越力不从心。从近几年不断出现的重大不良贷款项目中看，在项目已经出现重大风险时，银行往往成为"最后一个知道船要沉没的人"。

从盈利能力来看，传统银行存款利率与理财收益远远低于互联网金融收益率，在市场化的竞争中，越来越缺乏竞争力。例如，P2P 的投资年收益率在

10%以上，而传统银行理财产品年收益率约为6%～7%，远低于互联网金融。

（二）互联网金融的本质特征与风险隐忧

与传统银行截然相反，互联网金融脱胎于信息化革命与大数据时代，"开放、平等、互动、合作"成为互联网金融的核心价值观；互联网金融的本质是"去中介、去中心""扁平化、轻资产"，互联网金融追求极致的用户体验，强调数据驱动运营。从实践中看，互联网金融开放、互动的特征，通过对市场、用户、产品、价值链的逐步重构，正在改变传统银行产业链的全貌。以余额宝为例，成立仅仅半年时间，天弘基金资产规模就超过5 000亿元人民币，成为全球第七大基金，打破了行业成长的天花板。从整体行业看，2010—2013年，中国第三方互联网支付市场交易规模2万亿元攀升到5.37万亿元，平均年增速是77.1%，呈现高速成长态势。

但作为新兴事物，互联网金融同样面临着"成长的烦恼"。

一是声誉风险。互联网金融作为"草根金融"和传统银行格局下的搅局者，民营资本色彩浓厚；资本金不足，抵御风险与偿付能力较弱；期限错配，流动性风险凸显；缺乏长期数据积累，风险计量模型科学性有待验证。在金融行业这个以信誉度、诚信度、透明度为生存之本的行业，互联网金融缺乏传统国有银行或股份制银行中隐形的政府信用作担保和可靠的资本金补充渠道，因此处于天然的劣势竞争地位。

二是监管风险。目前国际上主流的银行业监管框架，是基于新巴塞尔协议而设计的。新巴塞尔协议历经数十年考验，被证明在应对金融危机、维护经济稳定、锚定公众信心、协调国际监管合作方面是卓有成效的。其中，新巴塞尔协议下的三大支柱，即最低资本要求、外部监管与市场约束，主要针对传统银行的传统风险而设计，对新兴的互联网金融监管则几乎无效，监管的缺位导致互联网金融基本处于"野蛮生长"阶段。截至目前，政府主管部门对互联网金融的态度尚不明确，金融监管部门也尚未出台针对互联网金融风险的系统性监管措施。互联网金融的道德风险、投机风险、洗钱风险、"影子银行"风险、投向风险不断累积，随时有可能触碰到非法吸收公众存款和非法集资这两天"法律底线"。从这个角度讲，考虑到未来特定监管措施的出台，互联网金融的成长性与盈利性面临较大的不确定性。

三是虚拟经济风险。从目前实践来看，互联网金融募集资金大多投向货币市场、资本市场、债券市场、外汇市场等虚拟经济领域，互联网金融与实体经济渐行渐远的脱钩现象，慢慢背离了金融服务实体经济的基本理念，也必将导致自身风险不断集聚。

四是信息与安全风险。互联网金融是基于大数据基础上的数据挖掘和数据重构。这隐含两大风险：第一，网络系统与存储中心可能存在的漏洞会引起技术安全风险；第二，海量客户信息与个人隐私的信息泄露风险，严重时甚至危及国家安全与社会稳定。

五是传统性风险。潜在风险产生的可能原因：一是交易数据无法掌握真实的资金流向，信用风险判断可能发生失误；交易数据能否支撑金融资信模型，将违约率降至一定概率，具有不可预见性。二是敏感数据被放置云端，挑战资金安全。三是信用审核、风险管理等关键环节都依托网络平台，加大了技术风险以及平台的脆弱性；易受到木马病毒、钓鱼网站、第三方欺诈等影响；没有抵押担保，没有信用捆绑，风险发生后损失更大。四是监管难以全面覆盖，难以全过程保护消费者权益。五是目前互联网金融尚无法接入央行征信系统，未建立信息共享机制，无法形成有效的事后惩戒机制。六是互联网金融所媒介的融资交易，对传统数量调控方式形成挑战。比如，以比特币为代表的互联网货币如果介入实体经济，将有可能对法定货币产生"挤出效应"，长远来讲会对货币政策产生对冲效应。

三、互联网金融对传统银行的影响

（一）正面影响

1. 倒逼商业银行采用信息技术对传统运营流程进行改造或重构，实现经营、管理全面电子化、网络化。互联网金融竞争者的引进，有力地促使我国传统银行发展电商平台，增加用户黏性，累积用户数据，利用大数据金融战略构建基础设施工程。

2. 借助渠道优势，促进利率市场化。互联网金融门户多元化创新发展，形成了提供高端理财投资服务和理财产品的第三方理财机构，提供保险产品咨询、比价、购买服务的保险门户网站等。互联网金融门户的最大价值是渠道价值，它拓展和聚集了银行业、信托业、保险业的客户，加剧了竞争，推动了我国利率市场化改革。

（二）负面影响

1. 商业银行的金融中介角色面临弱化。一是分流了商业银行融资中介服务需求，破解了信息不对称和融资成本高的难题，绕开银行，满足了草根阶层的融资需求。二是改变了商业银行独占资金支付中介的格局。

2. 商业银行的收入来源受到蚕食。一是影响商业银行的传统利差盈利模式；二是触及商业银行的中间业务收入。

3. 商业银行的传统经营服务模式面临较大压力。包括"以客户为中心"的服务模式亟待完善、小微企业金融服务模式有待创新，以及商业银行互联网化进程仍需进一步加快。

（三）简要结论：互联网金融与传统商业银行在中短期内无法相互取代

商业银行的特殊地位和优势，决定互联网金融不可能脱离银行信用体系独立存在。一是只要中央银行发行货币、控制通胀的职能继续存在，传统银行体系作为调节市场经济、传导宏观政策的主渠道功能不会变更。二是银行体系作为社会信用体系的中枢，在保障社会资金安全性方面发挥着关键性作用，银行在货币创造功能和在支付结算体系中的重要性，受到现行法律制度的认可和监管。互联网金融能否取得突破，则要取决于社会的认可与接受程度，特别是监管当局的态度。三是银行在公信力、资金实力、信贷经验、支付结算、专业理财以及风险防控上，拥有互联网金融难以企及的优势，特别是大额、复杂的金融交易、多种融资工具的组合、综合化融资解决方案等。

四、互联网金融与传统银行的融合路径与改进方向

基于上述分析，我们判断，互联网金融对传统银行并不是简单的颠覆作用。换言之，如何通过互联网金融应用把传统银行做得更好，是我们重点思考的方向。在大数据时代背景下，互联网金融与传统银行的对接融合，将可能极大改变传统银行的模式，改变途径包括长尾效应、迭代效应和社区效应。

长尾效应：传统银行强调大客户、大众市场、主流业务和蓝海战略，虽然也强调"个性化定制""小利润大市场""二八效应"，但由于数据收集、有效分析、精准定位、柔性生产、点对点营销等信息处理技术手段的缺失，大银行难以满足小众市场个性化需求。互联网金融开放、互动的特性，以及数据重构、

云计算、移动支付等技术手段的应用,使海量的中小微企业与细分消费群体成为银行的主要客户成为可能。通过精准营销,个性化有效客户群的迅速增加将是长尾效应最直接的体现。

迭代效应:迭代效应是互联网金融改变传统银行的另一种路径。通俗地讲,银行推出的原型产品或原型服务尽快上线,让普通用户参与产品试验与验证,通过用户互动、反馈迅速调整原型设计,持续微创新、不断完善,推出关注用户体验、真正有竞争力的差异化金融产品。

社区效应:大数据时代下,银行的发展将越来越依靠于传统金融体系外专业化的电商企业、互联网运营商、数据收集公司、信息处理公司、重点客户咨询公司、移动支付公司、网络安全公司等。银行业的竞争模式将转变为以银行为中心的银行生态圈之间的竞争。

传统银行的改进方向:互联网金融的全面冲击,使传统银行未来可能的演进方向将是"智慧银行":牢牢把握"数据运用"这个核心问题,用好不断增加的数据,从中对数据更深、更智慧的挖掘,为客户量身定做服务,获取价值。此外,互联网金融未来也将有可能重构传统银行的业务开发、客户关系管理、评审、授信、信贷、风控等融资链各环节。例如,在负债业务中,传统银行可以借助成熟的第三方中间支付平台(如支付宝),发行直投实体经济的新型理财产品,扩大筹资来源、降低融资成本。具体运作模式可设计为:第一,筹集资金可以直接投向于传统银行的棚户区改造等优质项目与实体经济,不存在余额宝"吸血鬼""寄生虫"等争议;第二,具体的资金用途和贷款项目建设进度可向社会公众公开,投资专业、收益稳定、风险可控、信息透明,是置于有效监管的阳光运作;第三,P2P模式,资金运作过程中,过滤掉基金与协议存款等中间层,项目收益直接让利给公众与投资者;第四,收益率可灵活调整,原则上收益率可择机确定在银行债券融资与一般理财产品两者利率之间的区间,既对投资人具有较强的吸引力,又低于债券融资成本,较低成本吸收资金来源;第五,具有传统银行较高的信誉度,筹资额度大、期限长,规模较稳定。

再比如,在银行对项目贷款的风险控制中,变事后监管为过程控制,借助于外部专业化数据处理公司、重点客户咨询公司等,对重点项目、重大潜在风险客户、关键实际控制人、关联交易对手等的财务数据与非财务数据进行 24 小时过程监管,观测贷款使用是否发生偏离、异常财务数据是否出现、项目建设进度与资金支付进度是否匹配。专业公司的大数据违约模型风控数据系统内嵌了几千条规则，一旦实时评估结果触发红线，预警信息直接跳出来，必须处理，甚至收贷。借助于银行生态圈的合力，传统银行及时跟踪把控项目风险，真正把风险控制在萌芽状态。

五、关于西藏银行业迎接互联网金融的建议

1. 在西藏特殊金融环境下探索与互联网业态相匹配的监管机制。一是保持金融市场的竞争性与自由度，给予互联网金融在西藏合法经营的地位，对市场准入、业务范围、禁止性行为、违规处罚、退出机制以及互联网金融消费者权益保护等方面进行研究，作出界定。二是进行适度的监管，实时监管，既包容扶持创新又确保监管到位，为互联网金融健康发展提供制度保障和宽松的政策环境。三是深入研究与应对互联网金融对西藏金融资源的虹吸效应。由于西藏执行特殊优惠金融政策，贷款利率较内地大幅下降，互联网金融网络融资的高收益性，将产生更大的虹吸效应，吸引西藏稀缺的金融资源回流到互联网金融或内地中，有可能导致西藏本地金融秩序的紊乱。

2. 注重本地数据积累、挖掘和保护。西藏银行业开放客户信息和交易数据，与海关、工商、税务等部门共享、互换数据，完善西藏银行业自身的数据库；还需与互联网金融的数据交流合作，充分利用双方各自的数据优势，做好数据搜集和积累，为本地传统银行进一步洞察客户，预测市场创造了可能。此外，应关注加强自律，严格遵守法律，坚持职业操守，严守客户的个人信息。

3. 以客户为中心，创新符合西藏特色的产品设计。一是基于西藏实际，建立本地化的客户体验模式。二是紧贴西藏生活，洞察西藏客户需求，依托数据挖掘和信息平台，借助银行自身优势，满足本地化客户的个性化、专业化需求。三是重塑业务流程，高效配置资源，提升客户体验，为客户提供灵活多样的产品和便利快捷的服务。

4. 提高普惠金融服务能力，不断开拓新的业务领域。针对西藏地广人稀的特点，银行应尝试微信、微博等新技术营销，来解决网上银行客户端客户来源狭窄、流量小的问题，提升网上银行客服效率和客户满意度，丰富客户量，将目标客户逐步导入网络，丰富互联网金融提升西藏普惠金融的手段。

5. 树立"科技兴行"的理念，强化网络金融安全。建设通过技术手段改造、提升和重塑业务经营理念，将互联网技术与银行核心业务进行深度的整合，使"技术先行"的优势真正转化为银行核心竞争力，打造本地化的智慧银行。

同时，针对西藏特殊的维稳区情，设立数据备份中心和网络金融风险预警机制，制定规范化网络金融安全标准，最大限度地降低系统技术风险，确保网络金融安全。

6. 加大技能培训，发掘和培养复合型人才。互联网金融的科技属性和金融属性对于人才提出了更高的要求。目前，银行员工的知识结构一般是纯经济金融专业或纯计算机专业，缺乏既懂得数据建模又精通计算机网络技术而且熟悉银行业务运行和管理决策的复合型人才。既要加强对金融专业人才的科技知识培训，也要对科技专业人才进行金融业务培训，大力培养集多种知识技能于一身的互联网金融复合型人才。

六、三点政策思考

通过对互联网金融与传统银行的对比研究，我们受到很多启发。考虑到传统银行业所面对的信息技术浪潮与互联网革命，以及日益融入全球经济的时代背景，在诸多可以选择的政策建议中，提出三点思考。

第一，传统银行必须拥有开放、互动的心态与思维，谋求互联网金融与传统银行的最大交集。银行业是最具有垄断特征的行业之一，而互联网金融正在逐步打破这种垄断门槛。传统体制内的既得利益者，最怕"看不见，看不起，看不懂，跟不上"：对互联网金融视若无物，不屑一顾；看不懂互联网金融为什么发展这么快，变得那么强；跟不上大数据时代的互联网金融革命，"温水煮青蛙"，逐步丧失生命力。传统银行的战略机遇期就存在于与互联网金融的融合对接，不懂得变通者也许就是下一个十年周期中倒下去的诺基亚与索尼。

第二，认真研判跨行业重大商业模式创新，抓好重大课题的务实超前研究。在大数据时代中，传统银行已经不可能独善其身，它史无前例地与移动互联网、云存储、云计算、物联网、大数据挖掘、O2O 叠加融合，不断改变着行业面貌。建议传统银行从顶层设计的角度出发，对重大技术创新与全新商业模式进一步务实研究，尤其需要增强全球视野、提高定量化程度，使研究更具有前瞻性与可操作性，为未来实践创新打好基础。

第三，树立底线思维，传统银行可以成立二级子公司或独立事业部，大胆谨慎的试水较成熟的互联网金融业务。子公司或事业部具有较强的独立性，这确保在组织架构、风险传递与激励机制上，将互联网金融业务与传统银行业务进行有效隔离。一方面，传统银行对互联网金融业务可以"大胆设计、谨慎试行"，在外部条件明朗化后稳步加以实施；另一方面，可不断积累专业经验与专业人才，应对未来互联网金融对传统银行业务的冲击与振动，为银行未来的结构性变化与流程再造做长期准备。

参考文献

［1］谢平、邹传伟：《互联网金融模式研究》，载《金融研究》，2012（12）。

［2］吴晓灵接受央视财经频道首席金融记者张琳专访，2014－04－03，http：//finance. ifeng. com/a/20140404/12056591_ 0. shtml。

［3］刘士余：《互联网金融存在三大风险》，载《清华金融评论》，2014（2）。

［4］马云：《金融行业需要搅局者》，载《人民日报》，2013－06－21。

［5］钮文新：《 余额宝是"吸血鬼"应取缔》，2014－02－22。http：//it. people. com. cn/n/2014/0222/c1009－24435039. html。

［6］贺晨、孙杰：《国家开发银行进入关键转型期之后的改革战略》，载《财经科学》，2010（7）。

［7］阎庆民：《关注互联网金融的五大潜在风险》，2014－07－19，http：//finance. people. com. cn/n/2014/0719/c1004－25302829. html。

［8］王政：《不是颠覆，是改善——对话联想控股董事长柳传志》，载《人民日报》，2014－05－05。

［9］钱大群：《用数据再造传统企业》，载《中国改革》，2014（1）。

［10］刘鹤：《两次全球大危机的比较》，载《管理世界》，2013（3）。

编　后　语

　　为整合辖区调研资源，强化各会员单位之间的学术交流，充分发挥金融促进地方经济发展的作用，西藏金融学会组织各会员单位开展了"金融支持西藏经济发展实证研究"，取得了良好效果。现将研究课题汇编成册，印发出版，以充分展示课题科研成果，促进成果转换。

　　课题集收编了课题启动以来立项课题 21 篇，其中，有关金融政策研究 3 篇，金融体系研究 5 篇，金融服务研究 5 篇，金融发展研究 8 篇。它汇集了金融支持西藏经济发展的最新（理论）科研成果，可读性、前瞻性、指导性、科学性、实践性强，使用价值高。

　　在采编过程中，为了确保课题质量，学会秘书处通过多方努力，组织专家开展了三次评审并向课题组进行意见反馈。

　　值得强调的是，课题收集和出版的过程中一直受到了政府领导、人民银行领导和评审专家的关心、帮助和支持。此外，还有诸多为"金融支持经济发展实证研究"工作的开展提供各方面帮助的其他人士，在此向他们表示诚挚的谢意！

　　由于水平有限，在编辑过程中难免疏漏，恳请指正和理解。我们也将总结经验，不断提高工作水平，为西藏金融支持经济发展研究尽微薄之力。

编　者

二〇一五年一月